# Contents

# Pasaporte

# Pasaporte

## Spanish for Advanced Beginners

**Malia LeMond**
*St. Andrew's School*

**Cynthia Barlow**
*Berkeley City College*

**Sharon Foerster**
*University of Texas, Austin (Retired)*

 **McGraw-Hill Higher Education**

Boston   Burr Ridge, IL   Dubuque, IA   New York   San Francisco   St. Louis
Bangkok   Bogotá   Caracas   Kuala Lumpur   Lisbon   London   Madrid   Mexico City
Milan   Montreal   New Delhi   Santiago   Seoul   Singapore   Sydney   Taipei   Toronto

# McGraw-Hill
# Higher Education

This book is printed on acid-free paper.

1 2 3 4 5 6 7 8 9 0 QPD/QPD 0 9 8

ISBN: 978-0-07-351318-8 (Student Edition)
MHID: 0-07-351318-0 (Student Edition)
ISBN: 978-0-07-327530-7 (Instructor's Edition)
MHID: 0-07-327530-1 (Instructor's Edition)

Editor in Chief: *Michael Ryan*
Director, Editorial: *William R. Glass*
Sponsoring Editor: *Katherine Crouch*
Director of Development: *Scott Tinetti*
Developmental Editor: *Jennifer Kirk*
Marketing Manager: *Jorge Arbujas*
Production Editor: *David Blatty*
Manuscript Editor: *Rosalyn Sheff*
Photo Research Coordinator: *Nora Agbayani*
Photo Research: *Judy Mason*
Design Managers: *Violeta Díaz, Margarite Reynolds*
Text Designer: *Carolyn Deacy*
Cover Designer: *Lisa Buckley*
Illustrator: *Kathryn Rathke*
Production Supervisor: *Rich DeVitto*
Composition: *10/12 Palatino by ICC Macmillan Inc.*
Printing: *45# Publishers Matte Plus, Quebecor World*

Cover photo: © Fred de Noyelle/Godong/Corbis

**Library of Congress Cataloging-in-Publication Data**

LeMond, Malia.
  Pasaporte : Spanish for Advanced Beginners/Malia LeMond, Cynthia Barlow, Sharon Foerster.—1st ed.
    p. cm.
  Includes index.
  ISBN-13: 978-0-07-351318-8 (alk. paper)
  ISBN-10: 0-07-351318-0 (alk. paper)
  1. Spanish language—Conversation and phrase books—English.  2. Spanish language—Textbooks for foreign speakers—English.  3. Spanish language—Self-instruction.  I. Barlow, Cynthia.  II. Foerster, Sharon.  III. Title.
  PC4121.L43 2008
  468.3'421—dc22                           2007051523

Capítulo 7   Su pasaporte a Costa Rica:
             Haga una práctica profesional   175

Para terminar   ¿Tiene listo su pasaporte?   203

# Preface

*Pasaporte* is a conversation-based review text designed for advanced beginning students who need a refresher course before enrolling in second-year Spanish. Courses for this population of students have always presented a myriad of challenges to instructors. In addition to dealing with the disparate knowledge base of students at this level and the time lapse since the last Spanish course taken, we are faced with teaching a year's worth of material in one semester. With so many grammar points to cover, instructors often feel compelled to give short shrift to communicative activities and culture. This rapid treatment of so many linguistic structures leaves students with little opportunity to practice, recycle, and synthesize basic grammar or for communicative activities set in authentic cultural contexts.

As we formulated the scope and sequence for *Pasaporte,* we considered what intermediate students should be able to do when they begin second-year Spanish. Ideally, we would like them to be able to describe and compare people and places; narrate in the present, past, and future; talk about likes and dislikes; react and make recommendations: and begin to recognize how a hypothesis is expressed. With these goals in mind, we determined that the communicative functions would be presented in an intelligent and stimulating context that would encourage discussion about real-life global opportunities in which the Spanish language would be an obvious asset.

It is this real-world content featured in *Pasaporte* that makes grammar practice more interesting through its focus on opportunities to travel and work abroad. The book opens with a Global Opportunities Fair, attended by students, professionals, and other people exploring opportunities to travel, study, volunteer, or do internships in Spanish-speaking countries. The context of each subsequent chapter is based on one of the opportunities and the country in which it is offered, such as volunteerism in Ecuador, internships in Costa Rica, or teaching opportunities in the Dominican Republic. This cultural backdrop provides a context relevant to traditional and non-traditional students alike in a variety of educational settings.

*Pasaporte* addresses the challenges of this first-year review course by:

- Narrowing the focus of instruction to seven key communicative goals.
- Providing opportunities to recycle and continually practice language functions and vocabulary.
- Increasing opportunities for communicative activities through collaborative learning and a task-based approach.
- Providing a culturally rich backdrop relevant to the interests of students of all ages through the context of global opportunities.
- Empowering students to use the language to seek information and solve real-world problems.

*Pasaporte*'s unique approach aims to lighten the grammar load and increase opportunities for communicative practice so that students can strengthen their understanding of key grammar points and start to improve their accuracy as they become more comfortable expressing themselves in Spanish. The grammar load is lightened by narrowing the focus to seven key communicative goals: describing, comparing, expressing likes and dislikes, narrating in the past, reacting and making recommendations, talking about the future, and recognizing how a hypothesis is expressed. All exercises and activities focus on helping students perform these functions with increasing accuracy in both oral and written work. Our objective is to help students feel a tangible sense of accomplishment as they progress through the course. Therefore, a key element in this approach is to build in consistent recycling activities that provide repeated opportunities to practice these same functions over and over throughout the course. Each chapter includes activities in which students work with the previously presented communicative goals in the context of the theme of the new chapter. From the outset, students learn the relationship between these communicative goals and the grammatical structures needed to perform them with accuracy.

| Communicative Function | Grammatical Structure |
|---|---|
| *Describir* | • agreement |
| | • **ser** versus **estar** |
| | • participles as adjectives |
| *Comparar* | • agreement |
| | • **tan... como, tanto/a/os/as... como, más/menos... que** |
| *Reaccionr y recomendar* | • subjunctive in noun clauses |
| | • commands |
| *Narrar en el pasado* | • preterite |
| | • imperfect |
| | • present and past perfect |
| | • **hace... que** |
| *Hablar de los gustos* | • **gustar**-type constructions |
| | • indirect object pronouns |
| | • subjunctive after **me gusta que...** |
| *Hablar del futuro* | • future |
| | • subjunctive in adverbial clauses |
| *Hacer hipótesis* (for recognition only) | • past subjunctive |
| | • conditional |

Secondary grammar points are highlighted in the **Pistas calientes,** or short grammar explanations, which appear alongside the activity calling for that grammar point to be used. In the *Online Learning Center* (*OLC*) and in the *Instructor's Manual* (*IM*) there are practice exercises and **Ponerlo a prueba** quizzes for each secondary point to help students ascertain their understanding of this grammar point. By doing the diagnostic **Ponerlo a prueba,** students will know if they need to study that particular point further. This allows them to focus on reviewing those points that are problematic for them.

Expressing numbers in Spanish often presents a challenge for students. To this end, we have also included a culturally based activity in every chapter that presents numerical information relevant to the topics covered in the chapter such as dates, demographics, geographical distances, and biodiversity.

# National Standards

**Communication** *Pasaporte* gives students the opportunity to use the language to complete a variety of real-world, task-based exercises. For example, in **Capítulo 5,** *Su pasaporte al Ecuador: Trabaje como voluntario,* students work with a partner to furnish the missing information in medical charts at a clinic in Ecuador and assume the role of a supervisor who must place volunteers in positions for which they are the most suited. In this same chapter, students are asked to communicate in written form as they compose cover letters to submit with their applications to a volunteer program in Ecuador. Finally, students interpret oral and written messages as they listen to native speakers describe past experiences as volunteers and read short cultural notes, advertisements, and course descriptions.

**Culture** The premise of *Pasaporte* is to pique students' curiosity about opportunities to travel, work, and study abroad. As previously mentioned, the preliminary chapter is set at the Global Opportunities Fair, where various groups recruit people for their programs to study, work, volunteer, or participate in cultural or adventure tours abroad. Each chapter explores one such program in a particular country. The chapter opens with a cultural photo and a map-based activity that highlights ten fascinating places in the target country. These places appear again in the chapters and are used to provide the context for the grammar presentation and practice. Vocabulary scenes and activities related to the chapters' countries are found throughout the text. Each chapter closes with several pages of cultural photos and culturally contextualized activities targeting listening, speaking, reading, and writing skills.

**Connections** *Pasaporte* connects the Spanish language to other content areas through the premise of the Global Opportunities Fair and the different programs highlighted in each chapter. Content from other subject areas is integrated with Spanish as students follow the participants of the Global Opportunities Fair as they seek to explore study, work, and volunteer opportunities or practice their favorite pastimes in other countries. For example, in **Capítulo 5,** students travel with medical professionals and volunteers to Ecuador, where they learn to use Spanish to describe illnesses, injuries, and the remedies often prescribed. In the second half of the chapter, the students take on the roles of volunteers who, in the process of applying to different programs, must describe their qualifications—relevant coursework in their majors, work experience, and their hobbies and interests—thereby using Spanish to connect diverse content to students' interests.

**Comparisons** Throughout *Pasaporte,* students are prompted to make comparisons between the new information they are learning about the Hispanic world and what they already know about their own world. For example, many vocabulary exercises ask students to compare a picture with a similar context from their reality. Several activities are designed to prompt personal reactions to new cultural information. Finally, the first activity of **Oportunidades globales** is often a cultural comparison activity.

**Community** *Pasaporte* offers many opportunities to extend learning beyond the classroom and into the global community. Students explore the Spanish-speaking world and complete real-world tasks using the Internet. For example, in **Capítulo 3,** they are asked to explore course offerings in universities abroad and familiarize themselves with the Sister City program as they research potential sister cities for their own town.

# A Guided Tour of *Pasaporte*

These materials are designed to be used in a quarter or semester intensive course for students who have had previous Spanish courses or significant contact with the language but, due to a lapse of time or other circumstances, are not quite ready for an intermediate course. These may be students who took Spanish many years prior or who took some courses at the high school level but not enough to match a first year of college-level language instruction. We have tried to design a book that is intellectually stimulating for students of all ages and backgrounds.

## Chapter Opener

The first page of every chapter presents a photo of the country of focus. A brief self-test asks students to quickly assess their preexisting knowledge of the linguistic functions and grammatical points that will be used throughout the chapter to complete tasks. This serves to activate the students' previous cultural and linguistic knowledge and raise their cultural and linguistic awareness.

## ¡Vamos a... !

This map activity familiarizes students with the geography of the country of focus and presents tidbits of history and cultural information. It also sets the tone of collaborative learning as it is the first partnered task activity. Students must work together to match the ten icons on the map with the description of the city or region they represent.

## Vocabulario del tema

There are two vocabulary presentations in **Capítulos 1–7.** Active vocabulary is presented by a culturally rich drawing that depicts a scene in the country of focus. The subsequent vocabulary activities correspond to the scenes in the picture. The first is a listening comprehension activity in which students hear one of the characters in the drawing use everyday language to describe the scene. More activities and personalized questions follow, asking students to describe the picture and finally to make some comparisons with a similar context in their own country.

# Punto gramatical

There are two main grammar points presented in **Capítulos 1–7.** In the **Gramática en contexto** section, the grammar point is presented by means of a conversation or short dialogue between characters depicted in the vocabulary picture and activities. The **Explicación gramatical** is given in English so that students can quickly review the specific linguistic points. What makes our **Explicación** stand out is that students are redirected to the **Gramática en contexto.** They are asked to focus on form and underline examples of each point of the explanation to demonstrate comprehension of the concept. Finally, there is a short diagnostic exercise, **Ponerlo a prueba,** to verify comprehension before moving on to more communicative activities targeting the use of the grammar point.

# Reciclaje gramatical and Reciclaje comunicativo

Appearing in odd-numbered chapters, **Reciclaje gramatical** is dedicated to reviewing the communicative goals presented in previous and current chapters. Each exercise is identified by its communicative function.

Appearing in even-numbered chapters, **Reciclaje comunicativo** is a picture-based activity in which students are asked to recycle all previously presented communicative tasks as they describe the image.

# Oportunidades globales

In this section, students are provided with an opportunity to use all four skills to explore, describe, and react to the culture of the country of focus. **Oportunidades globales** is divided into four sections. Preceding these sections, **Introducción** gives an overview of the theme of the chapter. This paragraph is followed by two or three short comprehension questions, one of which usually asks students for a personal reaction or to draw comparisons with his or her own culture. The next section, **¡A escuchar!,** is a  listening activity in which students hear a native speaker relate his or her experience with the program in which he or she is participating. Students then answer simple questions to demonstrate comprehension. In **¡A leer!,** students  are presented with four beautiful photos and four short paragraphs about the places or events depicted in the photographs. To demonstrate comprehension, students must match the paragraph with the appropriate photograph and answer comprehension questions. **¡A conversar!**  presents students with two oral proficiency situations to enact. In addition to recycling the grammar and vocabulary highlighted in the chapter,

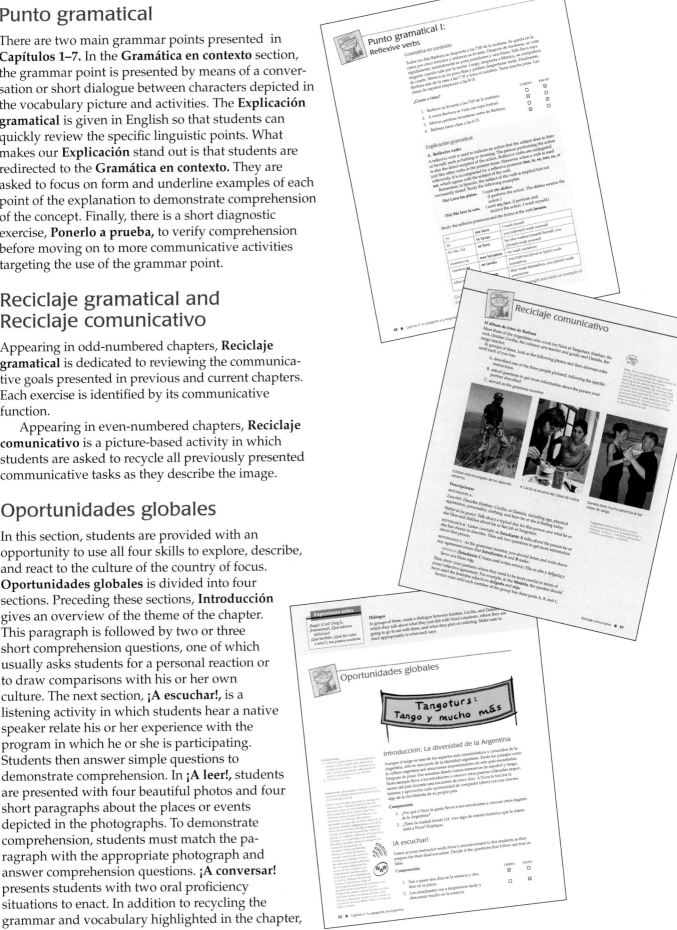

the context of each situation is culturally based so that students are encouraged to use the cultural knowledge gained in the chapter to complete the task. To help students acquire sociocultural competence in everyday situations, the particular conversational skill, or **destreza conversacional,** required in each situation is called out to the student and a list of **Expresiones útiles** is provided. Finally, in **¡A escribir!,** students are asked to communicate in written form to complete a task.

## For instructors and for students:

### Online Learning Center (www.mhhe.com/pasaporte)

Students can find additional practice online through this free website dedicated to *Pasaporte.* Activities to practice and test their knowledge of the vocabulary, grammar, and cultural facts are presented in each chapter at the McGraw-Hill *Online Learning Center* (OLC). The *Audio Program* that corresponds to the listening comprehension activities found in the text are located on the OLC. In addition to the material specific to each chapter of *Pasaporte,* students will find coursewide content such as grammar tutorials to provide extra review of grammar points.

### Audio Program

The *Audio Program* to accompany *Pasaporte* corresponds to **Actividad A** of each vocabulary presentation as well as to the **¡A escuchar!** activity found in the **Oportunidades globales** section. Students and instructors can access the *Audio Program* on the *Online Learning Center.*

### Supplementary Materials to accompany Pasaporte: Grammar Exercises and Speaking Activities

This workbook provides a wide range of imaginative, classroom-tested materials that include listening comprehension activities, pronunciation practice, grammar worksheets, integrative activities, games, communicative goals practice, and many picture-based conversation activities. Although activities in the textbook are more challenging and task-based, this workbook provides additional form-focused exercises.

### Estampillas musicales (Music CD)

The *Estampillas musicales* music CD contains six songs from the various regions featured in *Pasaporte*—Spain, the Caribbean (Dominican Republic), Mexico, the Southern Cone (Argentina and Chile), the Andes (Ecuador), and Central America (Costa Rica).

## For instructors:

### Instructor's Edition

The *Instructor's Edition* contains detailed suggestions for executing activities in class. It also offers options for expansion and follow-up.

### Instructor's Manual

Available on the *Instructor's Edition* of the *Online Learning Center,* the *Instructor's Manual* (IM) contains sample syllabi and lesson plans as well as sample chapter exams, which instructors can edit and customize to meet the testing needs of their particular program.

### Audioscript

The complete transcript of the *Audio Program* is available electronically in the Instructor's Edition of the *Online Learning Center.*

# Acknowledgments

We would like to thank everyone who has helped us in a myriad of ways to bring this project to fruition. First of all, William Glass's support of this book from the outset was very important to us. Working closely with such a committed and encouraging sponsoring editor as Katie Crouch and an equally enthusiastic development editor as Jenni Kirk made the process so much easier.

We thank our friend and colleague, Jose Luis Mendiara, who contributed early editing advice and sincere encouragement, and all of the friends who gave us amazing photographs to enhance the presentation of each and every chapter: Tony Barlow, Frank Foerster, Cecilia Lanata Briones, Esteban Lardone, Sharla Milligan, Reyna Morris, and Adam and Jessica Dailey.

We thank the rest of the McGraw-Hill editorial team, especially David Blatty (Production Editor), Emma Ghiselli (Art Editor), Violeta Díaz (Designer), and Natalia Peschiera (Photo Research Coordinator). We are grateful to Laura Chastain for her careful review of the manuscript for matters of style, clarity, and linguistic and cultural authenticity. Thanks to Jorge Arbujas, Executive Marketing Manager for World Languages, and the rest of the marketing team, for helping to make *Pasaporte* a success.

We would also like to thank the following experts and instructors for their invaluable feedback and suggestions in the planning stages of this project. Their comments were instrumental in the shaping of this text. The appearance of their names does not necessarily constitute an endorsement of the text or its methodology.

Frances Matos-Schultz, *University of Minnesota*
Robert Cameron, *Florida State University*
Erin McCabe, *George Mason University*
Ann Hilberry, *University of Michigan*
Leticia L. McGrath, *Georgia Southern University*
Margarita García Notario, *Plattsburgh State University*
Teresa Pérez-Gamboa, *University of Georgia*

Finally, a very special thanks to our husbands and families for their support and encouragement every step of the way.

Malia LeMond
Cynthia Barlow
Sharon Foerster

# Su pasaporte al mundo hispano

PASAPORTE

## Busque oportunidades globales

**Suggestion:** Have students look at the opening photographs and ask them if they are familiar with any of the images. You may want to make a list on the board of the information students contribute, such as monuments, traditions, art, and famous people, that can be used later in **¡Vamos al mundo hispano!**

## Primer encuentro

**Suggestion:** For helpful teaching suggestions and additional activities, see the **Teaching Suggestions and Activities** section of **Para empezar** in the *Instructor's Manual* (IM).

| Metas comunicativas | Autoevaluación | | |
|---|---|---|---|
| By the end of the chapter you will be able to: | Check the box that corresponds to how much you already know: | | |

| | NONE | SOME | A LOT | |
|---|---|---|---|---|
| Introduce yourself | ☐ | ☐ | ☐ | **Note:** The communicative goals and the vocabulary and grammar to be covered in the chapter are listed on the chapter-opening page. This is intended to serve as an advance organizer and also to activate any prior knowledge the student has. |
| Give basic personal information | ☐ | ☐ | ☐ | |
| Get information | ☐ | ☐ | ☐ | |
| Talk about nationalities | ☐ | ☐ | ☐ | |

For these communicative goals, you will need:

| | NONE | SOME | A LOT |
|---|---|---|---|
| Appropriate vocabulary | ☐ | ☐ | ☐ |
| Uses of **ser** to express origin | ☐ | ☐ | ☐ |
| Gender and agreement | ☐ | ☐ | ☐ |
| Uses of **hay** | ☐ | ☐ | ☐ |
| Present tense verbs | ☐ | ☐ | ☐ |
| How to form questions | ☐ | ☐ | ☐ |

# ¡Vamos al mundo hispano!

**A. Antes de empezar**

In small groups, complete the following statements about the Hispanic world.

1. Spanish is the _____b_____ (a. second  b. third  c. fourth) most widely spoken language in the world.

2. About _____c_____ (a. 130  b. 230  c. 330) million people in the world speak Spanish as their first language.

3. Spanish is spoken in more countries than any other language. It is the official language in _____c_____ (a. 17  b. 19  c. 21) countries.

4. Spanish is expected to be the first language of _____b_____ (a. 30% b. 50%  c. 60%) of the population of the United States within 50 years.

5. In the U.S., _____a_____ (a. 13%  b. 20%  c. 23%) of the current population speaks Spanish as a primary language.

**B. A ver, ¿qué sabe del mundo hispano?**

What do you already know about the Hispanic world? Are you familiar with people, places, foods, customs, or history of the Spanish-speaking world? With a partner, make a list of what you already know.

Nosotros conocemos...

estos lugares: _____

estas personas: _____

esta información cultural: _____

**C. ¿Dónde están estos lugares fascinantes?**

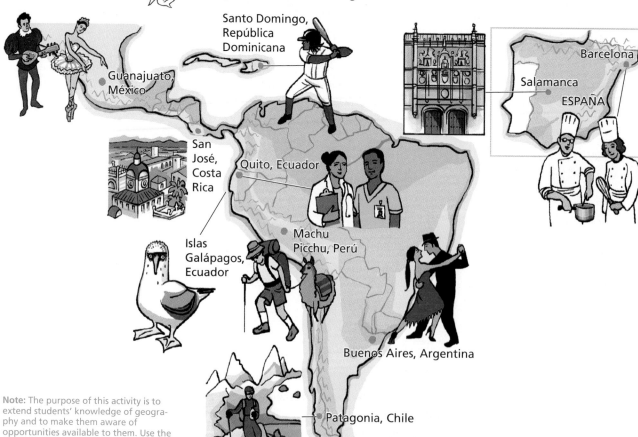

Santo Domingo, República Dominicana

Guanajuato, México

Barcelona

Salamanca

ESPAÑA

San José, Costa Rica

Quito, Ecuador

Islas Galápagos, Ecuador

Machu Picchu, Perú

Buenos Aires, Argentina

Patagonia, Chile

**Paso 1** Working with a partner, read the following descriptions of travel, teaching, study, volunteer, and internship opportunities, and fill in the blanks with the names of the places indicated on this map of the Spanish-speaking world. Use the following clues and the pictures from the map.

1. _____San José, Costa Rica_____ Intern in the capital of this country, often called the Switzerland of Central America for its beautiful mountains, political and economic stability, and a highly educated population. Internships and practical training are available with international companies, both private and public.

2. _____Patagonia, Chile_____ Explore this southern province of a country of great geographical contrasts: bustling cities, beaches, lake districts, deserts, and mountains. Learn about its volcanoes, glaciers, hanging rocks, and penguin colonies.

3. _____Islas Galápagos, Ecuador_____ Volunteer to protect the blue-footed booby and the giant sea turtles and reconstruct their natural habitat in these islands. Located off the west coast of South America, this is one of the most isolated environments in the world and is where Charles Darwin developed his theory on evolution.

4. _____Salamanca, España_____ Join students from all over the world and study Spanish in this medieval city, home to the country's oldest university (established in 1218). This prestigious university was also the first to offer Spanish language programs to foreigners in 1929.

5. _____Machu Picchu, Perú_____ Spend four days hiking the old Incan trail and, in addition to llamas and alpacas, you will discover this pre-Columbian lost city. These ancient ruins are located 10,000 feet above sea level in a cloud forest.

6. _____Buenos Aires, Argentina_____ Dance aficionados study Spanish and dance tango on tours to this city, often called the Paris of South America. In addition, participants can sightsee, go wine tasting, and take excursions to neighboring towns.

7. _____Quito, Ecuador_____ Doctors, nurses, and physical and speech therapists can study Spanish in the capital of this small country located on the equator. Upon completion of the course, they serve as volunteers to help disabled children at the Children's Hospital or work with the Red Cross in rural and urban clinics.

8. _Santo Domingo, República Dominicana_ Teach English as a Second Language in the capital of this Caribbean island nation just 600 miles from the coast of Florida. Founded in 1498 by the brother of Christopher Columbus, this thriving seaport was the first capital of Spanish America. This country is also home to many famous baseball players.

9. _____Guanajuato, México_____ Get involved with Sister Cities International and participate in academic, cultural, and professional exchanges. For example, Ashland, Oregon, sends many of its citizens to this city to participate in academic exchanges and cultural festivals celebrating the performing arts.

10. _____Barcelona, España_____ Gain professional experience in the travel and tourism field by interning in this popular cosmopolitan European city. Work in two large hotels in marketing, food services, event planning, and hotel management.

**Paso 2** Taking turns with a partner, say which of the places on the map you would visit to do the following activities.

MODELO: ESTUDIANTE 1: ¿Cuál es el mejor lugar para bailar tango?

ESTUDIANTE 2: Buenos Aires

¿Cuál es el mejor lugar para...

1. trabajar con una compañía grande?
2. trabajar como voluntario/a?
3. aprender a hablar español con médicos?
4. practicar deportes?

**Paso 3** Read over the map clues again and decide which opportunity is the most interesting in your opinion. Which is the least interesting? Share your opinion with your partner. Be prepared to explain why.

¿Cuál es la oportunidad más interesante?

¿Cuál es la oportunidad menos interesante?

# Vocabulario del tema:
## Primeros encuentros

### Los saludos y las despedidas

| | |
|---|---|
| **¡Hola!** | *Hi!* |
| **Buenos días.** | *Good morning.* |
| **Buenas tardes.** | *Good afternoon.* |
| **Buenas noches.** | *Good evening.* |
| **Hasta luego/mañana/ahora.** | *See you later/tomorrow/later.* |
| **Nos vemos.** | *See you later.* |
| **Chau.** | *Bye.* |
| **Adiós.** | *Good-bye.* |

**Note:** Since this list has very diverse sets of vocabulary, you may want to present certain lists (i.e., nationalities, *palabras interrogativas, expresiones de cortesía*) as you work through the activities.

## Las presentaciones

| | |
|---|---|
| Soy... | *I am . . .* |
| ¿Cómo se llama? / ¿Cómo te llamas? | *What is your name?* |
| Me llamo... / Se llama... | *My name is . . . / His/Her name is . . .* |
| Mucho gusto. | *Pleased to meet you.* |
| Encantado/a. | *Delighted (to meet you).* |
| Igualmente. | *Likewise.* |
| El gusto es mío. | *The pleasure is mine.* |
| ¿Cómo está? / ¿Cómo estás? | *How are you?* |
| ¿Y tú? / ¿Y usted? | *And you?* |
| ¿Qué tal? | *How are you?, How's it going?* |
| Estoy súper/bien/regular/mal/fatal. | *I am very well / well / so-so / not well / horrible.* |

## Las palabras y expresiones interrogativas

| | |
|---|---|
| ¿qué? | *what?* |
| ¿quién?/¿quiénes? | *who?* |
| ¿con quién? | *with whom?* |
| ¿dónde? | *where?* |
| ¿adónde? | *to where?* |
| ¿de dónde? | *from where?* |
| ¿cuándo? | *when?* |
| ¿a qué hora? | *at what time?* |
| ¿cuánto/a/os/as? | *how much? / how many?* |
| ¿cómo? | *how? / what?* |

## Las nacionalidades

**argentino/a, boliviano/a, canadiense, chileno/a, colombiano/a, costarricense, cubano/a, dominicano/a, ecuatoriano/a, español(a), estadounidense, guatemalteco/a, hondureño/a, inglés/inglesa, mexicano/a, nicaragüense, panameño/a, paraguayo/a, peruano/a, puertorriqueño/a, salvadoreño/a, uruguayo/a, venezolano/a**

## Actividades

The Center for Global Opportunities is holding its annual fair. Many have gathered near the booths in order to learn about opportunities to travel, work, and study in Spain and Latin America.

### A. En la Feria de Oportunidades Globales

Listen as your instructor reads Sr. Martínez's opening speech at the Global Opportunities Fair. Then check the appropriate boxes to complete the following sentences.

La Sra. Villareal es...

- ☐ mexicana.
- ☒ española.
- ☐ ecuatoriana.

Pedro Romero es dedicado a...

- ☐ las prácticas profesionales (*internships*).
- ☒ programas de conservación del medio ambiente (*environment*).
- ☐ los viajes (*trips*) en bicicleta.

Beto Jiménez *no* es...

- ☐ atlético.
- ☐ chileno.
- ☒ tímido.

**Suggestion:** Referring to the picture, give comprehensible input as you present the scene. Do frequent comprehension checks by asking students simple yes/no or true/false questions. *Estas personas están en la Feria de Oportunidades Globales. Quieren viajar a un país hispano para practicar el español. ¿Son todos estudiantes? No, algunos son profesionales. ¿Steven es estudiante? Sí, es estudiante graduado. ¿Es Ud. estudiante graduado? ¿Y Calinda? ¿Es estudiante? No, no es estudiante. Es médica. Algunas personas quieren tomar clases de español. Otros quieren trabajar como voluntario.* Occasionally expand by asking students to comment on their studies and/or their professions. This will help you get an idea of the range of abilities of your students. You may want to discuss the representatives of the Global Opportunities Fair and where they are from to preview vocabulary for upcoming activities and review pronunciation and meaning of new vocabulary.

**Suggestion.** *Las palabras y expresiones interrogativas:* Ask some very easy questions with each of the interrogative words. Ask the same question to three people to reinforce word order. Don't expect students to answer in complete sentences. The goal is to give input and check understanding of new vocabulary and interrogative words.
*¿Quién es el representante del Ecuador / de Chile / de España?*
*¿Cuál es el programa de Pedro Romero / de la Dra. Ramírez / de Beto Jiménez?*
*¿De dónde es Pedro Romero / la Sra. Villareal / Ud.?*

**Suggestion.** *Las nacionalidades:* Use the list of nationalities on the vocabulary page for pronunciation practice.

**Note:** This is a listening comprehension activity. The script is provided in the margin of the text, and a recording is also available online.

**Suggestion A:** Have students read the list of possible answers before doing the listening activity.

**Audioscript:** *¡Hola! Me llamo Roberto Martínez, soy el director del Centro de Oportunidades Globales. Es un placer estar aquí con Uds. para hablarles de las oportunidades para viajar, estudiar y trabajar en los países hispanos. A los estudiantes de negocios, les presento a la Sra. Villareal. Ella es española, pero su compañía tiene oficinas y ofrece prácticas en Hispanoamérica también. Por otro lado, para los que quieren trabajar como voluntario en programas de protección del ecosistema, tengo el gusto de presentarles al Sr. Pedro Romero. Él es muy trabajador y se dedica a la protección del medio ambiente. Si Uds. prefieren la aventura y no quieren trabajar durante sus vacaciones, ofrecemos muchos programas interesantes, según su pasatiempo. Si les gusta andar en bicicleta o caminar en las montañas, deben hablar con el Sr. Beto Jiménez de Chile. Él es muy activo y atlético. Su programa ofrece viajes en bicicleta, kayak o caballo. En fin, la conferencia ofrece muchas oportunidades para todos. ¡Bienvenidos!*

## Ser

Use **ser** to describe a person's personality, physical traits, profession, and where he or she is from. Review the forms:

| | | | |
|---|---|---|---|
| yo | **soy** | nosotros/as | **somos** |
| tú | **eres** | vosotros/as | **sois** |
| él, ella, Ud. | **es** | ellos, ellas, Uds. | **son** |

**Note B:** This activity provides practice with the vocabulary and shows uses of *ser* and the structure *ir + a +* infinitive. Ask follow-up questions to model uses of *ser* and to check comprehension. Try to include questions that will elicit agreement. *Todos son estudiantes, ¿verdad? ¿No? ¿Quiénes no son estudiantes? ¿Es atlética Eric? No, es atlético.*

## B. ¿Quiénes son las personas que asisten a la feria?

Study the picture on page 4. Then match the following descriptions with the correct person attending the fair.

| Se llama Eric. | Se llama Calinda. | Se llama José. | Se llama Steven. | Se llama Barbara. |
|---|---|---|---|---|
| Es de Boulder, Colorado. | Es de Dallas, Texas. | Es de Albuquerque, Nuevo México. | Es de Calgary, Canadá. | Es de Washington, D.C. |
| Es estudiante universitario y miembro del equipo de ciclismo. | Es médica. | Es estudiante graduado de negocios (*business*). | Es estudiante graduado de biología. | Es profesora de arte. |
| Es aventurero. | Es generosa. | Es trabajador. | Es liberal. | Es creativa. |
| Va a hablar con Beto Jiménez. | Va a hablar con Ana Ramírez. | Va a hablar con Beatriz Villareal. | Va a hablar con Pedro Romero. | Va a hablar con Nora. |

**Suggestion C:** Before doing the activity, go through the vocabulary list of *Los Saludos y las despedidas* to practice pronunciation and intonation. Remind students that *día* is masculine (*Buenos días*) and that *tarde* and *noche* are feminine (*Buenas tardes/noches*). Ask students which greetings are formal and which are informal.
**Suggestion:** Before doing the activity, model greetings, farewells, and courtesy expressions by going around the class and greeting students, making introductions, modeling responses, and then encouraging students to respond.

## C. Conociendo a nuevas personas

**Paso 1** With a partner, study the dialogues in the picture and decide which ones are formal in tone and which ones are informal. What is the difference? How can you tell?

## Tú y usted

Both **tú** and **usted** mean *you*. Use **tú** in more informal and familiar relationships (with family and friends). Use **usted** where it is important to show a greater level of respect (in professional relationships, with older persons, or with a teacher).

Note that **usted** often appears in its abbreviated form **Ud.**, as it will throughout the remainder of this book.

**Suggestion C. Paso 1:** Ask for student volunteers to model the different dialogues for the class.
*Paso 2:* Ask a few students to act out their conversations in front of the class.

**Paso 2** With your partner, create and practice three conversations between the following people in the picture: **a.** la Sra. Villareal and José, **b.** Steven and Eric, and **c.** la Sra. Villareal and la Dra. Ramírez. ¡Cuidado! Be careful with the use of **tú** and **Ud.**

In each conversation you should do the following:

- Introduce yourself.
- Find out where the other person is from.
- Say you are pleased to make his or her acquaintance.

**Paso 3** Greet and introduce yourself to at least three different classmates. Find out their names and where they are from. Remember to be courteous and use **Ud.** when necessary. Be prepared to report the information to the class.

**Note C:** You may want to add some other commonly used greetings and courtesy expressions from various regions: *Buenas, ¿Qué onda?, ¿Qué hubo?, ¿Cómo te va?,* etc.

# Punto gramatical I:
## Gender, articles, and adjective agreement

### Gramática en contexto

Tangoturs es un programa para las personas interesadas en bailar tango y conocer la cultura argentina. Hay una representante en la mesa de Tangoturs. Se llama Nora. Es una bailarina maravillosa y una profesora excelente. Ella tiene una actitud muy positiva y una pasión profunda por el tango y la cultura de su país. En la mesa de Tangoturs hay unos carteles (*posters*) bonitos de Buenos Aires. Los carteles tienen unas fotografías de los monumentos más famosos de la Argentina. Finalmente, hay una lista donde las personas interesadas pueden escribir su nombre.

**Suggestion** *Gramática en contexto*: Check to see that the students have circled the correct examples. You may find indicators that more explanation and practice are needed before putting the grammar into practice.

#### ¿Cierto o falso?

|  | CIERTO | FALSO |
|---|---|---|
| 1. Tangoturs es para las personas que quieren conocer la cultura argentina. | ☒ | ☐ |
| 2. Nora no es de la Argentina. | ☐ | ☒ |
| 3. Nora baila el tango muy bien. | ☒ | ☐ |
| 4. En la mesa de Tangoturs, hay libros famosos sobre el tango. | ☐ | ☒ |

### Explicación gramatical

#### A. Gender

Remember that in Spanish all nouns are either masculine or feminine. Generally, masculine nouns end in **-o (el libro)** with a few exceptions.* Most words that end in **-ma,** such as **el problema** and **el programa,** are of Greek origin and are also masculine.†

Go back to the **Gramática en contexto** paragraph and circle an example of a masculine noun that ends in **-o** and one that is from the **-ema/-ama** group.

Feminine nouns end in **-a, -ión, -dad, -tad,** and **-tud (la escuela, la nación, la ciudad, la libertad, la actitud)** with a few exceptions.

Circle an example of a feminine noun that ends in **-a** and one that ends in **-tud.**

---

*A few common exceptions are **la mano** (*hand*), **el día** (*day*), and **el mapa** (*map*).
†Common exceptions include **la cama** (*bed*) and **la llama** (*llama*).

For all other endings, the gender of the noun must be memorized on a case-by-case basis.

## B. Articles

The definite article meaning *the* is expressed in Spanish by **el, la, los,** and **las.** The indefinite article meaning *a, an* or *some* is expressed in Spanish by **un, una, unos,** and **unas.** The articles must agree in number and gender with the nouns they modify.

| | | | |
|---|---|---|---|
| **el libro** | *the book* | **un libro** | *a book* |
| **la escuela** | *the school* | **una escuela** | *a school* |
| **los libros** | *the books* | **unos libros** | *some books* |
| **las escuelas** | *the schools* | **unas escuelas** | *some schools* |

## C. Adjective agreement

Remember that an adjective must agree in number and gender with the noun it modifies.

Hay un**os** doctor**es** interesad**os** en **el** progr**a**ma nuev**o** de Grupo Salud.

**Las** fotograf**ías**\* de los voluntarios son bonit**as**.

Underline three nouns in the **Gramática en contexto** paragraph, then circle the articles and the adjectives that modify those nouns.

## Ponerlo a prueba

### ¿Qué hay en la Feria de Oportunidades Globales?

Complete the following description of the Global Opportunities Fair by writing the correct form of the word in parentheses.

Hay (un) ____*unos*____[1] representantes muy (simpático) ____*simpáticos*____[2] en la Feria de Oportunidades Globales. Son de todas partes del mundo (hispano) ____*hispano*____.[3] Por ejemplo, la Dra. Ramírez es (boliviano) ____*boliviana*____[4] y Pedro Romero es (ecuatoriano) ____*ecuatoriano*____.[5] Hay (un) ____*unos*____[6] programas de voluntario. En estos programas (el) ____*los*____[7] participantes ayudan con (el) ____*la*____[8] protección del ecosistema y los animales. También hay (un) ____*unas*____[9] prácticas (profesional) ____*profesionales*____[10] con (un) ____*unas*____[11] compañías internacionales muy (famoso) ____*famosas*____.[12] En fin, hay (mucho) ____*muchas*____[13] oportunidades (fantástico) ____*fantásticas*____.[14]

## Actividad

### A. ¿Qué hay en la mochila?

**Paso 1** Based on what you know about Eric and Steven from the picture on page 4, take turns with a partner to say what you think each has in his backpack. Using the following list, choose an object and an adjective to describe it. ¡Cuidado! Be careful with the agreement between articles, nouns, and adjectives.

> MODELO: ESTUDIANTE 1: En la mochila de Steven hay una calculadora moderna.
>
> ESTUDIANTE 2: En la mochila de Eric hay unas botellas de agua pequeñas.

---

\***La fotografía** is commonly abbreviated as **la foto.**

**Suggestion.** *Ponerlo a prueba:* Quickly go over the answers as a class. If there are students who need further practice, refer them to the *OLC*.

**Note A:** This paired activity requires some use of possessive adjectives and agreement. Remind students about the possessive adjectives *mi(s)*, *tu(s)*, *su(s)*.

**Suggestion A:** As a preview to this exercise, bring in some pictures from your picture file and have students identify items they see using one of the adjectives from the list in **Actividad A** or any adjective that seems appropriate. *Hay un libro verde. La mujer tiene un sombrero feo.*

**Suggestion:** Set up the activity and model it by asking students what is in your bag or brief case. *¿Qué hay en mi portafolio? ¿Hay una pluma verde? No, pero hay una pluma roja. ¿Qué más hay?...* Let students pose a few more questions and then let them begin the activity.

## Hay

**Hay** means *there is / there are* and takes an indefinite article **(un, una).**

**Hay** un libro en la mesa.    ***There is** a book on the table.*

In the plural, use **hay** with an indefinite article **(unos, unas)** to indicate a specific object or without an article to incicate a more general concept.

Hay **unos** libros en la mesa.    *There are **some** books on the table.*

Hay libros en la mesa.    *There are books on the table.*

OBJETOS

botellas de agua

calculadora

cuaderno

diccionario

iPod (*m.*)

lápices (*m.*)

libros de texto

revista

teléfono celular

ADJETIVOS

barato (*cheap*)

bilingüe

caro (*expensive*)

grande

moderno

nuevo

pequeño

viejo (*old*)

**Paso 2** ¿Qué hay en tu mochila? Now ask your partner what is in his or her backpack.

MODELO: ESTUDIANTE 1: ¿Hay un cuaderno en tu mochila?

ESTUDIANTE 2: No, pero hay una pluma.

# Punto gramatical II:
## Present tense

### Gramática en contexto

¡Hola! Me llamo Luis y soy de Lima, Perú. Ahora, vivo en San José, Costa Rica, y trabajo para la compañía Microtec. En este momento estoy en los Estados Unidos para representar a Microtec en la Feria de Oportunidades Globales. Me gusta trabajar para Microtec porque me encantan las computadoras, pero mi pasión es el *rafting*. Cuando estoy en San José, todos los fines de semana voy con mis amigos a la costa porque no está muy lejos de la capital. Esta noche salgo con los otros representantes de la conferencia para bailar salsa. Vuelvo a San José mañana.

**¿Cierto o falso?**

|  | CIERTO | FALSO |
|---|---|---|
| 1. Luis vive en San José. | ☒ | ☐ |
| 2. Luis no puede ir mucho a la costa. | ☐ | ☒ |
| 3. Luis vuelve a Lima mañana. | ☐ | ☒ |

Suggestion *Explicación gramatical Á*: Divide the class into two teams. Have one representative from each team go to the board. Give each representative an infinitive and then a subject (*bailar: mis amigos y yo*). Whichever person writes the correct form first wins a point for his/her team. Or do the same activity with the infinitives on flashcards. Show the infinitive and give the subject. Let the class respond together.

## Explicación gramatical

### A. Verb forms

There are three groups of verbs classified by their endings: **-ar, -er,** and **-ir.** Study the endings for each group.

| | **-ar** VERBS | **-er** VERBS | **-ir** VERBS |
|---|---|---|---|
| | **trabajar** | **comprender** | **escribir** |
| yo | trabaj**o** | comprend**o** | escrib**o** |
| tú | trabaj**as** | comprend**es** | escrib**es** |
| él/ella, Ud. | trabaj**a** | comprend**e** | escrib**e** |
| nosotros/as | trabaj**amos** | comprend**emos** | escrib**imos** |
| vosotros/as | trabaj**áis** | comprend**éis** | escrib**ís** |
| ellos/as, Uds. | trabaj**an** | comprend**en** | escrib**en** |

Some verbs have an irregular **yo** form. Study the following verbs:

**conocer:** conozco, conoces, conoce, conocemos, conocéis, conocen

**hacer:** hago, haces, hace, hacemos, hacéis, hacen

**poner:** pongo, pones, pone, ponemos, ponéis, ponen

**salir:** salgo, sales, sale, salimos, salís, salen

Go back to the **Gramática en contexto** paragraph and underline a verb with an irregular **yo** form.

Some verbs have a change in the stem in the present tense. There are three groups of stem-changing verbs. These verbs have no change in the **nosotros** or **vosostros** forms. Note that some stem-changing verbs also have an irregular **yo** form **(tengo, digo).**

**e → ie**

**pensar:** pienso, piensas, piensa, pensamos, pensáis, piensan

**entender:** entiendo, entiendes, entiende, entendemos, entendéis, entienden

**preferir:** prefiero, prefieres, prefiere, preferimos, preferís, prefieren

**querer:** quiero, quieres, quiere, queremos, queréis, quieren

**tener:** tengo, tienes, tiene, tenemos, tenéis, tienen

**o → ue**

**almorzar:** almuerzo, almuerzas, almuerza, almorzamos, almorzáis, almuerzan

**poder:** puedo, puedes, puede, podemos, podéis, pueden

**dormir:** duermo, duermes, duerme, dormimos, dormís, duermen

**e → i**

**repetir:** repito, repites, repite, repetimos, repetís, repiten

**decir:** digo, dices, dice, decimos, decís, dicen

**pedir:** pido, pides, pide, pedimos, pedís, piden

Go back to the **Gramática en contexto** paragraph and underline a stem-changing verb.

### B. Uses of the present tense

The present tense is used to express:

- an action that takes place in the present

| Este semestre Adela **toma** una clase de francés. | *This semester Adela is taking a French class.* |

Go back to the **Gramática en contexto** paragraph and circle an example of an action that takes place in the present.

- an action that occurs regularly

| La clase **empieza** a las 9:00, pero Adela siempre **llega** a las 8:50. | *The class starts at 9:00, but Adela always arrives at 8:50.* |

Circle an example of an action that occurs regularly.

- an action that will occur in the near future

| El lunes Adela **tiene** un examen muy difícil. | *On Monday Adela has a very difficult exam.* |

Circle an example of an action that will occur in the near future.

## Ponerlo a prueba

Complete the paragraph with the correct form of the verb in parentheses.

Los participantes del programa para futuros médicos y enfermeras no sólo (aprender) _____aprenden_____[1] a poner inyecciones (*give injections*) en una clínica pero también (practicar) _____practican_____[2] el español. Todos los días por la mañana (tomar)_____toman_____[3] clases en el instituto de lenguas. Luego, (almorzar) _____almuerzan_____[4] con un grupo de médicos ecuatorianos en el comedor (*cafeteria*) del hospital. Por la tarde, (pasar) _____pasan_____[5] tres horas trabajando con los pacientes en la clínica. Por la noche, (salir) _____salen_____[6] a bailar y charlar con sus compañeros de Quito. Si los participantes (querer) _____quieren_____[7] ver otras partes del país, (poder) _____pueden_____[8] hacer excursiones a otras ciudades.

## Actividades

### A. Los fines de semana

**Paso 1** Work with a partner to form complete sentences describing what the following people like to do on the weekends. Look back to the drawing on page 4 or use your imagination to come up with more activities. There may be more than one correct answer.

MODELO: Eric corre dos millas diarias (*daily*).

| Eric | hacer yoga y meditar |
| Barbara | almorzar / cenar con amigos |
| José | escribir correo electrónico |
| Steven | beber vino y charlar con amigos |
| Calinda | salir a bailar (tango, salsa, hip hop, tecno, swing) |
| yo | ver televisión |
| mi mejor amigo/a y yo | leer revistas / novelas / el periódico |
| | estudiar |
| | pasear en bicicleta / monopatín (*skateboard*) |
| | trabajar en el jardín |
| | dormir mucho |
| | ¿ ? |

> **Pista caliente**
>
> **Getting Information**
>
> Information questions must begin with an interrogative word. The subject and the verb are inverted. Study the following examples:
>
> **¿Dónde** vive Marta?
> *Where does Marta live?*
>
> **¿De dónde** es la profesora?
> *Where is the professor from?*

**Paso 2** Now ask your partner some follow-up questions to get as many details as possible about what he or she does on the weekends. Use interrogative words, such as **¿adónde?, ¿a qué hora?, ¿ cómo?, ¿con quién?, ¿cuándo?, ¿cuánto?, ¿dónde?, ¿qué?,** and so on.

**B. Una conversación telefónica**

Barcelona, España

José is speaking with his mother on the phone about his first week interning at a hotel in Barcelona. Read José's end of the conversation and try to guess what his mother's questions were.

1. ¿*Cómo estás* _____?

   Estoy muy bien. Me gusta mucho Barcelona.

2. ¿*Con quién vives* _____?

   Vivo con un cocinero que trabaja en el mismo hotel.

3. ¿*De dónde es* _____?

   Es de Sevilla.

4. ¿*Cómo es el trabajo* _____?

   El trabajo es muy interesante y variado.

5. ¿*Cuándo tienes que estar en el hotel* _____?

   Tengo que estar en el hotel a las seis de la mañana todos los días.

6. ¿*Cuántos pasantes hay* _____?

   Hay cinco pasantes (*interns*) nuevos y tres del semestre pasado.

7. ¿*Qué vas a hacer / haces esta semana* _____?

   Esta semana voy a planear un evento para 50 personas.

> **Breve prueba diagnóstica.** Go to the *Online Learning Center* (**www.mhhe.com/pasaporte**) and take the diagnostic test to see how well you are learning the concepts presented in this chapter. Then, go back to page 1 and do the **Autoevaluación** again to check your progress.

# Oportunidades globales

## Introducción:
## La Feria de Oportunidades Globales

Como Ud. ya sabe, en el mundo hispano hay oportunidades para todos. Para los que quieren estudiar español, hay varios programas académicos que ofrecen cursos de lengua para estudiantes de todos los niveles (*levels*). También se puede aprender a bailar tango en Buenos Aires o flamenco en España. Para los que quieren trabajar, hay prácticas profesionales en España e Hispanoamérica para estudiantes de negocios y también hay oportunidades para trabajar en hospitales. Por otro lado, para los que quieren trabajar como voluntario, hay programas de protección del ecosistema como el de las Islas Galápagos. Para los que prefieren la aventura, hay programas muy interesantes donde se puede conocer a la gente y la tierra de un país por medio de viajes en bicicleta, kayak o a caballo. Todos los programas ofrecen oportunidades para conocer más de cerca varios aspectos de la cultura hispana.

### Comprensión

In groups of three, ask each other the following questions.

1. Ahora que conoce un poco mejor las diversas oportunidades que hay para viajar, trabajar y estudiar en el mundo hispano, ¿qué tipo de programa le interesa más a Ud.? ¿Le interesa un programa académico, uno de prácticas profesionales, uno de trabajar como voluntario o uno de pura aventura? Explique.

2. ¿Cuál de los siguientes países le parece más fascinante: España, México, Costa Rica, la República Dominicana, la Argentina, el Ecuador o Chile? Explique.

## ¡A escuchar!

**Paso 1** José is trying to decide which program best suits his personality and interests. Listen as your instructor reads José's description of himself, then fill out the index card. The first one is done for you.

| Nombre: | Se llama... *José.* |
|---|---|
| Origen: | Es de... *San Antonio.* |
| Personalidad: | Es... *idealista, extrovertido, cómico.* |
| | No es... *tímido.* |

| Estudios o trabajo: | *Economía* |
|---|---|
| **Actividades favoritas:** | Le gusta... *leer periódicos, correr, salir con amigos, ir a un café para charlar, asistir a conciertos y bailar.* |
| **Actividad que nunca hace:** | Nunca... *ve la televisión.* |

**Paso 2** With a partner, discuss which global opportunity would be most suitable for José based on his description of himself.

# ¡A leer!

**Note *¡A leer!:*** These short readings include words students may not know, but the main purpose is to glean enough information to be able to match the content with the corresponding picture.

**Suggestion:** Have students look at the four photographs before reading the descriptions.

No matter what global experience you may choose, you will gain a deeper appreciation of the Hispanic world, where the ancient meets the modern to create a rich fabric of fascinating people, history, geography, language, and art.

**Paso 1** Read the following descriptions and choose the picture that best matches each description.

1. *Riqueza geográfica*

2. *Riqueza lingüística*

3. *Riqueza cosmopolita*

4. *Riqueza histórica*

## Riqueza cosmopolita

En el mundo hispano, se puede conocer ciudades cosmopolitas y modernas como, por ejemplo, Caracas, Buenos Aires, Barcelona, o la Ciudad de México. No muy lejos del casco antiguo (*old quarter*) en la ciudad de Sevilla, España, con su Catedral del siglo XVI y el Alcázar árabe, se encuentra el teatro de la Maestranza. Construido en 1992, es uno de los teatros de la ópera más perfectos del mundo. En Santiago de Chile, uno de los centros financieros más importantes de Hispanoamérica, se ven edificios coloniales al lado de edificios modernos. Cada ciudad tiene una personalidad única donde lo moderno se mezcla (*mixes*) con las tradiciones del pasado en la arquitectura, las costumbres (*customs*) y el arte. Al caminar por las calles de las grandes ciudades hispanas, Ud. puede disfrutar de las conveniencias del mundo moderno y apreciar el rico pasado a la vez.

## Riqueza histórica

En casi todas las regiones del mundo hispano hay rastros (*traces*) de civilizaciones pasadas. En España se puede seguir el camino de la historia por medio de las cuevas prehistóricas, las ruinas romanas, la arquitectura musulmana (*Muslim*) y las catedrales góticas. Por toda Hispanoamérica hay importantes zonas arqueológicas donde se puede explorar las civilizaciones precolombinas. En México y Guatemala, por ejemplo, las ciudades antiguas de los mayas, con sus pirámides y observatorios, son impresionantes. En el Perú se puede descubrir Machu Picchu, la legendaria ciudad perdida del Imperio de los Incas. Es difícil pasar tiempo en el mundo hispano sin sentir la profunda importancia histórica que sigue ofreciendo lecciones del pasado.

## Riqueza geográfica

Debido a (*Because of*) la diversidad geográfica y la riqueza de su flora y fauna, en muchos países del mundo hispano son de mucho interés los programas del ecoturismo, donde se puede visitar las zonas naturales de una región. Muchos países hispanos tienen una diversidad geográfica impresionante. Las zonas naturales de Chile, por ejemplo, incluyen selva (*jungle*), desierto, playa y montañas. ¿Sabía Ud. que España es el segundo país más montañoso de Europa? ¿que La Paz, Bolivia, es la capital más alto del mundo? ¿que el Lago de Nicaragua es uno de los diez lagos más grandes del mundo y que México es uno de los cinco países con mayor diversidad biológica del mundo? De hecho, allí existe entre el 60 y el 70 por ciento de la biodiversidad total del planeta. Pasar algún tiempo en uno de estos países le daría la oportunidad de ver de cerca esta diversidad geográfica.

*Riqueza geográfica:* Mainland Spain is one of the most mountainous countries in Europe along with Switzerland and Austria. The largest freshwater lake in South America is Lake Maracaibo in Venezuela, followed by Lake Titicaca, located on the border of Peru and Bolivia. Spanish-speaking countries with the most biodiversity, in order, are Colombia, Mexico, Venezuela, Ecuador, Peru, Bolivia, and Costa Rica.

## Riqueza lingüística

El español es el idioma común y oficial de los países del mundo hispano. Sin embargo, se puede conocer a muchas personas que también hablan otro idioma. Por ejemplo, en España se hablan otros tres idiomas (catalán, gallego y vasco). Por otra parte, si se viaja por Hispanoamérica se encuentra una enorme variedad de lenguas indígenas precolombinas. En el Perú, el Ecuador, Bolivia, Paraguay y Colombia se puede conocer a gente que habla quechua, el idioma indígena con el mayor número de hablantes entre los indígenas americanos. México es el país con mayor riqueza lingüística de Hispanoamérica con más de 60 lenguas indígenas habladas en su territorio, entre las cuales se cuenta el náhuatl. Es fascinante darse cuenta del multilingüismo que existe por todo el mundo hispano.

*Riqueza lingüística:* Your students may be interested to know more about the different languages that are spoken in Spain. The four romance languages spoken in the Iberian Peninsula are Spanish, Gallego, Catalán, and Portuguese. There are also many dialects of Spanish and Catalán, including Andaluz, Valenciano, and Mallorquín. The main language of the Basque Country is Basque, or Euskera. Basque is not a romance language and does not appear to have any connection to any other language. Therefore, many believe Basque to be native to the Iberian Peninsula.

### ¿Cierto o falso?

|   | | CIERTO | FALSO |
|---|---|:---:|:---:|
| 1. | En las ciudades hispanas, se puede observar una combinación de la cultura contemporánea y la antigua. | ☒ | ☐ |
| 2. | En Hispanoamérica hay arquitectura musulmana y ruinas romanas. | ☐ | ☒ |
| 3. | Los programas de ecoturismo son muy populares en todo el mundo hispano porque hay tanta diversidad geográfica y la riqueza de su flora y fauna es impresionante. | ☒ | ☐ |
| 4. | Hay más de 60 lenguas indígenas habladas en la región andina. | ☐ | ☒ |

Note. *¡A conversar! Paso 1:* Students should work quickly to fill out the chart. *Paso 2:* As follow up, ask a number of students questions about their partners. So that students pay attention, backtrack. For example, after asking the third student the same question, *«¿Qué actividad nunca hace su compañero/a?»*, go back and ask what activity the previous two students never do.

# ¡A conversar!

Initiate and close a conversation with someone you do not know.

**Paso 1** Quickly fill out the profile for yourself.

|  | YO | MI COMPAÑERO/A |
| --- | --- | --- |
| **Nombre:** | | |
| **Origen:** | | |
| **Personalidad:** | | |
| **Actividades favoritas:** | | |
| **Actividad que nunca hace:** | | |
| **Programa más interesante:** | | |

**Suggestion** *¡A escribir!:* Ask the students to copy you on the e-mail. If you have access to an online discussion board, students can post the information there for the whole class to read.

**Paso 2** Now find a partner in your class with whom you have not yet spoken. Ask each other questions so you can fill out the chart with your partner's information. Use **¿cómo?, ¿de dónde?, ¿qué?,** or yes/no questions to find out what you have in common. ¡Cuidado! Remember to use **Ud.** when necessary. Be prepared to share your answers with the class.

## ¡A escribir!

Write a brief e-mail to the Centro de Oportunidades Globales in which you present yourself, describe your personality and interests, and ask for an application (*solicitud*) for one of their programs. Send a copy to your instructor as well. Be sure to include all of the information from the previous chart.

### Expresiones útiles

Estimado/a director(a),
Saludos cordiales

---

# Vocabulario

## Los saludos y las despedidas

| | |
| --- | --- |
| **Adiós.** | *Good-bye.* |
| **Buenas noches.** | *Good evening.* |
| **Buenas tardes.** | *Good afternoon.* |
| **Buenos días.** | *Good morning.* |
| **Chau.** | *Bye.* |
| **Hasta luego/mañana/ ahora.** | *See you later/tomorrow/later.* |
| **¡Hola!** | *Hi!* |
| **Nos vemos.** | *See you later.* |

## Las presentaciones

| | |
| --- | --- |
| **¿Cómo está? / ¿Cómo estás?** | *How are you?* |
| **¿Cómo se llama? / ¿Cómo te llamas?** | *What is your name?* |
| **El gusto es mío.** | *The pleasure is mine.* |
| **Encantado/a.** | *Delighted (to meet you).* |
| **Estoy súper/bien/ regular/mal/fatal.** | *I am very well / well / so-so / not well / horrible.* |
| **Igualmente.** | *Likewise.* |
| **Me llamo... / Se llama...** | *My name is . . . / His/Her name is . . .* |
| **Mucho gusto.** | *Pleased to meet you.* |
| **¿Qué tal?** | *How are you?, How's it going?* |

| | |
| --- | --- |
| **Soy...** | *I am . . .* |
| **¿Y tú? / ¿Y usted?** | *And you?* |

## Las palabras y expresiones interrogativas

| | |
| --- | --- |
| **¿a qué hora?** | *at what time?* |
| **¿adónde?** | *to where?* |
| **¿cómo?** | *how? / what?* |
| **¿con quién?** | *with whom?* |
| **¿cuándo?** | *when?* |
| **¿cuánto/a/os/as?** | *how much? / how many?* |
| **¿de dónde?** | *from where?* |
| **¿dónde?** | *where?* |
| **¿qué?** | *what?* |
| **¿quién?/¿quiénes?** | *who?* |

## Las nacionalidades

**argentino/a, boliviano/a, canadiense, chileno/a, colombiano/a, costarricense, cubano/a, dominicano/a, ecuatoriano/a, español(a), estadounidense, guatemalteco/a, hondureño/a, inglés/inglesa, mexicano/a, nicaragüense, panameño/a, paraguayo/a, peruano/a, puertorriqueño/a, salvadoreño/a, uruguayo/a, venezolano/a**

# Capítulo 1

# Su pasaporte a España

## Estudie y viva con una familia

El patio de una casa en Sevilla, España

## Primer encuentro

### Metas comunicativas

By the end of the chapter you will be able to:

| | NONE | SOME | A LOT |
|---|---|---|---|
| Describe people and places | ☐ | ☐ | ☐ |
| Talk about conditions and emotions | ☐ | ☐ | ☐ |
| Express possession | ☐ | ☐ | ☐ |
| Identify and describe family members | ☐ | ☐ | ☐ |

For these communicative goals, you will need:

| | NONE | SOME | A LOT |
|---|---|---|---|
| Appropriate vocabulary | ☐ | ☐ | ☐ |
| Uses of **estar** | ☐ | ☐ | ☐ |
| **Ser** versus **estar** | ☐ | ☐ | ☐ |
| **Tener** to express age | ☐ | ☐ | ☐ |
| Possessive adjectives | ☐ | ☐ | ☐ |

### Autoevaluación

Check the box that corresponds to how much you already know:

# ¡Vamos a España!

**A. A ver, ¿qué sabe de España?**

What do you already know about Spain? Are you familiar with Spanish people, places, foods, customs, or history? With a partner, make a list of what you already know.

Nosotros conocemos…

estos lugares: _____

estas personas: _____

estos aspectos culturales: _____

**B. ¿Dónde están estos lugares fascinantes?**

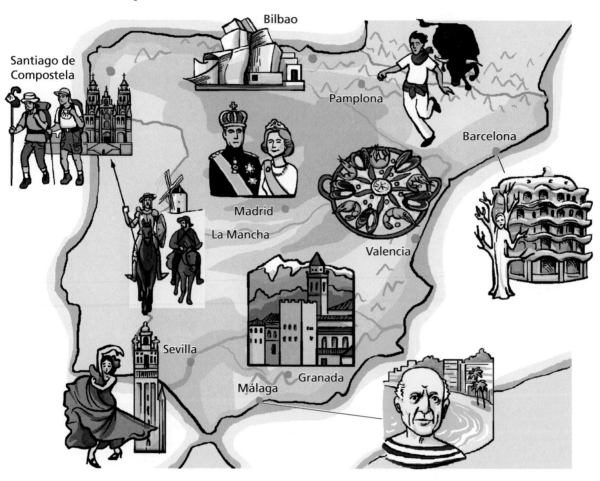

**Paso 1** Working with a partner, read the descriptions and fill in the blanks with the names of the places indicated on this map of Spain. Use the following clues and the pictures from the map.

1. _____Sevilla_____ Esta ciudad es la capital de Andalucía, famosa por el flamenco, el Barrio de Santa Cruz —el antiguo barrio judío (*Jewish*)— la Giralda y su vida nocturna.

2. _____Madrid_____ La capital de España tiene el magnífico Palacio Real (*Royal*), el gran parque del Retiro, la Plaza Mayor, llena de bares y cafés y el Museo del Prado, uno de los mejores museos del mundo.

Suggestion B: Explain to students terms that come up in the map *pistas* such as *Andalucía, flamenco, Plaza Mayor,* and so on. Bring in photographs you may have that depict the *pista* descriptions.

Expansion: If you have time, have students select a topic to explore further. Have students present a report in class or, if there is an online discussion board available for your class, have students post their projects online.

3. _____*Bilbao*_____ Aquí se encuentra un vibrante centro de negocios, cultura, educación, bellas artes y gastronomía. La «nueva cocina vasca» es conocida por todo el mundo por su diversidad culinaria. En 1997 abrió sus puertas el modernísimo Museo Guggenheim que atrae a miles de turistas y artistas cada año.

4. _____*Granada*_____ Esta bella ciudad fue la capital del último reino (*kingdom*) árabe. La Alhambra, palacio y fortaleza construidos entre los siglos XIII y XV, fue residencia de los sultanes y ofrece vistas espectaculares de la ciudad y la Sierra Nevada.

5. _____*Barcelona*_____ La ciudad más cosmopolita y económicamente activa de España es el centro del modernismo con las creaciones de Antoni Gaudí. Su casa Milà no tiene ni una línea recta. Las Ramblas es la calle con más vida de toda la ciudad con músicos, puestos de flores, artistas, estatuas humanas y más.

6. _____*Málaga*_____ Aquí nacieron los españoles famosos Pablo Picasso y Antonio Banderas. Es uno de los centros de turismo más importantes por su paseo marítimo en la Costa del Sol.

7. _____*Pamplona*_____ En este lugar se celebran cada julio los Sanfermines —siete días de fiesta con los toros. A Ernest Hemingway le gustaba participar y escribió sobre la celebración en sus novelas.

8. _____*Valencia*_____ En esta ciudad de la costa este se inventó la paella, el plato típico de España que se hace a base de arroz con mariscos (*shellfish*). Cada marzo se celebran las Fallas, una fiesta en que se queman (*burn*) monumentos y figuras de cartón (*papier-mâché*).

9. __*Santiago de Compostela*__ Cada año miles de peregrinos (*pilgrims*) vienen a pie o en bicicleta a esta ciudad. Vienen para visitar una de las catedrales más bellas de España para celebrar el día del santo patrón (*patron saint*) de España.

10. _____*La Mancha*_____ En el corazón de la península se encuentra la tierra del vino y del queso manchego y la famosa ruta de don Quijote y su escudero (*squire*) Sancho Panza. El episodio de la lucha de don Quijote contra los molinos de viento (*windmills*) es reconocido en todo el mundo.

**Paso 2** Taking turns with a partner, say where in Spain you would go if you wanted to do the following activities. Refer back to the map.

MODELO: Si quisieras ir a la playa…

ESTUDIANTE 1: Si **quisieras** ir a la playa, ¿adónde **irías**?

*If you wanted to go to the beach, where would you go?*

ESTUDIANTE 2: Yo **iría** a Málaga.

*I would go to Málaga.*

1. Si quisieras correr con los toros (*bulls*)…
2. Si estuvieras en la costa este y quisieras comer paella…
3. Si quisieras ver arte modernista…
4. Si quisieras esquiar…

**Paso 3** Read over the map clues again and decide which place is the most interesting, in your opinion. Which is the least interesting? Share your opinion with your partner. Be prepared to explain why.

¿Cuál es el lugar más interesante?

¿Cuál es el lugar menos interesante?

# Vocabulario del tema I:
## Hablando de la vivienda y el barrio

el refrigerador • la azotea • el baño • la lámpara • Roberto Peña García
la estufa • la cocina • la sala • la cama • el dormitorio • la heladería • el estanco • la panadería • Panadería López
el sofá • la mesa • la silla • el sillón • el bar • Juan Robledo Alarcón • el kiosko • Rachel
FARMACIA • la calle • café • Bar • TABACOS • heladería • Sellos

## Los muebles (*furniture*)

### En la sala

| | |
|---|---|
| la alfombra | *rug* |
| el estante | *shelf* |
| el televisor | *television set* |

### En la cocina

| | |
|---|---|
| el lavaplatos | *dishwasher* |
| el microondas | *microwave* |

### En el dormitorio

| | |
|---|---|
| el armario | *armoire, closet* |
| el escritorio | *desk* |

### Otras palabras útiles

| | |
|---|---|
| el azulejo | *decorative tile* |
| el cuarto | *room* |
| el jardín | *garden, yard* |
| el piso | *apartment* |
| la tienda | *store* |

**Cognados:** *el balcón, el café, el patio, la terraza*

## Palabras para describir la casa

| | |
|---|---|
| acogedor(a) | *inviting, cozy* |
| amplio/a | *spacious, ample* |
| antiguo/a | *old, antique* |
| cómodo/a | *comfortable* |
| de tamaño mediano | *medium-sized* |
| grande | *large* |
| guay | *cool (slang), awesome* |
| lujoso/a | *luxurious* |
| moderno/a | *modern* |
| pequeño/a | *small* |
| tradicional | *traditional* |

## Los verbos

| | |
|---|---|
| alquilar | *to rent, lease* |
| cocinar | *to cook* |
| guardar | *to store, save* |

## Actividades

### A. El nuevo piso de Rachel

Listen as your instructor reads Sr. Peña's description of the apartment and the neighborhood in Sevilla where Rachel, an exchange student, will be living during her semester abroad. Then check the appropriate boxes to complete the following sentences.

**Suggestion A:** Have students read the list of possible answers before doing the listening activity.

**Audioscript:** *Mira Rachel, vivimos en un piso en el Barrio de Santa Cruz, que es un barrio antiguo cerca de la universidad. El piso no es muy grande. Por eso, tienes que compartir un baño con Lorena, mi hija, pero tienes tu propio dormitorio. El piso no es muy moderno pero sí tiene televisor, DVD, estéreo y ordenador. La universidad está muy cerca y por eso no tienes que tomar el autobús. Puedes caminar fácilmente. Estoy seguro que vas a estar muy contenta aquí con nosotros.*

1. Rachel va a vivir en...
   - ☐ una casa pequeña con otras estadounidenses.
   - ☒ un piso con una familia española cerca de la universidad.
   - ☐ un cuarto en una residencia estudiantil.

2. Rachel tiene que compartir...
   - ☐ un dormitorio.
   - ☐ un escritorio.
   - ☒ un baño con una hija de la familia.

3. Para llegar a la universidad, Rachel tiene que...
   - ☐ tomar el autobús.
   - ☒ caminar.
   - ☐ ir en coche.

4. En el piso no hay...
   - ☐ televisor.
   - ☐ DVD.
   - ☒ muebles modernos.

### B. Identificaciones

**Paso 1** In pairs, take turns asking each other where the following activities take place.

MODELO: ESTUDIANTE 1: ¿Dónde se puede cenar con la familia?

ESTUDIANTE 2: En el comedor.

| Se puede... | en... |
|---|---|
| 1. comprar una revista   c | a. la sala |
| 2. dormir una siesta por la tarde   b | b. su dormitorio |
| 3. tomar un café   f | c. el kiosco |
| 4. charlar con los amigos   a | d. la cocina |
| 5. preparar una tortilla española   d | e. la azotea |
| 6. tomar el sol   e | f. el bar |

**Paso 2** Now take turns asking each other what each piece of furniture is used for.

MODELO: ESTUDIANTE 1: ¿Para qué se usa la lámpara?

ESTUDIANTE 2: Para leer de noche.

| Se usa... | para... |
|---|---|
| 1. el refrigerador   d | a. guardar los libros |
| 2. la estufa   f | b. guardar la ropa |
| 3. el armario   b | c. calentar (*heat*) rápidamente la comida |
| 4. la computadora / el ordenador   e | d. mantener fría la comida |
| 5. el estante   a | e. buscar información |
| 6. el microondas   c | f. preparar la comida |

Unos cafés en el Barrio de Santa Cruz en Sevilla.

**Suggestion C. *Paso 1:*** This activity offers cultural information about typical neighborhoods in Spain. Discuss the differences between typical Spanish neighborhoods and the ones in your area with your students. If possible, bring in photos of typical Spanish street scenes.

***Paso 2:*** Have students report the information they have learned from their partners back to the class.

## C. En el Barrio de Santa Cruz

**Paso 1** Indicate whether the following information about the Barrio de Santa Cruz is true for your neighborhood. If it is not, explain why.

MODELO: En mi barrio, la arquitectura no es antigua y tradicional. Es más moderna.

| EN EL BARRIO DE SANTA CRUZ... | | EN MI BARRIO... | |
|---|---|---|---|
| 1. la arquitectura es antigua y tradicional. | SÍ ☐ | NO ☐ |
| 2. hay un parque cerca de la casa. | SÍ ☐ | NO ☐ |
| 3. la gente compra pan en la panadería. | SÍ ☐ | NO ☐ |
| 4. la gente se reúne en el bar de la esquina. | SÍ ☐ | NO ☐ |
| 5. la gente compra el periódico en el kiosco. | SÍ ☐ | NO ☐ |
| 6. la gente pasa mucho tiempo en la calle. | SÍ ☐ | NO ☐ |

**Paso 2** Interview a partner about his or her neighborhood. Be prepared to share the most interesting thing you learn with the class.

1. ¿Cómo es el barrio donde vives? ¿Qué lugares o servicios hay cerca de tu casa (panaderías, bares, cafés, cines, kioscos, parques, transporte público, más edificios de apartamentos, etcétera)?

2. ¿Vives en una casa, un piso o una residencia estudiantil? ¿Cómo es (moderno, antiguo, tradicional, amplio, etcétera)? ¿Qué muebles tiene? ¿Cuántos cuartos hay?

3. ¿Cuál es el barrio más popular de tu ciudad? ¿Por qué?

**Suggestion D:** Have students look up information on the web about the gypsies in Spain.

Una casa cueva del Sacromonte en Granada, España.

### D. Una casa cueva (*cave*) en el Sacromonte, Granada

En la parte oriental (*eastern*) de Granada, hay una colina (*hillside*) llena de cuevas donde vivían los gitanos (*gypsies*) y donde algunos siguen viviendo hoy en día. El barrio, que se llama el Sacromonte, también es famoso por el flamenco. Desde el Sacromonte hay unas vistas espectaculares de la Alhambra, la famosa fortaleza y palacio árabe. Es posible pasar un fin de semana en una cueva equipada con televisor, microondas y cama cómoda por un precio razonable.

1. ¿Quiénes típicamente viven en las casas cueva?

2. ¿Dónde están las casas cueva y qué se ve desde allí?

3. ¿Preferiría Ud. pasar un fin de semana en una casa cueva o en un hotel lujoso? ¿Por qué?

# Punto gramatical I:
## Uses of **estar**

### Gramática en contexto

Rachel is met by her new Spanish family at the train station in Sevilla. She is very curious about her new home.

RACHEL: Sra. Peña, ¿dónde está su casa?

SRA. PEÑA: ¡Hija! ¡Qué está muy cerca! Está al lado de la Catedral y la Giralda. Por allí también está el Alcázar y el bar de mi hermano, Juan. Él siempre está trabajando. Ahí está ahora mismo. ¡Fíjate! ¡El pobre siempre está tan cansado! Bueno… el bar de Juan está en la planta baja y nuestro piso está encima del bar. Tu cuarto está entre el salón y el baño. Acabo de limpiar todo el piso y está muy limpio y ordenado. En tu cuarto hay unas ventanas que dan a ( *face* ) una terraza pequeña. Las ventanas siempre están abiertas. ¡Mira! ¡Aquí estamos!

### ¿Cierto o falso?

| | CIERTO | FALSO |
|---|:---:|:---:|
| 1. El apartamento está cerca de la Catedral. | ☒ | ☐ |
| 2. Juan siempre está descansando. | ☐ | ☒ |
| 3. El cuarto de Rachel está entre el salón y la cocina. | ☐ | ☒ |
| 4. Las ventanas en el cuarto de Rachel siempre están cerradas. | ☐ | ☒ |

### Explicación gramatical

**Estar** has several uses:

**1. *Location:*** to express location of a physical entity, **estar** is often used with a preposition of place.

| | |
|---|---|
| **cerca de / lejos de** | *near to / far from* |
| **dentro de / fuera de** | *inside of / outside of* |
| **debajo de / encima de** | *underneath / upon, on top of* |
| **detrás de / delante de** | *behind / in front of* |
| **enfrente de** | *in front of, facing, opposite* |
| **al lado de** | *beside, next to* |
| **sobre, en** | *upon/over/above* |
| **entre** | *between* |

Go back to the **Gramática en contexto** dialogue and circle an example of **estar** used to express location.

**2. *Progressive:*** to form the present progressive to express an action that is happening at the moment, combine the present tense of **estar** with the present participle.

Rachel **está hablando** per teléfono.      *Rachel is talking on the phone.*

To form the present participle of regular **-ar** verbs:

hablar → habl**ando**

To form the present participle of regular **-er** and **-ir** verbs:

comer → com**iendo**, vivir → viv**iendo**

---

*Suggestion 1. Location:* Place items in different places relative to a desk or table. Make statements and have students decide if they are true. If they aren't, have students correct you. *Mi portafolio está debajo de la mesa, ¿verdad? No, tienen razón. Está encima de la mesa.* Repeat this activity with the location of students in the classroom. *¿Quién está detrás de James? ¿Quién está al lado de la ventana?*

*Suggestion 2. Progressive:* Use pictures of people doing different activities and ask *«¿Qué está(n) haciendo?»*

**Suggestion:** Show flash cards of infinitive forms of verbs. Provide the subject and have students call out the form. (*Bailar: Cindy y Susan… están bailando.*)

When the stems of **-er** or **-ir** verbs end in a vowel:

> leer → le**yendo**, oír → o**yendo**, ir → **yendo**

**-ir** verbs with stem changes in the present tense also change in the present participle:

> pedir → **pidiendo**, preferir → **prefiriendo**, dormir → **durmiendo**

Circle an example of the present progressive in the **Gramática en contexto** dialogue.

**3. Condition:** to express the condition of a person, an object, or a place, use **estar** with an adjective.

Suggestion 3. Condition: Use pictures of people and describe them, including past participles used as adjectives in your descriptions. Follow up by asking true/false questions.

> Juan **está contento.**     *Juan is content/happy.*

Circle an example of **estar** for condition in the **Gramática en contexto** dialogue.

Often, the adjective will be a past participle. The regular past participles are formed by adding **-ado** to the stem of **-ar** verbs and **-ido** to the stem of **-er** and **-ir** verbs. Past participles used as adjectives must agree in gender and number with the noun they modify.

> Laura está **frustrada** con su compañera de cuarto. (frustrar)
>
> Ricardo y Sergio están **sorprendidos** porque su cuarto es muy pequeño. (sorprender)
>
> Su cuarto está **decorado** con muchas fotos y cuadros bonitos. (decorar)

Some common irregular past participles:

Suggestion: Drill students on the irregular forms of the past participles.

| | | | | | |
|---|---|---|---|---|---|
| **abrir:** | abierto | **escribir:** | escrito | **morir:** | muerto |
| **cubrir:** | cubierto | **freír:** | frito | **poner:** | puesto |
| **decir:** | dicho | **hacer:** | hecho | **romper:** | roto |

Go back to the **Gramática en contexto** dialogue and circle an example of a past participle used as an adjective with **estar.**

## Ponerlo a prueba

Note: Ponerlo a prueba should be an individual effort. If students do poorly, you may want to do more review before continuing the Actividades.

### A. ¿Dónde están? y ¿Qué están haciendo?

Fill in the blank with the appropriate form of **estar** to indicate the location of these family members. Then choose a logical verb from the list and write a sentence using **estar** and the present participle to indicate what they are doing at the moment.

> a. dormir (ue) una siesta          c. preparar la paella
>
> b. tender (ie) (*to hang*) la ropa          d. jugar (ue)

MODELO: Mis hermanos __están__ en el estanco; __están comprando sellos (*stamps*)__ .

1. Mi hermana y yo _____ *estamos* _____ en la plaza; _____ *estamos jugando* _____ .
2. Mi padre _____ *está* _____ en la cocina; _____ *está preparando la paella* _____ .
3. Mi madre _____ *está* _____ en la azotea; _____ *está tendiendo la ropa* _____ .
4. La abuelita _____ *está* _____ en su dormitorio; _____ *está durmiendo la siesta* _____ .

### B. ¡De viaje! El Camino de Santiago

Fill in the blank with the correct form of **estar** and the appropriate past participle form.

> abrir    cubrir    dedicar    emocionar (*excite*)    preparar    romper

1. La catedral de Santiago de Compostela ___ *está dedicada* ___ al apóstol Santiago.
2. La catedral ___ *está abierta* ___ todos los días y todas las noches.

3. Los zapatos de los peregrinos _están cubiertos_ de lodo (*mud*).
4. El bastón (*walking stick*) de uno de los peregrinos _está roto_.
5. Los peregrinos _están emocionados_ por llegar a su destino.
6. La ciudad _está preparada_ para la llegada de miles de peregrinos.

## Actividades

### A. ¿Dónde está?

Using the picture on page 20, decide with a classmate if the following sentences are true or false. Rewrite the false statements to make them true.

|  | CIERTO | FALSO |
|---|:---:|:---:|
| 1. La chica en la moto está lejos de la farmacia. | ☐ | ☒ |

_La chica en la moto está cerca de la farmacia._

| 2. Juan está debajo de las mesas. | ☐ | ☒ |
|---|:---:|:---:|

_Juan está al lado de las mesas._

| 3. La heladería está al lado del estanco. | ☒ | ☐ |
|---|:---:|:---:|

| 4. El kiosco está delante de la panadería. | ☒ | ☐ |
|---|:---:|:---:|

| 5. Los clientes están dentro del bar. | ☐ | ☒ |
|---|:---:|:---:|

_Los clientes están fuera del bar._

| 6. El piso está debajo de las tiendas. | ☐ | ☒ |
|---|:---:|:---:|

_El piso está encima de las tiendas._

### B. ¿Dónde están los miembros de la familia Peña?

During their phone conversation, Roberto tells Rachel that everyone is out and that they will be back home at 5:00. With a partner, use the forms your teacher gives you to figure out where the other members of the Peña family are and guess what they are doing there. Your partner will verify.

MODELO: ESTUDIANTE 1: ¿Dónde está Carlota?

ESTUDIANTE 2: Está en el club atlético.

ESTUDIANTE 1: ¿Está jugando al tenis?

ESTUDIANTE 2: No, está comprando una nueva raqueta.

**Note B:** Information gap activity forms A and B can be found in the *IM*. Photocopy and distribute.

### C. ¿Dónde estás y qué estás haciendo?

Ask a partner where he or she is, what he or she is doing, and how he or she is feeling on the following days and at the times indicated.

MODELO: los jueves a las 5:00 de la tarde

ESTUDIANTE 1: ¿Dónde estás los jueves a las 5:00 de la tarde?

ESTUDIANTE 2: Estoy en el gimnasio.

ESTUDIANTE 1: ¿Qué estás haciendo?

ESTUDIANTE 2: Estoy haciendo ejercicio.

ESTUDIANTE 1: ¿Cómo estás?

ESTUDIANTE 2: Estoy muy cansado.

1. los domingos a las 9:00 de la noche
2. los sábados a las 8:00 de la mañana
3. los martes a las 2:00 de la tarde
4. los viernes a las 11:00 de la noche
5. los lunes a las 8:00 de la mañana

**Suggestion C:** Follow up by asking a few students what their partners do at one of the given times. As students report what they learned about their partners, invite the rest of the class to ask follow-up questions as well.

### Expresiones útiles

ahora, esta noche, esta tarde, este lunes, la próxima semana, mañana

Suggestion D: Review the different cities on the map on page 18 before beginning this exercise.

## D. Viajando por España

Four people are each traveling around Spain for a month, visiting some of the following cities.

Sevilla

Bilbao

Granada

### Posibles actividades

bailar flamenco, comer paella, esquiar en la Sierra Nevada, ir a la playa, ver arquitectura árabe, ver arquitectura de Antoni Gaudí, visitar el museo Guggenheim

Barcelona

Málaga

Valencia

**Paso 1** With a partner, decide where you think each person is, what he or she has just done, and what you think he or she will do in the near future.

### Pista caliente

**Acabar de... , ir a...**

Use **acabar de** + *infinitive* to talk about actions that took place in the very recent past and to express the English phrase *to have just (done something)*.

   **Acabo de ir** a la panadería.      *I have just gone to the bakery.*

To talk about something that will happen in the immediate future, use **ir** + **a** + *infinitive*.

   **Voy a comprar** otra lámpara.      *I'm going to buy another lamp.*

MODELO: Marco está en Pamplona. Acaba de correr con los toros. Ahora va a tomar un poco de sangría y esta noche va a dormir bien.

1. Lola, la artista
2. Marco, el deportista
3. Gabriela, la profesora
4. Rachel, la estudiante de arquitectura

**Paso 2** Now change partners and share the whereabouts and activities of each of the four travelers. Take turns asking each other questions like **¿Dónde está... ? ¿Qué acaba de hacer? ¿Qué va a hacer más tarde?.**

Suggestion D: Have students share their partners' answers with the class.

**Paso 3** Now imagine that you are traveling in Spain and that you have just called your partner on your cell phone. Tell your partner what you have just done and what you are going to do next, then see if he or she can guess where you are.

# Vocabulario del tema II:
## Hablando de la familia

**Suggestion:** Bring in pictures of your family or an invented one or put your family tree on the board. Tell your students about the different members of the family and their relationship to you and to each other. Invite students to ask you follow-up questions to get more information about your family, then ask students questions to see how much they remember.

**Suggestion:** Referring to the picture, give a lot of comprehensible input as you present the scene. Stop frequently to check comprehension of new vocabulary with simple yes/no or true/false questions. *¿Cómo se llama el padre de Juan? ¿Cómo se llama la hermana de Juan? ¿Cuántos hijos tienen José Luis y Carlota? ¿Cómo se llaman los hermanos de Lorena? ¿Tiene sobrinos Roberto? ¿Cuántos nietos tienen Miguel y Adela? ¿Cuál de las familias es más artística? ¿más atlética? ¿Es serio Roberto Peña García? No, es cómico. ¿Quién es muy serio?*

los abuelos

Carmen García de Peña — 79

Adela Alarcón Pérez — 68    Miguel Robledo Villa — 79

Roberto Peña García — 48    Marina Robledo de Peña — 45    Juan Robledo Alarcón — 50    José Luis Robledo Alarcón — 41    Carlota Ruíz de Robledo — 38

Miguel Ángel Peña Robledo — 22    Jaime Peña Robledo — 18    Lorena Peña Robledo — 14    Antonio Robledo Ruíz — 16    Lourdes Robledo Ruíz — 15

## La familia

| | |
|---|---|
| los parientes | *relatives* |
| el/la abuelo/a | *grandfather/grandmother* |
| el padre | *father* |
| la madre | *mother* |
| el padrastro | *stepfather* |
| la madrastra | *stepmother* |
| el/la esposo/a | *husband/wife* |
| el/la hijo/a | *son/daughter* |
| el/la hijastro/a | *stepson/stepdaughter* |
| el/la hermano/a | *brother/sister* |
| el/la hermanastro/a | *stepbrother/stepsister* |
| el/la medio/a hermano/a | *half brother /half sister* |
| el/la nieto/a | *grandson/granddaughter* |
| el/la primo/a | *cousin* |
| el/la tío/a | *uncle/aunt* |
| el/la sobrino/a | *nephew/niece* |
| el suegro | *father-in-law* |
| la suegra | *mother-in-law* |
| el yerno | *son-in-law* |
| la nuera | *daughter-in-law* |

## ¿Cómo están?

| | |
|---|---|
| aburrido/a | *bored* |
| alegre | *happy* |
| cansado/a | *tired* |
| contento/a | *content, happy* |
| de buen/mal humor | *in a good/bad mood* |
| emocionado/a | *excited* |
| enfermo/a | *sick* |
| furioso/a | *furious, angry* |
| loco/a | *crazy, "nuts"* |
| ocupado/a | *busy* |
| preocupado/a | *worried* |
| relajado/a | *relaxed* |
| triste | *sad* |

## ¿Cómo son? (aspecto físico)

| | |
|---|---|
| alto/a | *tall* |
| bajo/a | *short* |
| de estatura mediana | *of medium height* |
| bonito/a | *pretty* |
| guapo/a | *good-looking* |
| feo/a | *ugly* |
| viejo/a | *old* |
| joven | *young* |
| delgado/a | *thin, slender* |
| gordito/a | *chubby* |
| gordo/a | *fat* |
| fuerte | *strong* |
| débil | *weak* |
| grande | *big* |
| pequeño/a | *small* |
| rubio/a | *blond(e)* |
| moreno/a | *brunette* |
| pelirrojo/a | *redheaded* |

## ¿Cómo son?

| | |
|---|---|
| activo/a | *active* |
| amable | *kind, nice* |
| antipático/a | *unpleasant* |
| bueno/a | *good* |
| cómico/a | *funny* |

| | |
|---|---|
| conservador(a) | *conservative* |
| excéntrico/a | *eccentric* |
| extrovertido/a | *outgoing* |
| generoso/a | *generous* |
| grosero/a | *rude* |
| inteligente | *intelligent* |
| liberal | *liberal* |
| listo/a | *clever* |
| malo/a | *bad* |
| mandón/mandona | *bossy* |
| perezoso/a | *lazy* |
| pobre | *poor* |
| raro/a | *weird* |
| rico/a | *rich* |
| serio/a | *serious* |
| simpático/a | *nice, likable* |
| tacaño/a | *stingy* |
| tímido/a | *shy* |
| tonto/a | *foolish* |
| trabajador(a) | *hardworking* |

## Otras palabras útiles

| | |
|---|---|
| casado/a | *married* |
| divorciado/a | *divorced* |
| soltero/a | *single* |

**Expansion:** Using the family tree, explain how last names work in most Hispanic countries. Have students determine what their last names would be if they were born in a Hispanic country.

**Suggestion A:** Have students read the list of possible answers before doing the listening activity.

**Audioscript:** *¡Hola! Me llamo Jaime. Mi familia es muy grande y todos mis parientes son súper interesantes. Mi mamá es muy artística y por eso mis hermanos y yo somos creativos también. Por ejemplo, mi hermano Miguel Ángel es escritor. Le gusta leer y escribir poesía. Miguel Ángel tiene 22 años. No tiene muchos amigos. Es un poco excéntrico y tímido, pero es muy simpático. Su novia se llama Mari y es muy simpática también. Mi tío Juan es otro pariente muy interesante. Tiene 50 años y es divorciado. Es dueño de un bar y trabaja todos los días. Es inteligente, simpático y muy trabajador. También es atleta, pero no tiene mucho tiempo para practicar los deportes. Su pasatiempo favorito es ver el fútbol en la tele. ¡Pobre! No tiene mucho tiempo libre. Creo que mi pariente favorito es mi abuela Carmen. Tiene 79 años y es viuda, así que vive con nosotros. Ella es muy tranquila, paciente y simpática. Le gusta escuchar música, leer el periódico y dormir.*

## Actividades

### A. Una familia creativa

Listen as your instructor reads information about Jaime's family. Then check the appropriate boxes to answer the following questions.

1. ¿Quién es poeta?
   - ☐ Jaime
   - ☐ su mamá
   - ☒ su hermano Miguel Ángel

2. ¿Quién tiene mucha paciencia?
   - ☐ Mari
   - ☐ su mamá
   - ☒ la abuela Carmen

3. ¿Quién trabaja demasiado (*too much*)?
   - ☐ Jaime
   - ☒ el tío Juan
   - ☐ la abuela Carmen

4. ¿Cuántos años tiene la abuela Carmen?
   - ☐ 97
   - ☐ 69
   - ☒ 79

### B. ¿Cierto o falso?

Study Jaime's family tree and decide if the following statements are true or false. Rewrite the false statements to make them true.

| | CIERTO | FALSO |
|---|---|---|
| 1. Marina es la nieta de doña Carmen. | ☐ | ☒ |
| *Marina es la nuera de doña Carmen.* | | |
| 2. José Luis es el tío de Miguel Ángel. | ☒ | ☐ |
| 3. Antonio tiene tres primos: Jaime, Lorena y Miguel Ángel. | ☒ | ☐ |

4. Jaime es el sobrino de Carlota. ☒ ☐

5. La esposa de José Luis se llama Marina. ☐ ☒

*La esposa de José Luis se llama Carlota.*

6. Adela y Miguel tienen dos nietos y tres nietas. ☐ ☒

*Adela y Miguel tienen tres nietos y dos nietas.*

### C. Los números: ¿Cuántos años tiene?

Listen as your instructor tells you the ages of all the members of Jaime's family. Write the ages in the spaces provided in the drawing on page 27.

**Audioscript C:** Dictate the age of the people from the family tree. For example, «*Roberto tiene cuarenta y ocho años.*» Have your students write the age next to the figure in their textbooks. Be sure to mix up the order.

*Adela Alarcón Pérez (68)*
*Carmen Garza de Peña (79)*
*Juan Robledo Alarcón (50)*
*Jaime Peña Robledo (18)*
*Marina Robledo de Peña (45)*
*Antonio Robledo Ruíz (16)*
*Miguel Robledo Villa (79)*
*Roberto Peña García (48)*
*Lorena Peña Robledo (14)*
*Miguel Ángel Peña Robledo (22)*
*José Luis Robledo Alarcón (41)*
*Lourdes Robledo Ruíz (15)*
*Carlota Ruíz de Robledo (38 )*

## Pista caliente

### Tener

Use **tener** to express age in Spanish.

**Tiene** 56 años.    *She is 56 years old.*

#### Los números 11–100

| | | | |
|---|---|---|---|
| 11 once | 18 dieciocho | 25 veinticinco | 40 cuarenta |
| 12 doce | 19 diecinueve | 26 veintiséis | 50 cincuenta |
| 13 trece | 20 veinte | 27 veintisiete | 60 sesenta |
| 14 catorce | 21 veintiuno* | 28 veintiocho | 70 setenta |
| 15 quince | 22 veintidós | 29 veintinueve | 80 ochenta |
| 16 dieciséis | 23 veintitrés | 30 treinta | 90 noventa |
| 17 diecisiete | 24 veinticuatro | 31 treinta y uno | 100 cien |

### D. ¿Cómo es la familia Robledo?

**Paso 1** Complete these descriptions with the appropriate adjective.

1. Marina y Roberto viajan mucho y siempre les compran regalos a sus sobrinos. Son muy (generosos/tacaños).

2. A Antonio le gusta practicar muchos deportes y tiene muchos trofeos. Es muy (perezoso/activo).

3. Lorena tiene muchas amigas. Siempre está hablando por teléfono con ellas; no es muy (extrovertida/tímida).

4. Carlota hace mucho ejercicio; es fuerte y (gorda/delgada).

5. Roberto siempre está de buen humor y le gusta contar chistes; es muy (perezoso/chistoso) y (amable/serio).

**Paso 2** Complete the following descriptions of Jaime's family with the appropriate adjective from the vocabulary list on pages 27–28.

| | ¿CÓMO ES SU PERSONALIDAD Y SU ASPECTO FÍSICO? | ¿CÓMO ESTÁ EN ESTE MOMENTO? |
|---|---|---|
| 1. Miguel Ángel | | |
| 2. José Luis | | |
| 3. Marina | | |
| 4. Lourdes | | |

*Note that **uno** and numbers that end in **uno** (**veintiuno, treinta y uno**, and so on) become **un** before a masculine noun: **un pariente, veintiún parientes.**

**Suggestion. Pista caliente:** Go around the room and "steal" things from your students. Then ask questions, «¿Es mi lápiz?» «¿Es el libro de (name)?» «¿No? ¿No es su libro?» «Pues, ¿de quién es entonces?» «¿Es tu libro, (name)?», etc.

**Answers E.** *Paso 1:*
1. *Sus padres tienen sus bicicletas en su coche.*
2. What do her parents have in their car?
3. *El perro es del hermano de Rachel / es de su hermano.*

**Suggestion E.** *Paso 2:* Ask students to translate what *su* means in each sentence to make it clear how the meaning varies.

**Suggestion F:** Provide a model by describing (invent or exaggerate if necessary) one of your favorite relatives. Bring in photographs.

**Suggestion F.** *Paso 2:* Ask for volunteers to create a few model questions. Record them on the board and then have students continue to write the questions in pairs. For example, ¿Cómo se llama? ¿Cuántos años tiene?, etc.

### E. La familia de Rachel

**Paso 1**  Read the following paragraph and answer the questions about Rachel's family in the United States. Pay attention to the use of possessive pronouns as you read.

**Mis** padres son muy activos. **Sus** bicicletas siempre están en **nuestro** coche porque **su** actividad favorita es andar en bici. También les gusta caminar con el nuevo perro de **mi** hermano. **Su** perro es joven y necesita mucho ejercicio.

1. ¿Qué tienen sus padres en su coche?
2. Traduzca la pregunta número uno al inglés.
3. ¿De quién es el nuevo perro?

**Paso 2**  Complete the conversations with the appropriate possessive adjective.

1. RACHEL: ¿____Sus____ hijos van a una escuela en el Barrio de Santa Cruz?

   SRA. PEÑA: No, ____su____ escuela secundaria está en los Remedios.

2. RACHEL: Lorena, ¿Son difíciles ____tus____ clases de flamenco?

   LORENA: Sí, las clases son difíciles, pero ____mis____ compañeras y yo pensamos que son muy divertidas y que las instructoras son fabulosas. _Nuestra / Mi_ instructora favorita se llama Malena Montes.

3. RACHEL: Sres. Peña, ____su____ casa es muy histórica, ¿verdad?

   LOS SRES. PEÑA: Sí, ____nuestra____ casa es del siglo XV.

4. RACHEL: Sra. Peña, ____su____ hermano Juan tiene un bar en el centro de Sevilla, ¿verdad?

   SRA. PEÑA: No, hija, el bar de ____mi____ hermano está en la planta baja de este edificio.

### F. ¿Cómo es la familia de Ud?

**Paso 1  ¿Quién es su pariente más interesante?** Describe one of your most interesting, strange, colorful, or favorite relatives to a partner. Include the following information in your description:

> **Nombre, relación, edad, estado civil** (*marital status*), **origen o residencia, personalidad, trabajo/estudios, sus actividades favoritas, actividades que su pariente y Ud. hacen juntos/as, etcétera.**

**Paso 2**  With your partner, prepare a list of questions to get the same information from another classmate or your instructor about his or her most interesting relative. ¡Cuidado! Remember to use **Ud.** when necessary.

**Paso 3**  Interview another classmate or your instructor. Take notes and be prepared to share the most interesting piece of information you learned with the class.

# Punto gramatical II:
## Ser and estar

## Gramática en contexto

Habla Lorena sobre su familia:

> Mis hermanos son muy amables y aunque somos muy diferentes nos llevamos bien. Tengo dos hermanos, así que hay seis personas que viven en el piso —mis dos hermanos, mis padres, mi abuela y yo. Mi madre es muy simpática y trabajadora; siempre está ocupada. No veo a mi padre mucho porque durante la semana está en Cádiz por su trabajo. Él es ingeniero. La

abuela es de Carmona y no está muy contenta aquí en Sevilla. Dice que la ciudad es demasiado grande. En este momento la familia está planeando la boda de mi hermano mayor, Miguel Ángel, con su novia, Mari. La boda es el sábado que viene. Estoy segura de que va a ser muy guay porque la recepción es en el Parador de Carmona. Rachel, la estudiante que vive con nosotros este año, está muy emocionada de poder asistir a una boda española.

Note: Paradores are old castles and forts that have been converted into upscale hotels throughout Spain.

**¿Cierto o falso?**

| | | CIERTO | FALSO |
|---|---|---|---|
| 1. | El padre de Lorena no está en casa durante la semana. | ☒ | ☐ |
| 2. | Su madre es trabajadora. | ☒ | ☐ |
| 3. | Su abuela no está contenta en Sevilla porque la ciudad es demasiado pequeña. | ☐ | ☒ |
| 4. | La recepción es en Sevilla. | ☐ | ☒ |

## Explicación gramatical

**A.** Recall the uses of **estar** that you learned previously:

1. To express the **location** of a physical entity.

    **¿Dónde está** el parador?    *Where is the (state) hotel?*

    Los novios todavía **están en la iglesia.**    *The bride and groom are still in the church.*

    Go back to the **Gramática en contexto** paragraph and circle an example of **estar** used to express location.

2. To form the **progressive** to express an action that is happening at the moment.

    **Están preparando** las tapas.    *They are preparing the tapas.*

    Circle an example of **estar** with progressive in the **Gramática en contexto** paragraph.

3. To express a **condition** such as health, mental state, or change from the perceived norm.

    El abuelo **está cansado.**    *Grandfather is tired.*

    Los invitados **están muy animados** hoy.    *The guests are very animated today.*

    Circle an example of **estar** to express condition in the **Gramática en contexto** paragraph.

**B. Ser** also has specific uses.

1. To express where an **event** takes place.

    **¿Dónde es** la recepción?    *Where is the reception?*

    La ceremonia religiosa **es en la catedral.**    *The religious ceremony takes place in the cathedral.*

    Go back to the **Gramática en contexto** paragraph and circle an example of **ser** for location of an event.

2. To indicate **time** and **date.**

    **Son las 7:00** y la ceremonia empieza pronto.    *It's 7:00 and the ceremony begins soon.*

    Circle an example of **ser** to indicate time in the **Gramática en contexto** paragraph.

3. With **de** to indicate **origin**.

Su suegra **es del Perú**. *Her mother-in-law is from Peru.*

Las flores **son de Almería**. *The flowers are from Almeria.*

Circle an example of **ser** to indicate origin in the **Gramática en contexto** paragraph.

4. With **de** to indicate **possession**.

Las flores **son de Camila**. *The flowers are Camila's.*

Circle an example of **ser** to indicate possession in the **Gramática en contexto** paragraph.

5. To express **inherent** characteristics, including nationality or the perceived norm with adjectives.

La madre de la novia **es una mujer elegante y sofisticada**. *The mother of the bride is an elegant and sophisticated woman.*

**Es peruana,** pero sus antepasados **son españoles**. *She is Peruvian, but her ancestors are Spanish.*

Circle an example of **ser** to express inherent characteristics in the **Gramática en contexto** paragraph.

6. To indicate **occupation**. Note that the article is not used with professions unless an adjective is added.

Su medio hermano **es profesor**. *Her half brother is a professor.*

Su madrastra **es una sicóloga excelente**. *His stepmother is an excellent psychologist.*

Circle an example of **ser** to indicate occupation in the **Gramática en contexto** paragraph.

Note how the choice of **ser** or **estar** changes the meaning of the following sentences.

1. La paella **es** muy rica. *The paella is delicious.* (it always is)

   La paella **está** muy rica. *The paella tastes delicious.* (this particular paella)

2. Horacio **es** nervioso. *Horacio is nervous.* (he is a nervous person)

   Héctor **está** nervioso. *Hector is nervous.* (something just happened to make him nervous)

3. Susana **es** guapa. *Susana is pretty.* (she's a pretty woman)

   Lola **está** muy guapa. *Lola looks very pretty.* (she looks pretty today)

4. Ramón **es** aburrido. *Ramon is boring.* (he's a boring person)

   Pepe **está** aburrido. *Pepe is bored.* (he feels bored right now)

## Ponerlo a prueba

Note: **Ponerlo a prueba** should be an individual effort. If students do poorly, you may want to do more review before continuing the **Actividades**.

### A. La boda de Miguel Ángel

Underline the appropriate words or phrases to complete the sentences.

1. Los antepasados de Mari, la novia de Miguel Ángel, son (en el sur de España / cerca de la frontera / de Aragón / en un pueblo pequeño).

2. Los padres de Mari están (ricos / preocupados / de Madrid / andaluces) por el costo de la boda.

3. Toda la familia cree que Mari está (tímida /(guapísima)/ inteligente / profesora) hoy.

4. La abuela Carmen está (de Carmona /(cansada)/ vieja / española), por eso no quiere bailar con Juan.

5. El padre de la novia es ((médico) / en Florida / frustrado / escribiendo un artículo).

## B. Un correo electrónico

Rachel is writing to her best friend, Lillian, who is studying in Ecuador this semester. She wants to show off her Spanish. Help her complete the letter with the most appropriate form of either **ser** or **estar.** Then, with a partner, decide which of the following explains the reason for the use of **ser** or **estar:** location, condition, progressive, event, time, origin, possession, inherent characteristic, occupation. The first one is done for you.

Querida Lillian:

Ahora mismo **estoy (location)** ¹ en un hotel en Madrid. _____Son (time)_____ ² las once de la noche. Tengo que contarte un secreto: ¡____Estoy (condition)____ ³ enamorada! Se llama José Luis; ____es (origin)____ ⁴ de Salamanca. Él ____es (occupation)____ ⁵ músico y sus padres tienen un taller (*workshop*) de guitarras que ____está (location)____ ⁶ en el centro de Salamanca cerca de la catedral. Mañana hay un gran concierto de flamenco y voy con José Luis. Por eso ____estoy (location)____ ⁷ en Madrid. El concierto _____es (event)_____ ⁸ en Las Ventas. Va a ____ser (characteristic)____ ⁹ fenomenal. ¡(Yo) ____estoy (condition)____ ¹⁰ extática! Voy a escribirte mañana con los detalles. Cuídate mucho.

Abrazos,

Rachel

## Actividades

### A. Una boda real (*royal*)

**Paso 1** Select the correct form of **ser** or **estar** in the present tense to complete the following sentences about the royal wedding between Felipe de Borbón (the heir to the Spanish throne) and Letizia Ortiz.

1. La boda _____es_____ en la Catedral de la Almudena en Madrid.

2. Más de 1.200 millones de personas ____están____ mirando la boda en la televisión.

3. El vestido de novia de Letizia ____es____ de seda (*silk*).

4. La tiara de diamantes que lleva Letizia ____es____ de la reina Sofía, madre de Felipe.

5. No ____es____ un día bonito para una boda porque ____está____ lloviendo mucho.

6. A pesar de (*Despite*) la lluvia, los novios ____están____ muy alegres y emocionados.

7. La reina Sofía, la madre de Felipe, ____es____ de Grecia; ____es____ griega.

8. Los vestidos de Elena y Cristina, las hermanas de Felipe, ____son____ muy bonitos.

9. El banquete ____es____ en el Palacio Real.

10. ____Son____ las 5000 de la tarde y los sobrinos de Felipe ____están____ cansados.

Suggestion A. *Paso 1:* Bring in more photographs of the royal wedding. There are many on the Internet.

**Paso 2** Imagine that you are watching the royal wedding broadcast on Spanish television when a friend from Ecuador, who is fascinated by European royalty, calls to ask you questions about the wedding. With a partner, prepare a conversation giving as many details as possible. Use the following question words: **¿qué?, ¿quién?, ¿cómo?, ¿cuándo?, ¿dónde?, ¿de dónde?, ¿cuánto?** Use your imagination and the information from **Paso 1** to form your answers.

> MODELO: ESTUDIANTE 1: ¿Dónde es la boda?
>
> ESTUDIANTE 2: Es en la catedral.

**B. Buscando piso en Sevilla**

Imagine that you have been studying abroad in Sevilla and now, after living for a semester with a Spanish family, you have decided to look for an apartment to share with a Spanish student.

**Paso 1** First, fill out the following housing questionnaire.

**Note B:** This task-based activity gives students the opportunity to use the vocabulary and grammatical structures featured in the chapter to make a real-world decision about housing options in Spain.

**Suggestion B.** *Paso 1* and *Paso 2:* Have students fill out the questionnaire and read the apartment ads for homework.

| Cuestionario de alojamiento (*housing*): Piso privado | | |
|---|---|---|
| **Nombre:** | | |
| **Edad:** | **Sexo:** Masculino / Femenino | |
| **Especialidad (*Major*):** | | |
| **Personalidad:** (tres o cuatro adjetivos) | | |
| **Hábitos:** | | |
| • ¿Estudia tarde por la noche?   Frecuentemente | A veces | Nunca |
| • ¿Sale de noche hasta tarde?   Frecuentemente | A veces | Nunca |
| **Preferencias:** | | |
| ¿Le importa compartir el piso con alguien de otro sexo?   Sí | No | |
| ¿Le molesta vivir con personas que fumen (*smoke*)?   Sí | No | |
| ¿Le molesta tener animales en la casa?   Sí | No | |
| ¿Qué lengua prefiere hablar en el piso? | | |
| Solamente español    Español e inglés    Solamente inglés | | |
| ¿Prefiere tener una habitación individual?   Sí | No | |
| **Localidad:** Indique con una «x» sus preferencias: | | |
| 1.   ☐ el barrio antiguo | ☐ el barrio moderno | |
| 2. proximidad a... | | |
| ☐ la universidad | ☐ tiendas | |
| ☐ una parada de autobuses | ☐ el gimnasio | |
| ☐ el supermercado | ☐ los bares | |
| **Precio máximo:** € _____ (precios típicos entre 400 y 600 euros al mes) | | |

**Note:** You may wish to have students look up the current exchange rate on an online currency conversion site.

**Paso 2** Now read a partner's housing questionnaire and the following ads. Determine which of the apartments and Spanish roommates are most compatible with your partner's preferences.

**Note:** Explain to students that when o is used between two numbers, an accent is often added to distinguish it from the number zero.

Piso 1

Piso 2

Piso 3

**Piso 1:** Estudiante de empresariales (*business*) busca 1 ó 2 personas para compartir piso (107 m² [metros cuadrados]) de 3 habitaciones individuales, cocina, salón, 1 baño, terraza, en el barrio antiguo. Cerca de la universidad, parada de autobús, tiendas, bares y restaurantes. No tengo televisor. Hay lavadora y ordenador. Soy limpio, tranquilo. Fumo, salgo mucho, me acuesto (*I go to bed*) muy tarde. Precio €500. Jaime Chávez 856-24-37-56

**Piso 2:** Estudiante de derecho (*law*) busca 1 ó 2 personas para compartir piso (70.00 m²) de 2 habitaciones y 1 baño. Precioso piso situado en una de las avenidas más antiguas de Sevilla, con amplio salón con suelo de parqué (*wood flooring*), una gran terraza con preciosas vistas al río y al puente de Triana. Totalmente reformado, cocina dispone de microondas. Cerca de la universidad, tiendas, bares y restaurantes. No tengo televisor. Soy limpia. No fumo. No salgo mucho. Tengo un gato. Precio €450. Carmen Reyes 578-89-02-27

**Piso 3:** Estudiante de empresariales busca 1 ó 2 personas con quienes pueda practicar el inglés para compartir piso (70.00 m²) reformado, de 2 habitaciones, cocina bien equipada, salón, 1 baño, terraza amplia, muebles, ascensor (*elevator*), portero automático, en Los Remedios, barrio moderno. Cerca de varias paradas de autobuses, mercado, ambulatoria (*clinic*), bares y restaurantes. Hay televisor. Tengo un perro. Estudio en casa. Trabajo en un bar los fines de semana. Precio €400. Armando Torres 998-46-75-56

Mi compañero/a dice que yo debo llamar a

_____

Yo pienso que mi compañero/a debe llamar a

_____

**Paso 3** With your partner, role-play a conversation in which you answer the ad for the apartment that best suits your needs. Take turns playing the Spanish roommate. In your conversation, you should:

- get to know each other
- find out some details about the apartment
- set up a time to go look at the apartment

**Suggestion B.** *Paso 3:* As follow-up, have a few students act out their conversations in front of the class.

# Reciclaje gramatical

**Note:** An important component of *Reciclaje gramatical* is consistent recycling of both grammatical structures and the communicative goals.

## La concordancia

Fill in the blanks with the correct form of the adjective in parentheses.

Don Quijote y Sancho Panza son dos personajes[a] (famoso) _____famosos_____[1] de la literatura (español) _____española_____.[2] Las aventuras de don Quijote y su sirviente son (conocido) _____conocidas_____[3] por todo el mundo. Don Quijote es un loco[b] (excéntrico) _____excéntrico_____[4] que está contento de vivir en el mundo imaginario de un caballero andante.[c] Sancho Panza es una persona menos (aventurero) _____aventurera_____,[5] pero a pesar de sus dudas,[d] decide salir con su amo[e] para buscar aventuras y resolver los problemas (imaginario) _____imaginarios_____[6] de don Quijote.

[a]*characters* [b]*crazy person* [c]*caballero... knight errant* [d]*doubts* [e]*master*

## Los verbos

Esta noche (yo: tener) _____tengo_____[1] una cita con Lola, una chica que (estar) _____está_____[2] en mi clase de arte. (Nosotros: Ir) _____Vamos_____[3] a una presentación sobre el arte de Pablo Picasso. Un profesor, experto en el cubismo,* (venir) _____viene_____[4] a Sevilla para hablar de los cuadros cubistas de Picasso. El evento (comenzar) _____comienza_____[5] a las ocho. Uno de los cuadros cubistas más famosos de Picasso es *Guernica*, un mural extenso que (recordar) _____recuerda_____[6] el bombardeo[a] de la ciudad vasca de Guernica por aviones de la Alemania nazi un año después del comienzo de la Guerra Civil española en 1936. (Yo: Saber) _____Sé_____[7] que a Lola le gusta mucho el arte de Picasso. La verdad es que no (yo: entender) _____entiendo_____[8] nada del arte moderno. (Yo: Preferir) _____Prefiero_____[9] el arte realista, pero Lola me (decir) _____dice_____[10] que (ella: poder) _____puede_____[11] ayudarme a apreciar el arte de Picasso. (Yo: Pensar) _____Pienso_____[12] invitarla a ir a Madrid conmigo a ver *Guernica* en el Museo Nacional Reina Sofía.† Si (yo: hacer) _____hago_____[13] esto, ¿(pensar) _____piensan_____[14] Uds. que Lola va a enamorarse de mí? ¡Vamos a ver!

[a]*bombing*

## Las palabras interrogativas

After interviewing the royal family's spokesperson about Prince Felipe's first child, a reporter is trying to decipher his recording of the interview, but the questions are inaudible. Help him recreate the interview by writing the questions using **¿qué?, ¿cómo?, ¿cuándo?, ¿dónde?, ¿cuánto/a/os/as?, ¿por qué?** or **¿quién?**

1. ¿_Cuándo es el cumpleaños de Leonor_____?

   El cumpleaños de Leonor es el 31 de octubre de 2005.

2. ¿_Cómo se llaman los padres de Leonor_____?

   Los padres de Leonor se llaman don Felipe y doña Letizia.

---

*Cubism, developed in France in the early 1900's, is the style of art most commonly associated with Pablo Picasso. In cubist artwork, objects are broken down into smaller pieces, analyzed, and then reassembled in an abstract form that shows the object from several different points of view.
†The Museo Nacional Reina Sofía, Spain's national museum of 20th century art, was named for Queen Sofía. The museum, which opened in 1992, is home to many pieces by Pablo Picasso and Salvador Dalí.

3. ¿_Cómo es Leonor_____?

   Según la Reina Sofía, su abuela, Leonor es preciosa.

4. ¿_Quién es el abuelo de Leonor_____?

   El abuelo de Leonor es don Juan Carlos de Borbón, el rey de España.

5. ¿_Cuál es el título de Leonor_____?

   El título de Leonor es «_Infanta_ (Princess), _de España_».

6. ¿_Por qué es importante Leonor_____?

   La Infanta Leonor es importante porque un día puede ser la reina de España.

7. ¿_Cuántos primos tiene Leonor_____?

   Leonor tiene cinco primos mayores que son los hijos de las dos hermanas de Felipe.

8. ¿_Dónde vive Leonor_____?

   La infanta Leonor vive en Madrid con sus padres.

# Oportunidades globales

## Introducción:
## Los programas para extranjeros en España

**Suggestion:** Ask students what they know about the history of Spain. Brainstorm to come up with events in Spanish history.

En 1929, la Universidad de Salamanca fue la primera universidad en España en dar cursos de español para extranjeros. Ahora muchas universidades y escuelas privadas ofrecen estos cursos en varias ciudades españolas como, por ejemplo, Toledo, Madrid, Barcelona, Santander y Sevilla. Sevilla es una ciudad perfecta para este tipo de clases por muchas razones. Es una ciudad histórica donde coexistieron tres grandes culturas importantes: la cristiana, la árabe y la judía. Rastros[a] de estos grupos se ven hoy en la arquitectura, la música, la lengua y las fiestas. A los estudiantes extranjeros lo que les encanta de Sevilla es el espíritu fiestero[b] y alegre de los sevillanos.

[a]_Traces_   [b]_celebratory_

## Comprensión

Answer the following questions.

1. ¿Por qué es Sevilla la ciudad perfecta para los programas para extranjeros?
2. ¿Es la ciudad de Ud. un lugar ideal para un programa para extranjeros? ¿Por qué?

## ¡A escuchar!

Listen as your instructor reads Sra. Peña's comments about her foreign student, Rachel. Decide if the questions that follow are true or false.

### ¿Cierto o falso?

| | CIERTO | FALSO |
|---|:---:|:---:|
| 1. La Sra. Peña tiene tres hijos. | ☒ | ☐ |
| 2. Rachel tiene 15 años. | ☐ | ☒ |
| 3. Rachel no es tímida. | ☒ | ☐ |
| 4. Mañana Rachel va a salir para Barcelona. | ☒ | ☐ |

## ¡A leer!

Rachel is preparing her term paper on the architecture of Spain. Read over her notes and match each of the following photos with the paragraph that best describes it.

1. *La arquitectura posmoderna*

2. *La arquitectura árabe*

3. *La arquitectura modernista*

4. *La arquitectura medieval*

### La arquitectura árabe

En el siglo VIII los árabes conquistaron la Península Ibérica y construyeron la segunda mezquita más grande de todo el imperio musulmán (*Muslim*): la

Mezquita (*Mosque*) de Córdoba. Este magnífico edificio seguía (*followed*) el modelo de una mezquita en Jerusalén, y lo construyeron durante 200 años. Cuando los cristianos reconquistaron Córdoba en 1236, no destruyeron la mezquita. Simplemente, construyeron un altar en el centro y convirtieron el edificio en una catedral. Es el edificio más antiguo y mejor conservado de toda Andalucía.

### La arquitectura medieval

La imponente (*impressive*) fortaleza del Alcázar de Segovia está ubicada (*located*) en un estratégico lugar muy elevado. En tiempos belicosos (*warlike*), desde la prehistoria de la cultura celta (*Celtic*) hasta la Reconquista (*Reconquest*), esta situación les ofrecía protección a los habitantes. El actual palacio fue construido por la dinastía de los Trastámara en el siglo xv. Un puente levadizo (*drawbridge*) atraviesa un profundo foso (*moat*) que rodea el Alcázar. Las torres muy altas ofrecen una vista extensa de la sierra. En el nivel subterráneo se descubrieron numerosos túneles secretos que bajan hasta el río y conectan con otros palacios de la ciudad.

### La arquitectura modernista

La Casa Milà es una casa privada que fue construida entre los años 1906 y 1912 por el gran arquitecto catalán, Antoni Gaudí en Barcelona. Gaudí fue uno de los líderes más innovadores del modernismo español. La arquitectura de Gaudí refleja las formas de la naturaleza. En la Casa Milà hay muy pocas líneas rectas, pero hay numerosas líneas curvas y redondas. Todo está hecho de piedra natural, menos la parte superior que está cubierta de azulejos blancos. En la azotea hay grandes chimeneas de figuras extrañas también cubiertas de azulejos blancos. Se dice que la casa parece una montaña nevada, olas (*waves*) en el mar o un terreno lunar.

### La arquitectura posmoderna

El Museo Guggenheim Bilbao es un museo de arte contemporáneo situado en el País Vasco. Al abrir en 1997, el museo se convirtió en una importante atracción turística y el símbolo más importante de la ciudad de Bilbao. El diseño del museo es del famoso arquitecto estadounidense Frank Gehry, y es uno de los edificios posmodernos más espectaculares. La estructura principal está radicalmente esculpida (*sculpted*) sin ninguna superficie (*surface*) plana. Desde el río parece ser un barco y visto desde arriba el edificio tiene la forma de una flor.

### Comprensión

1. ¿Quién conquistó la Península Ibérica en el siglo VIII?
2. ¿Dónde está localizado el museo más moderno de España?
3. ¿Durante cuánto tiempo construyeron la Mezquita de Córdoba?
4. ¿Qué aspectos del Alcázar de Segovia ofrecen protección en tiempos de guerra?
5. ¿Cuál es más viejo, la Mezquita de Córdoba o el Alcázar de Segovia?

# ¡A conversar!

Read over the following situations and then, with a partner, act out each one incorporating the **Expresiones útiles** that target the conversational skills needed to perform each dialogue.

*Answers. Comprensión:*
*1. los árabes*
*2. en la ciudad de Bilbao en el País Vasco*
*3. 200 años*
*4. la elevación alta, las torres, el foso, el puente levadizo, los túneles*
*5. la Mezquita de Córdoba*

**Note ¡A conversar!:** These dialogues recycle the seven **Destrezas comunicativas.**

**Suggestion:** Ask for volunteers to re-enact their situation for the class. Or as you monitor students' work, if you hear one group that is especially interesting or funny, ask those students to perform their situation for the class. Do not let students memorize their lines. The presentations should be as spontaneous as possible.

**Situación 1** Two students who took Spanish I in the spring run into each other at a party at the end of the semester.

*Destrezas conversacionales: Iniciar y cerrar una conversación con un amigo*

ESTUDIANTE A: Strike up a conversation with a former classmate about your plans to study in Seville, Spain, in the fall semester.

ESTUDIANTE B: Talk about how great life is on campus and how you would never think about leaving, especially during football season.

**Situación 2** Two students who have recently arrived in Spain, but are studying in different cities, talk on the phone about where they are living this semester and their host families.

*Destrezas conversacionales: Expresar alegría y frustración*

ESTUDIANTE A: Your apartment in Barcelona is quite small, especially your room. Plus it is always hot and the bed is very small. The apartment is located far away from the other students, who live near Parque Güell, but the family is very nice, and they treat you like a member of the family. The best part is that the señora is a fabulous cook.

ESTUDIANTE B: Your apartment is right downtown (**en el centro**) of Bilbao with easy access to the Guggenheim and is close to all the shops, bars, and restaurants. It is very spacious and there is a piano that you can play. However, the grandmother lives there and always seems to be angry with you. Also, the father never even talks to you.

## ¡A escribir!

A Spanish student is coming to spend a semester in your city and will be living with your family. She writes to ask you what your family and your city are like. Describe for her in Spanish in as much detail as possible your family, your house, and the room where she will be staying. Also describe the area of the city where you live and what amenities and attractions there are.

**Suggestion ¡A escribir!:** If there is an online discussion board available for your class, have students post their letters online. Have students read each other's letters and select the one that sounds the most attractive.

# Vocabulario

## Los sustantivos

### En casa

| | |
|---|---|
| la alfombra | *rug* |
| el armario | *armoire, closet* |
| la azotea | *rooftop terrace* |
| el azulejo | *decorative tile* |
| el baño | *bathroom* |
| la cama | *bed* |
| la cocina | *kitchen* |
| el cuarto | *room* |
| el dormitorio | *bedroom* |
| el escritorio | *desk* |
| el estante | *shelf* |
| la estufa | *stove* |
| el jardín | *garden, yard* |
| el lavaplatos | *dishwasher* |
| la mesa | *table* |
| el microondas | *microwave* |

| | |
|---|---|
| el mueble | *(piece of) furniture* |
| el piso | *apartment* |
| la sala | *living room* |
| la silla | *chair* |
| el sillón | *armchair* |

### En la calle y el barrio

| | |
|---|---|
| el estanco | *small store that sells tobacco, newspapers, stamps, postcards* |
| la fuente | *fountain* |
| la heladería | *ice-cream shop* |
| la panadería | *bakery* |
| la tienda | *store* |

### Los parientes

| | |
|---|---|
| el/la abuelo/a | *grandfather/grandmother* |
| el/la esposo/a | *husband/wife* |

| | |
|---|---|
| el/la hermanastro/a | stepbrother/stepsister |
| el/la hermano/a | brother/sister |
| el/la hijastro/a | stepson/stepdaughter |
| el/la hijo/a | son/daughter |
| la madrastra | stepmother |
| la madre | mother |
| el/la medio/a hermano/a | half brother / half sister |
| el/la nieto/a | grandson/granddaughter |
| el padrastro | stepfather |
| el padre | father |
| el pariente | relative |
| el/la primo/a | cousin |
| el/la sobrino/a | nephew/niece |
| el/la tío/a | uncle/aunt |

*Cognados:* **el apartamento, el balcón, el bar, el café, el kiosco, la lámpara, el patio, el refrigerador, el sofá, el televisor, la terraza**

## Los adjetivos

### ¿Cómo es?

| | |
|---|---|
| aburrido | boring |
| acogedor(a) | inviting, cozy |
| alegre | happy |
| alto/a | tall |
| amable | friendly |
| amplio/a | spacious, ample |
| antiguo/a | old, antique |
| antipático/a | mean |
| bajo/a | short |
| bonito/a | pretty |
| bueno/a | good |
| cómodo/a | comfortable |
| de estatura mediana | of medium height |
| de tamaño mediano | medium-sized |
| débil | weak |
| delgado/a | thin, slender |
| feo/a | ugly |
| fuerte | strong |
| gordo/a | fat |
| grande | big, large |
| grosero/a | rude |
| guapo/a | good looking |
| guay | cool, awesome |
| joven | young |
| listo/a | clever |
| lujoso/a | luxurious |
| malo/a | bad |
| mandón/mandona | bossy |
| moreno/a | brunette |
| pelirrojo/a | redheaded |

| | |
|---|---|
| pequeño/a | small |
| perezoso/a | lazy |
| pobre | poor |
| raro/a | strange, odd |
| rico/a | rich |
| rubio/a | blond(e) |
| simpático/a | nice |
| soltero/a | single |
| tacaño/a | stingy |
| tonto/a | silly, foolish |
| trabajador(a) | hard-working |
| viejo/a | old |

*Cognados:* **activo/a, cómico/a, conservador(a), serio/a, excéntrico/a, extrovertido/a, generoso/a, inteligente, liberal, moderno/a, tímido/a, tradicional**

### ¿Cómo está?

| | |
|---|---|
| aburrido/a | bored |
| cansado/a | tired |
| casado/a | married |
| de buen/mal humor | in a good/bad mood |
| emocionado/a | excited |
| enfermo/a | sick |
| loco/a | crazy |
| preocupado/a | worried |
| triste | sad |

*Cognados:* **contento/a, divorciado/a, furioso/a, ocupado/a, relajado/a**

## Los verbos

| | |
|---|---|
| alquilar | to rent, lease |
| cocinar | to cook |
| guardar | to store, save |

## Preposiciones de lugar

| | |
|---|---|
| al lado de | beside, next to |
| cerca de | close to |
| debajo de | underneath |
| delante de | in front of |
| dentro de | inside of |
| detrás de | behind |
| encima de | upon, on top of |
| enfrente de | in front of, facing, opposite |
| en | upon/over/in |
| entre | between |
| fuera de | outside of |
| lejos de | far from |
| sobre | upon/over/above |

# Capítulo 2

# Su pasaporte a la Argentina

República
ARGENTINA
05, 20 2007
15, 07 2007

## Explore su pasatiempo favorito en el extranjero

Una pareja baila el tango en la Calle Florida en Buenos Aires.

**Suggestion:** Have students look at the opening photograph and ask them to call out any words that describe this picture of tango dancers in Buenos Aires. Ask them if tango classes are popular in their city and what other types of street performers they have seen. Ask whether the photograph activates any knowledge about Argentina and Argentine culture in general. You may want to make a list on the board of the information students contribute, such as monuments, traditions, art, and famous Argentines, that can be used later in ¡Vamos a la Argentina!

## Primer encuentro

| **Metas comunicativas** | **Autoevaluación** | | |
|---|---|---|---|
| By the end of the chapter you will be able to: | Check the box that corresponds to how much you already know: | | |
| | NONE | SOME | A LOT |
| Describe clothing | ☐ | ☐ | ☐ |
| Talk about the weather | ☐ | ☐ | ☐ |
| Talk about daily routines | ☐ | ☐ | ☐ |
| Tell time | ☐ | ☐ | ☐ |
| Talk about food | ☐ | ☐ | ☐ |
| Talk about likes and dislikes | ☐ | ☐ | ☐ |
| Make negative responses and statements | ☐ | ☐ | ☐ |

For these communicative goals, you will need:

| | NONE | SOME | A LOT |
|---|---|---|---|
| Appropriate vocabulary | ☐ | ☐ | ☐ |
| Reflexive verbs | ☐ | ☐ | ☐ |
| Indirect object pronouns | ☐ | ☐ | ☐ |
| **Gustar**-type verbs | ☐ | ☐ | ☐ |
| Negative and indefinite words | ☐ | ☐ | ☐ |
| Expressions with **tener** | ☐ | ☐ | ☐ |

**Suggestion:** Take a few minutes to have students do this self-evaluation to assess what they know and what they can do with the language at this point.

**Note:** For helpful teaching suggestions and additional activities, see the **Teaching Suggestions and Activities** section of **Capítulo 2** in the *Instructor's Manual (IM)*.

**Suggestion:** Bring your own photographs to class or show websites or realia you have collected to help students get (re)acquainted with Argentina.

# ¡Vamos a la Argentina!

## A. A ver, ¿qué sabe de la Argentina?

What do you already know about Argentina? Are you familiar with Argentine people, places, foods, customs, or history? With a partner, make a list of what you already know.

Nosotros conocemos...

estos lugares: _____

esas personas: _____

estos aspectos culturales: _____

**Suggestion A:** After students brainstorm in pairs, you may want to compile what they have come up with on a transparency by category: people, monuments, and so on. Save the transparency and at the end of the chapter, bring it back and ask students to add the new information they have learned about Argentina.

## B. ¿Dónde están estos lugares fascinantes?

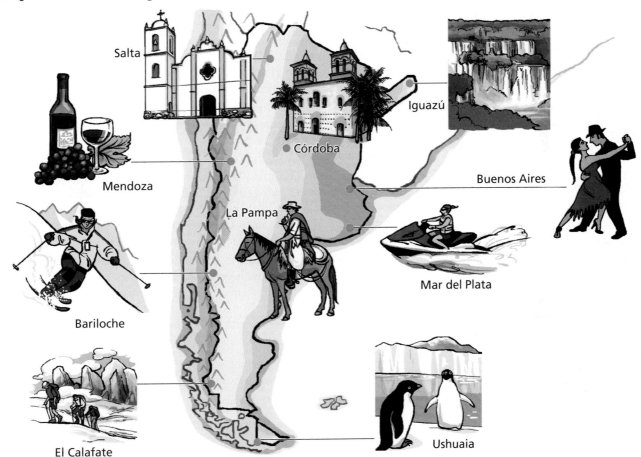

Salta · Iguazú · Córdoba · Mendoza · Buenos Aires · La Pampa · Mar del Plata · Bariloche · El Calafate · Ushuaia

**Paso 1** Working with a partner, read the descriptions and fill in the blanks with the names of the places indicated on this map of Argentina. Use the following clues and the pictures from the map.

1. ___Mendoza___ Esta provincia al pie de los Andes es ideal para practicar deportes de alta montaña como alpinismo, esquí y *rafting*. Muchos turistas también viajan por la Ruta de los Vinos (*wines*) para visitar sus bodegas y probar los vinos argentinos.

2. ___La Pampa___ En esta extensa llanura (*plain*) que cubre la cuarta parte del territorio argentino, se cultiva alfalfa, trigo (*wheat*) y maíz y se produce la carne más sabrosa del mundo. Es la tierra del gaucho, semejante al vaquero (*cowboy*) estadounidense.

**Suggestion B:** Explain to students terms that come up in the map *pistas* such as *los gauchos* (Argentine cowboys), *el guaraní* (indigeneous people who inhabited parts of Argentina, Uruguay, and Brazil and their language), *La Docta* (The Learned City), and so on. Bring in photographs you may have that depict the *pista* descriptions.

**Expansion:** If you have time, have students select a topic to explore further. Have students present a report in class or, if there is an online discussion board available for your class, have students post their projects online.

3. _____Buenos Aires_____ Conocida como el París de Hispanoamérica por su arquitectura y estilo de vida europeos, esta ciudad es el lugar de nacimiento del tango y centro de bellas artes. Su Teatro Colón es uno de los teatros de ópera (*opera houses*) más importantes del mundo.

4. _____Iguazú_____ Este gran sistema de cataratas en la frontera entre el Brasil y la Argentina con más de 270 cascadas (*waterfalls*) es cuatro veces más grande que las cataratas del Niágara en Norteamérica. Su nombre se deriva de una palabra guaraní (lengua indígena sudamericana) que significa «agua grande».

5. _____Bariloche_____ Esta ciudad montañosa cuenta con fabulosos servicios turísticos y uno de los principales centros de esquí del país. En el verano, los turistas andan en bicicleta, hacen trekking (*hiking*) y navegan en los lagos bellos de la región.

6. _____Ushuaia_____ En esta capital de la Tierra del Fuego, la ciudad más austral (*southernmost*) del mundo, uno puede salir en barco para la Antártida, visitar la reserva de pingüinos o salir en tren desde la estación «Fin del Mundo» para explorar el área y el parque nacional.

7. _____Salta_____ Fundada por los españoles en 1582, esta ciudad en el noroeste del país es muy atractiva por su arquitectura colonial, su ubicación cerca de los Andes y sus famosísimas empanadas. El «Tren a las Nubes» ofrece un viaje inolvidable cruzando las montañas de los Andes a unos 4.220 metros de altura.

8. _____Córdoba_____ Esta ciudad es conocida popularmente como **La Docta** por sus importantes universidades o también como la «ciudad de las campanas (*bells*)» por su gran número de iglesias franciscanas y dominicanas.

Note: Lake Maracaibo in Venezuela is the largest navegable lake in South America, followed by Lake Titicaca on the border of Peru and Bolivia.

9. _____El Calafate_____ Al lado del Lago Argentino (el lago más grande de la Argentina y el tercero más grande de Sudamérica) se encuentra esta ciudad que se considera la «capital de los glaciares» por su proximidad al enorme Parque Nacional Los Glaciares. De los 47 glaciares que allí se encuentran, el más famoso es el Perito Moreno por su extraordinaria belleza.

10. _____Mar del Plata_____ Esta ciudad es conocida como la «ciudad feliz» con actividades náuticas que incluyen la natación, windsurf, jet ski, y paseos en velero (*sailboat*) y una vida nocturna famosa por los pubs, discotecas y el casino. Es el lugar ideal para el turista que quiera descansar en la playa por el día y encontrar fiestas y diversión constantes por la noche.

**Paso 2** Taking turns with your partner, say where in Argentina you would go if you wanted to do the following activities. Refer back to the map.

Note B. *Paso 2:* Here students are exposed to the hypothetical, without being expected to produce the forms.

MODELO: Si quisieras viajar por la Ruta de los Vinos...

ESTUDIANTE 1: Si **quisieras** viajar por la Ruta de los Vinos, ¿adónde **irías**?

ESTUDIANTE 2: Yo **iría** a Mendoza.

1. Si quisieras esquiar...
2. Si quisieras pasear en velero...
3. Si quisieras comer las empanadas más famosas de la Argentina…
4. Si quisieras ver los glaciares...

**Paso 3** Read over the map clues again and decide which place is the most interesting in your opinion. Which is the least interesting? Share your opinion with your partner. Be prepared to explain why.

¿Cuál es el lugar más interesante?

¿Cuál es el lugar menos interesante?

# Vocabulario del tema I:
## Hablando de las rutinas, los hábitos y la ropa

¿Qué ropa debo llevar a la Argentina?

## La ropa

| | |
|---|---|
| el abrigo | *coat* |
| la blusa | *blouse* |
| la bolsa | *purse* |
| los calcetines | *socks* |
| la camiseta | *T-shirt* |
| la chaqueta | *jacket* |
| el cinturón | *belt* |
| la falda | *skirt* |
| el impermeable | *raincoat* |
| los pantalones cortos | *shorts* |
| la ropa interior | *underwear* |
| los zapatos (de tenis) | *(tennis) shoes* |

## Verbos útiles

| | |
|---|---|
| empacar | *to pack* |
| ir de vacaciones | *to go on vacation* |
| llevar | *to wear / to bring, carry* |
| viajar | *to travel* |

## Los colores

| | |
|---|---|
| rojo/a | rosado/a |
| anaranjado/a | amarillo/a |
| verde | azul | morado/a |
| marrón, café | blanco/a |
| negro/a | gris |

## El calendario

| | |
|---|---|
| el día | *day* |
| la fecha | *date* |
| hoy | *today* |

## Los días de la semana*

| | |
|---|---|
| lunes | *Monday* |
| martes | *Tuesday* |
| miércoles | *Wednesday* |
| jueves | *Thursday* |
| viernes | *Friday* |
| sábado | *Saturday* |
| domingo | *Sunday* |

**Suggestion:** Referring to the picture, ask students brief yes/no questions about the clothing that Ben and Barbara need to pack and the activities they are going to do. Ask students what they wear for similar activities. *Barbara va a Buenos Aires para bailar tango. ¿Necesita ropa formal o informal? ¿Qué va a llevar?* Ask students, *Cuando Uds. salen a bailar, ¿llevan ropa elegante? ¿Llevan un vestido? ¿una chaqueta con corbata?* Continue the input using Ben as an example. *Ben también va de vacaciones en la Argentina. ¿Va a bailar tango también? No, ¿qué va a hacer? y ¿qué tipo de ropa necesita?*

**Suggestion:** Remind students how to express dates: *¿Cuándo sale Barbara para la Argentina? El 2 de enero.*

**Point out:** Barbara is traveling in January but packing summer clothing. Ben is traveling in July but is packing winter clothing. Explain that the seasons are reversed south of the ecuator.

**Expansion:** Pick out one student in the class and describe what he or she is wearing without saying his or her name. Then ask the class to identify the student. *Esta persona lleva zapatos de tenis, unos jeans azules, una camiseta gris y un suéter rojo.* (Leave the most notable article of clothing for last to keep students guessing.) *¿Quién es?* Ask students to prepare a description of another student's outfit. Have volunteers read so the class can guess who is being described.

*Note that the days of the week and the names of the months are not capitalized in Spanish.

## Las estaciones y los meses

**el invierno: diciembre, enero, febrero**
**la primavera: marzo, abril, mayo**
**el verano: junio, julio, agosto**
**el otoño: septiembre,**
  **octubre, noviembre**

*winter: December, January, February*
*spring: March, April, May*
*summer: June, July, August*
*autumn: September, October, November*

## Actividades

**Suggestion:** Have students read the list of possible answers before doing the listening activity.

**Audioscript:** *Barbara va a viajar a la Argentina en enero. Por eso, necesita llevar ropa de verano. Ella va a pasar diez días en Buenos Aires. Va a tomar clases de español y de tango. Durante el día necesita ropa informal como pantalones, faldas y camisetas. Por la noche, necesita unos vestidos elegantes porque va a salir a bailar en las milongas. También va a pasar cuatro días en Mar del Plata donde va a tomar el sol en la playa y nadar en el océano. Entonces necesita un traje de baño y pantalones cortos. Benjamin va a ir a Bariloche en julio. En la Argentina es el invierno. Va a esquiar por el día. Necesita empacar ropa caliente como suéteres, una chaqueta, unos guantes, una bufanda y un gorro. Va a cenar en restaurantes elegantes por la noche, entonces necesita un saco, una camisa y una corbata. ¡Qué divertidas vacaciones!*

**Point out:** Point out the difference between *Tengo frío/calor* vs. *Hace frío/calor.*

### A. Haciendo las maletas

Listen as your instructor describes Barbara's and Ben's itineraries and packing lists for their trips to Argentina. Then check the appropriate boxes to complete the following sentences. There will be more than one possible answer.

1. Ben va a ir de vacaciones en...
   - ☒ el invierno argentino
   - ☐ el verano argentino
   - ☐ la primavera argentina
   - ☐ el otoño argentino
   - ☒ julio
   - ☐ diciembre
   - ☐ mayo

2. Ben necesita empacar...
   - ☒ ropa elegante
   - ☒ unos guantes
   - ☐ un traje de baño
   - ☐ unas sandalias
   - ☒ muchos suéteres
   - ☒ una chaqueta
   - ☒ una corbata

3. Barbara necesita llevar...
   - ☐ unas botas
   - ☒ un traje de baño
   - ☒ un vestido
   - ☒ zapatos de tacón alto
   - ☒ unas faldas
   - ☒ unos pantalones cortos
   - ☒ unas medias

4. Barbara va a viajar en...
   - ☐ junio
   - ☐ diciembre
   - ☐ julio
   - ☒ enero
   - ☐ el invierno argentino
   - ☒ el verano argentino

**Answers B:**
1. *guantes*
2. *gorra*
3. *pantalones cortos*
4. *sandalias*

### B. Asociaciones

With a partner choose the item in each group that Ben and Barbara are not likely to be wearing and explain why.

## Pista caliente

### Tener calor/frío

**Tener frío**     *to be cold*

   Bárbara **no tiene frío** porque lleva una chaqueta.

**Tener calor**     *to be hot*

   Ben **no tiene calor** porque lleva un traje de baño.

1. Barbara está en Mar del Plata en enero: guantes, sandalias, traje de baño, gafas de sol

2. Barbara está en Buenos Aires en enero: falda, gorro, blusa, medias

3. Ben está en Bariloche en julio: bufanda, pantalones cortos, botas, gorro

4. Ben está en Córdoba en julio: suéter, abrigo, sandalias, chaqueta

## C. Días festivos

**Paso 1** With a partner, look at the list of holidays and name the following:

    a. the dates and the seasons in which they occur

    b. colors traditionally associated with the holiday

    c. the typical weather conditions at that time in each place

    d. typical clothing worn on that holiday in that region

1. el Día de San Valentín en Chicago
2. el Día de la Independencia de los Estados Unidos en Atlanta
3. la Navidad en Boston
4. el Día de las Brujas (*Halloween*) en Seattle
5. el Día de San Patricio en Phoenix

**Answers C. Paso 1:** (Answers may vary.)
1. a. *el 14 de febrero, el invierno* b. *rojo, rosado* c. *En Chicago hace mucho frío, nieva y hace viento.* d. *La gente lleva suéteres, abrigos, bufandas, guantes, botas y abrigos.*
2. a. *el 4 de julio, el verano* b. *rojo, blanco, azul* c. *En Atlanta hace calor.* d. *La gente lleva pantalones cortos, camisetas, sandalias, trajes de baño, gafas de sol.*
3. a. *el 25 de diciembre, el invierno* b. *rojo, verde, blanco* c. *En Boston hace frío, nieva, está nublado.* d. *La gente lleva suéteres, pantalones o ropa elegante si van a misa o una fiesta.*
4. a. *el 31 de octubre, el otoño* b. *negro, anaranjado* c. *En Seattle hace fresco/frío y llueve.* d. *La gente lleva pantalones, suéteres y un impermeable o se disfrazan.* **Note:** Explain *el disfraz/disfrazarse*
5. a. *el 17 de marzo, la primavera* b. *verde* c. *En Phoenix normalmente hace fresco, pero es posible que haga calor.* d. *La gente lleva ropa verde.*

---

### Pista caliente

**Las fechas**

To express the date, use the definite article:

| | |
|---|---|
| ¿Cuál es **la** fecha de hoy? | *What's today's date?* |
| Es **el** 8 de enero. | *It's the 8th of January.* |

---

**Paso 2** Keeping in mind the difference in seasons in the southern hemisphere, state what you think the weather would be like on these same dates in Buenos Aires and what clothing you might need to wear.

---

### Pista caliente

**Describing the weather**

**Hacer** is used to describe most weather conditions that can be felt.

| | |
|---|---|
| **¿Qué tiempo hace?** | *What's the weather like?* |
| **Hace (mucho) calor.** | *It is (very) hot.* |
| **Hace fresco/frío/sol/viento.** | *It's cool/cold/sunny/windy.* |
| **Hace buen/mal tiempo.** | *The weather is good/bad.* |

Use **estar** + *adjective* to describe resultant states:

| | |
|---|---|
| **Está nublado/despejado.** | *It is cloudy/clear.* |

**Llover** and **nevar** are used alone to indicate rain and snow. Both verbs have a stem change in the present and are often used in the present progressive.

| | |
|---|---|
| **Llueve** mucho en Seattle. | *It **rains** a lot in Seattle.* |
| **Está lloviendo** hoy. | *It **is raining** today.* |
| **Nieva** mucho en Bariloche. | *It **snows** a lot in Bariloche.* |
| **Está nevando** en este momento. | *It **is snowing** at this moment.* |

# Punto gramatical I:
## Reflexive verbs

### Gramática en contexto

Todos los días Barbara se despierta a las 7:00 de la mañana. Se queda en la cama por cinco minutos y entonces se levanta. Después de ducharse, se viste rápidamente; normalmente se pone pantalones y una blusa. Sólo lleva ropa elegante cuando sale por la noche. Luego, despierta a Mónica, su compañera de cuarto. Mónica es un poco floja y prefiere despertarse tarde. Finalmente, Barbara sale de la casa a las 7:35 y toma el autobús. Tiene mucha prisa. Las clases de español empiezan a las 8:15.

**¿Cierto o falso?**

|  |  | CIERTO | FALSO |
|---|---|---|---|
| 1. | Barbara se levanta a las 7:00 de la mañana. | ☐ | ☒ |
| 2. | A veces Barbara se viste con ropa formal. | ☒ | ☐ |
| 3. | Mónica prefiere levantarse antes de Bárbara. | ☐ | ☒ |
| 4. | Bárbara tiene clase a las 8:15. | ☒ | ☐ |

### Explicación gramatical

**A. Reflexive verbs**

A reflexive verb is used to indicate an action that the subject does to him- or herself, such as bathing or dressing. The person performing the action is also the direct recipient of the action. Reflexive verbs are conjugated just like other verbs in the present tense. However, when a verb is used reflexively, it is accompanied by a reflexive pronoun (**me, te, se, nos, os,** or **se**), which agrees with the subject of the verb.

Remember, in Spanish, the subject of the verb is implied but not necessarily stated. Study the following examples:

| **(Yo) Lavo los platos.** | *I wash **the dishes.*** |
|---|---|
|  | (I perform the action. The dishes receive the action.) |
| **(Yo) Me lavo la cara.** | *I wash **my face.*** (I perform and receive the action. I wash myself.) |

Study the reflexive pronouns and the forms of the verb **lavarse.**

| yo | **me lavo** | I wash myself |
|---|---|---|
| tú | **te lavas** | you (*informal*) wash yourself |
| él/ella, Ud. | **se lava** | he/she washes himself/herself, you (*formal*) wash yourself |
| nosotros/as | **nos lavamos** | we wash ourselves |
| vosotros/as | **os laváis** | you (*informal plural in Spain*) wash yourselves |
| ellos/ellas, Uds. | **se lavan** | they wash themselves, you (*plural*) wash yourselves |

Go back to the **Gramática en contexto** paragraph and circle an example of a reflexive action and a nonreflexive action.

## B. Placement of the reflexive pronouns

When a reflexive verb is conjugated, the reflexive pronoun is placed before the verb.

> Luisa **se** levanta a las 8:00.    *Luisa gets up at 8:00.*

When a reflexive verb appears in the infinitive or the present participle (used in the present progressive), the reflexive pronoun is placed before the conjugated verb or attached to the end of the infinitive or the present participle.

> Luisa **se** va a vestir pronto. }
> Luisa va a vestir**se** pronto. }    *Luisa is going to get dressed soon.*

> Manuel **se** está duchando. }
> Manuel está duchándo**se**. }    *Manuel is taking a shower.*

Circle an example of a reflexive verb in the infinitive and note the placement of the reflexive pronoun in the **Gramática en contexto** paragraph.

Study the following list of common reflexive verbs. Note the endings of the verbs and any stem changes indicated in parentheses.

| | |
|---|---|
| **acostarse (ue)** | *to lie down; to go to bed* |
| **afeitarse** | *to shave* |
| **bañarse** | *to bathe; to take a bath* |
| **despertarse (ie)** | *to wake up* |
| **ducharse** | *to take a shower* |
| **lavarse** | *to wash oneself* |
| **levantarse** | *to get up* |
| **llamarse** | *to call oneself; to be named/called* |
| **peinarse** | *to comb one's hair* |
| **ponerse** | *to put on (clothing)* |
| **quitarse** | *to take off (clothing)* |
| **sentarse (ie)** | *to sit down* |
| **vestirse (i)** | *to get dressed* |

Some verbs are considered reflexive but do not express doing something to oneself.

| | |
|---|---|
| **divertirse (ie, i)** | *to have fun* |
| **dormirse (ue, u)** | *to fall asleep* |
| **quedarse** | *to stay or remain* |
| **reunirse (con)** | *to get together; to meet up (with)* |

## Ponerlo a prueba

### El diario de Barbara

Barbara is keeping a journal in Spanish. Help her conjugate her verbs correctly.

El 4 de enero: Las milongas

En la Argentina una reunión o una fiesta donde la gente baila tango (llamarse) _____ se llama _____¹ una milonga. Típicamente, las milongas tienen lugar en un club nocturno. Toda la gente (vestirse) _____ se viste _____² con ropa elegante. Yo siempre (llevar) _____ llevo _____³ vestido, medias y zapatos de tacón alto. Mi compañera de cuarto, Mónica, (ponerse) _____ se pone _____⁴ falda y una blusa. Yo siempre (bailar) _____ bailo _____⁵ mucho, pero a veces, Mónica (quedarse) _____ se queda _____⁶ al lado (*off to the side*) porque no sabe bailar muy bien.

**Note:** A milonga is a party or get together where tango is danced. "Milonga" can also refer to a musical genre.

Pero no es problema. Las personas que no saben bailar muy bien pueden (sentarse) _____ *sentarse* _____[7] a tomar una copa y ver a la gente bailar. Mónica y yo siempre (divertirse) _____ *nos divertimos* _____[8] mucho. A veces no (volver) _____ *volvemos* _____[9] a casa hasta las 3:00 de la mañana.

## Actividades

<table>
</table>

**Expresiones útiles**

primero, a las... hasta las... , luego, después (de), más tarde, finalmente

**Note A:** Have students review the **Expresiones** útiles.

**Answers A:**
1. *Primero se despierta a las 6:00 de la mañana, luego se levanta a las 6:15, entonces se ducha y finalmente se viste.*
2. *Después de ponerse la ropa, Nora se sienta en la cocina para tomar un café muy fuerte. Entonces sale de la casa luego se reúne con su grupo de estudiantes en la escuela de idiomas.*
3. *Después de las clases, Nora almuerza con los estudiantes, vuelve a su casa, luego se acuesta en el sofá y duerme una siesta de veinte minutos.*
4. *Por la noche, primero Nora y los estudiantes se ponen ropa muy elegante, entonces asisten a una milonga, bailan tango y se divierten mucho.*
5. *Después de la milonga, Nora vuelve a su casa, se pone su pijama, entonces se acuesta y por último se duerme inmediatamente.*

### A. La vida de una guía turística

Read about the typical daily routine of Nora, the Tangoturs guide. Look for the activities that are out of order or illogical and restate the routine so that it is logical.

1. Primero se levanta a las 6:15, luego se despierta a las 6:00 de la mañana, entonces se viste y finalmente se ducha.

2. Después de quitarse la ropa, Nora sale de casa. Entonces se sienta en la cocina para tomar un café muy fuerte y luego se reúne con su grupo de estudiantes en la escuela de idiomas.

3. Después de las clases, Nora almuerza con los estudiantes, vuelve a su casa, duerme una siesta de veinte minutos y luego se acuesta en el sofá.

4. Por la noche, primero Nora y los estudiantes asisten a una milonga, se ponen ropa muy elegante, entonces bailan tango y se divierten mucho.

5. Después de la milonga, Nora se pone su pijama, entonces vuelve a su casa, se duerme inmediatamente y por último se acuesta.

### Pista caliente

#### Telling time

To tell the time, use the article **las** (**la** for 1:00)

**¿Qué hora es?**

Son **las** cinco. (5:00)

Es **la** una. (1:00)

Otras expresiones:

| **en punto** | Son las tres **en punto.** (3:00) |
| **y** | Son las tres **y** cuarto. (3:15) |
| | Son las tres **y** media. (3:30) |
| **menos** | Son las cuatro **menos** cuarto. (3:45) |
| | Son las cuatro **menos** diez. (3:50) |
| **de la madrugada** (*early morning*) **mañana / tarde / noche** | |
| | Son las seis **de la madrugada.** |
| | Son las diez **de la mañana.** |
| | Son las seis **de la tarde.** |
| | Son las diez **de la noche.** |
| | Es **mediodía/medianoche.** (*noon/midnight*) |

To tell at what time something takes place, use the structure **a** + **la(s)**

**¿A qué hora** sale el avión?
Sale **a las once** de la mañana.
Sale **a la una.**

### B. De vacaciones en Bariloche

**Paso 1** Using the following picture and the Pista caliente on this page, describe Ben's daily routine while he is on vacation in Bariloche.

**Paso 2** What do you think his routine is like at home when he has to go to work?

### C. La rutina entresemana (*weekday*)

**Paso 1** Interview a partner and find out about his or her typical routine during the week. Don't forget to ask follow-up questions to get more details about his or her answers.

1. ¿A qué hora prefieres despertarte todos los días? ¿Te levantas inmediatamente o prefieres quedarte en la cama un rato (*a while*) más? ¿Tienes prisa por la mañana?

2. ¿Te duchas todos los días? ¿Por la mañana o por la noche? ¿Te bañas de vez en cuando en vez de ducharte? ¿Te lavas el pelo todos los días? ¿Te afeitas todos los días?

3. ¿Qué tipo de ropa te pones cuando tienes frío? ¿y cuando tienes calor? ¿Te gusta llevar ropa de última moda (*fashionable*)? ¿Te vistes con ropa elegante a veces? ¿Por qué?

4. ¿A qué hora te acuestas? ¿Te duermes inmediatamente? ¿Cuántas horas duermes? ¿Qué haces antes de acostarte?

5. ¿Qué palabras mejor describen tu estado entresemana?
   - ☐ ocupado/a
   - ☐ flojo/a
   - ☐ estresado/a
   - ☐ organizado/a
   - ☐ relajado/a
   - ☐ fiestero/a (*partier*)
   - ☐ tranquilo/a
   - ☐ desorganizado/a

**Paso 2** Tell the class the most interesting thing you learned about your partner.

**Note B:** If students attempt to use **antes de** and **después de,** point out that the infinitive must be used.

**Answers B. *Paso 1:*** (Answers may vary.)
1. *Ben se despierta a las 9:15 y luego se viste a las 9:30. / Después de despertarse a las 9:15, Ben se viste.*
2. *Ben se pone los guantes y sale de la casa a las 9:45. / Después de ponerse los guantes, sale de la casa a las 9:45.*
3. *Después de esquiar, Ben tiene mucho frío. Entonces toma un chocolate caliente.*
4. *Ben sale a bailar. A medianoche, se sienta porque tiene mucho calor. Se seca con un pañuelo.*
5. *Antes de acostarse, Ben se ducha. / Ben se ducha y luego se acuesta a las 2:00.*

Unos gauchos argentinos en La Pampa.

### D. La vida de un gaucho

La palabra **gaucho** tiene su origen en la lengua quechua en la que **huacho** significa huérfano[a] o vagabundo. Históricamente los gauchos querían vivir lejos de la civilización y las leyes urbanas. Eran excelentes jinetes[b] y trabajaban arreando el ganado.[c] Históricamenté los gauchos vivían en las llanuras[d] vastas de la Pampa, en donde tenían la libertad, pero también una vida muy solitaria y difícil. No se quedaban en un lugar por mucho tiempo. Dormían bajo las estrellas, tocaban la guitarra y cantaban coplas.[e] Su dieta era muy básica: comían bife asado y bebían mate.[f] Llevaban sombrero, poncho de lana,[g] bombachas[h] y botas fabricadas del cuero de un becerro.[i] Hoy en día los gauchos conservan sus costumbres y tradiciones rurales trabajando en la industria del ganado o en las estancias.[j]

¿Puede Ud. pensar en una figura o icono similar en su cultura?

[a]orphan   [b]horsemen   [c]arreando... *herding livestock*   [d]*plains*   [e]*songs*
[f]*strong herbal tea drunk from a hollowed gourd*   [g]*wool*   [h]pantalones largos y anchos   [i]*cuero... calf skin*   [j]*ranches*

# Vocabulario del tema II:
## Hablando de la comida

## El desayuno

| | |
|---|---|
| el cereal | *cereal* |
| los huevos | *eggs* |
| la mermelada | *jam, jelly* |
| el pan tostado | *toast* |
| el tocino | *bacon* |

## El almuerzo

| | |
|---|---|
| la sopa | *soup* |
| el sándwich de jamón y queso | *ham and cheese sandwich* |
| la hamburguesa | *hamburger* |
| las papas fritas | *French fries* |

## La cena

| | |
|---|---|
| el bife | *beef* |
| el camarón | *shrimp* |
| la carne | *meat* |
| ...de cerdo | *pork* |
| ...de cordero | *lamb* |
| ...de res | *beef* |
| ...de ternera | *veal* |
| la langosta | *lobster* |
| los mariscos | *shellfish* |
| el pavo | *turkey* |
| la salchicha / | *seusage* |

## Las frutas y legumbres

| | |
|---|---|
| el aguacate | *avocado* |
| la cebolla | *onion* |
| la fresa | *strawberry* |
| los frijoles | *beans* |
| el limón | *lemon* |
| la manzana | *apple* |
| la naranja | *orange* |
| la piña | *pineapple* |
| el plátano | *banana* |
| la uva | *grape* |

## Los postres

| | |
|---|---|
| el arroz con leche | *rice pudding* |
| el flan | *caramel custard* |

## Las bebidas

| | |
|---|---|
| el agua | *water* |
| el café | *coffee* |
| la cerveza | *beer* |
| el jugo / el zumo | *juice* |
| la leche | *milk* |
| el refresco | *soft drink, soda, pop* |
| el té | *tea* |

## Comer y beber en la Argentina

| | |
|---|---|
| el asado | *Argentine barbecue* |
| la empanada | *stuffed pastry* |
| el mate | *strong herbal tea drunk from a hollowed gourd* |
| la parrillada | *grilled meat plate* |

## Los verbos útiles

| | |
|---|---|
| dejar una propina | *to leave a tip* |
| pagar la cuenta | *to pay the bill* |
| pedir (i, i) | *to order, ask for* |
| servir (i, i) | *to serve* |

## Otras expresiones útiles

| | |
|---|---|
| ¡Qué sabroso/a! | *How delicious!* |
| tenedor libre | *all you can eat* |
| tener hambre | *to be hungry* |
| tener prisa | *to be in a hurry* |
| tener sed | *to be thirsty* |

**Suggestion:** Present vocabulary by referring to the picture and making true/false statements about the restaurant and the people dining and working there. Ask your class to correct false statements. *Hay mucha gente en la Parrilla del Porteño. La Parrilla del Porteño es un restaurante vegetariano. Barbara y Mónica van a cenar pescado. Barbara tiene mucha hambre. Hay una ensalada de frutas en el dibujo. Hay mariscos en la parrilla.*

**Suggestion:** Describe your favorite restaurant and what you like to order there. Ask students what their favorite restaurant is and what they usually order.

**Point out:** *Tenedor libre* means "all you can eat" and "self-serve". This is a popular concept in Argentine restaurants, especially in parrillas.

**Expansion:** Ask students if they know restaurants in their city that are similar to La Parrilla, such as steak houses or BBQ restaurants.

## Actividades

### A. En el restaurante La Parrilla del Porteño

Listen as your instructor reads an advertisement for La Parrilla del Porteño. Then check the appropriate boxes to complete the following sentences.

1. La especialidad del restaurante es...
   - ☐ pescado.
   - ☐ pastas.
   - ☒ la parrillada de carnes deliciosas.
   - ☐ ensaladas.

**Suggestion A:** Have students read the list of possible answers before doing the listening activity.

**Audioscript:** *Vengan a La Parrilla del Porteño para la mejor comida argentina. Siempre les ofrecemos un cóctel de la casa y una empanada gratuitos. Nuestra especialidad es la parrillada de carnes deliciosas. También servimos excelentes pescados y pastas y una gran variedad de ensaladas. Y todo viene acompañado por los mejores vinos argentinos. Tenemos unas 250 botellas en nuestra colección. Estamos abiertos todos los días. Servimos el desayuno a partir de las 6:30, el almuerzo a partir del mediodía y la cena a partir de las 8:30 de la noche.*

2.  El cóctel de la casa y la empanada son…
    - ☐ para el almuerzo.
    - ☐ para el desayuno.
    - ☒ gratuitos.
    - ☐ deliciosos.

3.  Los clientes pueden desayunar a partir de (*after*)…
    - ☒ las 6:30.
    - ☐ las 7:30.
    - ☐ las 8:30.
    - ☐ el mediodía.

4.  El restaurante tiene una colección de… botellas de vino argentino.
    - ☐ 215
    - ☒ 250
    - ☐ 205
    - ☐ 255

## B. ¿Qué deben pedir?

The following tourists are dining at La Parrilla del Porteño and are trying to decide what to order. Help them make a decision.

1.  Emilia es vegetariana; no come ni carne ni pescado.
2.  Marina está a dieta.
3.  Barbara acaba de bailar todo el día; tiene mucha hambre.
4.  Rogelio y Lucy están celebrando su aniversario de bodas (*wedding anniversary*); es una cena muy especial.
5.  Ud. y su compañero/a…

## C. Definiciones

Read the following descriptions and name the food being defined. In some cases, there may be more than one correct answer.

1.  Esta legumbre verde es un ingrediente importante en las ensaladas.
2.  Esta fruta morada o verde es el ingrediente básico del vino.
3.  Este líquido blanco contiene mucho calcio y es delicioso con las galletitas.
4.  Esta fruta amarilla viene de las zonas tropicales.
5.  Esta legumbre anaranjada tiene mucha vitamina A.
6.  Este postre es típico para las fiestas de cumpleaños.
7.  Este ingrediente es importante en muchas comidas vegetarianas y en la comida mexicana.
8.  Esta fruta roja es un ingrediente común en los jugos y los postres. También es un regalo tradicional para los maestros.
9.  Este es el ingrediente más importante para hacer sándwiches.
10. Estos mariscos se sirven mucho como cóctel.

## D. Entrevista

Interview a partner to find out the following information.

1.  ¿Cuál es tu comida favorita? ¿y tu bebida favorita?
2.  ¿Qué comes cuando tienes mucha hambre?
3.  ¿Qué comes si tienes mucha prisa?
4.  ¿Cuál es tu postre favorito?
5.  ¿Qué comes o qué preparas para una celebración importante?
6.  ¿Desayunas todos los días? ¿Qué desayunas?
7.  ¿Cuál es tu restaurante favorito? ¿Qué pides allí?

### E. Comidas y bebidas típicas

**El mate** es una yerba que se se sirve en una copa especial hecha de una calabaza (*gourd*) y que se toma con una bombilla (*special filtered straw*) de plata (*silver*).

**La empanada** consiste en una masa (*dough*) de pan con trigo o maíz rellena de carne, pollo, verduras, etcétera, cocinada.

**El asado** consiste en varios tipos de carne cocidos a las brasas (*coals*) que generalmente comienza con chorizo, morcilla (*blood sausage*) y provoleta (*grilled provolone cheese*). Luego, se sirve una serie de varias cortes de carne de vaca.

**Paso 1** Indicate whether you would be willing to try the Argentine foods you just read about.

|  | SÍ | QUIZÁS | NO |
|---|---|---|---|
| Me interesaría probar el mate. | ☐ | ☐ | ☐ |
| Me interesaría probar una empanada. | ☐ | ☐ | ☐ |
| Me interesaría probar un asado. | ☐ | ☐ | ☐ |

**Paso 2** Share your answers with a partner. Is your partner open-minded, flexible, or picky?

MODELO: Mi compañero es... ☐ abierto/a ☐ flexible ☐ tiquismiquis

# Punto gramatical II:
## Gustar-type verbs; indirect object pronouns

### Gramática en contexto

**En el restaurante La Parilla del Porteño**

MESERO: Buenas noches. ¿Qué les puedo ofrecer?

BARBARA: Buenas noches. ¿Puede recomendarnos alguna especialidad?

MESERO: Sí, como no. Les recomiendo la parrillada. Es la especialidad de la casa.

BARBARA: ¡Excelente! Tengo mucha hambre.

MÓNICA: Hummm... No me gusta la carne.

MESERO: Tenemos salmón a la parrilla con espárragos.

MÓNICA: Perfecto. Me gusta el pescado y me encantan los espárragos.

MESERO: ¿Qué les ofrezco de tomar?

BARBARA: ¿Me puede traer una copa de vino tinto? Y para mi amiga, ¿le puede traer una copa de vino blanco por favor?

**¿Cierto o falso?**

|  | CIERTO | FALSO |
|---|---|---|
| 1. A Mónica le gustan mucho los espárragos. | ☒ | ☐ |
| 2. El mesero les recomienda una especialidad. | ☒ | ☐ |
| 3. El mesero le va a traer a Barbara la parillada. | ☒ | ☐ |
| 4. A Barbara le gustaría tomar un vino blanco. | ☐ | ☒ |

**Note:** Direct object pronouns and direct and indirect object pronouns together are covered in **Capítulo 5.**

**Note:** A major grammatical difference in the Spanish spoken in Argentina is the use of *vos* instead of the far more common *tú* as the second-person pronoun. Although *vos* is heard elsewhere as an alternative to *tú* (such as in certain areas or among certain populations of Colombia and Central America), in Argentina it replaces *tú* in everyday speech among people of all classes and educational levels.

## Explicación gramatical

### A. Indirect object pronouns

An indirect object is a noun or pronoun that indicates to whom or for whom an action is done.

El mesero **me** trae el menú.     *The waiter brings the menu **to me.***

Study the following chart of indirect object pronouns.

| **me** | to me, for me | **nos** | to us, for us |
|--------|---------------|---------|---------------|
| **te** | to you, for you (*informal*) | **os** | to you, for you (*informal plural in Spain*) |
| **le** | to you, for you (*formal*); to him, for him; to her, for her | **les** | to you, for you (*plural*); to them, for them |

Go back to the **Gramática en contexto** dialogue and circle an example of an indirect object pronoun and underline to whom it refers.

Indirect object pronouns follow the same rules for placement as reflexive pronouns: When the indirect object pronoun is used with an infinitive or the present progressive, it may be placed before the conjugated verb or attached to the end of the infinitive or the present participle.

El mesero **me** va a traer el menú. ⎫
El mesero va a traer**me** el menú. ⎭     *The waiter is going to bring **me** the menu.*

El mesero **me** está trayendo el menú. ⎫
El mesero está trayéndo**me** el menú. ⎭     *The waiter is bringing **me** the menu.*

Circle an example of an indirect object pronoun used with an infinitive in the **Gramática en contexto** paragraph.

### B. Gustar

The verb **gustar** means *to please* or *to be pleasing*. It always requires the use of an indirect object pronoun to indicate *to whom* something is pleasing. The indirect object refers to the person who likes something. Note the difference in word order in Spanish.

**Me** gusta la fruta.     *Fruit is pleasing **to me.** (I like fruit.)*
No **me** gustan las legumbres.     *Vegetables are not pleasing **to me.** (I don't like vegetables.)*

The subject usually follows the verb **gustar.** When the subject is singular (*la fruta*), the singular form, **gusta,** is used. When the subject is plural (*las legumbres*), the plural form, **gustan,** is used. Other common **gustar**-type verbs are **encantar, interesar, molestar (*to bother*),** and **preocupar.**

Go back to the **Gramática en contexto** paragraph and circle an example of **gustar** with a singular subject and an example with a plural subject.

To name, clarify, or emphasize the person to whom something is pleasing, use **a** + *name/noun*, or **a** + *pronoun*.

**A Susana** le gusta el vino tinto.   (Emphasizes that **Susana** likes red wine.)
**A mí** me gusta el vino blanco.   (Emphasizes the contrast that **I** like white wine.)

Circle an example of a clarification or emphasis in the **Gramática en contexto** paragraph.

## Ponerlo a prueba

### A. Regalos para la familia y los amigos

Complete the following sentences to indicate to whom the following gifts will be given. ¡Cuidado! Don't forget to use indirect object pronouns.

1. Ben / regalar / un libro sobre la historia argentina / a sus padres
2. Barbara / dar / un disco de música de tango / a su maestra de baile en California
3. Barbara y Mónica / comprar / el perfume / a Nora, la directora de Tangoturs
4. Nosotros / mandar / unas tarjetas postales / a nuestros parientes
5. Nora / mandar / los itinerarios para el próximo año / a los nuevos clientes

Answers A:
1. *Ben les va a regalar / va a regalarles un libro sobre la historia argentina a sus padres.*
2. *Bárbara le va a dar / va a darle un disco de música de tango a su maestra de baile en Washington, D.C.*
3. *Bárbara y Mónica le van a comprar / van a comprarle el perfume a Nora.*
4. *Nosotros les vamos a mandar / vamos a mandarles unas tarjetas a nuestros parientes.*
5. *Nora les va a mandar / va a mandarles los itinerarios a los nuevos clientes.*

### B. ¿Qué comida le gusta?

**Paso 1** Complete each sentence with the correct indirect object pronoun, then underline the correct form of **gustar, encantar,** or **interesar.**

1. ¿A ti _____*te*_____ (**gusta**/gustan) el mate?
2. A mí _____*me*_____ (**interesa**/interesan) los viajes a Bariloche para esquiar.
3. A Cynthia y a Mónica _____*les*_____ (**encanta**/encantan) bailar el tango.
4. A mi amigo Pedro _____*le*_____ (**interesa**/interesan) una excursión a Mar del Plata.
5. A los turistas _____*les*_____ (**gusta**/**gustan**) las parilladas argentinas.

**Paso 2** State what each of the following people likes, using the model.

MODELO: Roberto / las hamburguesas

A Roberto le gustan las hamburguesas.

1. Ricardo / la carne
2. los niños / los helados
3. Marcela / las legumbres
4. Tony y yo / el vino
5. los estudiantes / la parrillada

Answers B. *Paso 2:*
1. *A Ricardo le gusta la carne.*
2. *A los niños les gustan los helados.*
3. *A Marcela le gustan las legumbres.*
4. *A Tony y a mí nos gusta el vino.*
5. *A los estudiantes les gusta la parrillada.*

## Actividades

### A. ¿Qué necesita la familia Mendiara?

**Paso 1** It's a busy night at La Parrilla del Porteño. The Mendiara family's waiter is very busy and the family is very demanding. Read the following situations and then, with a partner, complete the conversations by using the indirect object pronouns **me, te, le, nos, os,** and **les** and the verb indicated.

MODELO: SR. MENDIARA: Mesero, no sabemos qué pedir. (traer)

MESERO: _Les traigo_ los menús en seguida.

1. SRA. MENDIARA: Mesero, tengo mucha sed y no tomo bebidas alcohólicas.

   MESERO: ¿(Traer) _____*Le traigo*_____ agua mineral?

   SRA. MENDIARA: Sí, me parece perfecto.

2. SRA. MENDIARA: Mesero, no podemos cortar la carne con este cuchillo.

   MESERO: Lo siento, señora. (Traer) _____*Les traigo*_____ otro cuchillo en seguida.

3. MIGUELITO: Mamá, ¡no puedo comer mi helado!

   SRA. MENDIARA: Espera Miguelito, yo (dar) _____*te doy*_____ mi cuchara.

4. SR. MENDIARA: Mesero, estamos listos para pagar la cuenta.
   MESERO: Claro que sí, señor. (Traer) _les traigo / le traigo_ la cuenta en seguida.

5. SRA. MENDIARA: El servicio es pésimo en este restaurante.
   SR. MENDIARA: Tienes razón. No voy a (dejar) _____dejarle_____ una propina al mesero.

**Paso 2** Now that you have read about the Mendiara family, write one comment about the likes and dislikes of each of the four people in the dialogue.

MODELO: Al mesero le molestan los clientes tiquismiquis.

**Paso 3** With your partner, role-play a restaurant scene in which one of you is a picky customer and the other is the waiter who is exhausted after a long day.

**Note B:** Bingo forms can be found in the *IM*. Photocopy and distribute.
**Suggestion:** As students report their results to the class, model and encourage them to ask follow-up questions. *A Mark le gusta la cerveza mexicana. Mark, ¿cuál es tu cerveza favorita? ¿Quién tiene otra pregunta para Mark?*

**Answers C. Paso 1:**
1. *No, a nadie le gusta hacer la misma excursión.*
2. *Le molestan los clientes que nunca quieren hacer nada original.*

### B. ¡A comer!

Your instructor will give you a Bingo card. Ask your classmates if they like the foods and the activities listed on the card. If a classmate answers "yes," you may write his or her name in the square. You must ask at least one follow-up question to get more information from him or her. Make a note of this information as well. The first student to get one line (horizontal, vertical, or diagonal) with five different classmates' names as well as additional information about each classmate's answer will win. Be prepared to report your findings to the rest of the class (even if you don't win!).

### C. Esteban y sus clientes.

**Paso 1** Read Esteban's comments on his job as a tour guide to foreigners who visit Argentina, then answer the questions.

Me pregunta Ud. si **siempre** me gusta mi trabajo y la respuesta es sí, casi siempre. Especialmente cuando hay **alguien** que quiere hacer **algo** diferente. Pero siempre hay **algunos** que **nunca** quieren hacer **nada** original. Si recomiendo **algo** diferente, **no** tiene **ningún** interés. A **nadie** le gusta hacer la misma excursión cada semana. Pero la verdad es que **no** hay **ningún** otro trabajo que me gustaría hacer.

1. ¿A algún guía le gusta hacer la misma excursión?
2. ¿Qué tipo de cliente le molesta a Esteban?

La Patagonia, Argentina

## Negative sentences

To make a sentence negative:

**No** + *verb*      **Ana no habla inglés.**    *Ana doesn't speak English.*

**No** + *verb* + *negative word*      **No habla nadie.**    *Nobody speaks.*

or

*Negative word* + *verb*      **Nadie habla.**    *Nobody speaks.*

Affirmative words and their negative counterparts:

| | | | | | |
|---|---|---|---|---|---|
| **algo** | *something* | | **nada** | *nothing* | |
| **alguien** | *somebody* | | **nadie** | *nobody* | |
| **algún, alguno/a/os/as** | | *some, something* | **ningún, ninguno/a/os/as** | | *no, none* |
| **siempre** | *always* | | **nunca** | *never* | |
| | | | **jamás** | *never ever* | |
| **también** | *also* | | **tampoco** | *neither, not either* | |
| **o... o** | *either . . . or* | | **ni... ni** | *neither . . . nor* | |

**Paso 2** Read the following conversations between Esteban and his clients. Then, with a partner, complete the dialogues with the appropriate negative word.

### En Mar del Plata

1. ESTEBAN: ¿Te gustaría **algo** del bar?

   MIGUEL: No, no quiero _____ *nada* _____, gracias. No tengo sed.

2. ESTEBAN: Debes tener cuidado en el sol. ¿Por lo menos tienes **alguna** botella de agua contigo?

   MIGUEL: No te preocupes. No tengo _____ *ninguna* _____, pero de verdad estoy bien.

### En Bariloche

3. ESTEBAN: ¿**A veces** esquías en Aspen?

   BEN: No, _____ *nunca* _____. Es demasiado caro.

4. ESTEBAN: ¿Y en Lake Tahoe?

   BEN: No, _____ *tampoco* _____. Está demasiado lejos.

### En Iguazú

5. LAURA: ¿Hay **alguien** que nos pueda llevar a las cataratas esta tarde?

   ESTEBAN: No, lo siento. No hay _____ *nadie* _____ para esta tarde, pero mañana yo puedo llevarios.

### D. Los números: Los precios de los hoteles

Listen as your instructor reads the price per night ranges at different hotels in three cities in Argentina and write the prices as you hear them.

1. En **Mendoza:** de _____ *256* _____ a _____ *943* _____ pesos.

2. En **Santa Cruz:** de _____ *289* _____ a _____ *867* _____ pesos.

3. En **Córdoba:** de _____ *176* _____ a _____ *795* _____ pesos.

D. Numbers dictation:
1. En **Mendoza:** *de doscientos cincuenta y seis* (256) *a novecientos cuarenta y tres* (943) pesos
2. En **Santa Cruz:** *de doscientos ochenta y nueve* (289) *a ochocientos sesenta y siete* (867) pesos
3. En **Córdoba:** *de ciento setenta y seis* (176) *a setecientos noventa y cinco* (795) pesos

### Numbers 100–1,000

100 cien
101, 102,... ciento uno, ciento dos,...
199 ciento noventa y nueve
200 doscientos/as
300 trescientos/as
400 cuatrocientos/as
500 quinientos/as
600 seiscientos/as
700 setecientos/as
800 ochocientos/as
900 novecientos/as
1,000 mil*

**¡Cuidado!**
200–999 agree in number and gender with the noun.

   200 pesos = doscient**os** pesos
   270 personas = doscient**as** setenta person**as**

_____
*Never **un mil: Pagué mil pesos.**

# Dónde quedarse en la Argentina

**Posada Salvador** (Valle de Uco, Mendoza)

Precio por persona: habitación individual desde 683 pesos; habitación doble desde 363 pesos. Pequeña y exclusiva casa de 8 habitaciones en el Valle de Uco. Disfrute los vinos de las bodegas Salvador, la gastronomía criolla e internacional y descubra el hermoso paisaje en una caminata por los bosques o un paseo en caballo. Relájese al final de cada día con un tratamiento en nuestro spa.

**La Estancia del Glaciar** (El Calafate, Santa Cruz)

Precio por persona: habitación individual desde 557 pesos; habitación doble 301 pesos. Venga al Parque Nacional Los Glaciares y quédese en nuestro hotel de 18 habitaciones con vistas al Lago Argentino. Vea de cerca los pingüinos, las exhibiciones de arreo (*herding*) con perros y esquila de ovejas (*sheep shearing*). Nuestros programas de aventura incluyen trekkings por varios circuitos hermosos. Por las noches relájese con un asado típico y una guitarreada bajo las estrellas al lado de la hoguera (*bonfire*).

**Hostería de la Luna** (Córdoba)

Precio por persona: habitación individual desde 425 pesos; habitación doble 237 pesos. Quédese en la Hostería de la Luna y viva en la grandeza de un castillo construido en los años 40. Asista a discursos en la Universidad Nacional de Córdoba sobre los gauchos, los inmigrantes europeos o los vinos argentinos. Visite el Museo Municipal de Bellas Artes Dr. Genaro Pérez y el Museo de Arte Religioso Juan de Tejeda. Por la noche, diviértese en los varios bares, discotecas y restaurantes cerca de la hostería.

**Point out E:** Estancias are private guest houses located on working ranches in the Argentine countryside. Some are rustic working ranches, similar to dude ranches in the U.S. Others may offer more luxurious accommodations such as spa services and folkloric dance shows.

**Note:** Currency conversion at time of publication: 1 U.S. dollar = 3 Argentine pesos.

**Answers E. *Paso 1:***
1. *18 habitaciones*
2. *desde 363 pesos*
3. *La Estancia del Glaciar*
4. *La hostería de la Luna, de 237 a 425 pesos*

## E. ¿A dónde ir?

**Paso 1** Read the following information about lodging in Argentina and answer the questions that follow.

1. ¿Cuántas habitaciones tiene la Estancia del Glaciar?
2. ¿Cuánto cuesta una habitación doble en la Posada Salvador?
3. Si Ud. quiere cantar al lado de un fuego, ¿adónde debe ir?
4. ¿Cuál es la opción más económica? ¿Cuánto cuesta?

**Paso 2** Interview a partner about his or her interests and past vacations and decide which **estancia** he or she might prefer.

¿QUÉ TE INTERESA?
- [ ] la naturaleza
- [ ] la gastronomía
- [ ] los tratamientos de un spa
- [ ] el vino
- [ ] los pingüinos
- [ ] el trekking

¿QUÉ TE GUSTA HACER?
- [ ] visitar museos
- [ ] montar a caballo
- [ ] tomar clases
- [ ] descansar
- [ ] estudiar la historia del lugar
- [ ] tomar el sol al lado de la piscina

**Paso 3** Make a list of clothing he or she will need to pack.

> **Breve prueba diagnóstica.** Go to the *Online Learning Center* (www.mhhe.com/pasaporte) and take the diagnostic test to see how well you are learning the concepts presented in this chapter. Then, go back page 47 and do the **Autoevaluación** again to check your progress.

# Reciclaje comunicativo

### El álbum de fotos de Barbara

Meet three of the Argentines who work for Nora at Tangoturs: Esteban, the rock climber; Cecilia, the culinary arts teacher and guide; and Daniela, the tango teacher.

In groups of three, look at the following photos and then alternate roles until each of you has:

A. described one of the three people pictured, following the specific instructions

B. asked questions to get more information about the person your partner described

C. served as the grammar monitor

**Note:** This communicative recycling activity gives students the opportunity to use the structures they have been learning to be able to describe and talk about likes and dislikes. By rotating roles, students learn from each other and build on what their partners have just said. The grammar monitor pays attention only to agreement errors. As you circulate and listen to students, make sure the monitor is catching these errors.

Esteban está encargado de los deportes extremos.

A Cecilia le encanta dar clases de cocina.

Daniela tiene mucha paciencia al dar clases de tango.

### Descripciones

ESTUDIANTE A:

*Describir:* Describe Esteban, Cecilia, or Daniela, including age, physical appearance, personality, clothing, and how he or she is feeling today.

*Hablar de los gustos:* Talk about a typical day for this person and what he or she likes and dislikes about his or her job at Tangoturs.

ESTUDIANTE B: Listen carefully as **Estudiante A** talks about the person he or she has chosen to describe. Then ask two questions to get more information about that person.

ESTUDIANTE C: As the grammar monitor, you should listen and write down any agreement errors that **Estudiantes A** and **B** make.

MODELO: (**Estudiante C** hears and writes errors): Ella es alta y delgad<u>o</u> y lleva una blusa roj<u>o</u>.

Then show your partners where they need to be more careful in terms of noun/adjective agreement. For example, in the **Modelo,** the speaker should have used the feminine adjectives **delgada** and **roja.**

Switch roles until each member of the group has done parts A, B, and C.

**Suggestion:** Before doing this activity, review expressions such as *acabamos de* + infinitive, *vamos a* + infinitive, *pensamos* + infinitive, *queremos* + infinitive.

## Expresiones útiles

¡Regio! (*Cool!* [Arg.]),
¡Fenomenal!, ¡Qué sabroso
(*delicious*)!
¡Qué terrible!, ¡Qué lío! (*what
a mess!*), me parece excelente

### Diálogos

In groups of three, create a dialogue between Esteban, Cecilia, and Daniela in which they talk about what they just did with Nora's students, where they are going to go to eat with them, and what they plan on ordering. Make sure to react appropriately to what each says.

# Oportunidades globales

**Comprensión:**
1. *A Nora le gusta llevar a los estudiantes a conocer otros lugares de la Argentina porque le fascina la l rica l historia de su país y quiere aprovechar cada oportunidad de compartirla con sus clientes.*
2. Answers will vary.

**Audioscript ¡A escuchar!:** Have students read the true/false questions before doing the listening activity.

*Espero que les haya gustado su tiempo en Buenos Aires. Mañana vamos a salir de excursión para ver otros paisajes y explorar otros aspectos de la cultura argentina. Primero vamos a pasar tres días en una estancia en la Pampa. Allí vamos a aprender un poco de la rutina diaria de los gauchos. Vamos a despertarnos a las 6:00 de la mañana todos los días, y desayunar fuerte, al estilo de los gauchos. Vamos a pasear en caballo y observar a los gauchos trabajar con el ganado y los caballos. Nosotros también vamos a compartir las tareas de los gauchos. Es necesario llevar pantalones, botas y un buen sombrero porque hace mucho sol en el verano en la Pampa. A final de cada día vamos a disfrutar de un asado tradicional de carne de res y cordero. Los vegetarianos pueden pedir una pasta o una ensalada de la cocina. Después de la cena, vamos a descansar al lado de una hoguera mientras escuchamos a los gauchos tocar la guitarra y cantar. Finalmente vamos a pasar dos días en Mar del Plata donde no vamos a hacer nada más que descansar, tomar el sol y nadar en el océano. Así que deben llevar un traje de baño también.*

## Introducción: La diversidad de la Argentina

Aunque el tango es uno de los aspectos más característicos y conocidos de la Argentina, sólo es una parte de la identidad argentina. Tanto los paisajes como la cultura argentina son atracciones impresionantes de este país encantador. Después de pasar dos semanas dando cursos intensivos de español y tango, Nora siempre lleva a los estudiantes a conocer otros puntos culturales importantes del país durante una excursión de cinco días. A Nora le fascina la historia y aprovecha cada oportunidad de compartir (*share*) con sus clientes algo de la rica historia de su propio país.

### Comprensión

1. ¿Por qué a Nora le gusta llevar a sus estudiantes a conocer otros lugares de la Argentina?
2. ¿Tiene la ciudad donde Ud. vive algo de interés histórico que le interesaría a Nora? Explique.

## ¡A escuchar!

Listen as your instructor reads Nora's announcement to her students as they prepare for their final excursion. Decide if the questions that follow are true or false.

### Comprensión

|  | CIERTO | FALSO |
|---|:---:|:---:|
| 1. Van a pasar tres días en la estancia y dos días en la playa. | ☒ | ☐ |
| 2. Los estudiantes van a despertarse tarde y descansar mucho en la estancia. | ☐ | ☒ |

3. En la Pampa, hace mucho frío durante
   el verano.            ☐   ☒

4. Cada noche van a disfrutar de un asado
   **tradicional al lado de una hoguera.**   ☒   ☐

5. Los estudiantes necesitan un traje de baño
   para la estancia.    ☐   ☒

# ¡A leer!

Nora is planning a five-day excursion to wrap up next year's Tangotur. Read about the four excursions Nora has to choose from and match each photo with the paragraph that best describes it.

**Suggestion ¡A leer!:** Have students look at the four photographs before reading the descriptions.

1. _____ *Tierra del Fuego* _____

2. _____ *La Pampa* _____

3. _____ *Cafayate* _____

4. _____ *Gaiman* _____

## La Pampa

Vamos a vivir la vida de los gauchos en una estancia de la Pampa. Durante cinco días vamos a trabajar al lado de la gente del campo para aprender la doma (*horse taming*) y la yerra de hacienda (*branding*). A final del día todos vamos a disfrutar de un asado al aire libre al lado de una hoguera.

## Tierra del Fuego

Desde la estación Fin del Mundo, vamos a recorrer el Parque Nacional Tierra del Fuego, el parque más austral (al sur) del mundo. En tren podemos disfrutar de un hermoso paisaje que une ríos, cascadas, montañas y bosques, imposibles de apreciar por otro medio. En el parque hay caminatas de diferentes niveles (*levels*) de dificultad. Tambien se puede explorar el archipiélago en barco para apreciar los glaciares y los icebergs vistos por Magallanes al pasar por esta zona por primera vez en 1520.

## Cafayate

Salta, más que otras ciudades argentinas, refleja la mezcla de la cultura indígena y la española. Este viaje de cinco días incluye paseos en los que podemos apreciar la arquitectura colonial igual que la fuerte influencia indígena en la artesanía, la comida y las zonas arqueológicas. También vamos a visitar la región de Cafayate, a 60 kilómetros de Salta, famosa por sus viñas y vistas impresionantes. Allí vamos a estudiar el cultivo de uvas y la elaboración del vino. La excursión termina con la degustación (*tasting*) de varios vinos y una comida típica de la región.

## Gaiman

Vamos a pasar cinco días en Gaiman, un pueblo de la provincia de Chubut donde al final del siglo pasado hubo una fuerte inmigración galesa (*Welsh*). Hasta hoy, los ciudadanos hablan galés (*Welsh*) y mantienen sus costumbres tradicionales. Después de pasear por las calles y ver las casas típicas, vamos a entrar a una casa de té para tomar un auténtico té galés preparado según las antiguas tradiciones de los originarios colonos (*colonists*) galeses.

### Comprensión

1. ¿Dónde se puede tomar un auténtico té galés?
2. ¿En qué parte de la Argentina está el Parque Nacional Tierra del Fuego?
3. ¿Qué grupo de indígenas tuvo mucha influencia sobre la ciudad de Salta?
4. ¿Cuáles són algunos de los trabajos típicos del gaucho?
5. ¿Por qué va a ser menos relajante la excursión a la estancia que la excursión a Gaiman?

Note *¡A conversar!:* These dialogues recycle the seven **Destrezas conversacionales.**
**Suggestion:** Have pairs of students act out the situations. Do not let them memorize their lines. The presentations should be as spontaneous as possible.

# ¡A conversar!

Read over the following situations and then, with a partner, act out each one incorporating the **Expresiones útiles** that target the conversational skills needed to perform each dialogue.

**Situación 1** A female tourist has just finished seeing a great exhibition of horsemanship presented by a handsome Argentine gaucho. After the show, the gaucho expresses interest in seeing her tonight.

*Destrezas conversacionales: Hacer y aceptar una invitación*

ESTUDIANTE A: Ud. es un gaucho muy guapo que inicia una conversación con una de las extranjeras que acaba de ver su exhibición sobre los gauchos. Pregúntele a la chica si le gusta la Argentina y luego invítela a cenar. Pregúntele qué tipo de comida le gusta y sugiera un restaurante.

ESTUDIANTE B: Ud. es una chica tímida. Explíquele al gaucho lo que le gusta de la Argentina y luego acepte la invitación. Pregúntele qué tipo de ropa Ud. debe llevar esta noche.

---

### Expresiones útiles

**Para invitar**
¿ Le gustaría... (ir a... , salir... , acompañarme al... )?
¿Por qué no... (vamos al... , viene a... )?

**Para aceptar**
Perfecto.
Muy bien.
Me parece excelente.
De acuerdo.

**Situación 2** Two tourists, who have been on Tangotours in Buenos Aires, talk about some options for their free days before they have to fly home.

*Destrezas conversacionales: Persuadir y declinar una invitación*

ESTUDIANTE A: Le gusta ser muy activo/a y practicar deportes extremos durante sus vacaciones. Explíquele a su compañero/a adónde quiere ir y qué quiere hacer durante estos últimos días en la Argentina. Invítele a su compañero/a acompañarlo/la.

ESTUDIANTE B: Después de cuatro horas de clases de tango y una milonga cada noche, Ud. está agotado/a (*exhausted*). Le gustaría relajarse, comer muy bien y probar los vinos argentinos en sus últimos días de vacaciones en la Argentina. No le interesa para nada hacer lo que quiere hacer su compañero/a.

## ¡A escribir!

You have learned about some typical Argentine dishes. Now describe a dish that your family eats that reflects your cultural heritage or simply a traditional dish that you enjoy. What is in it and when do you eat it?

| Expresiones útiles |
| --- |

**Para persuadir**
Es importante (+ *infinitive*)...
Debemos (+ *infinitive*)...
Sería fantástico (+*infinitive*)...
No puedes perder (*miss*) esta oportunidad de...

**Para declinar una invitación**
Cuánto me gustaría pero...
No me interesa porque...
Lo siento, pero es que...
La verdad es que...

**Suggestion ¡A escribir!:** If there is an online discussion board available for your class, have students post their essays online. Have students read each other's essays and select the one that describes the most delicious dish.

# Vocabulario

## La ropa

| | |
| --- | --- |
| el abrigo | coat |
| la blusa | blouse |
| la bolsa | purse |
| las botas | boots |
| los calcetines | socks |
| la camisa | shirt |
| la camiseta | T-shirt |
| la chaqueta | jacket |
| el cinturón | belt |
| la corbata | tie |
| la falda | skirt |
| las gafas (de sol) | (sun)glasses |
| los guantes | gloves |
| el impermeable | raincoat |
| las medias | stockings, pantyhose |
| los pantalones | pants |
| los pantalones cortos | shorts |
| la ropa interior | underwear |
| el saco | jacket |
| las sandalias | sandals |
| el sombrero | hat |
| el suéter | sweater |
| el traje | suit |
| el traje de baño | bathing suit |
| el vestido | dress |
| los zapatos (de tenis) | (tennis) shoes |

## Los colores

| | |
| --- | --- |
| amarillo/a | yellow |
| anaranjado/a | orange |
| azul | blue |
| blanco/a | white |
| gris | grey |
| marrón, café | brown |
| morado/a | purple |
| negro/a | black |
| rojo/a | red |
| rosado/a | pink |
| verde | green |

## El calendario

| | |
| --- | --- |
| el día | day |
| la semana | week |
| lunes, martes, miércoles, jueves, viernes, sábado, domingo | |
| la estación | season |
| el invierno | winter |
| la primavera | spring |
| el verano | summer |
| el otoño | autumn |
| el mes | month |
| enero, febrero, marzo, abril, mayo, junio, julio, agosto, septiembre, octubre, noviembre, diciembre | |
| la fecha | date |
| hoy | today |

## El tiempo

| | |
|---|---|
| Hace... | |
| calor. | *It's hot.* |
| fresco. | *It's cool.* |
| frío. | *It's cold.* |
| sol. | *It's sunny.* |
| viento. | *It's windy.* |
| buen/mal tiempo. | *The weather is good/bad.* |
| Está nublado. | *It is cloudy.* |
| Está despejado. | *It is clear.* |

## La comida

### El desayuno

*Breakfast*

| | |
|---|---|
| el cereal | *cereal* |
| los huevos | *eggs* |
| la mantequilla | *butter* |
| la mermelada | *jam, jelly* |
| el pan (tostado) | *bread (toast)* |
| el tocino | *bacon* |

### Las frutas y legumbres

*Fruits and vegetables*

| | |
|---|---|
| el aguacate | *avocado* |
| el brócoli | *broccoli* |
| la cebolla | *onion* |
| los espárragos | *asparagus* |
| la fresa | *strawberry* |
| los frijoles | *beans* |
| el guisante | *pea* |
| la habichuela | *green bean* |
| la lechuga | *lettuce* |
| el limón | *lemon* |
| el maíz | *corn* |
| la manzana | *apple* |
| la naranja | *orange* |
| la papa (al horno) | *(baked) potato* |
| la piña | *pineapple* |
| el plátano | *banana* |
| el tomate | *tomato* |
| la uva | *grape* |
| la zanahoria | *carrot* |

### El almuerzo

*Lunch*

| | |
|---|---|
| la hamburguesa | *hamburger* |
| las papas fritas | *French fries* |
| el sándwich de jamón y queso | *ham and cheese sandwich* |
| la sopa | *soup* |

### La cena

*Dinner*

| | |
|---|---|
| el arroz | *rice* |
| el bife | *beef* |
| el bistec | *steak* |

| | |
|---|---|
| el camarón | *shrimp* |
| la carne | *meat* |
| ...de cerdo | *pork* |
| ...de cordero | *lamb* |
| ...de res | *beef* |
| ...de ternera | *veal* |
| la chuleta de cordo | *pork chop* |
| la langosta | *lobster* |
| los mariscos | *seafood* |
| el pavo | *turkey* |
| el pollo | *chicken* |
| la salchicha / el chorizo | *sausage* |
| el salmon | *salmon* |

### Las bebidas

| | |
|---|---|
| el agua | *water* |
| el café | *coffee* |
| la cerveza | *beer* |
| el jugo / el zumo | *juice* |
| la leche | *milk* |
| el refresco | *soft drink, soda, pop* |
| el té | *tea* |
| el vino tinto/blanco | *red/white wine* |

### Los postres

| | |
|---|---|
| el arroz con leche | *rice pudding* |
| el flan | *caramel custard* |
| la galleta | *cookie* |
| el helado | *ice cream* |
| el pastel | *pastry* |
| la torta | *cake* |

### Comer y beber en la Argentina

| | |
|---|---|
| el asado | *Argentine barbecue* |
| la empanada | *stuffed pastry* |
| el mate | *strong herbal tea drunk from a hollowed gourd* |
| la parrilla | *grill* |
| la parrillada | *plate of assorted grilled meats* |

### Otras expresiones útiles

| | |
|---|---|
| ¡Qué sabroso/a! | *How delicious* |
| tenedor libre | *all you can eat* |
| tener hambre | *to be hungry* |
| tener prisa | *to be in a hurry* |
| tener sed | *to be thirsty* |

## Los verbos

| | |
|---|---|
| acostarse (o→ ue) | *to lie down, go to bed* |
| afeitarse | *to shave* |
| bañarse | *to bathe: to take a bath* |
| dejar una propina | *to leave a tip* |

| | |
|---|---|
| despertarse (e → ie) | *to wake up* |
| divertirse (e → ie, i) | *to have fun* |
| dormirse (o → ue, u) | *to fall asleep* |
| ducharse | *to take a shower* |
| empacar | *to pack* |
| ir de vacaciones | *to go on vacation* |
| lavarse | *to wash oneself* |
| levantarse | *to get up* |
| llamarse | *to call oneself; to be named or called* |
| llevar | *to wear* |
| pagar la cuenta | *to pay the bill* |
| pedir (i, i) | *to order, ask for* |
| peinarse | *to comb one's hair* |
| ponerse (la ropa) | *to put on* (clothing) |
| quedarse | *to stay or remain* |
| quitarse (la ropa) | *to take off* (clothing) |
| reunirse (con) | *to get together; to meet up* (with) |
| sentarse (e → ie) | *to sit oneself down* |

| | |
|---|---|
| servir (e → i, i) | *to serve* |
| vestirse (e → i, i) | *to get dressed* |
| viajar | *to travel* |

## Affirmative/negative pronouns

| | |
|---|---|
| algo | *something* |
| nada | *nothing* |
| alguien | *somebody* |
| nadie | *nobody* |
| algún, alguno/a/os/as | *some* |
| ningún, ninguno/a/os/as | *no, none* |
| siempre | *always* |
| nunca | *never* |
| jamás | *never ever* |
| también | *also* |
| tampoco | *neither, not either* |
| o... o | *either . . . or* |
| ni... ni | *neither . . . nor* |

# Capítulo 3

# Su pasaporte a México

## Haga un intercambio entre ciudades hermanas

Varias personas construyen altares para el Día de los Muertos en la Universidad de Guanajuato. **Suggestion:** Have students look at the opening photograph and ask them to call out any words that describe this picture of the steps of the University of Guanajuato. Ask them whether the photograph activates any knowledge about Mexico and Mexican culture in general. You may want to make a list on the board of the information students contribute, such as monuments, traditions, art, and famous Mexicans, that can be used later in **¡Vamos a México!**

## Primer encuentro

### Metas comunicativas

By the end of the chapter you will be able to:

Talk about academic courses
Discuss cultural activities and interests
Describe and compare people, places, and things
Point out people, places, and things

For these communicative goals, you will need:

Appropriate vocabulary
Comparisons of equality
Comparisons of inequality
Comparisons with numbers
Superlatives
Demonstrative adjectives

### Autoevaluación

Check the box that corresponds to how much you already know:

| | NONE | SOME | A LOT |
|---|---|---|---|
| Talk about academic courses | ☐ | ☐ | ☐ |
| Discuss cultural activities and interests | ☐ | ☐ | ☐ |
| Describe and compare people, places, and things | ☐ | ☐ | ☐ |
| Point out people, places, and things | ☐ | ☐ | ☐ |

**Suggestion:** Take a few minutes to have students do this self evaluation to assess what they know and what they can do with the language at this point.

**Suggestion:** Bring your own photographs to class or show websites or realia you have collected to help students get (re)acquainted with Mexico.

| | NONE | SOME | A LOT |
|---|---|---|---|
| Appropriate vocabulary | ☐ | ☐ | ☐ |
| Comparisons of equality | ☐ | ☐ | ☐ |
| Comparisons of inequality | ☐ | ☐ | ☐ |
| Comparisons with numbers | ☐ | ☐ | ☐ |
| Superlatives | ☐ | ☐ | ☐ |
| Demonstrative adjectives | ☐ | ☐ | ☐ |

**Note:** For helpful teaching suggestions and additional activities, see the **Teaching Suggestions and Activities** section of **Capítulo 3** in the *Instructor's Manual (IM)*.

# ¡Vamos a México!

## A. A ver, ¿qué sabe de México?

¿Qué ya sabe Ud. de México? ¿Concoce Ud. a personas, lugares, comidas, costumbres o historia mexicanos? Con un(a) compañero/a, haga una lista de lo que ya sabe.

Nosotros conocemos...

estos lugares: _____

estas personas: _____

estos aspectos culturales: _____

**Suggestion A:** After students brainstorm in pairs, you may want to compile what they have come up with on a transparency by category: people, monuments, and so on. Save the transparency and at the end of the chapter, bring it back and ask students to add the new information they have learned about Mexico.

## B. ¿Dónde están estos lugares fascinantes?

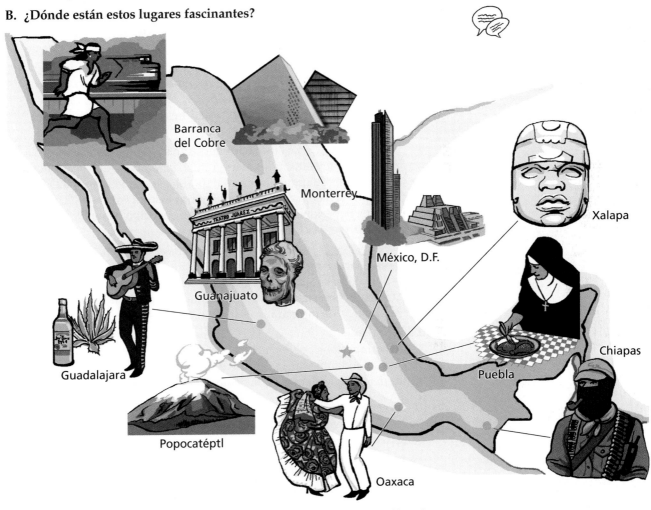

**Paso 1** Trabajando con un(a) compañero/a, lea las descripciones y rellene los espacios en blanco con los nombres de los lugares indicados en este mapa de México. Utilice las siguientes pistas y los dibujos del mapa.

1. _La Barranca del Cobre_ Toma el tren desde Los Mochis hasta Chihuahua, pasando por los cañones y barrancas (*ravines*) impresionantes de este lugar, tierra de los indios Tarahumara, famosos por correr rápidamente largas distancias.

2. _Guadalajara_ La segunda ciudad más grande de México es el lugar del mariachi y del tequila. La escuela de medicina de la Universidad Autónoma es considerada una de las mejores de Hispanoamérica.

**Suggestion B:** Explain to students terms that come up in the map *pistas* such as *mole poblano, los voladores de Papantla, momias,* and so on. Bring in photographs you may have that depict the *pista* descriptions.

**Expansion:** If you have time, have students select a topic to explore further. Have students present a report in class or, if there is an online discussion board available for your class, have students post their projects online.

3. _____Popocatéptl_____ Este volcán activo está a 35 millas del Distrito Federal (otro nombre que se da a la Ciudad de México). Después de 70 años de inactividad tuvo una erupción en 1994 (mil novecientos noventa y cuatro). Desde el D.F. se ve su pico cubierto de nieve.

4. _____México, D.F._____ La capital de México es una de las ciudades más grandes del mundo, con más de 20 millones de habitantes. Fue construida sobre las ruinas de la antigua ciudad azteca de Tenochtitlán, lugar en donde Moctezuma perdió la batalla contra Hernán Cortés.

5. _____Oaxaca_____ En esta ciudad de mucha diversidad étnica se celebran muchos importantes festivales culturales como la Guelaguetza, conocida por sus bailes tradicionales. Benito Juárez, el primer presidente indígena de México, nació aquí.

6. _____Puebla_____ La cuarta ciudad más grande de México es famosa por la batalla del Cinco de Mayo de 1865 (mil ochocientos sesenta y cinco) en la que los mexicanos vencieron (*defeated*) a los franceses. Se dice que el mole poblano, el plato nacional de México, fue inventado por una monja (*nun*) franciscana en el siglo XVII.

7. _____Xalapa_____ Esta ciudad se conoce como la Atenas veracruzana, llamada así por su riqueza arqueológica, como, por ejemplo, la colección de gigantescas cabezas olmecas en el Museo de Antropología. Muy cerca se puede ver la antigua ceremonia de los hombres pájaro (*birdmen*) o los voladores de Papantla en el gran festival Tajín.

8. _____Monterrey_____ Esta ciudad modernísima y capital industrial de México es la tercera ciudad más grande de México. Aquí se encuentra la Cervecería Cuauhtémoc, la cual produce las cervezas Sol y Dos Equis, y la sede (*headquarters*) del famoso Instituto Tecnológico de Estudios Superiores de México, tambien conocido como El «Tec», la escuela de negocios más famosa de Hispanoamérica.

9. _____Guanajuato_____ Aquí se encuentra el famoso Teatro Juárez, uno de los escenarios importantes del Festival Internacional Cervantino, el festival de Bellas Artes más conocido de Hispanoamérica. Esta ciudad también es famosa por su Museo de las Momias, una macabra colección de más de mil cadáveres humanos momificados.

10. _____Chiapas_____ En este estado de mucha biodiversidad, los marginados campesinos pobres luchan para proteger su tierra con la ayuda del subcomandante Marcos, jefe de los zapatistas y dedicado campeón de los derechos humanos de la gente indígena de esta región.

**Note. Paso 2:** Here students are exposed to the hypothetical, without being expected to produce the forms.

**Paso 2** Turnándose con su compañero/a, diga a qué lugar(es) del mapa iría para hacer las siguientes actividades.

MODELO: Si **quisieras** probar el mole poblano...

ESTUDIANTE 1: Si **quisieras** probar el mole poblano, ¿adónde **irías**?

ESTUDIANTE 2: Yo **iría** a Puebla.

1. Si quisieras ver unas momias grotescas...
2. Si quisieras escalar un volcán...
3. Si quisieras visitar un sitio arqueológico...
4. Si quisieras estudiar negocios...

**Paso 3** Lea las pistas del mapa otra vez y determine cuál de los lugares le parece más interesante. ¿Cuál es el lugar menos interesante? Comparta sus opiniones con un(a) compañero/a.

¿Cuál es el lugar más interesante? ¿Por qué?

¿Cuál es el lugar menos interesante? ¿Por qué?

# Vocabulario del tema I:
## Hablando de la vida universitaria

Susana          Pedro          Lupita

## En la universidad

**Cognados:** la agricultura, el álgebra, la antropología, la arquitectura, el arté
la biología, el cálculo, las ciencias, las ciencias políticas, la composición,
las comunicaciones, la ecología, la economía, la filosofía, la física, el francés,
la geografía, la geología, la historia, el inglés, el italiano, el japonés, las
humanidades, la literatura, las matemáticas, la medicina, la religión, la
sicología, la sociología, el turismo

**Suggestion:** Referring to the picture, ask students brief yes/no questions about the students in the picture and the courses they are likely taking. Have students help you provide correct answers. You may want to expand by asking students about their schedules. *¿Estudia Susana la contabilidad? ¿Toma Susana una clase de arte? Sí. ¿Y qué otras clases toma Susana? ¿Toma Ud. una clase de arte? ¿Quién toma una clase de historia? ¿Quién toma una clase de contabilidad? ¿Cuál es más interesante, la historia de arte, la sociología o el comercio internacional? ¿Cuál es más difícil, el español, el cálculo o la economía? ¿Cuál es más divertido?*

## Otras clases

| | | | |
|---|---|---|---|
| la administración de empresas | *business administration* | la ingeniería | *engineering* |
| la computación | *computer science* | las lenguas extranjeras | *foreign languages* |
| la contabilidad | *accounting* | las leyes | *law* |
| la enfermería | *nursing* | la mercadotecnia | *marketing* |
| los estudios profesionales | *professional studies* | el periodismo | *journalism* |
| | | la química | *chemistry* |

## Verbos útiles

| | |
|---|---|
| asistir a | to attend |
| elegir | to select, choose |
| especializarse en | to major in |
| matricularse | to register, enroll |
| sacar buenas/ malas notas | to get good/ bad grades |
| suspender | to fail |

## Otras expresiones útiles

| | |
|---|---|
| ¿Cuál es tu clase más interesante/ aburrida/difícil? | What's your most interesting/ boring/difficult class? |
| ¿Cuál es tu especialización? | What's your major? |
| ¿En qué año estás? | What year are you? |

## Actividades

### A. En la librería de la Universidad de Guanajuato

Escuche mientras su profesor(a) lee lo que Pedro dice sobre las clases que toma este semestre. Indique la palabra o las palabras más apropiada(s) para completar la frase.

1. Pedro toma...
   - ☒ física
   - ☐ arte
   - ☒ geología
   - ☒ estadística

2. Pedro estudia para ser...
   - ☐ dentista
   - ☐ artista
   - ☒ ingeniero de minas (*mines*)

3. La clase favorita de Pedro va a ser...
   - ☐ la estadística
   - ☐ la física
   - ☒ la geología

4. La clase más difícil de Pedro va a ser...
   - ☐ el cálculo
   - ☒ la estadística
   - ☐ la física

### B. ¿Qué clases toman?

- Susana estudia antropología social. Quiere ser profesora.
- Pedro estudia ingeniería de minas. Le interesan la geología y los minerales.
- Lupita estudia comercio internacional. Piensa trabajar para una compañía internacional.

**Paso 1** ¿Qué clases toman Susana, Pedro y Lupita? Mire las siguientes clases. Ponga el nombre apropiado al lado de cada clase.

1. análisis social de México _____Susana_____
2. álgebra lineal _____Pedro_____
3. mercadotecnia estratégica _____Lupita_____
4. tratados (*treaties*) internacionales _____Lupita_____
5. historia del arte precolombino _____Susana_____
6. contabilidad _____Lupita_____

**Paso 2** Si estuviera en México estudiando con Susana, Lupita y Pedro, ¿en cuál de las seis clases estaría Ud.?

### C. Y Ud., ¿qué clases toma este semestre?

**Paso 1** Llene la siguiente tabla.

| TOMO... | PIENSO TOMAR... EN EL FUTURO | TENGO QUE TOMAR... | NO QUIERO TOMAR... |
|---|---|---|---|
| | | | |
| | | | |
| | | | |
| | | | |
| | | | |

### Querer, pensar, *and* tener que

Recall that in Spanish when two verbs are used in sequence and there is no change of subject, the second verb is usually in the infinitive form.

**Querer** + *infinitivo* means *to want to* do something.

| | |
|---|---|
| **Quiero estudiar.** | ***I want to study.*** |

**Pensar** + *infinitivo* means *to intend to* or *plan to* do something.

| | |
|---|---|
| **Pienso tomar** una clase de arte. | ***I plan to / intend to take*** *an art class.* |

**Tener que** + *infinitivo* means *to have to* do something.

| | |
|---|---|
| **Tengo que tomar** una clase de negocios. | ***I have to take*** *a business class.* |

**Paso 2** Ahora entreviste a un(a) compañero/a sobre sus clases y complete las siguientes frases. ¿Puede adivinar (*guess*) cuál es la especialización de su compañero/a?

Este semestre mi compañero/a toma _____, _____, _____.

El próximo semestre mi compañero/a piensa tomar _____, _____, _____.

Todavía (*still*) tiene que tomar _____, _____, _____.

Mi compañero/a no quiere tomar _____, _____, _____.

### D. ¡Vamos a salir!

Ud. y un amigo están estudiando en Guanajuato y quieren hacer excursiones culturales al Museo de las Momias y al Teatro Juárez para ver el Ballet Folklórico. Usando los horarios que les da su profesor(a), decidan cuándo pueden ir a cada lugar.

### E. La estudiantina de Guanajuato

Las estudiantinas son grupos de cantantes locales vestidos como trovadores (*wandering minstrels*) españoles de la época medieval. En aquel entonces (*Back then*), los estudiantes pobres paseaban por las calles cantando por dinero o por un poco de comida. En 1963 se organizó la Estudiantina de la Universidad de Guanajuato. Hoy en día la estudiantina forma una parte integral de la cultura de Guanajuato. La gente sigue a la estudiantina por los callejones de la ciudad, escuchando las serenatas, gozando de sus chistes (*jokes*) y compartiendo el porrón (*glass bottle with a long drinking spout*) de vino que también es una parte ritual de la callejoneada.

1. ¿Cómo se puede comparar el ser miembro de la orquesta o de la banda (*marching band*) de su universidad con ser miembro de una estudiantina mexicana?
2. ¿Participa Ud. en actividades cocurriculares? ¿En cuáles participa?

Una estudiantina guanajuatense

# Punto gramatical I:
## Comparisons

**Expansion:** For more practice, bring in photos of people from your picture file and ask students to make comparisons of equality and inequality.

## Gramática en contexto

Lupita lee las evaluaciones de varios profesores en **www.escoge-profe.com** antes de escoger sus clases para el semestre que viene.

### Sobre la profesora Ibáñez por IrmaP

★ ★ ★ ★

Curso: Arte Maya

La profesora Ibáñez es tan brillante como los otros profesores, pero ella es mucho más creativa que el profesor de arte moderno. Sus clases son más interesantes que todas las otras.

### Sobre el profesor Maldonado por PepeO

★ ★

Curso: Mercadotecnia

¡El profesor Maldonado es horrible! Es muy conocido, pero es tan arrogante y vanidoso como una estrella de cine. Suspende a más de 20 estudiantes cada año.

### Sobre el profesor Vega por MaríaL

★ ★ ★

Curso: Relaciones Internacionales

El profesor Vega es más simpático que mis otros profesores, pero sus cursos siempre son menos exigentes que los otros. Es curioso, porque creo que aprendo más en su clase. Él no suspende a tantos estudiantes como los otros profesores.

### ¿Cierto o falso?

|  | CIERTO | FALSO |
|---|---|---|
| 1. El profesor Vega es más simpático que los otros profesores. | ☒ | ☐ |
| 2. El profesor Maldonado es menos conocido que los otros profesores. | ☐ | ☒ |
| 3. El profesor Vega no suspende a más estudiantes que la profesora Ibáñez. | ☒ | ☐ |
| 4. El profesor Maldonado es el más popular de todos. | ☐ | ☒ |

## Explicación gramatical

### A. Comparisons of inequality

When comparing people, places, and things that are not equal, use the following formula:

**más/menos** + *adjective* or *noun* + **que**

| | |
|---|---|
| Paco es **menos alto que** Ana. | *Paco is shorter than Ana.* |
| Ana es **más alta que** Paco. | *Ana is taller than Paco.* |

Go back to **Gramática en contexto** and circle an example of a comparison of inequality.

## B. Comparisons with numbers

When a number follows a comparison, use *de:*

**más/menos** + **de** + *number*

> Hay **más de doce** guías aquí.    *There are more than twelve guides here.*

Circle an example of a comparison with numbers in the **Gramática en contexto** reading.

## C. Comparisons of equality

When comparing people, places, and things that are equal, use the following formula:

**tan** + *adjective* + **como**

> Isa es **tan lista como** Lola.    *Isa is as smart as Lola.*

Circle an example of a comparison of equality with adjectives in the **Gramática en contexto** reading. ¡Cuidado! What happens to the adjective?

**tanto/a/os/as** + *noun* + **como**

> Gustavo tiene **tantas clases como** yo.    *Gustavo has as many classes as I do.*

Circle an example of a comparison of equality with nouns in the **Gramática en contexto** reading. ¡Cuidado! What happens to the word *tanto?*

## Ponerlo a prueba

### A. Lugares fascinantes de México

Haga comparaciones siguiendo las indicaciones entre paréntesis.

1. La Barranca del Cobre es _____*más*_____ grande _____*que*_____ el Gran Cañón de Arizona. (+)
2. Hay _____*menos*_____ edificios modernos en Xalapa _____*que*_____ en Monterrey. (−)
3. México tiene _____*más*_____ _____*de*_____ 20 volcanes. (+)
4. En el estado de Oaxaca hay _____*tanta*_____ diversidad étnica _____*como*_____ en el estado de Nuevo León. (+)
5. Hay _____*menos*_____ teatros en Guanajuato _____*que*_____ en la Ciudad de México. (−)

### B. Estudios académicos en México

Cuando Ud. hace comparaciones de igualdad, tenga en cuenta si está comparando adjetivos o sustantivos (*nouns*).

**Paso 1** ¿Es adjetivo o sustantivo? Vea la siguiente lista de palabras y marque una **A** al lado de todos los adjetivos y una **S** al lado de todos los sustantivos.

_*A*_ grande          _*A*_ moderno          _*S*_ libros          _*S*_ interés

_*S*_ programas          _*A*_ bonito          _*A*_ impresionante          _*S*_ museo

_*A*_ caro          _*S*_ playa          _*A*_ conocido (*known*)          _*S*_ cursos

**Paso 2** Llene los espacios en blanco con las palabras apropiadas para expresar comparaciones de igualdad, teniendo en cuenta si está comparando adjetivos o sustantivos.

1. No hay _____*tantos*_____ programas para extranjeros en Oaxaca _____*como*_____ en Guanajuato.
2. El campus del Tec de Monterrey es _____*tan*_____ moderno _____*como*_____ cualquier campus estadounidense.

3. La Universidad Veracruzana no ofrece _____*tantos*_____ cursos de negocios _____*como*_____ El Tec de Monterrey.

4. La Universidad Autónoma de Guadalajara es _____*tan*_____ conocida por su escuela de medicina _____*como*_____ El Tec de Monterrey es famoso por su escuela de negocios.

5. La matrícula (*tuition*) de los cursos para extranjeros en Oaxaca es _____*tan*_____ cara _____*como*_____ la matrícula en Xalapa.

## Actividades

### A. Opiniones

**Paso 1** Entreviste a un(a) compañero/a para ver cuál es su opinión sobre las siguientes cosas.

> MODELO: una clase de idiomas / una clase de física (difícil)
>
> ESTUDIANTE 1: ¿Cuál es más interesante, una visita a la fábrica de tequila o al museo de antropología?
>
> ESTUDIANTE 2: Una visita a la fábrica de tequila es más interesante que una visita al museo.
>
> ESTUDIANTE 1: Estoy de acuerdo. / Para mí, no.

<table>
<tr><td rowspan="5">

**Expresiones útiles**

Para mí, no.
¡Al contrario!
(No) estoy de acuerdo.
Sí, es cierto.
</td></tr>
</table>

1. el mole poblano / una ensalada (delicioso)
2. una clase de literatura inglesa / una clase de arte mexicano (aburrido)
3. las margaritas / los martinis (rico)
4. bailar salsa y merengue / bailar hip hop (padre)
5. escalar montañas en Xalapa / hacer surfing en California (divertido)

**Paso 2** ¿Piensa que su compañero/a es un buen candidato para estudiar en México? Explique.

### B. Dos estudiantes

**Paso 1** Con un(a) compañero/a lea sobre Lupita y Susana y luego haga comparaciones entre ellas.

**Point out A: 4.** The word *padre* means "awesome" in Mexico.

**Lupita**

Rasgos de personalidad: abierta, perfeccionista, habladora

Especialización: arquitectura

Promedio de sus notas (*GPA*): 3.8

Pasatiempos: ir de compras, salir con amigos, ir al cine

Cosas en la bolsa: 1.000 pesos, 2 tarjetas de crédito, 3 libros de texto, 2 revistas de chismes (*gossip*), 1 botella de agua

**Susana**

Rasgos de personalidad: seria, creativa, aventurera

Especialización: antropología

Promedio de sus notas: 3.8

Pasatiempos: ir a sitios arqueológicos, escalar montañas, asistir a festivales culturales, pintar, meditar

Cosas en la bolsa: 620 pesos, 4 libros de texto, 2 revistas de política, 1 botella de agua

| | |
|---|---|
| alto | *Susana es más alta que Lupita. / Lupita es menos alta que Susana.* |
| atlético | *Susana es más atlética que Lupita.* |
| extravagante | *Lupita es más extravagante que Susana.* |
| extrovertido | *Susana es menos extrovertida que Lupita.* |
| estudioso | *Lupita es tan estudiosa como Susana.* |
| dinero | *Susana tiene menos dinero que Lupita.* |
| revistas | *Susana tiene tantas revistas como Lupita.* |
| botellas de agua | *Susana tiene tantas botellas de agua como Lupita.* |
| libros de texto | *Lupita tiene menos libros de texto que Susana.* |

**Paso 2** ¿Cómo se compara Ud. con Lupita y Susana? Escriba cinco comparaciones entre Ud. y las dos chicas. ¿Con quién es Ud. más compatible? Comparta sus conclusiones con su compañero/a.

**C. Los números: ¿Cuántas personas viven en las ciudades grandes de México?**

David quiere estudiar en una ciudad grande. Escuche el número de habitantes que hay en las ciudades más grandes de México y escríbalo mientras su profesor(a) los lee.

México D.F. ____*México D.F. (8.720.916)*____    Guadalajara ____*Guadalajara (1.600.940)*____

Monterrey ____*Monterrey (1.133.814)*____    Puebla ____*Puebla (1.485.941)*____

Oaxaca ____*Oaxaca (265.006)*____    Guanajuato ____*Guanajuato (153.364)*____

**D. Estudiando en México**

**Paso 1** Lea los siguientes anuncios de dos universidades mexicanas.

El Instituto Tecnológico de Estudios Superiores de Monterrey "EL TEC"

- Universidad privada fundada en 1943 con 95.000 estudiantes
- El sistema educativo más grande de Latinoamérica distribuido en 26 ciudades mexicanas
- 34 programas profesionales en:
  Administración y Finanzas
  Ciencias de la Salud
  Ciencias Sociales y Humanidades
  Ingeniería y arquitectura

TECNOLÓGICO DE MONTERREY
EGADE
Escuela de Graduados en Administración y Dirección de Empresas

- La Escuela de Graduados en Administración y Dirección de Empresas (EGADE) fue nombrado por *The Wall Street Journal* la mejor escuela de negocios Latinoamericana

La Universidad Veracruzana

Universidad pública fundada en 1944 con 57.000 estudiantes en cinco ciudades diferentes en el estado de Vera Cruz

Programas:

- Humanidades
- Económico-Administrativo
- Ciencias de la Salud
- Artes

Ecobuceo en la Costa Norveracruzana

- El programa de las Ciencias Marinas y Acuáticas es único en el país
- Tradición de excelencia en los géneros de música: la Orquesta Sinfónica de Xalapa, el Ballet Folklórico y la Orquesta de Música Popular

**Paso 2** Ahora, escriba comparaciones entre las dos universidades según las siguientes categorías:

- Número de estudiantes
- Años en existencia de la universidad
- Prestigio internacional
- Número de localidades diferentes

**Paso 3** ¿A qué tipo de persona le gustaría estudiar en El Tec?

☐ una persona que quiere trabajar para una empresa internacional hispanoamericana

☐ una persona a quien le interesa la biología marina

☐ una persona que quiere estudiar contabilidad

☐ una persona que quiere estudiar música

**Paso 4** ¿Cuál de estas universidades le interesaría a Ud.? Explique por qué.

---

**Note:** The greater metropolitan area of Mexico City has over 19 million inhabitants.

**Pista caliente**

**Más allá del número 1.000**

Continúe la secuencia:

**mil, dos mil, tres mil...**
   1.000, 2.000, 3.000...

**cien mil, doscientos mil...**
   100.000, 200.000,...

**un millon, dos millones,...**
   1.000.000, 2.000.000,...

**Mil** means one thousand or a thousand. It does not have a plural form in counting.

Note how years are expressed in Spanish:

   1899 = mil ochocientos
      noventa y nueve
   2011 = dos mil once

# Vocabulario del tema II:
## Hablando de la vida creativa

TEATRO JUAREZ

la estudiantina universitaria

Xochi

el pintor

la cerámica

la máscara

el tejido

el escritor

Diego

Ernesto

## La expresión artística

| | |
|---|---|
| la arquitectura | architecture |
| el arte | art |
| las artesanías | crafts |
| el ballet | ballet |
| las bellas artes | fine arts |
| el cine | cinema |
| la danza | dance |
| la escultura | sculpture |
| la música | music |
| la pintura | painting |
| el teatro | theatre |

## Los artistas

| | |
|---|---|
| el actor / la actriz | actor/actress |
| el/la arquitecto/a | architect |
| el/la artesano/a | artisan |
| el/la artista | artist |
| el bailarín/ la bailarina | male dancer / female dancer |
| el/la cantante | singer |
| el/la director(a) | director |

| | |
|---|---|
| el/la escultor(a) | sculptor |
| el/la músico | musician |

## Los eventos culturales

| | |
|---|---|
| la callejoneada | groups of people accompany the estudiantina on their stroll through the city, singing folk songs and love songs |
| el concierto | concert |
| el espectáculo | show |
| la exposición | exhibition |

## Los verbos

| | |
|---|---|
| actuar | to act |
| crear | to create |
| dibujar | to draw |
| diseñar | to design |
| pintar | to paint |
| presentar | to present |
| tejer | to weave |
| tocar | to play (an instrument) |

## Adjetivos

| | | | |
|---|---|---|---|
| **antiguo/a** | *old* | **clásico/a** | *classical* |
| **auténtico** | *authentic* | **colorido/a** | *colorful* |
| **bellísimo/a** | *very beautiful* | **culto** | *cultured* |
| | | **estupendo/a** | *stupendous* |
| | | **impresionante** | *impressive* |

## Actividades

### A. En el Jardín de la Unión

Escuche mientras su profesor(a) lee una descripción del Jardín de la Unión y del Teatro Juárez de Guanajuato. Indique la palabra o las palabras apropiada(s) para completar la frase.

1. El Jardín de la Unión...
   - ☒ es triangular.
   - ☒ tiene un escenario en el centro para conciertos.
   - ☐ tiene un supermercado.
2. El Jardín de la Unión es ideal para...
   - ☒ comer.
   - ☒ comprar artesanías.
   - ☒ divertirse.
3. El Teatro Juárez presenta...
   - ☐ películas.
   - ☒ danzas.
   - ☒ el Festival Internacional Cervantino.
4. En una callejoneada los jóvenes...
   - ☒ pasean por las calles bebiendo, bailando y cantando.
   - ☐ asisten a una obra de teatro.
   - ☒ tocan instrumentos musicales.

**Suggestion A:** Have students read the list of possible answers before doing the listening activity.

**Audioscript:** *El Jardín de la Unión, en Guanajuato, es un parque triangular. Hay un pequeño escenario en el centro del Jardín donde hay conciertos todos los domingos. Es un lugar ideal para pasear, comer, comprar artesanías o simplemente divertirse. El Jardín está al lado del Teatro Juárez, uno de los teatros más hermosos de México. En este lugar se presentan obras de teatro, ópera, música, ballet y danza. Además, es el escenario principal del Festival Internacional Cervantino. Este festival es la fiesta cultural más importante de México. Por lo menos dos o tres veces por semana, los jóvenes se reúnen enfrente del teatro con guitarras y mandolinas para una tradicional callejoneada. Cuando se callejonea, se camina por las plazas y los callejones cantando y bebiendo. También se cuentan chistes, se besan y se cantan canciones tristes de amor.*

### B. La vida cultural en su ciudad y en Guanajuato

**Paso 1** Indique si su ciudad ofrece las siguientes actividades culturales y dé un ejemplo.

| | SÍ | NO | EJEMPLOS |
|---|---|---|---|
| teatros | ☐ | ☐ | |
| compañías de baile | ☐ | ☐ | |
| festivales culturales | ☐ | ☐ | |
| arquitectura especial o única | ☐ | ☐ | |
| artesanía regional | ☐ | ☐ | |
| ópera | ☐ | ☐ | |

**Paso 2** Imagínese que está en el Jardín de la Unión en Guanajuato. ¿Le interesarían estas actividades culturales?

| | SÍ | NO |
|---|---|---|
| Comprar artesanía regional | ☐ | ☐ |
| Participar en una callejoneada con otros estudiantes | ☐ | ☐ |
| Ver un ballet clásico en el antiguo Teatro Juárez | ☐ | ☐ |
| Platicar con amigos en el Jardín de la Unión | ☐ | ☐ |

**Paso 3** Turnándose con un(a) compañero/a, explique por qué le interesarían algunas de las actividades y otras no.

MODELO: «A mí me interesaría comprar artesanía regional porque no me gusta ir de compras en las tiendas grandes. Prefiero comprar los productos directamente de los artesanos.»

### C. Artes y artistas mexicanos

Lea las descripciones y con un(a) compañero/a indique qué tipo de arte o artista representa cada una.

El Pípila

Salma Hayek

MODELO: *Los mariachis* son un grupo de hombres y mujeres que cantan música tradicional de México. ___Son músicos.___.

1. *Salma Hayek* es una bellísima estrella de cine famosa por interpretar (*play*) a Frida Kahlo y también por dirigir el programa de televisión «Ugly Betty», en los Estados Unidos. ___Es actriz y directora.___.

2. La obra maestra de *Gustave Eiffel* es la Torre Eiffel en París, pero también diseñó el edificio del Mercado Hidalgo en Guanajuato. ___Es arquitecto.___.

3. *Diego Rivera*, nacido en Guanajuato, es famoso por sus murales coloridos. También era esposo de Frida Kahlo. ___Es artista.___.

4. Después del éxito de «Amores Perros» y «21 Grams», *Alejandro González Iñárritu* dirigió la película «Babel», con Brad Pitt. ___Es director de cine.___.

5. *El Teatro Juárez* es un edificio diseñado al estilo europeo neoclásico por el exterior con un interior exótico de estilo árabe. ___Es la arquitectura.___.

6. La enorme *estatua* del Pípila representa a un héroe guanajuatense de la Guerra de la Independencia. Es impresionante porque está en el pico más alto de Guanajuato. ___Es la escultura.___.

7. *Luis Miguel* y el grupo *Maná* son mexicanos conocidos por todo el mundo por su talento musical. ___Son músicos/cantantes.___.

### D. El Festival Cumbre Tajín

Cerca de Xalapa, se celebra el festival anual Cumbre Tajín. En este festival, se presenta una variedad enorme de eventos culturales, pero uno de los eventos más impactantes es el espectáculo de los hombres pájaro, los Voladores de Papantla. También se presentan conciertos de jazz, música alternativa, electrónica, new age, lounge, punk rock y mambo, y hay presentaciones de baile y danzas tradicionales. Por la noche, hay un impresionante espectáculo de luz en la famosa pirámide escalonada (*stairstepped*). Además se ofrecen cursos educativos y excursiones fantásticas.

Los Voladores de Papantla

**Paso 1** Lea el siguiente anuncio para el Festival Cumbre Tajín para ver todas las actividades que se ofrecen.

El Festival Cumbre Tajín
Papantla, Veracruz
del 17 al 21 de marzo

CONCIERTOS ❖ DANZA ❖ TEATRO ❖ CURSOS DE ARTESANÍA ❖ CONFERENCIAS
DEMOSTRACIONES DE LOS VOLADORES DE PAPANTLA ❖ DEPORTES EXTREMOS
EXCURSIONES A ZONAS ARQUEOLÓGICAS ❖ GASTRONOMÍA ❖ HISTORIA

**Suggestion D:** Take a poll to see which activities are the most popular. **Expansion:** Have students look up the current or previous year's Festival Cumbre Tajín on the web to see photos and a listing of cultural events offered. If you have a smart classroom, project the webpage and discuss.

**Paso 2** Las siguientes personas están en Xalapa para ir al. Festival Cumbre Tajín. Mire los intereses, profesiones y talentos que tienen. Diga cuál(es) de las actividades probablemente va a hacer cada persona. Luego, llene los espacios en blanco con la información de Ud. y de su mejor amigo.

**Paso 3** Ahora, con su compañero/a, mire el anuncio del **Paso 1** otra vez y escoja las actividades que Ud. piensa que van a hacer estas personas, Ud. y su mejor amigo/a.

| NOMBRE | ORIGEN | ESTUDIOS O PROFESIÓN | TALENTO O INTERÉS | EN EL TAJÍN VA A... |
|---|---|---|---|---|
| **Lupita:** | Madrid | estudiante de arqueología | costumbres tradicionales | *excursiones a zonas arqueológicas, demostraciónes de los Voladores de Papantla* |
| **David:** | Omaha | músico | tocar la guitarra | *Voladores de Papantla, espectáculo de luz, conciertos* |
| **Ernesto:** | D.F. | escritor profesional | crear obras de teatro | *teatro, conferencias* |
| **Maite:** | Honduras | artesana | tejer sarapes | *cursos de artesanía* |
| **Adolfo:** | Costa Rica | deportista | hacer rafting | *Voladores de Papantla, deportes extremos* |
| **Ud.:** | ... | | | |
| **Su mejor amigo:** | ... | | | |

# Punto gramatical II:
## Superlatives

### Gramática en contexto

Susana y Lupita, tratan de decidir adónde ir para el fin de semana:

LUPITA: ¿Por qué no pasamos estos tres días en el D.F.?

SUSANA: Ay Lupita, el D.F. es la ciudad más grande del país. Yo prefiero un lugar más tranquilo. ¿Por qué no viajamos a Playa del Carmen? Te gusta la playa tanto como a mí y necesitas un descanso total. Los hoteles ofrecen paquetes que incluyen comida y bebidas y que cuestan menos que un hotel en el D.F.

LUPITA: Podemos quedarnos con la hermana mayor de Pedro en el D.F. Susana, a ti te gustan los museos más que a todos mis otros amigos. Creo que el D.F. es mejor para pasar este fin de semana. Hay un montón de tiendas y mercados, y la vida nocturna es la mejor del país. Podemos salir a bailar o asistir a un concierto cada noche. Y el museo de antropología de allí es el más importante del país. Vas a pasar el mejor fin de semana de tu vida.

SUSANA: De acuerdo. Vamos al D.F.

**¿Cierto o falso?**

|   |   | CIERTO | FALSO |
|---|---|---|---|
| 1. | Playa del Carmen es un lugar más tranquilo que el D.F. | ☒ | ☐ |
| 2. | A Susana le gusta la playa menos que a Lupita. | ☐ | ☒ |
| 3. | Pasar tres días en el D.F. va a costar menos que Playa del Carmen. | ☒ | ☐ |
| 4. | Lupita cree que la vida nocturna del D.F. es la mejor del país. | ☒ | ☐ |

### Explicación gramatical

#### A. Comparisons with verbs

When comparing verbs, use the following formulas:

*verb* + **tanto como**

*verb* + **más/menos que**

| | |
|---|---|
| José **come tanto como** Juan. | *José eats as much as Juan.* |
| Juan **bebe más que** José. | *Juan drinks more than José.* |

Go back to the **Gramática en contexto** dialogue and circle an example of both types of comparisons with verbs in the dialogue.

#### B. Irregular adjectives

A few adjectives have irregular comparative forms.

| **mejor** | *better* | **mayor** | *older, greater* |
|---|---|---|---|
| **peor** | *worse* | **menor** | *younger, lesser* |

| | |
|---|---|
| Mi clase es **mejor que** tu clase. | *My class is better than your class.* |
| Ana es **menor que** Antonio. | *Ana is younger than Antonio.* |

Circle an example of an adjective with an irregular comparative form in the **Gramática en contexto** dialogue.

### C. Superlatives

Superlative comparisons rank one member of a group as the highest or lowest example of its kind. In general, superlatives are formed as follows:

*definite article* + *noun* + **más/menos** + *adjective* (+ **de**)

*definite article* + **mejor(es)/peor(es)** + *noun* (+**de**)

> El cálculo es **la clase más difícil de todas.**   *Calculus is the hardest class of all.*
> Diego es **el mejor pintor de** su clase.   *Diego is the best painter in his class.*

Circle an example of a superlative in the **Gramática en contexto** dialogue.

## Ponerlo a prueba

### A. Comparisons with verbs

**Paso 1** Complete las siguientes comparaciones con verbos.

1. Lupita conoce más ciudades mexicanas que Susana. Es porque Lupita (viajar) _____*viaja*_____ _____*más que*_____ _____*Susana*_____.

2. Susana y Lupita sacan muy buenas notas. Es porque Susana (estudiar) _____*estudia*_____ _____*tanto como*_____ _____*Lupita*_____.

3. Susana tiene más ropa elegante que Lupita. Es porque Susana (ir de compras) _____*va de compras*_____ _____*más que*_____ _____*Lupita*_____.

4. Lupita baila mejor que Susana. Es porque Susana (salir a bailar) _____*sale a bailar*_____ _____*menos que*_____ _____*Lupita*_____.

**Paso 2** Escriba una comparación que expresa igualdad y otra que expresa desigualdad.

1. Susana estudia 4 horas diarias; Lupita estudia 4 horas diarias; Luz estudia 2 horas diarias

   a. _____*Susana estudia tanto como Lupita.*_____
   b. _____*Luz estudia menos que Susana y Lupita.*_____

2. El Hotel Sol cuesta $100 la noche; el Hotel Miramar cuesta $100 la noche; el Hotel de la Plaza cuesta $175 la noche

   a. _____*El Hotel Sol cuesta tanto como el Hotel Miramar.*_____
   b. _____*El Hotel de la Plaza cuesta más que el Hotel Sol y el Hotel Miramar.*_____

3. Cuando está de vacaciones, Susana duerme 5 horas cada noche; Lupita duerme 4 horas cada noche; Luz duerme 5 horas cada noche

   a. _____*Cuando está de vacaciones, Susana duerme tanto como Luz.*_____
   b. _____*Lupita duerme menos que Susana y Luz.*_____

### B. Irregular comparisons

Complete las oraciones con **mejor/peor/mayor/menor** según el contexto.

1. Paco tiene 55 años, Lolita tiene 19 años. Entonces, Paco es _____*mayor*_____ que Lolita.

2. Felipe saca malas notas; Federico saca buenas notas. Entonces, Felipe es _____*peor*_____ estudiante que Federico.

3. El Hummer de Arnoldo gasta mucha gasolina; el Prius de Luz no. Entonces, el coche de Luz es _____*mejor*_____ para el medio ambiente que el coche de Arnoldo.

## C. Superlatives

Complete las frases utilizando el adjetivo indicado y la estructura superlativa para llenar el espacio en blanco.

**Note C:** Pico Orizaba is the highest volcano in Mexico, but its last eruption was in 1846.

1. La Ciudad de México es más contaminada (*polluted*) que todas las otras ciudades de México. Entonces, la Ciudad de México es _____

   <u>*la más contaminada de México*</u> .

2. El volcán Popo es más alto que todos los volcanes activos de México. Entonces, el volcán Popo es _____

   <u>*la más contaminada de México*</u> .

3. El estado de Oaxaca es más diverso que otros estados mexicanos porque ahí vive más gente indígena. Entonces, el estado de Oaxaca es _____

   *el más diverso de todos los estados mexicanos*.

4. La civilización olmeca es más antigua que las otras civilizaciones precolombinas. Entonces, la civilización olmeca es _____

   *la más antigua de las civilizaciones precolombinas* .

## Actividades

### A. Diego y Ernesto

**Paso 1** Haga comparaciones entre las actividades de Diego y las de Ernesto.

| DIEGO | ERNESTO | YO |
|---|---|---|
| Trabaja 4 horas diarias | Trabaja 6 horas diarias | |
| Bebe de 5 a 6 tazas de café cada día | Bebe una taza de café cada día | |
| Asiste a un concierto cada fin de semana | Asiste a un concierto de vez en cuando | |
| Pasea por el Jardín de la Unión los viernes, sábados y domingos | Pasea por el Jardín de la Unión los lunes, miércoles y viernes | |
| Lee 4 libros cada mes | Lee 4 libros cada mes | |
| Habla con su madre todos los días | Habla con su madre cada dos días | |

1. Diego trabaja _____ menos que Ernesto _____.

2. Ernesto bebe _____ menos café que Diego _____.

3. Diego pasea _____ tanto como Ernesto _____.

4. Ernesto lee _____ tanto como Diego _____.

5. Diego llama a su madre _____ más que Ernesto _____.

**Paso 2** Ahora rellene la última columna y haga comparaciones entre Ud. y Diego.

1. trabajador _____

2. adicto al café _____

3. aficionado a la música _____

4. unido a la familia _____

## B. Gustos y preferencias

**Paso 1** Comparaciones irregulares: Turnándose con un(a) compañero/a, exprese su opinión sobre las siguientes opciones. Luego, indique si Ud. y su compañero/a están de acuerdo o no.

MODELO:

ESTUDIANTE 1: Escalar un volcán es mejor que escalar una pirámide.

ESTUDIANTE 2: Sí, estoy de acuerdo. / No estoy de acuerdo. Escalar una pirámide es mejor porque es menos peligroso y más rápido.

1. ¿Cuál es la mejor de las dos opciones?

   a. andar en bici / andar en moto

   b. Coca Cola / Perrier

   c. ir a un concierto punk / ir a un concierto de música «country»

   d. historia del arte / contabilidad

   e. ver una exposición de arte / quedarse en casa

2. ¿Cuál es la peor de las dos opciones?

   a. cucarachas / hormigas (*ants*)

   b. una prueba de cálculo / una prueba de literatura

   c. ir de compras / leer

   d. una clase a las 8:00 de la mañana / una clase a las 8:00 de la noche

   e. en un avión, sentarse al lado de una persona con un bebé / al lado de una persona que habla constantemente

Pirámide del Adivino, Uxmal, México

**Paso 2** Turnándose con su compañero/a, exprese su opinión sobre las siguientes opciones. Luego, indique si Ud. y su compañero/a están de acuerdo o no.

MODELO: las carnes de la barbacoa: el cabrito (*goat*) / las chuletas de cerdo (*pork chops*) / el bistec (delicioso) → El bistec es el más delicioso de todas.

1. las actividades nocturnas: quedarse en casa y leer novelas / ir a una fiesta / salir a bailar en una discoteca (interesante)

2. los pasatiempos: navegar el Internet / asistir a una clase de baile / practicar deportes (divertido)

3. la música: la música electrónica / la música jazz / la música clásica (aburrido)

4. las bebidas: el tequila / el agua mineral / el vino tinto (bueno)

**Paso 3** Ahora, escoja el adjetivo que mejor describa a su compañero/a y explique por qué.

☐ sociable  ☐ tímido/a  ☐ fiestero/a  ☐ serio/a
☐ moderno/a  ☐ tradicional

Un mercado de comida en México

## C. Artesanías

**Paso 1** Dos estudiantes norteamericanos están en el Mercado Hidalgo de Guanajuato buscando el regalo perfecto para su profesora de español. Lea el diálogo y luego conteste las preguntas.

> GABRIELA: **Este** sarape aquí puede ser perfecto; es su color favorito, aunque **aquellas** máscaras allá son muy exóticas.
>
> SUSANA: **Esas** figuras de cerámica allí son muy bonitas también. Pero **ese** sarape o **esta** blusa sería más fácil de llevar a casa.

1. ¿Cuáles son los dos regalos que están más cerca de Susana y Gabriela?
2. ¿Qué artesanía está más lejos de Susana y Gabriela?

Máscaras cerámicas en el Mercado Hidalgo, México

### Pista caliente

#### Los adjetivos demostrativos

Study the following **demonstrative adjectives:**

| | |
|---|---|
| **este libro** *this book* | **esta pluma** *this pen* |
| **estos libros** *these books* | **estas plumas** *these pens* |
| **ese libro** *that book* | **esa pluma** *that pen* |
| **esos libros** *those books* | **esas plumas** *those pens* |
| **aquel libro** *that book over there* | **aquella pluma** *that pen over there* |
| **aquellos libros** *those books over there* | **aquellas plumas** *those pens over there* |

**¡Cuidado!** There is no **o** in the masculine singular forms (**este** but **estos, ese** but **esos**). Each set of Spanish demonstrative adjectives corresponds with a different place word.

| | |
|---|---|
| este libro **aquí** | *this book here* |
| ese libro **allí** | *that book there* |
| aquel libro **allá** | *that book over there* |

**Paso 2** Usando los adjetivos demostrativos de la **Pista caliente,** haga una comparación superlativa entre las cosas que se ven en el mercado, según el modelo.

MODELO: estos floreros aquí / esos floreros allí / aquellos floreros allá
(numeroso)

Aquellos floreros allá son los más numerosos.

1. estos sarapes aquí / esos sarapes allí / aquellos sarapes allá (colorido)
   _____

2. estas máscaras aquí / esas máscaras allí / aquellas máscaras allá (feo)
   _____

3. esta blusa aquí / esa blusa allá / aquella blusa allá (bonito)
   _____

4. este alebrije (*wooden animal*) aquí / ese alebrije allí / aquel alebrije allá
   (grande)
   _____

5. estos mantelitos (*placemats*) aquí / esos mantelitos allí / aquellos
   mantelitos allá (atractivo)
   _____

## D. El muralismo mexicano

Este semestre Susana toma una clase de arte mexicana. Lea su informe sobre el muralista José Clemente Orozco y haga las actividades que lo siguen.

Sin duda el movimiento muralista fue el fenómeno artístico de mayor importancia del arte mexicano del siglo xx. Fue una expresión artística y política que casi siempre provocaba controversia. El muralista mexicano José Clemente Orozco (1883–1949) pintó los siguientes murales durante su estancia en los Estados Unidos durante los años 30. Los dos cuadros forman parte de «La Épica de la Civilización Americana», una serie de veintiseis murales pintados por Orozco en Dartmouth College.

**Paso 1** Con un(a) compañero/a, describa las pinturas contestando las siguientes preguntas: ¿Quiénes son? ¿Dónde están? ¿Cómo son? ¿Cómo se visten? ¿Cómo están? ¿Qué están haciendo?

Suggestion D: Ask students why artists paint murals. Ask them to name other famous Mexican muralistas.

Point out: Although most of the muralistas' famous murals are located in Mexico, some are located in public buildings in the United States, too. **Muralismo** was seen as a way to educate people of all classes of society, even those who couldn't read.

Note: The central figure in Hispano-américa is Emiliano Zapata, a peasant-turned-hero of the Mexican Revolution. In the art of the muralistas, he often represents the ideals of the Mexican Revolution that were ultimately considered by many to have been betrayed.

Anglo-América

Hispano-América

**Paso 2** ¿Con cuál de los cuadros asocia Ud. los siguientes temas? Marque una **A** (Angloamérica) o una **H** (Hispanoamérica) para indicar la asociación.

| | | |
|---|---|---|
| _____ caos | _____ democracia | _____ opresión |
| _____ conformidad | _____ desigualdad | _____ orden |
| _____ construcción | _____ destrucción | _____ protesta |
| _____ cooperación | _____ disciplina | _____ rebelión |
| _____ corrupción | _____ libertad | _____ revolución |

**Paso 3** Hagan comparaciones entre los dos cuadros en cuanto a los colores, las emociones que evocan y los temas de cada cuadro. Utilicen más/menos... que, tan... como, tanto/a/os/as... como.

MODELO: Hay más disciplina en *Anglo-América* que en *Hispano-América*.

**Paso 4** Recuerden que Orozco pintó *Anglo-América* para representar la cultura estadounidense de los años 30. Imagínense que Ud. es Orozco y que va a pintar otro cuadro que representa la cultura estadounidense de hoy. ¿Va a incluir los mismos elementos mencionodos en el **Paso 2**?

# Reciclaje gramatical

## A. Describir: Ser versus estar

Complete el párrafo utilizando **ser** o **estar,** según el contexto.

El Subcomandante Marcos \_\_\_\_\_es\_\_\_\_\_[1] un campeón de la gente indígena de Chiapas. Él \_\_\_\_\_está\_\_\_\_\_[2] en Chiapas junto con el presidente de México para participar en un congreso importante sobre los derechos de los indígenas. Los invitados\_\_\_\_\_son\_\_\_\_\_[3] de México, Guatemala y Honduras. En este momento Marcos y el presidente \_\_\_\_\_están\_\_\_\_\_[4] preparando sus presentaciones. La primera reunión \_\_\_\_\_es\_\_\_\_\_[5] en un auditorio en San Cristóbal. Todos \_\_\_\_\_están\_\_\_\_\_[6] un poco nerviosos porque la situación \_\_\_\_\_es\_\_\_\_\_[7] grave. Ya \_\_\_\_\_son\_\_\_\_\_[8] las siete y la reunión empieza a las ocho. Todos los participantes \_\_\_\_\_están\_\_\_\_\_[9] seguros de que este congreso va a \_\_\_\_\_ser\_\_\_\_\_[10] muy importante.

## B. Describir: La concordancia

Complete el párrafo con la forma apropiada de la palabra entre paréntesis.

Xalapa es (un) \_\_\_\_\_una\_\_\_\_\_[1] de las ciudades más interesantes de México. Es conocida como la Atenas veracruzana por su riqueza (arqueológico) *arqueológica*.[2] Hay 4.523 sitios arqueológicos de las civilizaciones precolombinas cerca de la ciudad. Las famosas cabezas olmecas se consideran una de las manifestaciones (artístico) *artísticas*[3] más representativas de las culturas (antiguo) *antiguas*[4] de esta área del mundo. Estas cabezas (gigantesco) *gigantescas*[5] se encuentran en el Museo de Antropología de Xalapa. En Xalapa está también la Universidad Veracruzana que ofrece muchos programas (académico) *académicos*[6] de (alto) *alta*[7] calidad. Pero uno en particular les fascina a los estudiantes (extranjero) *extranjeros*[8] —la ecología arrecifal,[a] el cual requiere que los estudiantes hagan eco-buceo[b] para estudiar el ambiente (marino) *marino*.[9]

[a]*reef* [b]*eco-diving*

### C. Hablar de los gustos: Verbos como *gustar*

Lea la información sobre los indios tarahumara y luego combine los elementos para hacer frases completas.

Los indios tarahumara viven en la región de las Barrancas del Cobre en el norte de México. Ellos son conocidos por correr rápido por largas distancias sin zapatos. Están acostumbrados a correr cientos de kilómetros durante días enteros porque han desarrollado (*developed*) mayor capacidad pulmonar (*lung capacity*) y una capacidad de resistencia (*endurance*) increíble.

1. mucha gente / encantar / esta región de México
2. los tarahumara / gustar / las barrancas profundas
3. los atletas del mundo / fascinar / la habilidad de los tarahumara
4. los tarahumara / no importar / correr sin zapatos
5. los médicos / interesar / la capacidad pulmonar de los tarahumara

Answers C:
1. *A mucha gente le encanta esta región de México.*
2. *A los tarahumara les gustan las barrancas profundas.*
3. *A los atletas del mundo les fascina la habilidad de los tarahumara.*
4. *A los tarahumara no les importa correr sin zapatos.*
5. *A los médicos les interesa la capacidad pulmonar de los tarahumara.*

# Oportunidades globales

Ciudades Hermanas Internacionales

## Introducción: Las ciudades hermanas

*Sister Cities International* es una organización basada en los Estados Unidos que conecta ciudades estadounidenses con otras comunidades alrededor (*around*) del mundo. El programa, originalmente parte de la Liga Nacional de Ciudades creada por el presidente Dwight D. Eisenhower, empezó en 1956 para promover (*promote*) la cooperación global y el entendimiento intercultural. Las relaciones entre las ciudades crean muchas oportunidades para los intercambios culturales, académicos y profesionales.

### Comprensión

1. ¿Qué es Sister Cities International? ¿Qué oportunidades crea esta organización?
2. ¿Sabe si su ciudad tiene una ciudad hermana en otro país?

# ¡A escuchar!

Escuche mientras su profesor(a) lee lo que Guanajuato y Ashland, Oregon, tienen en común y escoja la respuesta apropiada para completar cada frase. Es posible tener más de una respuesta.

1. En Ashland y Guanajuato hay oportunidades de asistir a...
   - ☒ obras de teatro
   - ☒ conciertos de música
   - ☐ reuniones políticas

2. La relación formal entre Ashland y Guanajuato empezó en...
   - ☐ 1979
   - ☐ 1989
   - ☒ 1969

3. Ashland tiene el Festival Shakespeariano en...
   - ☐ el invierno
   - ☐ la primavera
   - ☒ el verano

4. Guanajuato y Ashland gozan de intercambios...
   - ☒ académicos
   - ☒ profesionales
   - ☒ culturales

# ¡A leer!

Uno de los intercambios culturales importantes entre las ciudades hermanas se basa en los festivales culturales. Lea los siguientes párrafos y empareje cada foto con el párrafo que la describa mejor.

**Note:** Ladysmith Black Mambazo is a South African Musical group, one of the many international groups invited to participate in the Festival Cervantino.

1. El Festival Internacional Cervantino

2. El Festival del Mariachi

3. El Festival del mole poblano

4. La Guelaguetza

## El Festival del mole poblano

Cada año, la ciudad de Puebla, ciudad hermana de Oklahoma City, se presenta este festival en el convento de Santa Rosa, donde unas monjas (*nuns*) inventaron el mole en 1680. En un patio del convento uno puede observar una recreación teatral de la historia del original mole poblano. En otro patio se encuentra el comedor donde se sirven varios tipos de mole de otros estados de la República Mexicana. Al mismo tiempo se muestran y venden artesanías típicas que representan cada estado. Finalmente, en el patio central del museo unas asistentes vestidas de monjas muestran los pasos y los condimentos necesarios para preparar el mole poblano.

## La Guelaguetza

En Oaxaca, ciudad hermana de Palo Alto, California, una de las manifestaciones artísticas más representativas de la herencia (*legacy*) cultural de México es la Guelaguetza. La costumbre de la Guelaguetza es una antigua tradición entre los pueblos zapotecos. En esta gran fiesta ceremonial, los indígenas del estado de Oaxaca llevan trajes coloridos regionales y presentan ejemplares de la música y bailes tradicionales de cada región. Uno de estos bailes es la Danza de la Pluma, en la cual se representa la lucha (*fight*) del indígena contra el conquistador español.

## El Festival Internacional Cervantino

El Festival Internacional Cervantino en Guanajuato, llamado así en honor del escritor español Miguel de Cervantes Saavedra, es quizás la celebración cultural más importante de Hispanoamérica. El primer Festival Internacional Cervantino se realizó en 1972, y hoy en día cuenta con la participación de más de 2.500 (dos mil quinientos) artistas de 32 países. El festival lleva lo mejor del arte universal a plazas, callejones y foros de Guanajuato. Ofrece una gran variedad de eventos artísticos, como funciones de teatro, ópera, cine, danza, talleres de literatura y conciertos de música culta y popular. También hay exposiciones de artes plásticas, mesas redondas, seminarios, conferencias y presentaciones de libros y revistas.

## El Festival del Mariachi

Lansing, Michigan, es una de las muchas ciudades hermanas de Guadalajara. Cada año varios ciudadanos de Lansing y turistas de todo el mundo asisten al Encuentro Internacional del Mariachi y la Charrería (*Mexican forerunner to the rodeo*) en Guadalajara, lugar de origen del mariachi. El festival abre con un gran desfile (*parade*) en que cada carro alegórico (*float*) es acompañado por un conjunto de mariachis de un estado diferente y los equipos de charros (*teams of cowboys*) que muestran su experiencia y habilidad en el manejo del caballo y la cuerda (*rope*). Durante los diez días siguientes hay serenatas nocturnas por los mariachis en la Plaza de Armas y espectáculos de charrería para toda la gente. Otro evento muy popular es el viaje en el Tren de Tequila que lleva a los turistas a la Hacienda San José del Refugio para presenciar el antiguo proceso de elaborar el tequila. Durante el viaje, el conductor narra la historia de la hacienda mientras los pasajeros disfrutan de la comida mexicana, la música de mariachi y la degustación (*tasting*) del tequila.

## Expresiones útiles

**Para expresar frustración**
Estoy cansado/a.
No puedo más.
Tengo ganas de...

**Para expresar dificultad en creer algo**
¡No lo puedo creer!
¡Qué locura!
Me parece tonto/ridículo/absurdo (+ *infinitive*)...
¿En serio?

**Para invitar**
¿Te gustaría...?
¿Por qué no vamos a...?

**Para declinar una invitación**
Sería mejor (+ *infinitive*)...
Lo siento, pero...
Tenemos que (+ *infinitive*)...
Debemos (+ *infinitive*)...

## Expresiones útiles

**Para persuadirí**
Es importante (+ *infinitive*)...
Debemos (+ *infinitive*)...
Sería fantástico (+ *infinitive*)...
No puedes perder (*miss*) esta oportunidad de...

**Para dar las gracias**
Gracias por...
Eres muy amable...

**Para pedir perdón**
Lo siento, pero...
Para mí es imposible...

**Suggestion ¡A escribir!:** If there is an online discussion board available for your class, have students post their letters online. Have students read each other's letters and select the one that sounds most interesting.

## ¿Cierto o falso?

| | CIERTO | FALSO |
|---|---|---|
| 1. El Festival del mole poblano celebra solamente la cultura del estado de Puebla. | ☐ | ☒ |
| 2. El Cervantino es un festival internacional. | ☒ | ☐ |
| 3. La música es un elemento importante en los cuatro festivales. | ☐ | ☒ |
| 4. La Guelaguetza es una fiesta ceremonial de las tradiciones indígenas. | ☒ | ☐ |
| 5. En el Cervantino se puede ver espectáculos con charros y caballos. | ☐ | ☒ |
| 6. Si uno quiere aprender a preparar un plato típico de México necesita ir a la Guelaguetza. | ☐ | ☒ |

## ¡A conversar!

**Note ¡A conversar!:** These dialogues recycle the seven **Destrezas comunicativas**.
**Suggestion:** Have pairs of students act out the situations. Do not let them memorize their lines. The presentations should be as spontaneous as possible.

Lea las siguientes situaciones. Luego, con un(a) compañero/a, presente cada conversación incorporando las **Expresiones útiles** para realizar las destrezas conversacionales necesarias para cada diálogo.

**Situación 1** Dos estudiantes de Oregon State University están estudiando en el Jardín de la Unión en Guanajuato.

*Destrezas conversacionales: Expresar frustración y dificultad en creer algo, invitar y declinar una invitación*

ESTUDIANTE A: Ud. está estudiando con otro compañero/otra compañera para un examen muy difícil de literatura mexicana, pero ya no quiere estudiar más. Ve que una estudiantina está a punto de empezar su callejoneada por la ciudad.

ESTUDIANTE B: Ud. no quiere ni caminar, ni cantar, ni tomar vino. Quiere seguir estudiando porque este examen va a ser muy difícil. Piensa que su compañero/a es muy irresponsable. Explíquele porque no puede aceptar su invitación.

**Situación 2** Dos estudiantes hablan de la comida mexicana.

*Destrezas conversacionales: Persuadir, dar las gracias y pedir perdón*

ESTUDIANTE A: Ud. acaba de llegar a Oaxaca y le interesa la comida exótica. Quiere probar el mole poblano y los chapulines (*fried grasshoppers*) en el mercado. Trate de convencer a su compañero/a de viaje de que abra la mente y pruebe comidas nuevas.

ESTUDIANTE B: Ud. es muy delicado/a en cuanto a lo que come, aun en los Estados Unidos. No le gusta probar nuevas cosas. Desde que está en México solamente come tortillas y queso. La comida extraña le da asco (*disgusts you*).

## ¡A escribir!

**Paso 1** Piense en su ciudad. ¿Cómo es en comparación con las ciudades de México de que Ud. ha estudiado? ¿Qué oportunidades culturales hay en su ciudad? Rellene la siguiente tabla.

| MI CIUDAD TIENE... |
|---|
| **Interés histórico/cultural:** |
| **Oportunidades culturales:** |

**Paso 2** Un mexicano de Guanajuato quiere visitar la ciudad donde Ud. vive. Escríbale una carta que describe su ciudad y las oportunidades culturales que hay. Dígale lo que más le gusta a Ud. de la ciudad suya y haga comparaciones entre su ciudad y lo que ahora sabe de Guanajuato.

# Vocabulario

## Los sustantivos

### En la universidad

| | |
|---|---|
| la administración de empresas | business administration |
| la computación | computer science |
| la contabilidad | accounting |
| la enfermería | nursing |
| los estudios profesionales | professional studies |
| la ingeniería | engineering |
| las lenguas extranjeras | foreign languages |
| las leyes | law |
| la mercadotecnia | marketing |
| el periodismo | journalism |
| la química | chemistry |

*Cognados:* la agricultura, el álgebra, la antropología, la biología, el cálculo, las ciencias, las ciencias políticas, la composición, las comunicaciones, la ecología, la economía, la filosofía, la física, el francés, la geografía, la geología, la historia, el inglés, el italiano, el japonés, las humanidades, la literatura, las matemáticas, la medicina, la religión, la sicología, la sociología, el turismo

## La expresión artística

| | |
|---|---|
| las artesanías | crafts |
| el/la artesano/a | artesan |
| las bellas artes | fine arts |
| la callejoneada | group of people who sing folk songs as they stroll through the streets |
| el/la cantante | singer |
| el cine | cinema |
| el espectáculo | show |
| el/la escritor(a) | writer |
| el/la escultor(a) | sculptor |
| la escultura | sculpture |
| la exposición | exhibition |
| la máscara | mask |
| el/la pintor(a) | painter |
| la pintura | painting |
| el tejido | weaving |

*Cognados:* el actor / la actriz, el/la arquitecto/a, la arquitectura, el arte, el/la artista, el bailarín / la bailarina, el ballet, la cerámica, el concierto, la danza, el/la director(a), la música, el/la músico/a, el teatro

## Los verbos

| | |
|---|---|
| asistir a | to attend |
| dibujar | to draw |
| diseñar | to design |
| elegir | to select, choose |
| especializarse en | to major in |
| matricularse | to register, enroll |
| sacar buenas/malas notas | to get good/bad grades |
| suspender | to fail |
| tejer | to weave |
| tocar | to touch; to play (an instrument) |

*Cognados:* actuar, crear, pintar, presentar

## Los adjetivos

| | |
|---|---|
| antiguo/a | old |
| auténtico/a | authentic |
| bellísimo/a | very beautiful |
| clásico/a | classical |
| colorido/a | colorful |
| culto/a | cultured |
| estupendo/a | stupendous |
| impresionante | impressive |

## Otras expresiones útiles

| | |
|---|---|
| ¿Cuál es tu clase más interesante/aburrida/difícil? | What's your most interesting/boring/difficult class? |
| ¿Cuál es tu especialización? | What's your major? |
| ¿En qué año estás? | What year are you in? |

## Enseñe inglés a los jóvenes

Unos niños dominicanos juegan durante la escuela.

## Primer encuentro

**Metas comunicativas**

By the end of the chapter you will be able to:

**Autoevaluación**

Check the box that corresponds to how much you already know:

| | NONE | SOME | A LOT |
|---|---|---|---|
| Talk about things that happened in the past | ☐ | ☐ | ☐ |
| Discuss sports and pastimes | ☐ | ☐ | ☐ |
| Tell how long something has been happening | ☐ | ☐ | ☐ |
| Tell how long ago something happened | ☐ | ☐ | ☐ |
| Discuss sequence of events | ☐ | ☐ | ☐ |

For these communicative goals, you will need:

| | NONE | SOME | A LOT |
|---|---|---|---|
| Appropriate vocabulary | ☐ | ☐ | ☐ |
| The preterite tense | ☐ | ☐ | ☐ |
| The imperfect tense | ☐ | ☐ | ☐ |
| **Hace** + *period of time* | ☐ | ☐ | ☐ |
| Connectors | ☐ | ☐ | ☐ |

# ¡Vamos a la República Dominicana!

## A. A ver, ¿qué sabe de la República Dominicana?

¿Qué ya sabe Ud. de la República Dominicana? ¿Conoce Ud. a personas famosas, lugares, comidas, costumbres o historia dominicanos? Con un(a) compañero/a, haga una lista de lo que ya sabe.

Nosotros conocemos...

estos lugares: _____

estas personas: _____

estos aspectos culturales: _____

## B. ¿Dónde están estos lugares fascinantes?

**Note:** For helpful teaching suggestions and additional activities, see the **Teaching Suggestions and Activities** section of **Capítulo 4** in the *Instructor's Manual* (*IM*).

**Suggestion:** Bring your own photographs to class or show websites or realia you have collected to help students get (re)acquainted with the Dominican Republic.

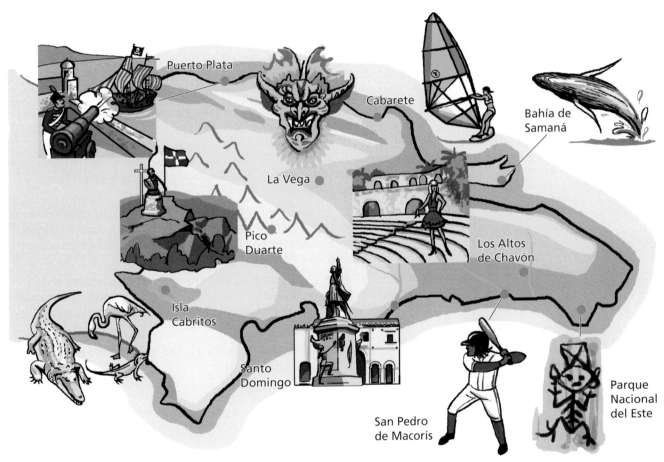

Puerto Plata · Cabarete · Bahía de Samaná · La Vega · Los Altos de Chavón · Pico Duarte · Isla Cabritos · Santo Domingo · San Pedro de Macorís · Parque Nacional del Este

**Paso 1** Trabajando con un(a) compañero/a, lea las descripciones y rellene los espacios en blanco con los nombres de los lugares indicados en este mapa de la República Dominicana. Utilice las siguientes pistas y los dibujos del mapa.

1. _____Santo Domingo_____ Esta ciudad, fundada en 1496, es la más antigua del hemisferio occidental. También es el sitio de monumentos importantes como la primera catedral católica en las Américas y una estatua grande de Cristobal Colón.

2. _____San Pedro de Macorís_____ Este importante centro de producción de azúcar es la ciudad natal de muchos jugadores de béisbol, como Sammy Sosa y Pedro Guerrero.

**Suggestion A:** After students brainstorm in pairs, you may want to compile what they have come up with on a transparency by category: people, monuments, and so on. Save the transparency and at the end of the chapter, bring it back and ask students to add the new information they have learned about the Dominican Republic.

**Suggestion B:** Explain to students terms that come up in the map *pistas,* such as taínos (pre-Columbian indigenous inhabitants of the Caribbean region), *diablos cojuelos* (A central figure in all Dominican carnaval celebrations, this devil walks with a limp [*cojuelo* is diminuitive for *cojo*] due to an injury he received when he fell from Heaven to the Earth.), and so on. Bring in photographs you may have that depict the *pista* descriptions.

**Expansion:** If you have time have students select a topic to explore further. Have them present a report in class or, if there is an online discussion board available for your class, have students post their projects online.

**Note C:** 6. The bronze statue atop Pico Duarte is Juan Pablo Duarte, one of the country's founding fathers, who played a key role in fighting for the Dominican Republic's independence from Haiti in 1884.

**Note.** *Paso 2:* Here students are exposed to the hypothetical, without being expected to produce the forms.

3. _____Puerto Plata_____ La cuarta ciudad más grande de la República Dominicana es un lugar turístico en la playa. La Fortaleza San Felipe defendió la ciudad de muchos ataques de los piratas, ingleses, franceses y holandeses.

4. _____Los Altos de Chavón_____ Esta réplica de una villa italiana del siglo XVI se dedica a la cultura y el arte. Hay un enorme anfiteatro de estilo griego con 5.000 asientos donde se han presentado artistas como Shakira y Carlos Santana. También está la prestigiosa Escuela de Diseño, afiliada a la Parsons School for Design de Nueva York.

5. _____Cabarete_____ Conocida como la capital mundial del windsurf y kiteboarding, esta ciudad tiene siete escuelas de windsurfing y es el sitio del Kiteboarding World Cup, donde cada año la playa se convierte en una especie de «naciones unidas» para la gente joven.

6. _____Pico Duarte_____ Este pico es el más alto del Caribe y parte de la Cordillera Central que se conoce como los Alpes caribeños. Mide 3.175 metros de altura, que son más de 10.000 pies. A veces su cumbre (*summit*) se cubre de nieve durante el invierno.

7. _____Bahía de Samaná_____ El 80% de las ballenas jorobadas (*humpback whales*) nacen en las aguas de la República Dominicana. Esta bahía es uno de los lugares más populares para ver las ballenas que vienen cada año para dar a luz (*give birth*) a sus ballenatos.

8. _____La Vega_____ Cada febrero en esta ciudad, miles de «diablos cojuelos» (*playful mischieveous demon characters*), personajes simbólicos del carnaval, desfilan por las calles en una de las celebraciones más populares del Carnaval. También hay un sitio arqueológico del viejo pueblo del mismo nombre establecido por Colón (*Christopher Columbus*) en 1495.

9. _____Parque Nacional del Este_____ Este es uno de los 30 parques nacionales o áreas protegidas del país. Tiene un sistema de cavernas con dibujos taínos (*pre-Columbian indigenous people*) que representan el encuentro entre los españoles y los taínos.

10. _____Isla Cabritos_____ Esta isla, un parque nacional en el centro del Lago Enriquillo, es la reserva más grande de los cocodrilos americanos salvajes (*wild*), de grandes poblaciones de flamencos y de dos especies de iguana.

**Paso 2** Turnándose con su compañero/a, diga a qué lugar(es) del mapa iría Ud. para hacer las siguientes actividades.

MODELO: Si **quisieras** ir a la playa...

ESTUDIANTE 1: Si **quisieras** ir a la playa, ¿adónde **irías**?

ESTUDIANTE 2: Yo **iría** a Cabarete...

1. Si quisieras participar en el Carnaval...
2. Si quisieras ver muchos partidos de béisbol...
3. Si quisieras ver las ballenas...
4. Si quisieras visitar una fortaleza antigua...

**Paso 3** Lea las pistas del mapa otra vez y decida cuál de los lugares es el más interesante en su opinión. ¿Cuál es el lugar menos interesante? Comparta sus opiniones con su compañero/a.

¿Cuál es el lugar más interesante? ¿Por qué?

¿Cuál es el lugar menos interesante? ¿Por qué?

# Vocabulario del tema I:
## Hablando de los deportes

## Los deportes

| | |
|---|---|
| el baloncesto / el básquetbol | basketball |
| el béisbol | baseball |
| el boxeo | boxing |
| el ciclismo | cycling |
| el esquí acuático | waterskiing |
| el fútbol | soccer |
| el fútbol americano | football |
| el golf | golf |
| la natación | swimming |
| el surfing | surfing |
| el tenis | tennis |
| el voleibol | volleyball |

## Dónde practicar los deportes

| | |
|---|---|
| el campo | field |

| | |
|---|---|
| la cancha | court |
| el estadio | stadium |
| el gimnasio | gym |
| la piscina | swimming pool |
| la pista | course, track |

## Verbos para hablar de los deportes

| | |
|---|---|
| correr | to run |
| entrenar | to train |
| escalar | to climb |
| esquiar | to ski |
| ganar | to play |
| levantar pesas | to lift weights |
| nadar | to swim |
| navegar a vela | to sail |
| perder | to lose |
| practicar deportes | to play sports |

**Suggestion:** Referring to the picture, ask students brief yes/no questions about the people in the picture and the activities they are doing. Have students help you provide correct answers. You may want to expand by asking students about how they prefer to spend their vacations. *¿Dónde está Henry y qué piensa hacer? ¿Qué otras actividades se puede hacer en Cabarete? ¿Hacen Uds. estas actividades? ¿Dónde está Dina y qué está haciendo? ¿A Uds. les gusta el béisbol? ¿Qué lugar preferirían Uds. visitar? ¿En qué lugar se puede jugar al golf? ¿Uds. juegan al golf? ¿al tenis? ¿Qué actividades se puede hacer en Pico Duarte?*

## Adjetivos para describir a los atletas

| | |
|---|---|
| ágil | agile |
| atlético/a | athletic |
| atrevido/a | daring |
| fuerte | strong |
| musculoso/a | muscular |
| rápido/a | fast |

## Otras palabras útiles

| | |
|---|---|
| el/la aficionado/a | fan |
| el campeón / la campeona | champion |
| la competencia | competition |
| el/la jugador(a) | player |

**Suggestion A:** Have students read the list of possible answers before listening.

**Audioscript:** *Henry Roberts es maestro de historia y entrenador del equipo de béisbol en una escuela pública de Chicago. Se graduó de Cal State Fullerton en donde jugaba al béisbol. En su último año su equipo ganó el campeonato nacional. Este año enseña en San Pedro de Macorís. Le encantan todos los deportes. Tiene mucho interés en aprender a hacer kiteboarding y escalar el Pico Duarte. Otra maestra que participa en el programa de intercambio es Dina Nelson. Es maestra de español en una escuela privada en Massachusetts. Es aficionada al béisbol y le fascina el boxeo porque su hermano es boxeador. Va a asistir a muchos partidos de béisbol y va a pasar mucho tiempo en la playa. Ella está muy contenta de no tener que pasar el invierno en Boston!*

## Actividades

### A. Un intercambio de maestros

Escuche mientras su profesor(a) lee información sobre dos maestros estadounidenses que están trabajando en la República Dominicana en un programa de intercambio. Indique la palabra o las palabras apropiada(s) para completar la frase.

1. Henry Roberts...
   - ☐ es un jugador de béisbol profesional.
   - ☐ nunca ganó un campeonato.
   - ☒ es de Chicago, pero asistió a la universidad en California.

2. A Dina Nelson...
   - ☒ le molestan los inviernos fríos.
   - ☐ no le gusta el béisbol.
   - ☐ no le interesa el boxeo.

3. Henry Roberts...
   - ☐ va a enseñar en Santo Domingo.
   - ☒ es atlético.
   - ☐ es entrenador de deportes acuáticos.

4. Dina Nelson...
   - ☒ enseña español.
   - ☐ es maestra en una escuela privada en Chicago.
   - ☐ es campeona de natación.

### B. Los deportes

Llene los espacios en blanco con las palabras apropiadas.

1. Para completar un triatlón los atletas tienen que ___nadar___, ___montar en bicicleta___ y ___correr___.
2. Los partidos de fútbol americano tienen lugar en un ___estadio___.
3. Para tener músculos fuertes los jugadores de fútbol y los boxeadores van al ___gimnasio___ para ___levantar pesas___.
4. ___Los aficionados___ pagan mucho dinero para asistir a los partidos de sus equipos favoritos, especialmente si su equipo no pierde muchos partidos.
5. Una piscina de tamaño olímpico es necesaria para una ___competencia___ de ___natación___.

### C. ¿Es Ud. aficionado/a?

**Paso 1** Indique si Ud. practica, es aficionado/a a o no le interesan los siguientes deportes. Luego, añada otro deporte que le interesa.

| DEPORTES | LO PRACTICO. | SOY AFICIONADO/A. | NO ME INTERESA. |
|---|---|---|---|
| 1. el fútbol americano | ☐ | ☐ | ☐ |
| 2. el fútbol | ☐ | ☐ | ☐ |
| 3. el baloncesto | ☐ | ☐ | ☐ |
| 4. el voleibol | ☐ | ☐ | ☐ |
| 5. el golf | ☐ | ☐ | ☐ |

6. el tenis ☐ ☐ ☐
7. _____ ☐ ☐ ☐

**Paso 2** En grupos de tres, compartan sus intereses y expliquen por qué practican cada deporte, por qué les interesa verlo, o por qué no les interesa para nada.

**Paso 3** ¿Quiénes son los atletas que Uds. admiran más? Expliquen por qué.

**Paso 4** Miren el dibujo de la página 97. ¿Qué deportes practicarían Uds. en la República Dominicana?

### D. Comparaciones

Haga comparaciones según las indicaciones entre paréntesis. Utilice **más/menos... que, tan... como** y **tanto/a/os/as... como.** Luego comparta sus respuestas con un(a) compañero/a para ver si están de acuerdo.

1. el esquí aquático / la natación (difícil)
2. los jugadores de golf / los jugadores de fútbol americano (musculoso)
3. el cuerpo de un boxeador / el cuerpo de un tenista (ágil)
4. una persona que nada / una persona que esquía en la nieve (llevar ropa)
5. Tiger Woods / Venus Williams (tener fama)
6. los aficionados al fútbol / los aficionados al tenis (apasionado)
7. un surfista / un ciclista (atrevido)
8. un campeón de golf / un campeón de baloncesto (entrenar)

# Punto gramatical I:
## The Preterite

### Gramática en contexto

Dina Nelson nos habla de su fin de semana.

Este fin de semana **fue** increíble. **Viajé** de Santo Domingo a San Pedro de Macorís para ver un partido de béisbol con mis estudiantes. **Llegamos** a las 10:00 de la mañana y **pasamos** unas horas en los ingenios (*mills*) de azúcar. Los estudiantes **aprendieron** mucho sobre la producción del azúcar. Luego, los **llevé** a todos a un restaurante típico. En el restaurante hay muchas fotos de los famosos jugadores de béisbol que **nacieron** en la República Dominicana y **llegaron** a ser famosos en las ligas norteamericanas. Los aficionados al béisbol **leyeron** mucho sobre estos atletas la semana pasada. Para el almuerzo, los estudiantes **pidieron** hamburguesas, pero yo **pedí** un plato típico. Luego, **pagué** la cuenta y **salimos** rápidamente porque **tuvimos** que estar en el estadio para el partido a las dos. **Nos divertimos** muchísimo y casi todos los estudiantes **se durmieron** en el autobús de regreso a Santo Domingo. **Fue** una excursión muy chévere para todos.

### ¿Cierto o falso?

| | CIERTO | FALSO |
|---|:---:|:---:|
| 1. Llegaron a San Pedro de Macorís por la noche. | ☐ | ☒ |
| 2. Dina y sus estudiantes vieron el partido de béisbol antes de ver cómo se produce el azúcar. | ☒ | ☐ |
| 3. Dina pidió un plato dominicano. | ☐ | ☒ |
| 4. Dina se durmió en el autobús después del partido. | ☐ | ☒ |

## Explicación gramatical

Suggestion: Use pictures of people doing different activities and ask «¿Qué hizo/hicieron?»

Suggestion: Use flashcards to drill students on the irregular forms of the preterite. See the *IM* for examples of drills.

Spanish uses the preterite tense to narrate past actions and events.

**Regular verbs:** To form the preterite, remove the ending from the infinitive and add the following endings to the stem. Note the endings in the following examples.

| -*ar* VERBS | -*er* VERBS | -*ir* VERBS |
|---|---|---|
| **hablar** | **comer** | **escribir** |
| habl**é** | com**í** | escrib**í** |
| habl**aste** | com**iste** | escrib**iste** |
| habl**ó** | com**ió** | escrib**ió** |
| habl**amos** | com**imos** | escrib**imos** |
| habl**asteis** | com**isteis** | escrib**isteis** |
| habl**aron** | com**ieron** | escrib**ieron** |

Go back to the **Gramática en contexto** reading and circle an example of a regular preterite verb.

Several Spanish verbs have regular endings but undergo spelling changes in the preterite. Verbs that end in **-car, -gar,** and **-zar** have a spelling change in the stem of the **yo** form to maintain the correct pronunciation.

**-car: c→qu** buscar: bus**qu**é, buscaste, buscó, buscamos, buscasteis, buscaron

**-gar: g→gu** pagar: pa**gu**é, pagaste, pagó, pagamos, pagasteis, pagaron

**-zar: z→c** alcanzar: alcan**c**é, alcanzaste, alcanzó, alcanzamos, alcanzasteis, alcanzaron

Circle an example of a verb with a spelling change in the **yo** form in the **Gramática en contexto** reading.

Verbs that end in a *vowel* + **-er/-ir** change the i → y in the third-person singular and plural forms. Note the accent on the **-íste, -ímos,** and **-ísteis** endings.

leer: le**í**, le**íste**, le**yó**, le**ímos**, le**ísteis**, le**yeron**

oír:  o**í**, o**íste**, o**yó**, o**ímos**, o**ísteis**, o**yeron**

Circle an example of a verb with a spelling change in the third-person in the **Gramática en contexto** reading.

**Stem-changing verbs: -ar** and **-er** verbs that have stem changes in the present tense do not have the stem change in the preterite.

| | PRESENTE | PRETÉRITO |
|---|---|---|
| acostarse | me ac**ue**sto | me ac**o**sté |
| perder | p**ie**rden | p**e**rdieron |

**-ir** verbs that have stem changes in the present tense *do* have changes in the preterite; however, the change only occurs in the third-person singular and plural.

**e→i**

**divertirse:** me divertí, te divertiste, se div**i**rtió, nos divertimos, os divertisteis, se div**i**rtieron

**conseguir:** conseguí, conseguiste, consiguió, conseguimos,
conseguisteis, consiguieron

**pedir:**    pedí, pediste, pidió, pedimos, pedisteis, pidieron

**repetir:**    repetí, repetiste, repitió, repetimos, repetisteis, repitieron

**servir:**    serví, serviste, sirvió, servimos, servisteis, sirvieron

**vestirse:**    me vestí, te vestiste, se vistió, nos vestimos, os vestisteis, se
vistieron

**o→u**

**dormir:** dormí, dormiste, durmió, dormimos, dormisteis, durmieron

**morir:**    morí, moriste, murió, morimos, moristeis, murieron

Circle an example of an irregular stem-changing verb in the **Gramática en contexto** reading.

The following verbs are irregular in the preterite:

**dar:**    di, diste, dio, dimos, disteis, dieron

**hacer:**    hice, hiciste, hizo, hicimos, hicisteis, hicieron

**ser/ir*:** fui, fuiste, fue, fuimos, fuisteis, fueron

More irregular preterite verb forms include:

andar:  **anduve, anduvi**ste, **anduvo, anduvi**mos, **anduvi**steis,
**anduvi**eron

decir:  **dije, diji**ste, **dijo, diji**mos, **diji**steis, **diji**eron

estar:  **estuve, estuvi**ste, **estuvo, estuvi**mos, **estuvi**steis, **estuvi**eron

poder:  **pude, pud**iste, **pudo, pud**imos, **pud**isteis, **pud**ieron

poner:  **puse, pus**iste, **puso, pus**imos, **pus**isteis, **pus**ieron

querer:  **quise, quis**iste, **quiso, quis**imos, **quis**isteis, **quis**ieron

saber:  **supe, sup**iste, **supo, sup**imos, **sup**isteis, **sup**ieron

tener:  **tuve, tuv**iste, **tuvo, tuv**imos, **tuv**isteis, **tuv**ieron

traer:  **traj**e, **traj**iste, **traj**o, **traj**imos, **traj**isteis, **traj**eron

venir:  **vine, vin**iste, **vino, vin**imos, **vin**isteis, **vin**ieron

Go back to the **Gramática en contexto** reading and circle an example of a verb that is irregular in the preterite.

**Uses of the preterite:** The preterite is used . . .

*   to tell what happened at a particular time with time expressions
    such as **ayer, anoche, la semana pasada, el año pasado,** and so on.

    **Llovió** ayer.                          *It rained yesterday.*

*   to tell when an action happened several times in the past.

    Una vez / Varias veces **asistimos**    *We attended a salsa and merengue*
    a una clase de salsa y merengue.    *class one time / many times.*

*   to tell that an activity or an event took place for a specific period of
    time

    **Estuvimos** en Santo Domingo        *We were in Santo Domingo for*
    por dos horas / veinte años.          *two hours / twenty years.*

*   to sum up an activity or an event as a whole.

    La fiesta **fue** divertida.          *The party was fun.*

---

*Note that the conjugation for **ser** and **ir** is the same in the preterite. Meaning must be judged by context.

**Note:** Jarabacoa is a town near Pico Duarte from which many adventure tours originate.

## Ponerlo a prueba

### De vacaciones

Henry está describiendo cómo fue su fin de semana en el Pico Duarte. Complete las frases con la forma apropiada del pretérito entre paréntesis.

1. Yo (ir) ____fui____ a Jarabacoa donde (pasar) ____pasé____ la noche en un hotel.

2. El sábado yo (empezar) ____empecé____ la caminata hacia el Pico Duarte.

3. Después de caminar todo el día, (reunirse) ____me reuní____ con mis amigos, Armando y José.

4. Yo no (poder) ____Pude____ dormir porque hacía mucho frío por la noche, pero Armando y José (dormir) ____durmieron____ muy bien en su tienda de campaña (*tent*).

5. Después de caminar dos días más, (nosotros: llegar) ____llegamos____ al pico.

6. (Nosotros: Ver) ____Vimos____ cataratas (*waterfalls*) impresionantes y (nosotros: divertirse) ____nos divertimos____ mucho.

## Actividades

### A. El domingo pasado

**Paso 1** Lea la información sobre las actividades del domingo pasado e indique adónde fueron Mateo, Jaime, Sonia y Ana María.

La Vega

Cabarete

Samaná

| NOMBRE | POR LA MAÑANA | POR LA TARDE | POR LA NOCHE |
|---|---|---|---|
| **Mateo:** | Me desperté temprano y corrí tres millas en la playa. | Hice windsurf por tres horas. Volví a mi hotel para dormir una siesta. | Fui a un club y tomé una clase de merengue. Me acosté a las 3:30. |
| **Jaime:** | Dormí hasta tarde. Visité un sitio arqueológico. | Fui al centro para ver un desfile. | Bailé en una fiesta popular en la calle hasta muy tarde. |
| **Sonia y Ana María:** | Fuimos a la playa para tomar el sol y nadar. | Tomamos un barco para ver las ballenas. | Cenamos en un restaurante elegante. |

1. Mateo fue a ____Cabarete____. Primero _____. Luego _____. Finalmente _____.

2. Jaime fue a ____La Vega____. Primero _____. Luego _____. Finalmente _____.

3. Sonia y Ana María fueron a ____Samaná____. Primero _____. Luego _____. Finalmente _____.

**Paso 2** Entreviste a un(a) compañero/a sobre sus actividades del domingo pasado. Prepárese para reportar algo interesante a la clase.

1. ¿Te despertaste temprano o dormiste hasta tarde?
2. ¿Hiciste ejercicio o practicaste un deporte?
3. ¿Comiste o cenaste en un restaurante? ¿Qué tipo de restaurante?
4. ¿Saliste con amigos? ¿Adónde fueron? ¿A qué hora volviste a casa?

### B. ¿Qué hizo Dina la semana pasada?

**Paso 1** Su profesor(a) le va a dar una hoja que tiene parte del calendario de la semana pasada de Dina. Un(a) compañero/a tiene otra versión incompleta. Pregúntense sobre la información que falta para completar el calendario.

**Paso 2** Ahora, con su compañero/a, indique cuál fue el día más divertido, aburrido, difícil. Explique.

### C. De turista en un hotel de lujo

Imagínese que Ud. y un amigo/a están viviendo en la República Dominicana por un año para dar clases de inglés. Acaban de ganar una estancia para dos, por tres días, en un hotel de lujo en Bayahibe en la costa sureste. Aparte del alojamiento, tienen US $500 para gastar en actividades adicionales. Ud. y un(a) compañero/a deben ponerse de acuerdo sobre las actividades que van a hacer.

**Paso 1** Mire la siguiente lista y marque sus preferencias.

**www.TurismoBayahibe.com**

**Actividades acuáticas y otros deportes**

| | | |
|---|---|---|
| ☐ | windsurf | $21 por hora |
| ☐ | velero tipo Sunfish | $32 por hora |
| ☐ | equipo para esnórquel | $14 por día |
| ☐ | montar en la banana a motor | $13 por 15 minutos |
| ☐ | bucear | $38 por hora |
| ☐ | tenis | $28 por hora |
| ☐ | golf | $87 para 18 hoyos (*holes*) |
| ☐ | montar a caballo | $53 por hora |
| ☐ | excursión en bicicleta de montaña | $46 por 2 horas |

**Tratamientos terapéuticos en el Spa**

| | | |
|---|---|---|
| ☐ | masaje sueco | $65 por 50 minutos |
| ☐ | envoltura en algas (*algae wrap*) | $75 por 50 minutos |
| ☐ | manicura y pedicura | $40 |
| ☐ | entrenador personal de musculación | $28 por hora |
| ☐ | clase de Pilates | $20 por hora |

**Excursiones culturales**

| | | |
|---|---|---|
| ☐ | visita a una casa típica dominicana | $20 |
| ☐ | visita a los cultivos de caña de azúcar, café, cacao, banana y tabaco | $20 |
| ☐ | presentación de una pelea de gallos | $15 |
| ☐ | ver la elaboración del café, chocolate y aceite de palma de coco | $20 |
| ☐ | visita a un rancho para comer un delicioso menú dominicano con jugos de frutas tropicales, yuca, batata y plátanos, casabe, frijoles, parrillada de chuletas y pollo guisado, café, variedad de dulces típicos | $40 |
| ☐ | presentación sobre la historia del merengue con demostración y clase de baile | $25 |

**Note B:** Forms A and B of the information gap activity can be found in the *IM*. Photocopy and distribute.

**Note C:** This is a task-based activity in which pairs of students must work within a budget and come to an agreement about the activities that they prefer. In *Paso 1.* they work individually to mark the activities in which they are most interested. In *Paso 2.* they should compare their choices with those of their partner. Then, in *Paso 3.* they should fill out the chart. Recommend that students fill out the chart in pencil in case they have to change activities to fit the budget. They do not have to do the same activities, but the total price cannot exceed US $500.

*Cultural note: Las peleas de gallos* (cockfights) are an important part of Dominican culture.

**Note:** Yuca is a starchy root vegetable used widely in Latin American cuisine, **batata** is a white fleshed sweet potato, and **casabe** is a flat, round bread made from the Yucca root.

**Paso 2** Ahora con su compañero/a, hable de sus preferencias y rellene la tabla con las actividades que eligieron y los precios. Uds. no tienen que hacer las mismas actividades. Lo importante es no gastar más de $500.

| ACTIVIDADES | PRECIOS |
|---|---|
|  |  |
|  |  |
|  |  |
|  |  |
|  |  |
|  |  |
| PRECIO TOTAL |  |

**Paso 3** Ahora, imagínense que es el lunes después del fin de semana. Cuéntenle a la clase lo que hicieron durante su viaje.

**D. Los números: Fechas importantes**

**Paso 1** Escuche mientras su profesor(a) lee las fechas de los sucesos históricos importantes de la República Dominicana. Escriba las fechas.

1. En __1492__ Cristóbal Colón llegó a la República Dominicana y la llamó La Española. Más tarde la Isla se llamó Santo Domingo.

2. En __1586__ el pirata inglés, Sir Francis Drake, saqueó Santo Domingo, y se instaló en la catedral, donde vivió por un mes.

3. En __1697__ España cedió la parte oeste de la Isla de La Española a Francia. En __1804__ esta parte se independizó de Francia y se llamó Haití.

4. En __1821__ Santo Domingo se independizó de España, pero unos meses después Haití invadió la Isla y la gobernó hasta __1822__.

5. Por fin, Santo Domingo se independizó de Haití en __1844__ y tomó el nombre de la República Dominicana.

6. Para proteger sus intereses económicos, los Estados Unidos intervinieron en __1916__ y gobernaron hasta __1924__.

7. En __1931__ Rafael Leónidas Trujillo, un dictador brutal, se apoderó del gobierno y gobernó hasta que fue asesinado en __1961__.

### Pista caliente

**Hacer + *time* + que**

To express how long ago you did something, or how long ago something happened, use either

**Hace + *period of time* + que + *verb*** in the preterite:

> **Hace una hora que Martín llegó.**   *Martin arrived an hour ago.*

or

*verb* in the preterite + **hace** + *period of time*:

> **Martín llegó hace una hora.**   *Martin arrived an hour ago.*

> **¿Cuándo llegó Martín? Hace una hora.**   *When did Martin arrive? An hour ago.*

**Paso 2** Turnándose con un(a) compañero/a, haga y conteste preguntas sobre las fechas importantes.

ESTUDIANTE 1: ¿Cuánto tiempo hace que Colón llegó a la República Dominicana?

ESTUDIANTE 2: Hace... años o hace aproximadamente 500 años.

ESTUDIANTE 1: ¿Cuánto tiempo hace que fue asesinado Trujillo?

ESTUDIANTE 2: Hace aproximadamente 46 años.

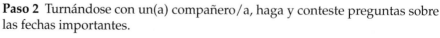

### E. Momentos importantes de su vida

**Paso 1** Escriba una lista de cuatro o cinco momentos importantes de su vida. Algunas sugerencias: aprender a manejar, graduarse en la escuela secundaria, empezar a trabajar, aprender su pasatiempo favorito, recibir un premio (*award*), dejar (*quit*) un vicio u otro mal hábito, aprender a montar en bicicleta, hacer una caminata increíble en las montañas, casarse, tener hijos, etcétera.

**Paso 2** Ahora vea la lista de un(a) compañero/a y pregúntele cuánto tiempo hace que hizo cada una de las cosas que escribió. Prepárese para reportar a la clase el evento más interesante, cuándo ocurrió, y un detalle más.

# Vocabulario del tema II:
## Hablando de los pasatiempos y el tiempo libre

## Las actividades y los pasatiempos

| | | | |
|---|---|---|---|
| **acampar** | *to camp* | **jugar (ue) (a las)** | *to play cards* |
| **andar en patineta** | *to skateboard* | **cartas / (a los) naipes** | |
| **asistir a** | *to attend* | **jugar (ue) videojuegos** | *to play video games* |
| **dar un paseo** | *to take a walk* | **montar a caballo** | *to ride a horse* |
| **divertirse** | *to have fun* | **montar en bicicleta** | *to ride a bike* |
| **hacer caminatas** | *to hike* | **navegar en Internet** | *to surf the web* |
| **hacer ejercicio** | *to exercise* | **patinar en línea** | *to go inline skating* |
| **ir de compras** | *to go shopping* | **relajarse** | *to relax* |
| **ir de picnic** | *to go on a picnic* | **reunirse** | *to get together* |

## Otras palabras útiles

**pasar tiempo** — *to spend time*
**pasarlo bien/mal** — *to have a good/bad time*

## Adjetivos para describir el tiempo libre

**alucinante** — *amazing*
**chévere** — *awesome, cool (carib.)*
**emocionante** — *exciting*
**estresante** — *stressful*
**fatal** — *horrible*
**fenomenal** — *phenomenal*
**ocupado/a** — *busy*
**relajante** — *relaxing*

**Suggestion A:** Have students read the list of possible answers before doing the listening activity

**Audioscript:** *Para este fin de semana, Dina y Henry tienen planes muy divertidos. Dina tuvo una semana muy estresante. Por eso ella quiere pasar un fin de semana relajante. Va a los Altos de Chavón en donde piensa ir de compras en las galerías de arte. Por la tarde, quiere descansar y leer una novela en un café. Finalmente, va a reunirse con un amigo y luego ellos van a asistir a un concierto. Henry piensa ir a Puerto Plata para acampar y montar a caballo. Por las mañanas, va a patinar en línea por el parque central. Por supuesto, va a nadar y hacer surfing también. Va a ser un fin de semana ocupado pero muy emocionante.*

## Actividades

### A. El tiempo libre: Los planes para el fin de semana

Escuche mientras su profesor(a) lee sobre los planes de Dina y Henry para el fin de semana. Indique la palabra o las palabras apropiada(s) para completar la frase.

**Comprensión**

1. Dina quiere pasar un fin de semana...
   ☐ estresante          ☐ emocionante
   ☒ relajante           ☐ divertido

2. ¿Cuáles de las siguientes actividades va a hacer Dina en los Altos de Chavón?
   ☒ oír música
   ☐ navegar en barco
   ☒ ver las exposiciones de arte
   ☒ tomar café y leer una novela en un café
   ☐ pasear por las zonas históricas

3. En Puerto Plata, Henry quiere...
   ☐ montar en bicicleta      ☒ patinar en línea
   ☐ ir de compras            ☒ nadar

### B. ¿Cierto o falso?

Con un(a) compañero/a, estudie los dibujos de la página 105 e indique si las siguientes frases son ciertas o falsas. Después, corrijan las frases falsas.

|   |   | CIERTO | FALSO |
|---|---|:---:|:---:|
| 1. | Hay gente que baila y canta en los Altos de Chavón. | ☒ | ☐ |
| 2. | Muchas personas acampan en la playa. | ☐ | ☒ |
|   | *Henry acampa solo.* | | |
| 3. | Dina compra arte en el anfiteatro. | ☐ | ☒ |
|   | *Dina compra arte en la calle.* | | |
| 4. | En Puerto Plata, Henry monta a caballo. | ☒ | ☐ |
| 5. | Dos mujeres dan un paseo en Puerto Plata. | ☒ | ☐ |

6. Un hombre anda en patineta en los Altos de Chavón. ☐ ☒

*Un hombre anda en patineta en Puerto Plata.*

7. Las personas leen el periódico en el anfiteatro. ☐ ☒

*Las personas asisten a un concierto en el anfiteatro.*

8. Un hombre navega en Internet en la playa en Puerto Plata. ☒ ☐

**Suggestion C:** Provide a model by telling students what you did last weekend using the connector words: *El sábado por la mañana, antes de desayunar, yo fui al gimnasio.* Emphasize that the infinitive form of the verb is used following a preposition. After the students have worked together, ask them questions about what they did last weekend using the connectors. For example, *¿Qué hiciste primero el sábado?* Use *antes de, después de.* React to the students' answers using the expressions *¡Qué divertido/aburrido/chévere/relajante/estresante/emocionante!*

## C. ¿Qué hizo Ud. el fin de semana pasado?

**Paso 1** Complete la tabla con las actividades que Ud. hizo el fin de semana pasado.

| EL FIN DE SEMANA PASADO | |
|---|---|
| **el viernes por la noche** | |
| **el sábado por la mañana** | |
| **el sábado por la tarde** | |
| **el sábado por la noche** | |
| **el domingo por la mañana** | |
| **el domingo por la tarde** | |
| **el domingo por la noche** | |

**Paso 2** Con un(a) compañero/a, hablen de lo que hicieron el sábado pasado. Utilicen los conectores apropiados para expresar la secuencia de eventos de su fin de semana. Mientras su compañero/a le describe lo que hizo, hágale comentarios sobre sus actividades.

MODELO:

ESTUDIANTE 1: Primero, dormí toda la mañana. Luego, por la tarde, jugué videojuegos con dos amigos. Finalmente, después de cenar, fui a una fiesta estupenda.

ESTUDIANTE 2: ¡Qué divertido! ¿Dónde fue la fiesta?

**Paso 3** Invite a su compañero/a a hacer algo el próximo fin de semana. Pónganse de acuerdo sobre la actividad más interesante, el día y la hora más convenientes para los/las dos.

**Suggestion C. Paso 3:** Play «*hora social*» where students circulate around the room to practice inviting and accepting or declining invitations to go places. Have students report back to the class.

## D. Juan Luis Guerra

**Paso 1** Lea sobre la importancia del merengue en la cultura dominicana.

El merengue se considera el baile nacional de la República Dominicana. El ritmo es tan rápido y preciso que uno tiene que bailar con pasos y movimientos chicos, arrastrando (*dragging*) un pie. Aunque hay varias opiniones sobre el origen de este baile, todo el mundo considera el ritmo contagioso del merengue como una parte integral de este país caribeño. Se baila no sólo en las zonas más rurales sino también en las fiestas más elegantes de la alta sociedad. El artista Juan Luis Guerra popularizó a nivel internacional la música dominicana con sus discos, como *Bachata rosa*, que ganó el Grammy en la categoría de Mejor Disco Tropical en 1991

*(continúa)*

### Pista caliente

#### Expressing sequence of events

Use the following connectors to express a sequence of events: **primero, segundo, luego, entonces, despúes, finalmente.** To express what you did before or after an event, use

**antes de / después de**
+ *infinitive:*

| | |
|---|---|
| **Antes de comer...** | *Before eating . . .* |
| **Después de asistir** al concierto... | *After attending the concert . . .* |

### Expresiones útiles

**Para hacer una invitación**
¿Tienes planes para... ?
¿Estás libre el sábado... ?
¿Por qué no vamos a... ?
¿Te gustaría... ?
¿Quieres (ir a, ver, salir a)... ?

**Para aceptar/declinar una invitación**
¡Sí, me parece excelente!
¡Qué buena idea!
¡Me encantaría... ! ¿A qué hora?
Lo siento, no puedo...
Tengo que...

y del que se vendieron unos 5 millones de copias. Sus conciertos más recientes han sido fenomenales y extensivos incluyendo el emocionante concierto de 2006 en Puerto Rico en el que compartió el escenario con los Rolling Stones.

**Paso 2** Conteste las siguientes preguntas.

**Expansion D:** Bring in music and lyrics by Juan Luis Guerra or other Dominican artists, or show videos of people dancing merengue.

1. ¿Cómo es la música del merengue?
2. ¿Quién es Juan Luis Guerra y por qué es famoso?
3. ¿Conoce Ud. a otros cantantes hispanos famosos? ¿Es bailable su música?
4. Cuando Ud. estaba en la secundaria, ¿asistía a muchos conciertos?
5. ¿Qué tipos de conciertos le gustaba entonces? ¿Y ahora?
6. ¿Asistió Ud. a un concierto alucinante alguna vez? Descríbalo.
7. ¿Por qué es más emocionante asistir a un concierto en vivo que escuchar un CD?

# Punto gramatical II:
## The Imperfect

### Gramática en contexto

Después de graduarse de la Parsons the New School for Design, Margarita decidió volver a la República Dominicana donde había pasado un semestre en los Altos de Chavón. Habla de su experiencia.

Cuando **tenía** 19 años estudié en La Escuela de Diseño Altos de Chavón. **Estaba** muy contenta mientras **era** estudiante. Siempre **hacía** buen tiempo con temperaturas perfectas todos los días. Sin embargo, los días en la escuela **eran** intensos y los estudios exigentes (*demanding*). Durante la semana **nos levantábamos** temprano porque todos **teníamos** que estar en clase a las 9:00 de la mañana. Afortunadamente, la residencia donde **vivíamos estaba** muy cerca de la escuela y **podíamos** llegar a tiempo. **Pasábamos** toda la mañana en clase. **Volvíamos** a la residencia para almorzar y descansar y después **asistíamos** a clases hasta las 6:00 de la tarde. Todos los años **había** seminarios especiales con personalidades como el famoso diseñador dominicano Óscar de la Renta, y el desfile de modas (*fashion show*) anual siempre **era** un evento inolvidable.

**¿Cierto o falso?**

| | CIERTO | FALSO |
|---|:---:|:---:|
| 1. Le gustaba ser estudiante de La Escuela de Diseño. | ☒ | ☐ |
| 2. Los días eran relajantes. | ☐ | ☒ |
| 3. Siempre tenían clase a las 8:00 de la mañana. | ☐ | ☒ |
| 4. Todos los años había un desfile de modas. | ☒ | ☐ |

## Explicación gramatical

### El imperfecto

**Regular forms** of the imperfect are formed by adding the following endings to the stem of the verb.

| *-ar* VERBS | *-er* VERBS | *-ir* VERBS |
|---|---|---|
| **hablar** | **comer** | **vivir** |
| habl**aba** | com**ía** | viv**ía** |
| habl**abas** | com**ías** | viv**ías** |
| habl**aba** | com**ía** | viv**ía** |
| habl**ábamos** | com**íamos** | viv**íamos** |
| habl**abais** | com**íais** | viv**íais** |
| habl**aban** | com**ían** | viv**ían** |

Go back to the **Gramática en contexto** paragraph and circle three examples of regular **-ar, -er**, and **-ir** verbs in the imperfect.

Only three verbs are irregular in the imperfect.

| ser | ver | ir |
|---|---|---|
| era | veía | iba |
| eras | veías | ibas |
| era | veía | iba |
| éramos | veíamos | íbamos |
| erais | veíais | ibais |
| eran | veían | iban |

Circle an example of one of the irregular imperfect verbs in the **Gramática en contexto** reading.

Some uses of the imperfect include the following:

1. Habitual or repeated past actions.

   Siempre **íbamos** a Cabarete. — *We would always go/used to go to Cabarete.*

   De vez en cuando **acampábamos** cerca del Pico Duarte. — *Sometimes we would camp near Pico Duarte.*

Circle an example of a habitual or repeated action in the **Gramática en contexto** reading.

2. Descriptions or circumstances in the past, including time, date, weather, and age.

   **Era** alto y guapo. — *He was tall and handsome.*
   **Había** mucha gente en la calle. — *There were a lot of people on the street.*
   **Eran** las 3:00 de la tarde. — *It was 3:00 in the afternoon.*
   **Estábamos** cerca del café. — *We were close to the cafe.*
   **Hacía** mucho sol. — *It was very sunny.*

Circle an example of a description or circumstance in the **Gramática en contexto** reading.

The imperfect is frequently associated with the following phrases:

| | |
|---|---|
| **de niño/a** | *as a child* |
| **frecuentemente** | *frequently* |
| **generalmente** | *usually* |
| **mientras** | *while* |
| **siempre** | *always* |
| **todos los días** | *every day* |

## Ponerlo a prueba

Sammy Sosa nació el 12 de noviembre de 1968 en San Pedro de Macorís. Su familia (ser) __era__¹ muy pobre. (Vivir) __Vivía__² con su madre y cinco hermanos. Su casa (tener) __tenía__³ sólo un dormitorio y piso de tierra.ᵃ Para ayudar a su familia, Sammy (lavar) __lavaba__⁴ autos, entre otras cosas. Pronto se dio cuentaᵇ de que sólo (haber) __había__⁵ un escape de esta vida de miseria: el béisbol. Todos los días (jugar) __jugaba__⁶ al béisbol con sus amigos. No (ellos: tener) __tenían__⁷ dinero y (usar) __usaban__⁸ guantesᶜ hechos de envases de lecheᵈ y toallas. En 1985, cuando Sammy (tener) __tenía__⁹ 17 años, se presentó a una pruebaᵉ de los Rangers de Texas. Después de observar a Sammy jugar, el cazatalentosᶠ se dio cuenta de que algún día, Sammy Sosa (ir) __iba__¹⁰ a ser muy famoso.

ᵃpiso... *dirt floor* ᵇse... *realized* ᶜ*gloves* ᵈenvases... *milk cartons* ᵉ*tryout* ᶠ*talent scout*

## Actividades

### A. Maestros inolvidables

**Paso 1** Lea la descripción de dos maestros de español que tenía Dina.

Mi primera maestra de español me **daba** mucho miedo. **Era** muy estricta y no **tenía** ningún sentido del humor. Nos **daba** mucha tarea y nunca **hablábamos** en español en clase. En cambio, mi segundo maestro **era** increíble. **Quería** inspirar y animar a sus estudiantes. Cada viernes **llegaba** a clase vestido de un personaje hispano diferente y **aprendíamos** la historia y la cultura de una manera interactiva. **Veíamos** películas, **íbamos** a restaurantes en donde **probábamos** comidas hispanas de diferentes partes del mundo, y todos los veranos **ofrecía** un viaje de dos semanas a la República Dominicana. Este maestro **era** una inspiración total y por eso soy maestra de español.

**Paso 2** En parejas, indiquen si los verbos **en negrilla** expresan (a) un hábito o acción repetida o (b) una descripción de unas circunstancias en el pasado.

**Paso 3** En parejas, describan a un maestro que tenían en la primaria o la secundaria. ¿Cómo era? ¿Qué hacía que les gustaba o les molestaba?

### B. Dominican Joe

**Paso 1** Lea sobre el trabajo que inspiró a Jonathan Wilson a pasar un semestre en la República Dominicana y rellene los espacios en blanco con la forma correcta del imperfecto y conteste las preguntas que siguen.

Antes de llegar a la República Dominicana, yo (trabajar) __trabajaba__¹ de mesero en un café en Austin, Texas. (Tener) __Tenía__² que trabajar los

jueves por la tarde y los sábados casi todo el día. Los sábados siempre
(llegar) _____*llegaba*_____³ muy temprano, (preparar) _____*preparaba*_____⁴ el café
y (seleccionar) _____*seleccionaba*_____⁵ la música que (ir) _____*iba*_____⁶ a poner.
Me (encantar) _____*encantaba*_____⁷ trabajar con los dueñosᵃ del café Dominican
Joe porque (ser) _____*eran*_____⁸ muy generosos y amables. El café que
venden es de una cooperativa dominicana y dedican parte de sus
gananciasᵇ a programas educativos en la República Dominicana. Ellos
siempre me (hablar) _____*hablaban*_____⁹ de los proyectos educativos de allá
y me (dejar) _____*dejaban*_____¹⁰ leer las cartas de los voluntarios que (pasar)
_____*pasaban*_____¹¹ un semestre dando clases. Por eso estoy aquí en Santiago.
¡Qué suerte!

ᵃ*owners* ᵇ*profits*

**Paso 2** Conteste las siguientes preguntas.

1. ¿Dónde trabajaba Jonathan?
2. ¿Cuántos días trabajaba?
3. ¿Cómo eran los dueños del café?
4. ¿Le gustaba trabajar allí? ¿Por qué?
5. ¿Qué hacía todos los días?

**Paso 3** Ahora, en parejas, contesten las mismas preguntas sobre un trabajo
que Uds. tenían.

## C. Quiero saber más

Una función importante del imperfecto es que añade detalles (*details*) para que
podamos imaginar con más claridad la historia que nos cuenta alguien sobre
algo que ocurrió en el pasado. El imperfecto se usa para:

1. describir los sentimientos: estaba, se sentía, tenía, quería
2. describir las características de una persona y el ambiente: era, tenía,
   había
3. expresar la hora del día, la fecha, o la estación del año en que ocurrió el
   evento: era, eran
4. describir el tiempo que hacía en el momento del evento: hacía frío/calor,
   llovía, nevaba
5. describir la edad que tenía la persona en el momento del evento: tenía

En parejas, añadan por lo menos tres detalles a cada uno de los siguientes
eventos.

MODELO: Henry tomó su primera clase de surf esta mañana. Era un día
perfecto. Estaba despejado y hacía calor. Había diez estudiantes
en la clase. Él estaba un poco nervioso porque no sabía hacer surf
para nada.

1. Dina llegó al estadio para ver un partido de béisbol.
2. Margarita fue invitada a trabajar con Oscar de la Renta, el famoso
   diseñador dominicano, en los Altos de Chavón para un segmento del
   programa «Project Runway».
3. Henry asistió a un concierto de Juan Luis Guerra, un famoso cantante
   dominicano de merengue.

**Breve prueba diagnóstica.** Go to the *Online Learning Center* (*OLC*)
(www.mhhe.com/pasaporte) and take the diagnostic test to see how well you
are learning the concepts presented in this chapter. Then, go back to page 102
and do the **Autoevaluación** again to check your progress.

# Reciclaje comunicativo

Conozca a tres dominicanos que han conocido Henry y Dina durante su estancia en la República Dominicana. En grupos de tres, miren las fotos y luego hagan cada uno de los siguientes papeles:

A. describir a una de las personas, según las instrucciones

B. hacer preguntas para conseguir más información sobre la persona que describió su compañero/a

C. servir de monitor de la gramática

**Note:** This communicative recycling activity gives students the opportunity to use the structures they have been learning to be able to describe and talk about likes and dislikes. By rotating roles, students learn from each other and build on what their partners have just said. The grammar monitor only pays attention to agreement errors. As you circulate and listen to students, make sure the monitor is catching these errors.

Marco, el maestro de surf

Luis, el jugador de béisbol

Sonia, la maestra de matemáticas

### Descripciones

ESTUDIANTE A:

1. *Describir:* Describa a una de las personas, incluyendo su edad, su aspecto físico, su personalidad, su ropa y el estado en que se encuentra hoy.

2. Escoja una de las siguientes metas comunicativas para añadir más información sobre esta persona.

   - *Comparar:* Haga una comparación entre la persona que Ud. escogió y una de las otras personas en cuanto a la personalidad, apariencia física, el dinero que ganan y los pasatiempos de cada una.

   - *Hablar de los gustos:* Explique lo que le gusta/interesa/fascina de la República Dominicana a esta persona y lo que le molesta/preocupa.

   - *Narrar en el pasado:* Explique lo que hizo el fin de semana pasado.

ESTUDIANTE B: Escuche la descripción del Estudiante A mientras describe uno de las personas que Henry conoció durante su viaje. Luego, hágale dos preguntas para conseguir más información sobre esa persona.

ESTUDIANTE C: Como monitor de la gramática, Ud. debe escuchar y apuntar cualquier error de concordancia que detecte mientras los Estudiantes A y B hablan.

MODELO: (Estudiante C escucha y escribe): *Ella es alta y delgado y lleva una blusa blanoo.

Luego, muéstreles a los Estudiantes A y B dónde deben tener cuidado con la concordancia.

Ahora cambien de papel. Cada miembro del grupo debe hacer cada papel por lo menos una vez.

### Diálogos

En grupos de tres, preparen un diálogo como si fueran las tres personas de las fotos hablando de lo que hicieron el fin de semana pasado.

# Oportunidades globales

## Introducción: Los programas para maestros

Hay muchos programas de intercambio para maestros, especialmente para los que quieran enseñar inglés en el extranjero. El interés en ir a enseñar en Hispanoamérica ha crecido junto con el número de niños de habla española en nuestras escuelas públicas. Estos programas de intercambio les dan a los maestros la oportunidad de ver de cerca la cultura y las costumbres hispanas y también de mejorar su español. Todos vuelven a casa con una comprensión más profunda del mundo y de la importancia de las relaciones amistosas entre países. La Embajada de los Estados Unidos en la República Dominicana patrocina (*sponsors*) un programa que se llama «Inglés para todos los dominicanos» en que maestros estadounidenses vienen para enseñar inglés. El gobierno dominicano reconoce que hablar inglés puede abrirles muchas puertas a los jóvenes. De esta manera, los intercambios de maestros ofrecen beneficios para todos.

### Comprensión

1. ¿Cuáles son los beneficios de enseñar en otro país?
2. ¿Le interesaría a Ud. enseñar inglés en otro país? ¿En qué país?

**Answers. *Comprensión:***
1. *Los maestros tienen la oportunidad de ver de cerca la cultura y las costumbres hispanas y también de mejorar su español.*
2. Answers will vary.

Audioscript: ¡Hola! Soy George Lagos. Estuve en la República Dominicana el año pasado dando clases de inglés en Santiago. Enseño en Nueva York en una escuela donde hay muchos dominicanos. El tener la oportunidad de vivir un año en una comunidad dominicana me ayudó muchísimo a entender y apreciar la cultura y los valores de mis estudiantes. Durante mi estancia en la República Dominicana hice muchas excursiones a diferentes partes de la isla. La visita más alucinante fue el fin de semana que pasé en la Bahía de Samaná viendo las ballenas. Ahora, en mis clases, cuando menciono las cavernas con los dibujos taínos, a Juan Luis Guerra o la Fortaleza de San Felipe, veo que mis estudiantes se sienten orgullosos de que su maestro sepa algo de su país de origen.

**Suggestion:** Have students look at the four photographs before reading.

## ¡A escuchar!

Suggestion ¡A escuchar!: Have students read the, ¿Cierto o falso? questions before doing listening the activity.

Escuche mientras su profesor(a) lee los comentarios de George Lagos sobre su experiencia dando clases de inglés en la República Dominicana. Escuche e indique si las afirmaciones que siguen son ciertas or falsas.

**¿Cierto o falso?**

|  | CIERTO | FALSO |
|---|---|---|
| 1. George decidió pasar un año en la República Dominicana porque quería aprender a bailar merengue. | ☐ | ☒ |
| 2. George enseña en Nueva York en una escuela con muchos niños dominicanos. | ☒ | ☐ |
| 3. Ahora George habla mucho de la República Dominicana en su clase en Nueva York. | ☒ | ☐ |

## ¡A leer!

George ha preparado para Dina unos apuntes sobre varios lugares y eventos que le encantaron. Lea sus apuntes y empareje cada foto con el párrafo que la describa mejor.

1. Cabarete

2. El Carnaval de la Vega

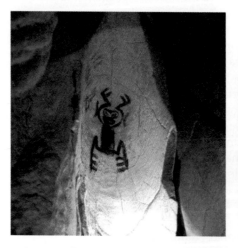

3. Las cuevas de Borbón

4. El Festival del Merengue

## El Festival del Merengue

Durante el mes de julio el Malecón (*promenade, boardwalk*) de Santo Domingo se convierte en la discoteca más grande del mundo. El Festival del Merengue consiste en diez días de música, bailes, espectáculos, ferias y celebraciones populares con los mejores representantes del merengue y grupos de baile folklórico. La actividad empieza en el Malecón de Santo Domingo con un colorido desfile (*parade*) de bandas de música de todo el país, reinas de belleza en coches tirados (*pulled*) por caballos, grupos folklóricos y compañías carnavalescas.

## Cabarete

Cada año, miles de windsurfistas de todas partes del mundo van a Cabarete, la meca del surf y kitesurf en todo el Caribe. Cabarete ha sido la sede de la Copa Mundial de Windsurfing & Kitesurfing, y cada junio se celebra la Cabarete Race Week, una semana de competición en la que participan los mejores windsurfistas del mundo. El buceo (*SCUBA diving*) es otro de los deportes que se practica mucho en la zona aunque también son muy populares el ciclismo de montaña, la equitación (*horseback riding*) y el tenis.

## Las Cuevas de Borbón

En la reserva antropológica de las Cuevas de Borbón hay más de 40 cavernas con pinturas y petroglifos de los taínos. Son considerados el arte rupestre (*cave paintings*) más importante del Caribe. En las paredes de piedra hay cientos de pájaros, animales, figuras humanas y misteriosos gráficos geométricos, pero lo que resulta más fascinante son las escenas de ceremonias indígenas. El ritual de la cohoba era el momento más importante de las ceremonias religiosas de los taínos. Los chamanes (*shamans*) inhalaban un potente alucinógeno para entrar en un estado de trance, el cual les permitía ponerse en contacto con sus deidades (*deities*). Visitar las cuevas es una auténtica aventura subterránea.

Note: **Las Cuevas de Borbón:** The cohoba is a tree whose beans have a hallucinogenic effect when toasted.

## El Carnaval de La Vega

El carnaval es la manifestación más importante de la cultura popular dominicana, demostrando la música, el baile y la creatividad del pueblo. El Carnaval de La Vega es uno de los más antiguos del país. Todos los domingos de febrero la alegría, la música y los gritos dominan las calles de La Vega y el Parque de las Flores. El diablo es el personaje central del carnaval dominicano, tanto en La Vega como en el resto del país. Por la tarde, los diablos cojuelos salen a la calle armados con sus vejigas de toro (*stuffed bull bladders*), golpeando (*hitting*) a todos los que bajan a la calle. El Carnaval de La Vega es el evento más importante de la cultura popular dominicano y ha sido declarado Patrimonio Folklórico Nacional.

### ¿Cierto o falso?

| | CIERTO | FALSO |
|---|:---:|:---:|
| 1. En el ritual de la cohoba los chamanes usaban alucinógenos para contactar las deidades. | ☒ | ☐ |
| 2. En La Vega se celebra una semana de competición en la que participan los mejores windsurfistas del mundo. | ☐ | ☒ |
| 3. Los diablos cojuelos son un conjunto musical de merengue. | ☐ | ☒ |
| 4. Las pinturas de las Cuevas de Borbón son de los taínos. | ☒ | ☐ |

## Para pedir una opinión

¿Qué opinas tú?
¿Qué piensas (de)... ?

## Para dar una opinión

En mi opinión...
A mí, me parece...
Francamente, pienso/creo que...
Siento decirte esto pero...
Lo siento, pero tengo que serte honesto/a.

## Para pedir algo con cortesía

Por favor, quisiera (+ *infinitive*)...
Por favor, me permitiría Ud. (+ *infinitive*)...
Sé que es pedir mucho, pero tengo la oportunidad de...

## Para expresar frustración y dificultad en creer algo

Estoy desilusionado/a (*disappointed*) contigo.
No lo puedo creer.
Esto es el colmo.

## Para persuadir

Es importante (+ *infinitive*)...
Debes (+ *infinitive*)...
No puedes puedo perder (*miss*) esta oportunidad de...

# ¡A conversar!

Note *¡A conversar!:* These dialogues recycle the seven **Destrezas comunicativas**. **Suggestion:** Have pairs of students act out the situations. Do not let them memorize their lines. The presentations should be as spontaneous as possible.

Lea las siguientes situaciones. Luego, con un/a compañero/a, presente cada conversación incorporando las **Expresiones útiles** para realizar las destrezas conversacionales necesarias para cada diálogo.

**Situación 1** Dos maestros hablan de un nuevo amor.

*Destrezas conversacionales: Pedir y dar una opinión*

ESTUDIANTE A: Ud. acaba de conocer a un(a) modelo que trabaja para Oscar de la Renta en los Altos de Chavón. Normalmente Ud. sale con chicos atléticos / chicas atléticas, pero esta vez hay una atracción muy fuerte entre los dos. Ud. cree que son almas gemelas (*soul mates*). Pídale a su amigo/a su opinión sobre su relación.

ESTUDIANTE B: Ud. no puede creer que su amigo/a esté enamorado/a de esta persona. Ud. sabe que él/ella es muy egoísta, materialista, poco atrevido/a y que no le gustan los deportes para nada. Dígale a su amigo/a lo que hizo el/la modelo el fin de semana pasado para explicarle por qué no son almas gemelas.

**Situación 2** Un(a) estudiante quiere perder su clase de literatura.

*Destrezas conversacionales: Pedir algo con cortesía, expresar frustración y dificultad en creer algo, persuadir*

ESTUDIANTE A: Pregúntele a su profesor(a) de historia caribeña si puede perder las clases por tres días para ir a La Isla de Cabritos para ver los cocodrilos.

ESTUDIANTE B: Ud. es el/la profesor(a). Este/a estudiante ya ha perdido muchas clases para tomar excursiones personales y sus notas están cada vez más bajas. Exprese su frustración ante la falta de interés en su clase sobre el arte rupestre. Trate de persuadirlo/la a que asista a la clase.

# ¡A escribir!

**Suggestion ¡A escribir!:** If there is an online discussion board available for your class, have students post their descriptions online. Have students read each other's descriptions and select the one that sounds the most attractive.

Describa un lugar muy chévere donde Ud. pasó unos días o semanas. Diga adónde fue, qué hizo allí y con quién fue. Luego, describa cómo era el lugar, el clima, y cómo se sentía Ud.

# Vocabulario

## Los sustantivos

### Los deportes

| | |
|---|---|
| el baloncesto / el básquetbol | *basketball* |
| el béisbol | *baseball* |
| el boxeo | *boxing* |
| el ciclismo | *cycling* |
| el esquí acuático | *water skiing* |
| el fútbol | *soccer* |
| el fútbol americano | *football* |
| el golf | *golf* |
| la natación | *swimming* |

| | |
|---|---|
| el surfing | *surfing* |
| el tenis | *tennis* |
| el voleibol | *volleyball* |

### Dónde practicar los deportes

| | |
|---|---|
| el campo | *field* |
| la cancha | *court* |
| el estadio | *stadium* |
| el gimnasio | *gym* |
| la piscina | *swimming pool* |
| la pista | *course, track* |

## Verbos

### Para hablar de los deportes

| | |
|---|---|
| correr | *to run* |
| entrenar | *to train* |
| escalar | *to climb* |
| esquiar | *to ski* |
| ganar | *to win* |
| hacer rafting | *to go rafting* |
| levantar pesas | *to lift weights* |
| montar en bicicleta | *to bike ride* |
| nadar | *to swim* |
| navegar a vela | *to sail* |
| patinar | *to skate* |
| perder (ie) | *lose* |
| practicar deportes | *to play sports* |

### Para hablar de las actividades y los pasatiempos

| | |
|---|---|
| acampar | *to camp* |
| andar en patineta | *to skateboard* |
| asistir a | *to attend* |
| dar un paseo | *to take a walk* |
| divertirse | *to have fun* |
| hacer caminatas | *to hike* |
| hacer ejercicio | *to exercise* |
| ir de compras | *to go shopping* |
| ir de picnic | *to go on a picnic* |
| jugar (ue) (a las) cartas / (a los) naipes | *to play cards* |
| jugar (ue) videojuegos | *to play video games* |
| montar a caballo | *to horseback ride* |
| montar en bicicleta | *to bike ride* |

| | |
|---|---|
| navegar en Internet | *to surf the web* |
| patinar en línea | *to go inline skating* |
| relajarse | *to relax* |
| reunirse | *to get together* |

## Adjetivos

### Para describir a los atletas

| | |
|---|---|
| ágil | *agile* |
| atlético/a | *athletic* |
| atrevido/a | *daring* |
| fuerte | *strong* |
| musculoso/a | *muscular* |
| rápido/a | *fast* |

### Para describir el tiempo libre

| | |
|---|---|
| alucinante | *amazing* |
| chévere | *awesome, cool* |
| emocionante | *exciting* |
| estresante | *stressful* |
| fatal | *horrible* |
| fenomenal | *phenomenal* |
| ocupado/a | *busy* |
| relajante | *relaxing* |

### Otras palabras útiles

| | |
|---|---|
| el/la aficionado/a | *fan* |
| el campeón / la campeona | *champion* |
| la competencia | *competition* |
| el/la jugador(a) | *player* |
| pasar tiempo | *to spend time* |
| pasarlo bien/mal | *to have a good/bad time* |

# Capítulo 5

# Su pasaporte al Ecuador

## Trabaje como voluntario

El mercado de Otavalo en Ecuador

## Primer encuentro

**Metas comunicativas**

By the end of the chapter you
will be able to:

**Autoevaluación**

Check the box that corresponds
to how much you know:

| | NONE | SOME | A LOT |
|---|---|---|---|
| Talk about past actions and events | ☐ | ☐ | ☐ |
| Talk about your health | ☐ | ☐ | ☐ |
| Tell what you have done recently | ☐ | ☐ | ☐ |
| Talk about career opportunities and volunteerism | ☐ | ☐ | ☐ |
| Express to whom and for whom you do something | ☐ | ☐ | ☐ |

For these communicative goals,
you will need:

| | NONE | SOME | A LOT |
|---|---|---|---|
| Appropriate vocabulary | ☐ | ☐ | ☐ |
| The preterite and imperfect tenses | ☐ | ☐ | ☐ |
| Present perfect indicative | ☐ | ☐ | ☐ |
| Object pronouns | ☐ | ☐ | ☐ |

# ¡Vamos al Ecuador!

**Suggestion:** Bring your own photographs to class or show websites or realia you have collected to help students get (re)acquainted with Ecuador.

## A. A ver, ¿qué sabe del Ecuador?

¿Qué sabe Ud. del Ecuador? ¿Conoce Ud. a personas famosas, lugares, comidas, costumbres o historia ecuatorianos? Con un(a) compañero/a, haga una lista de lo que ya sabe.

Nosotros conocemos…

estos lugares: _____

estas personas: _____

estos aspectos culturales: _____

**Note:** For helpful teaching suggestions and additional activities, see the **Teaching Suggestions and Activities** section of **Capítulo 5** in the *Instructor's Manual* (*IM*).

**Suggestion A:** After students brainstorm in pairs, you may want to compile what they have come up with on a transparency by category: people, monuments, etc. Save the transparency and at the end of the chapter, bring it back and ask students to add the new information they have learned about Ecuador.

## B. ¿Dónde están estos lugares fascinantes?

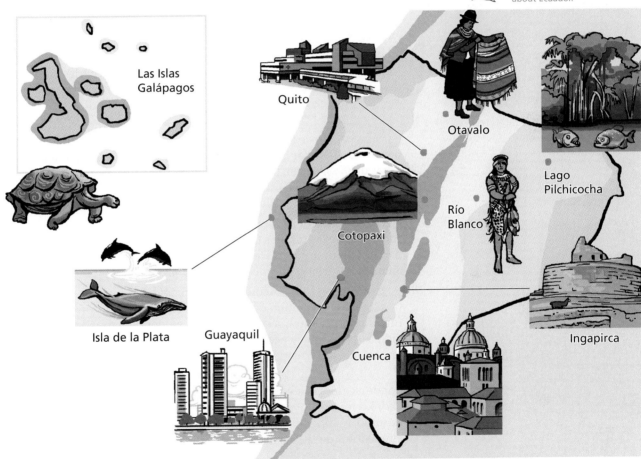

**Paso 1** Trabajando con un(a) compañero/a, lea las descripciones de algunas oportunidades de trabajar como voluntario/a o viajar por el Ecuador y rellene los espacios en blanco con los nombres de los lugares indicados en este mapa del Ecuador. Utilicen las siguientes pistas y los dibujos del mapa.

1. _____Quito_____ Trabaje como voluntario en un hospital o con la Cruz Roja en esta ciudad capital fundada en 1534 por los españoles. Esta ciudad, conocida como la capital de las nubes (*clouds*), tiene vistas espectaculares de los Andes y los volcanes.

2. _____Cuenca_____ Esta ciudad hermosa fue designada Patrimonio Cultural de la Humanidad por UNESCO en 1999 por sus catorce iglesias y dos catedrales. Planee y construya casas con Hábitat para la Humanidad en las afueras de la ciudad.

**Suggestion B:** Explain to students terms that come up in the map *pistas* such as *Patrimonio cultural de la humanidad* (*World Heritage Center* [UNESCO, the United Nations Educational, Scientific, and Cultural Organization, gives this designation to cities / geographical locations due to their cultural importance or natural beauty]), *chamán, galeones españoles,* and so on. Bring in photographs you may have that depict the *pista* descriptions.

**Expansion:** If you have time, have students select a topic to explore further. Have students present a report in class or, if there is an online discussion board available for your class, have students post their projects online.

3. _____Otavalo_____ Participe activamente en el mundo de los artesanos más respetados del país en esta ciudad colorida, famosa por su mercado y por su gente fuertemente orgullosa de su identidad étnica. Vea de cerca el desarrollo (*development*) de propuestas (*proposals*) de diseño, técnicas y metodologías de trabajo.

4. _____Río Blanco_____ Acompañe a un chamán tribal y a un etnobotánico a este lugar situado muy dentro de la selva amazónica en donde va a aprender acerca de las plantas medicinales de la zona. Va a conocer las costumbres de la población indígena como las ceremonias chamánicas y la fabricación de la chicha de yamor (una bebida alcohólica tradicional). También puede disfrutar de los baños de sulfuro.

5. _____Guayaquil_____ Trabaje como voluntario con la Cámara de Comercio (*Chamber of Commerce*) de esta ciudad moderna con su puerto marítimo, rascacielos (*skyscrapers*) y edificios históricos. Es el corazón económico y la ciudad más grande del país. Los negocios de interés son muy variados desde el nuevo TechnoPark hasta las antiguas plantaciones de bananas.

6. ___Las Islas Galápagos___ Ayude en la conservación del hábitat natural del piquero de patas azules (*blue-footed booby*) y la tortuga gigante en este archipiélago del océano Pacífico que tiene 125 islas de origen volcánico. Visite el laboratorio al aire libre donde el naturalista Charles Darwin descubrió los fundamentos de su libro revolucionario *El origen de las especies*, publicado en 1859.

**Note:** 5,897 meters is equal to 19,347 feet.

7. _____Cotopaxi_____ Salga de su rutina y visite uno de los principales parques nacionales del Ecuador que contiene el volcán activo más alto del mundo. Escalar este volcán es el sueño de muchos montañistas. A pesar de (*Despite*) su altura (5.897 metros) hay una gran variedad de mamíferos (*mammals*), aves y vegetación.

8. ___Lago Pilchicocha___ Descanse en este lugar recreativo al lado de un lago, conocido como la laguna negra, donde se puede nadar en compañía de las pirañas (*piranhas*). Este sitio único ofrece la oportunidad de explorar y experimentar el ecosistema del bosque tropical amazónico, el sitio más diverso de todos los ecosistemas de la Tierra.

9. _____Ingapirca_____ Acompañe a arqueólogos en un fascinante trekking por el Camino del Inca que sigue la ruta del correo del Imperio Inca. Empieza en Achupallas, en donde se puede apreciar la vida rural andina, y acaba en este lugar, el complejo arqueológico más importante del Ecuador.

10. ___Isla de la Plata___ Pase un rato relajante en esta legendaria isla en donde, según las leyendas, el famoso pirata Sir Francis Drake escondía (*hid*) los tesoros robados a los galeones españoles. Durante los meses de junio a septiembre se ven delfines y ballenas jorobadas en los alrededores de la isla.

**Note.** *Paso 2:* Here students are exposed to the hypothetical, without being expected to produce the forms.

**Paso 2** Turnándose con su compañero/a, diga a qué lugar(es) del mapa iría para hacer las siguientes actividades.

MODELO: Si **quisieras** ir a la selva amazónica...

ESTUDIANTE 1: Si **quisieras** ir a la selva amazónica, ¿adónde **irías**?

ESTUDIANTE 2: Yo **iría** al Río Blanco o al Lago Pilchicocha.

1. Si quisieras ayudar a construir casas para la gente sin hogar...
2. Si quisieras saber más sobre los piratas...
3. Si quisieras trabajar como voluntario/a en una ciudad moderna...
4. Si quisieras estudiar las medicinas tradicionales...

**Paso 3** Lea las pistas del mapa otra vez y decida cuál de los lugares es el más interesante en su opinión. ¿Cuál es el lugar menos interesante? Comparta sus opiniones con un(a) compañero/a.

¿Cuál es el lugar más interesante? ¿Por qué?

¿Cuál es el lugar menos interesante? ¿Por qué?

# Vocabulario del tema I:
## Hablando de la salud

## El personal médico

| | |
|---|---|
| **el/la chamán** | *shaman, medicine man/woman* |
| **el/la curandero/a** | *healer* |
| **el/la enfermero/a** | *nurse* |
| **el/la médico/a** | *doctor* |
| **el/la paciente** | *patient* |

## La medicina

| | |
|---|---|
| **los antibióticos** | *antibiotics* |
| **la aspirina** | *aspirin* |
| **el jarabe** | *cough syrup* |
| **las pastillas** | *pills* |
| **la vacuna** | *vaccine* |

## Las condiciones

| | |
|---|---|
| **aliviar** | *to alleviate* |
| **dolerse (ue)** | *to hurt, ache* |
| **estar...** | *to be . . .* |
| **enfermo/a, malo/a, mareado/a** | *sick, ill, dizzy* |
| **mejorarse** | *to get better, improve* |
| **romperse...** | *to break . . .* |
| **el brazo, la pierna, la nariz** | *an arm, a leg, one's nose* |
| **sentirse** | *to feel* |
| **tener...** | *to have . . .* |
| **dolor de cabeza, garganta, estómago, espalda** | *a headache, a sore throat, a stomach ache, a back ache* |
| **fiebre, un resfriado, alergias, diarrea, náusea, tos** | *a fever, a cold, allergies, diarrhea, nausea, a cough* |
| **la gripe, una fractura, una infección** | *the flu, a fracture, an infection* |

## Los tratamientos

darle... — to give . . .
    unos puntos, una receta — stitches, a prescription
ponerle... — to put on . . . ; to give . . .
    un yeso, una inyección — a cast, a shot

## Otras palabras útiles

el accidente — accident
la emergencia — emergency
la herida — cut, wound
la picadura — insect bite, sting
la quemadura — burn
la sangre — blood

## Actividades

### A. Una mañana ocupada en la clínica

Escuche mientras su profesor(a) lee lo que la Dra. Cañizares le dice a Calinda sobre los pacientes de la clínica. Rellene la siguiente tabla con la información apropiada sobre los pacientes.

| PACIENTE | PROBLEMA | TRATAMIENTO |
| --- | --- | --- |
| 1. La Sra. Trujillo | *infección de garganta* | antibióticos |
| 2. La hija de Tzamarenda | fiebre, infección del oído | *inyección* |
| 3. El Sr. Saltillo | pierna fracturada | *ponerle un yeso* |
| 4. Chicho | *herida en el brazo* | puntos |

### B. Un viaje inolvidable

Imagínese que Ud. y su familia fueron de viaje al Ecuador. Lo pasaron bien, pero varias veces tuvieron pequeños problemas de salud. En parejas, expliquen lo que pasó después de hacer las siguientes actividades.

MODELO: Ud. bebió agua del grifo (*tap water*).
Ahora, yo <u>tengo diarrea</u>.

1. Sus padres bebieron mucha chicha de yamor. Ahora, ellos están _____ *enfermos/mareados*

2. Ud. y su hermana comieron muchos llapingachos (un plato tradicional a base de papas de la región central del Ecuador). Ahora, Uds. tienen _____ *dolor de estómago*

3. Su hermano subió al volcán Cotopaxi. Llevaba una mochila pesada (*heavy*). Él tiene _____ *dolor de espalda*

4. Su hermana fue a la playa y pasó todo el día allí. No se puso crema de protección solar. Ahora ella tiene _____ *una quemadura*

5. Todos hicieron una excursión al bosque amazónico donde hay muchos mosquitos. Ahora ellos tienen _____ *picaduras*

## C. ¿Cómo es su salud?

**Paso 1** Entrevístele a un(a) compañero/a sobre su salud.

1. ¿Con qué frecuencia te enfermas?
2. ¿Tienes muchas alergias?
3. ¿Has sufrido muchos accidentes? ¿Qué te pasó?
4. ¿Les tienes miedo a las inyecciones? ¿Con que frecuencia las recibeas?
5. ¿Sufres de problemas digestivos? ¿Sigues alguna dieta especial?

**Paso 2** ¿Piensa que su compañero/a es buen(a) candidato/a para vivir en el Ecuador? ¿Por qué sí o por qué no?

## D. En el centro de salud

Su profesor(a) le va a dar una lista incompleta de los pacientes que fueron a la clínica ayer. Hable con un(a) compañero/a para completar sus listas y saber cuáles eran los problemas de los pacientes.

## E. Para combatir el soroche: El uso de las plantas medicinales

Algo que les puede pasar a los voluntarios en el Ecuador es **el soroche,** el mal de altura. Los síntomas del soroche son dolor de cabeza, náusea, mareo y vértigo. Para aliviarlos, se toma un té de cinco hojas (*leaves*) de coca. La coca es una planta considerada sagrada desde tiempos antiguos en la región andina. El uso de la coca no es sinónimo de vicio (*vice*) para los indígenas. Al contrario, esta planta forma parte de su alimentación, de su medicina y de su religión. Sus beneficios son múltiples: masticar (*chew*) hojas de coca calma el dolor de estómago y ayuda a aguantar (*tolerate*) el hambre, la sed (*thirst*) y el sueño.

1. ¿Para qué se usan las hojas de coca en la región andina?
2. ¿Ha sufrido Ud. del soroche alguna vez?
3. ¿Ha utilizando medicinas alternativas para aliviar los síntomas de otra enfermedad? Explique.
4. ¿Qué remedios modernos hay para los mareos, la náusea, la diarrea, la gripe, etcétera?

**Suggestion C:** Ask students to share the most interesting thing they learned about their partners. Invite follow-up questions from the class.

**Note D:** Information Gap forms can be found in the *IM*. Photocopy and distribute.

**Answers E:**
1. *Se usa la coca para curar el soroche, calmar dolor de estómago, ayudar a aguantar el hambre, la sed y el sueño.*
2–5. Answers will vary.

# Punto gramatical I:
## Preterite and Imperfect

### Gramática en contexto

Calinda habla de las primeras impresiones que tuvo de Quito cuando llegó para la orientación de voluntarios.

Mi primer día en Quito fue interesante. Llegamos el 2 de junio. Hacía sol y era un día perfecto. Desde el aeropuerto fuimos directamente al hotel. El hotel estaba situado en el centro histórico de la ciudad en una casa antigua de estilo colonial. Conocimos a los otros voluntarios y a los supervisores y tuvimos tres horas de orientación. Luego, dimos un paseo por las calles hasta la Plaza de la Independencia. Allí vimos muchos edificios importantes. La plaza estaba llena (*full*) de gente porque eran las 2:00 de la tarde, la hora de comer. Había un restaurante en particular donde mucha gente disfrutaba del ambiente tranquilo mientras comía con mucho gusto. Decidimos almorzar allí. Después pagamos la cuenta y volvimos al hotel para la segunda parte de la orientación.

**¿Cierto o falso?**

|  | CIERTO | FALSO |
|---|:---:|:---:|
| 1. Calinda está en Quito para asistir a una conferencia sobre las plantas medicinales. | ☐ | ☒ |
| 2. Se queda en un hotel en la parte vieja de la ciudad. | ☒ | ☐ |
| 3. No había mucha gente en la plaza porque era tarde. | ☐ | ☒ |
| 4. Decidieron comer en un restaurante donde había mucha gente. | ☒ | ☐ |

### Explicación gramatical

**Uses of the preterite and imperfect:** There are a number of uses of both the preterite and imperfect listed in the following chart. A general rule of thumb to help you understand the distinction between the two is to think of the preterite verbs as those that move the story line forward in time and the imperfect verbs as those that set the scene before the action begins and stop the story to fill in descriptive details.

PRETERITE

1. Describing completed actions, events or activities:

   • single completed actions or actions in succession
   **Compró** otro coche.              *He bought another car.*
   **Se levantó, comió y llamó** a Ana.    *She got up, ate, and called Ana.*

Underline a completed action and two completed actions in succession in the **Grámatica en contexto** paragraph.

   • actions occurring within a specific time period
   **Estuvimos** en Quito por tres días.    *We were in Quito for three days.*

Underline an action that occurred within a specific time period in the **Gramática en contexto** paragraph.

2. Describing the beginning or end of an action:

    **Empecé** a correr.             *I started to run.*

    **Terminé** mi proyecto.        *I finished my project.*

3. Giving a summary or reaction statement:

    El viaje al Ecuador **fue** inolvidable.

Underline an example of a summary statement in the **Gramática en contexto** paragraph.

IMPERFECT

1. Describing repeated or habitual action in the past, no beginning or end point apparent.

    De niña siempre **soñaba**        *As a young girl, she always*
        con viajes exóticos.            *dreamed of taking exotic trips.*

Underline a repeated or habitual action in the **Gramatica en contexto** paragraph.

2. Setting the scene by describing the background information at the time an action or event occurred:

- time, date, weather, and age at the time of the action or event

    **Eran** las 3:00 de la tarde.      *It was 3:00 in the afternoon.*

    **Hacía** mucho calor en la ciudad.    *It was very hot in the city.*

    **Tenía** 10 años cuando viajó     *He was 10 years old when he*
        al Perú.                      *traveled to Perú.*

- descriptions of physical and emotional states of the people involved in the event

    **Era** alto y delgado.         *He was tall and thin.*

    **Estaba** muy nerviosa.        *She was very nervous.*

    Los artesanos **eran** muy amables.    *The artisans were very nice.*

    Yo **estaba** muy emocionada.     *I was very excited.*

Circle three verbs in the imperfect that describe weather, time, and places in the **Gramática en contexto** paragraph.

3. Describing actions or states already in progress when an event occurred:

    **Subíamos** el volcán cuando    *We were climbing the volcano*
        empezó a llover.            *when it started to rain.*

    **Había** mucha gente en el museo   *There were a lot of people at the*
        cuando entramos.          *museum when we went in.*

Underline an action or state already in progress when another event occurred in the **Gramática en contexto** paragraph.

4. Communicating that two events were in progress at the same time:

    Mientras **leíamos,** los otros    *While we were reading, the others*
        **miraban** la tele.          *were watching television.*

Underline an example of two events in progress at the same time in the **Gramática en contexto** paragraph.

The following verbs have special meanings in the preterite: Note that in the imperfect these verbs describe an ongoing state of mind, but when conjugated in the preterite the emphasis is on an action that took place.

| | PRETERITE | IMPERFECT |
|---|---|---|
| **conocer** | *to meet* <br> Hoy **conoció** al médico en el centro de salud. <br> *Today she **met** the doctor at the health clinic.* | *to know, be acquainted with* <br> Calinda **no conocía** a nadie en la clínica. <br> *Calinda **didn't know** anyone at the clínic.* |
| **saber** | *to find out* <br> **Supo** la buena noticia ayer. <br> *She **found out** the good news yesterday.* | *to know (facts)* <br> Antes de llegar, Calinda **no sabía** nada del Ecuador. <br> *Before arriving, Calinda **didn't know** anything about Ecuador.* |
| **poder** | *to be able; to try and to succeed* <br> Pero con gestos **pudo** comunicarse con sus colegas. <br> *But by using gestures, she **was able** to communicate with her colleagues.* | *to be able to with no knowledge of attempt or success.* |
| **no poder** | *not to be able to* <br> Trabajé todo el día pero **no pude** ver a todos los pacientes. <br> *I worked all day but **didn't manage** to see all the patients.* | *to try but fail* <br> Hace dos meses Calinda **no podía** decir muchas cosas en español. <br> *Two months ago, Calinda **couldn't** say much in Spanish.* |
| **querer** | *to try but ultimately not succeed* <br> **Quiso** ir, pero no había boletos. <br> *Calinda **tried to** go, but there weren't any tickets left.* | *to want* <br> Calinda *quería* comprar boletos. <br> *Calinda **wanted** to buy tickets.* |
| **no querer** | *to refuse* <br> Calinda **no quiso** ir al concierto. <br> *Calinda **refused to** go to the concert.* | *not to want* <br> Calinda **no quería** ir al concierto, pero sus amigos le convencieron ir. <br> *Calinda **didn't want to go** to the concert, but her friends convinced her to go.* |

## Ponerlo a prueba

### El diario de Calinda

**Paso 1** Lea el siguiente párrafo sobre el primer día de trabajo para Calinda y rellene la tabla con los verbos según se indique.

*Quito, 1 de junio*
Después de un desayuno rápido —papaya, pan con mantequilla y mermelada de guayaba (*guava*), y una taza de café negro— **salimos** para un
pequeño centro de salud en las afueras de la ciudad. **Estaba** un poco
nerviosa, pero lista para empezar. **Eran** las 10:00 cuando **llegamos** a la
clínica. **Había** un afiche (*poster*) en la puerta anunciando la semana de
Vacunación en las Américas. **Entré** y **fui** a la oficina donde **conocí** a dos
enfermeros, Marita y Joaquín, y juntos **empezamos** nuestras visitas a varias
casas de familias con niños pequeños para ponerles vacunas.

| EL PRETÉRITO: LAS ACCIONES | EL IMPERFECTO: DESCRIPCIÓN DE LAS CIRCUNSTANCIAS Y EMOCIONES |
|---|---|
| | |
| | |
| | |
| | |

**Paso 2** Ahora le toca a Ud. terminar la historia. Escriba la forma apropiada del verbo entre paréntesis (pretérito o imperfecto).

En la primera casita (haber) ___*había*___[1] una joven de 21 años con sus tres niños. La casa (estar) ___*estaba*___[2] muy ordenada y limpia. Los niños (ser) ___*eran*___[3] un poco tímidos, pero adorables. De repente, el niño de 6 años (entender) ___*entendió*___[4] lo que pasaba e (intentar) ___*intentó*___[5] escapar. Sin embargo, (recibir) ___*recibió*___[6] su vacuna sin llorar. Después, (nosotros: ir) ___*fuimos*___[7] a siete casas más. Ya (ser) ___*eran*___[8] las 3:00 cuando (volver) ___*volvimos*___[9] a la clínica. ¡Mi primer día (ser) ___*fue*___[10] excelente!

## Actividades

### A. ¡Cuéntame más!

Piense en dos o tres incidentes inolvidables que le pasaron a Ud. Luego, cuénteselos a un(a) compañero/a. Su compañero/a debe hacerle preguntas para sacar más detalles sobre el incidente, por ejemplo, imaginación para describir dónde estaba, cuántos años tenía, cómo se sentía cuando ocurrió el incidente y qué hizo para remediar la situación.

MODELO: ESTUDIANTE 1: Una vez, fui a las montañas y tuve mal de altura.

ESTUDIANTE 2: ¿De veras? (*Really?*) ¿Dónde estabas? ¡Cuéntame más!

ESTUDIANTE 1: Estaba de vacaciones en el Ecuador con mi familia. Subíamos un volcán cuando empecé a sentirme mal...

### B. El poder curativo de una rana (*frog*)

Susana, una mujer que trabajaba en un refugio de la región amazónica, tuvo una experiencia muy interesante.

**Paso 1** Lea la cronología de los eventos sobre lo que le pasó a Susana.

Un chamán usa tratamientos alternativos para ayudar a esta mujer.

* Susana **se cayó** y **se rompió** el brazo mientras caminaba por la selva.

  _____

* Desafortunadamente, la clínica más cerca **estaba** a tres horas por canoa motorizada.

  _____

* Por eso un indígena la **llevó** a ver a un curandero de su pueblo.

  _____

* El curandero **mató** una rana especial y se la **puso** en el brazo a Susana. El cuerpo de la rana **formó** un yeso al secarse.

  _____

* Después de un mes, Susana **volvió** a ver al curandero y él le **quitó** la rana.
* El brazo **estaba** totalmente curado (*cured*).

  _____

**Paso 2** En parejas, escojan de la siguiente lista la emoción que piensan que sentía Susana después de cada paso. Conjuguen el verbo y escríbanlo en el espacio en blanco.

> **estar asustada** (*afraid*)**, sentirse nerviosa, no saber qué hacer, no poder creerlo, tener mucho miedo, estar aliviada, querer estar en casa, saber que era muy grave, llorar**

### C. Las plantas medicinales del bosque amazónico

Una vez, Calinda acompañó a la Dra. Cañizares, una etnobotánica de la Universidad Andina Simón Bolívar de Quito, en un viaje al corazón del bosque amazónico. Complete el siguiente párrafo con la forma apropiada del verbo (pretérito o imperfecto).

**Suggestion C. Follow-up questions:**
**3.** When the students come up with the five activities, write the activities on the board in chronological order and show how speakers often pause the action to add descriptive details.
**5.** Point out some common herbal remedies with which students might be familiar. For example, *el aloe vera, la equinacea* (echinacea)*, el ajo* (garlic)*,* and *la hierba de San Juan* (St. John's wort).

Nuestra aventura en la Amazonia (ser) _____fue_____[1] increíble. Para llegar, (ir) _____fuimos_____[2] primero en avión y después en canoa. (Navegar) _____Navegamos_____[3] en la canoa motorizada por dos horas y media. Cuando (llegar) _____llegamos_____,[4] la curandera nos (llevar) _____llevó_____[5] a nuestras habitaciones. La mía (tener) _____tenía_____[6] un balcón con una hamaca con vista a la selva. (Querer) _____Quería_____[7] descansar un poco, pero pronto (nosotros: hacer) _____hicimos_____[8] nuestra primera caminata. Mientras (caminar) _____caminábamos_____,[9] la curandera nos (enseñar) _____enseñaba_____[10] las diferentes plantas medicinales de la selva. El segundo día (salir) _____salimos_____[11] con un guía nativo para visitar una comunidad indígena que (existir) _____existía_____[12] aislada (*isolated*) del mundo moderno. Esa noche (tener) _____tenía_____[13] mucho sueño, pero (estar) _____estaba_____[14] muy contenta con mi aventura amazónica.

1. ¿Por qué fueron a la región amazónica?
2. ¿Cómo era su habitación en la selva?
3. ¿Cuáles son cinco actividades que hizo Calinda durante su estancia en la selva?
4. ¿Cómo se sentía Calinda en la selva?
5. ¿Puede Ud. pensar en un ejemplo del uso de plantas medicinales en su país?

### D. Calinda se enfermó

Después de su viaje a la selva, Calinda volvió a Quito y se enfermó.

**Paso 1** Complete el siguiente párrafo con la forma apropiada del verbo (pretérito o imperfecto).

Un día Calinda (empezar) _____empezó_____[1] a sentirse mal. (Tener) _____Tenía_____[2] fiebre, el estómago le (doler) _____dolía_____[3] mucho y sólo (querer) _____quería_____[4] guardar cama. Sin embargo, (levantarse) _____se levantó_____[5] y (ir) _____fue_____[6] al hospital para consultar con un médico. (Haber) _____Había_____[7] mucha gente enferma en el consultorio. El médico le (hacer) _____hizo_____[8] muchas preguntas y le (hacer) _____hizo_____[9] un análisis. Le (poner) _____puso_____[10] una inyección y le (dar) _____dio_____[11] unas pastillas. El médico le (decir) _____dijo_____,[12] «Usted no tiene nada serio, pero tiene que tomar medicina y descansar mucho.» Calinda (sentirse) _____se sintió_____[13] muy aliviada al saber que no (ser) _____era_____[14] nada grave.

**Suggestion D. Paso 2:** Ask for one or two volunteers to share what they learned about their partners with the class. Encourage other students to ask follow-up questions.

**Paso 2** ¿Cuándo fue la última vez que Ud. se enfermó y tuvo que ir al consultorio del médico? Cuéntele a un(a) compañero/a lo que le pasó.

## E. Otra aventura en la selva

Con un(a) compañero/a, escriba una historia, basándose en los dibujos. Incluyan los siguientes elementos.

**Crear el ambiente:** Era un día caluroso en... Eran las 2:00 de la tarde en... Todos estábamos sentados en /cerca de…

**Contar los eventos:** Primero... , luego... , de repente… , entonces... , después... , finalmente...

**Añadir emociones y descripciones:** Era... , Estaba... , Se sentía... , Tenía... , Había...

**Resumir:** Fue horrible, increíble, emocionante, fenomenal, etcétera.

**Suggestion E:** Have students brainstorm as a class which action verbs in the preterite might be appropriate for each frame and which descriptive verbs might work. Then have students write a story in pairs.

Answers F. *Paso 1:*
1. *Examinó a tres niños de la misma familia.*
2. *Le dio la receta a la madre.*
3. *Los (los niños), le (la madre), la (la receta), se (los niños), la (la receta)*

## F. Unos pacientes de la Dra. Chávez

**Paso 1** Lea sobre unos pacientes que la Dra. Chávez vio en la clínica y conteste las preguntas que siguen.

Esta mañana la Dra. Chávez vio a tres niños de la misma familia con dolores de estómago y diarrea. **Los** examinó y **le** dio a su madre una receta para una medicina para calmar el estómago. La madre **la** recogió en la farmacia y **se la** dio a sus niños inmediatamente.

1. ¿A quién examinó la Dra. Chávez?
2. ¿A quién le dio la receta?
3. ¿A qué o a quién se refieren los cinco objetos directos e indirectos en el párrafo?

Una clínica en Cuenca, Ecuador

Punto gramatical I: Preterite and Imperfect ■ **129**

## Los pronombres de complemento directo e indirecto

Direct object pronouns answer the question *what?* or *whom?*

| me | nos |
|----|-----|
| te | os |
| lo/la | los/las |

| | |
|---|---|
| Vio el **árbol.** | *She saw the tree.* |
| **Lo** vio. | *She saw it.* |
| Llamó **a Anita.** | *She called Anita.* |
| **La** llamó. | *She called her.* |

**Note:** The **a** in «**a** Anita» is the personal **a.** It is used to signal that the direct object is a person.

Position of the direct object pronoun:

| | |
|---|---|
| **La** va a llamar. | |
| Va a llamar**la.** | *She is going to call her.* |
| **La** está llamando | |
| Está llamándo**la.** | *She is calling her.* |

Indirect object pronouns tell *for whom,* or *to whom* the action is done.

| me | nos |
|----|-----|
| te | os |
| le | les |

When both the direct and indirect object pronouns are used together, the indirect object pronoun precedes the direct object pronoun:

| | |
|---|---|
| El médico **me** dio **la receta.** | *The doctor gave the prescription to me.* |
| El médico **me la** dio. | *The doctor gave it to me.* |
| **Me la** va a dar. | |
| Va a dár**mela.** | *He is going to give it to me.* |
| **Me la** está dando. | |
| Está dándo**mela.** | *He is giving it to me.* |

**Le** and **les** change to **se** when followed by lo/la/los/las:

| | |
|---|---|
| La enfer mera **le** puso **la inyección a la niña.** | *The nurse gave the girl a shot.* |
| La enfer mera **se la** puso. | *The nurse gave it to her.* |

*Paso 2:*
1. *La enfermera está examinándola. / La enfermera la está examinando.*
2. *El médico se la puso.*
3. *El curandero se las dio.*
4. *Los voluntarios estaban preparándoselas. / Los voluntarios se las estaban preparando.*
5. *La paciente no quería decírselos. / La paciente no se los quería decir.*

**Paso 2** Escriba la respuesta usando los pronombres de objeto directo e indirecto para las palabras **en negrilla.**

MODELO: ¿Quién le explicó **al paciente las direcciones** para tomar la medicina? (Calinda) → Calinda se las explicó.

1. ¿Quién está examinando a **la niña**? (la enfermera)
2. ¿Quién le puso **una inyección al paciente**? (el médico)
3. ¿Quién le dio **unas plantas medicinales al niño**? (el curandero)
4. ¿Quién les estaban preparando **las recetas** para **los pacientes**? (los voluntarios)
5. ¿Quién no quería decirle **al médico sus síntomas**? (la paciente)

República del Ecuador

# Vocabulario del tema II:
## Hablando de los trabajos de los voluntarios

**Las Islas Galápagos**

Marco

Trabajan en equipo.

Es paciente y trabaja sin supervisión.

Analiza los datos y escribe un informe.

**La Hacienda Luna**

Son muy detallistas.

Tiene don de gentes y sabe expresarse claramente en español.

Martina

Sabe usar computadoras y diseñar sitios web.

**Hábitat para la Humanidad**

Matthew

Saben trabajar con las manos y llevarse bien con los colegas.

Leticia

Es exigente.

## Para describir a los buenos voluntarios

| | |
|---|---|
| compasivo/a | *compassionate* |
| dedicado/a | *dedicated* |
| detallista | *detail-oriented* |
| dispuesto/a | *willing* |
| entusiasmado/a | *enthusiastic* |
| incansable | *tireless* |
| organizado/a | *organized* |
| paciente | *patient* |
| respetuoso/a | *respectful* |
| responsable | *responsible* |

## Para describir el trabajo

| | |
|---|---|
| deprimente | *depressing* |
| emocionante | *exciting* |
| exigente | *challenging, demanding* |
| fascinante | *fascinating* |
| frustrante | *frustrating* |
| gratificante | *satisfying* |
| impresionante | *impressive* |

## Las habilidades y destrezas (*skills*) útiles

| | |
|---|---|
| saber... | *to know how . . .* |
| comunicarse con sensibilidad | *to communicate with sensitivity* |
| expresarse claramente en español | *to express oneself clearly in Spanish* |
| hacer informes | *to write reports* |
| hacer investigaciones | *to do research* |
| llevarse bien con los colegas | *to get along well with colleagues* |
| resolver problemas | *to solve problems* |
| trabajar con las manos | *to work with one's hands* |
| trabajar en equipo | *to work in a team* |
| tener... | *to have . . .* |
| don de gentes | *people skills* |
| experiencia en... | *experience in . . .* |
| interés en... | *an interest in . . .* |

**Suggestion:** Referring to the picture, ask students brief yes/no questions. Expand by asking the same questions to the students about their jobs. *¿Qué está haciendo Marco? Necesita mucha paciencia para hacer sus investigaciones. ¿Uds. necesitan paciencia en su trabajo? Matthew y Leticia trabajan en construcción. Saben trabajar con las manos. ¿Pueden trabajar con las manos? ¿Trabajan en equipo? Sí, por eso tienen que llevarse bien con los colegas.*

**Note:** Remind students about the difference between *saber*—to know facts and information, and *conocer*—to be familiar or acquainted with.

**Suggestion A:** Have students read the list of possible answers before doing the listening activity.

**Audioscript:** *¡Hola! Soy Martina. Soy de Madrid, pero trabajo como voluntaria en La Casa Luna, un hotel en Otavalo, Ecuador. Diseño los sitios Web para el hotel. Tengo mucha experiencia en trabajar con las computadoras. También organizo excursiones para los turistas a las comunidades indígenas y al famoso mercado de Otavalo. Las artesanías otavaleñas son impresionantes. Dicen que tengo don de gentes, pero a veces los turistas son muy exigentes y frustrantes y no soy tan paciente como debería ser. Al final de cada día estoy muy cansada, pero me gusta mi trabajo. Es muy gratificante y emocionante usar mis habilidades para viajar y al mismo tiempo aprender mucho sobre la cultura ecuatoriana.*

# Actividades

## A. Trabajar como voluntario

Escuche mientras su profesor(a) lee información sobre Martina y su trabajo como voluntaria. Luego, indique la palabra o las palabras apropiada(s) para completar la frase.

### Comprensión

1. Martina trabaja en...
   - ☐ Quito.
   - ☐ Madrid.
   - ☒ Otavalo.

2. Martina tiene mucha experiencia con...
   - ☐ los hoteles.
   - ☒ las computadoras.
   - ☐ la astronomía.

3. En su trabajo tiene que...
   - ☒ trabajar con computadoras.
   - ☒ ayudar a los turistas.
   - ☐ trabajar en equipo.

4. A veces Martina no tiene...
   - ☐ computadoras.
   - ☒ paciencia.
   - ☐ don de gentes.
   - ☐ mucho trabajo.

5. Martina piensa que su trabajo es...
   - ☒ emocionante.
   - ☒ fascinante.
   - ☒ exigente.

## B. Destrezas y habilidades de los voluntarios

Tanto estudiantes como profesionales se ofrecen para trabajar como voluntario cada año. Indique las palabras apropiadas para completar las frases lógicamente.

1. Los sicólogos necesitan...
   - ☒ comunicarse con sensibilidad.
   - ☐ trabajar con las manos.
   - ☒ resolver problemas.

2. Para trabajar con Hábitat para la Humanidad los voluntarios deben...
   - ☐ usar computadoras.
   - ☒ trabajar bien en equipo.
   - ☒ llevarse bien con los colegas.

3. Los arquitectos deben ser...
   - ☒ detallistas.
   - ☒ organizados.
   - ☒ exigentes.

4. Los profesores deben...
   - ☒ ser pacientes.
   - ☒ saber comunicarse claramente.
   - ☐ trabajar bien en equipo.

5. Los biólogos tienen que...
   - ☒ hacer investigaciones.
   - ☐ tener don de gentes.
   - ☒ trabajar sin supervisión.

6. Los voluntarios tienen que ser...
   - ☒ compasivos.
   - ☒ entusiasmados.
   - ☒ incansables.

## C. ¿Cómo son los voluntarios?

**Paso 1** Lea las siguientes fichas y decida cuál de las oportunidades de la página 134 sería mejor para cada candidato.

**Candidato 1:** Hans Zimmer (27 años)

**Es** entusiasmado y responsable

**Está** dispuesto a trabajar con las comunidades indígenas

**Tiene**
- buenas destrezas de comunicación

**Sabe**
- manejar computadoras y diseñar sitios web

**Candidato 2:** Marisol Gastón (32 años)

**Es** detallista y organizada

**Está** dispuesta a
- dedicarse a los proyectos más exigentes
- trabajar sin supervisión

**Tiene**
- experiencia e interés en las ciencias naturales, la conservación del medio ambiente

**Sabe**
- hacer investigaciones
- analizar los datos
- escribir informes
- manejar computadoras

**Candidato 3:** Jeff Logan (20 años)

**Es** trabajador y puntual

**Está** dispuesto a
- trabajar en equipo

**Tiene**
- experiencia en construcción de viviendas
- la habilidad de aprender rápidamente

**Sabe**
- llevarse bien con los colegas
- seguir instrucciones
- resolver problemas

**Paso 2** Utilizando la información de los tres candidatos como guía, haga su propia ficha en un papel aparte.

---

**Pista caliente**

### Saber y conocer

**Conocer** means to be acquainted or familiar with people and places. **Saber** means to know facts or information. When followed by an infinitive, **saber** means to know how to do something.

| | |
|---|---|
| **Conozco** a la directora de los voluntarios. | *I know the volunteer director.* |
| Juan **conoce** los mercados de Quito. | *Juan is familiar with the markets in Quito.* |
| **Sé** que ella vive en Quito. | *I know that she lives in Quito.* |
| Calinda **sabe** dar inyecciones. | *Calinda knows how to give shots.* |

---

**Paso 3** Ahora, comparta esta información con un(a) compañero/a. Su compañero/a va a usar esta información para decidir cuál de las siguientes sería la mejor oportunidad para Ud.

- trabajar como voluntario en un hospital o con la Cruz Roja en Quito
- acompañar a un chamán tribal y a un etnobotánico a Río Blanco, situado muy dentro de la selva amazónica, para aprender sobre las propiedades de las plantas medicinales de la zona
- trabajar como voluntario en la Cámara de Comercio de la ciudad moderna de Guayaquil, con su puerto marítimo, rascacielos y edificios históricos
- acompañar a arqueólogos en un fascinante trekking por el Camino del Inca a Ingapirca, las ruinas incas más grandes del Ecuador

### D. El Mercado de Otavalo

La ciudad de Otavalo es famosa en todo el mundo por su Feria Sabatina (*Saturday Market*) que se realiza en el Mercado Centenario, también conocido como La Plaza de los Ponchos. Aquí, miles de artesanos y comerciantes se reúnen los sábados para vender sus productos. Los otavaleños vienen a comprar artículos de primera necesidad (*essential items*) y comida mientras los turistas vienen a comprar artesanías típicas de la región. Desde los tiempos precolombinos, los otavaleños han sido conocidos por sus tapices, ponchos y sombreros de lana (*wool*). En años recientes han dominado tecnologías nuevas y han aprendido a producir tejidos en grandes cantidades. Los otavaleños se han convertido en negociantes capaces y organizados que saben comercializar sus productos en todo el mundo. Son dueños de casi todos los negocios en la ciudad. De esta manera, han podido superar (*overcome*) la pobreza y mantener intactas su forma de vida, sus tradiciones y su cultura mientras se sostienen económicamente en el mundo moderno.

Dos mujeres venden sus artesanías en el mercado de Otavalo.

**Answers D:**
1. *Venden tejidos como tapices, ponchos y sombreros de lana.*
2. *Se han convertido en excelentes negociantes y sus productos se venden en todo el mundo.*
3. *Answers will vary.*

### Comprensión

1. ¿Qué tipo de artesanías venden los otavaleños?
2. ¿Por qué son notables los otavaleños?
3. ¿Existe una artesanía famosa en la región donde vive Ud.?

# Punto gramatical II:
## The Present Perfect Indicative

### Gramática en contexto

ENTREVISTADOR: ¿Qué experiencia **ha tenido** Ud. en el campo de la construcción?

MATTHEW: **He tomado** varios cursos de ingeniería mecánica en la universidad. También **he trabajado** con Hábitat para la Humanidad en el estado de Arizona.

ENTREVISTADOR: ¿Por cuánto tiempo ha trabajado con Hábitat?

MATTHEW: Empecé en 2001. Trabajé con ellos por dos años en tres proyectos diferentes.

ENTREVISTADOR: ¿**Ha viajado** o vivido en un país extranjero?

MATTHEW: Sí, **he viajado** a varios países hispanoamericanos. En 1999, fui a Costa Rica para estudiar español. Pasé un semestre en San José y tuve la oportunidad de visitar Guatemala y El Salvador.

ENTREVISTADOR: Me parece que Ud. es un candidato excelente para este puesto. Me gustaría contratarlo inmediatamente. ¿**Le han hecho** su examen médico?

MATTHEW: Sí, pero no **me han puesto** todas las vacunas necesarias todavía. ¡Estoy listo para viajar al Ecuador!

### ¿Cierto o falso?

| | | CIERTO | FALSO |
|---|---|---|---|
| 1. | Matthew tiene mucha experiencia en construcción. | ☒ | ☐ |
| 2. | En 1999, Matthew pasó un semestre en Guatemala para estudiar español. | ☐ | ☒ |
| 3. | El entrevistador quiere darle a Matthew un trabajo. | ☒ | ☐ |
| 4. | Matthew no necesita más vacunas. | ☐ | ☒ |

### Explicación gramatical

In **Capítulo 1** you learned to form past participles and how to use them as adjectives. The past participle is also used in the present perfect indicative tense. This tense is used to talk about what someone *has done*. In Spanish, it is formed with the present tense of the auxiliary verb **haber** and a past participle (hablado, comido, vivido, etcétera):

he
has
ha           +        *participio pasado*
hemos
habéis
han

The present perfect is used to describe past actions that relate to or effect impact the present. It is frequently used with expressions such as

**Suggestion:** Use flashcards to review past participles.

ya, hoy, esta mañana, esta semana, últimamente (*lately*), no... todavía, and so on.

| | |
|---|---|
| **¿Has tomado la medicina hoy?** | *Have you taken the medicine today?* |
| **No, no la he tomado todavía.** | *No, I have not taken it yet.* |

**Note:** When an object pronoun (**me, te, lo, la,** and so on) is used, it is placed before the auxiliary verb **haber.**

Underline an example of the present perfect used to describe a recent action or event in the **Gramática en contexto** reading.

The present perfect is also used to emphasize whether an action has (or has not) occurred at some point. It is not important when it occurred, so no specific time frame in the past is indicated. It is frequently used with expressions such as **alguna vez** y **nunca.** However, when a specific time frame is mentioned, the preterite is used.

| | |
|---|---|
| **¿Has ido a Francia alguna vez?** | *Have you ever gone to France?* |
| **No, nunca he ido a Francia.** | *No, I have never gone to France.* |
| **Pero fui a Alemania en 1994.** | *But I went to Germany in 1994.* |

Underline an example of the present perfect used to describe an event or action that has occurred with no reference to a time frame in the **Gramática en contexto** reading.

Underline an example of the preterite to describe an action related to a specific time frame in the past.

**Note:** Remember the irregular past participles? What verbs do the following past participles correspond to?

| | |
|---|---|
| abierto _____ | muerto _____ |
| cubierto _____ | puesto _____ |
| dicho _____ | roto _____ |
| escrito _____ | visto _____ |
| hecho _____ | vuelto _____ |

**Note:** When the past participle is used in the present perfect it does not change to agree with gender and number as it does when used as an adjective:

| | |
|---|---|
| La puerta está **abierta.** | *The door is open.* |
| Marta ha **abierto** la puerta. | *Marta has opened the door.* |

## Ponerlo a prueba

### La primera semana en Cuenca

Matthew y su esposa, Leticia, han estado en Cuenca por una semana. Lea la carta de Matthew a su profesor de español y complétela con la forma apropiada a del presente perfecto.

Profesor Garza:

Leticia y yo (estar) _____*hemos estado*_____¹ en Cuenca por una semana y ya (hacer) _____*hemos hecho*_____² un montón de cosas increíbles. Por ejemplo, (visitar) _____*hemos visitado*_____³ muchas iglesias antiguas. También, (ir) _____*hemos ido*_____⁴ de compras en el mercado de artesanías. Leticia (comprar) _____*ha comprado*_____⁵ casi todos los regalos de Navidad para la familia y es el primero de septiembre. Todavía no (poder) _____*hemos podido*_____⁶ salir de Cuenca para visitar otros pueblos. Por ejemplo, queremos ver las Islas Galápagos, pero necesitamos mucho

más tiempo para un viaje tan largo. Los otros voluntarios (volver)
_____*han vuelto*_____⁷ de las Islas Galápagos con fotos increíbles. Nos (decir)
_____*han dicho*_____⁸ que el viaje es largo y caro pero que vale la pena. Yo
nunca (ver) _____*he visto*_____⁹ animales tan exóticos como las tortugas
de esas fotos. Y ¿cómo (estar) _____*ha estado*_____¹⁰ Ud.? ¿Ya (empezar)
_____*ha empezado*_____¹¹ el nuevo semestre? Espero que tenga un buen grupo.
Le escribo otra carta pronto.

Saludos cordiales,

Matthew

## Actividades

### A. Los preparativos para el viaje al Ecuador

Imagínese que Ud. es consejero/a de Voluntarios Internacionales y tiene que llamar a varios voluntarios para verificar si han hecho ciertos preparativos para su viaje. Con un(a) compañero/a complete la siguiente conversación con las formas apropiadas de los verbos. Para evitar la repetición, utilice los pronombres de objeto directo o indirecto en su respuesta.

MODELO: Lorenzo, *¿ha mandado* (mandar) *las solicitudes a su nuevo jefe:*

No, todavía no <u>se las he mandado</u>.

1. Dolores, ¿(comprar) _____*ha comprado*_____ *su boleto de avión?*
   No, no _____*lo he comprado*_____ todavía.

2. María y Eduardo, ¿(sacar) _____*han sacado*_____ *el pasaporte?*
   Sí, _____*lo hemos sacado*_____ esta semana.

3. Felipe y Ana, ¿(hacer) _____*han hecho*_____ *las maletas?*
   No, todavía no _____*las hemos hecho*_____.

4. Clara y Sol, ¿(poner) _____*han puesto*_____ *los documentos importantes* en un lugar seguro?
   Sí, Clara _____*los ha puesto*_____ en su bolsa.

5. Rebeca y Miguel, ¿le (escribir) _____*han escrito*_____ *una carta de introducción a su familia anfitriona?*
   Sí, Miguel _____*se la ha escrito*_____ hoy.

6. Juan, ¿le (mandar) _____*ha mandado*_____ *la carta a la familia?*
   Sí, _____*se la ha mandado*_____ esta mañana.

### B. ¿Qué has hecho en la vida?

**Paso 1** Pregúntele a un(a) compañero/a si ha hecho las siguientes cosas. Si dice que sí, pídale más detalles sobre las circunstancias.

MODELO: ESTUDIANTE 1: ¿Has escalado un volcán?

ESTUDIANTE 2: Sí.

ESTUDIANTE 1: ¿Cuántos años tenías?

ESTUDIANTE 2: Tenía 21 años.

ESTUDIANTE 1: ¿Qué volcán escalaste?

ESTUDIANTE 2: Mount Hood en Oregon.

ESTUDIANTE 1: ¡Qué interesante!

1. hacer trekking por una senda (*trail*) antigua / por las ruinas de una civilización antigua
2. bucear en un lugar exótico
3. romperte un hueso
4. comer algo raro
5. usar medicina alternativa
6. tener un accidente de coche, bici, deportes...

**Paso 2** Ahora según las respuestas de su compañero/a, ¿cuál de estas palabras o frases lo/la describe mejor?

atrevido/a

moderado/a

miedoso/a ( *fearful*)

**Paso 3** Comparta con la clase la cosa más interesante que averiguó de su compañero/a.

**C. Dos verdades y una mentira**

Formen grupos de tres o cuatro estudiantes. Luego, En una hoja de papel, escriba tres frases: dos frases deben ser ciertas, de cosas que de verdad ha hecho Ud. en su vida, y una frase debe ser falsa. Lea estas frases a su grupo. A ver si sus compañeros pueden adivinar cuál de las frases es falsa. Sus compañeros deben hacerle a Ud. muchas preguntas para averiguar la verdad.

MODELO: ESTUDIANTE 1: He montado a camello. He comido ancas de rana ( *frogs' legs*). He hecho paracaidismo (*skydiving*).

ESTUDIANTE 2: No has hecho paracaidismo. Es mentira.

ESTUDIANTE 1: Sí, es cierto.

ESTUDIANTE 3: ¿Dónde lo hiciste? ¿Cuántos años tenías?, etcétera.

**D. Los numeros: La Cruz Roja en el Ecuador**

Escuche mientras su profesor(a) lee las siguientes cifras sobre la Cruz Roja ecuatoriana. Escriba las cifras.

La Sociedad Ecuatoriana de la Cruz Roja se fundó en _____1910_____[1] en la ciudad de Guayaquil. La Cruz Roja ecuatoriana cuenta con _____4.696_____[2] miembros. Entre ellos, _____413_____[3] son empleados y _____3.487_____[4] son voluntarios. Después de la erupción del volcán Tungurahua, la Cruz Roja gastó _____104.321,70_____[5] dólares estadounidenses para ayudar a las personas afectadas por el desastre. El gobierno tuvo que evacuar cerca de _____3.500_____[6] personas que vivían en la zona.

# Reciclaje gramatical

**Note:** An important component of *Pasaporte* is consistent recycling of both grammatical structures and the communicative goals.

**A. Describir: Ser *versus* estar**

Ana trabaja como voluntaria en Achupallas, un lugar en las montañas donde se encuentran las ruinas de Ingapirca. Complete el párrafo con la forma correcta de **ser** o **estar,** según el contexto.

Ana ____está____[1] en Achupallas este verano trabajando como voluntaria en el programa Amigos de las Américas. Los voluntarios ____son____[2] de varias escuelas secundarias en los Estados Unidos. Todos los estudiantes de su grupo ____son____[3] muy simpáticos, aunque estos días ____están____[4] muy cansados porque ____están____[5] construyendo diez letrinas (*latrines*) para la comunidad. Las familias de Achupallas aunque ____son____[6] pobres, ____son____[7] muy generosas. Cada noche los voluntarios comen en casa de una familia diferente. Ya ____son____[8] las seis y van a la casa de la familia Ramos que ____está____[9] a dos kilómetros del campamento donde trabajaban todo el día. La abuela de la familia Ramos ____es____[10] una cocinera excelente. Sus llapingachos ____son____[11] los mejores de Achupallas y por eso a los voluntarios no les importa caminar dos kilómetros. Van a ____estar____[12] súper contentos al llegar allí.

## B. Comparar: Comparaciones y superlativos

**Paso 1** David quiere trabajar como voluntario en el Ecuador y tiene que escoger entre un trabajo en Quito con la Cruz Roja o un trabajo con un chamán en la Amazonia. Haga comparaciones entre los dos puestos siguiendo las indicaciones entre paréntesis.

1. El puesto en Quito es ____más____ convencional ____que____ el de la Amazonia (+)

2. El médico encargado del programa en Quito tiene ____tanta____ experiencia ____como____ el chamán de la Amazonia. (=)

3. Trabajar en la Amazonia es ____más____ fascinante ____que____ trabajar en Quito. (+)

4. Los fines de semana en Quito son ____menos____ aburridos ____que____ los fines de semana en la selva. (−)

5. El chamán ha trabajado con voluntarios extranjeros ____tanto____ ____como____ el médico en Quito. (=)

**Paso 2** Ahora, use el superlativo para indicar cuál de las tres opciones (**en negrilla**) expresa la opinión de David.

MODELO: Trabajar en una clínica rural / un hospital urbano / **una clínica pequeña en una ciudad** (gratificante) → Trabajar en una clínica pequeña en una ciudad es el trabajo más gratificante de todos.

1. Cuidar a **niños pequeños** / mujeres embarazadas / gente mayor (gratificante)

2. Tratar **problemas digestivos** / fracturas / picaduras (interesante)

3. Ir al cine / Hacer caminatas en la selva / **Leer** los días en que no trabaja (relajante)

4. Entre la gente mayor, el dolor de cabeza / el dolor de garganta / **el dolor de espalda** (frecuente)

5. Para los bebés, la gripe / **la diarrea** / los escalofríos (serio)

Answers. *Paso 2:*
1. *Cuidar a niños pequeños es el trabajo más gratificante de todos.*
2. *Tratar problemas digestivos es el trabajo más interesante de todos.*
3. *El leer es la actividad más relajante de todos los días en que no trabaja.*
4. *Entre la gente mayor, el dolor de espalda es el dolor más frecuente.*
5. *Para los bebés la diarrea es la enfermedad más seria.*

## C. Hablar de los gustos: Verbos como *gustar*

Lea la información sobre la gente indígena de Otavalo y luego combine los elementos para hacer frases completas.

1. muchos de los voluntarios / encantar /esta cuidad

2. los artesanos / gustar / utilizar colores vibrantes

3. Calinda / interesar / las técnicas que usan los indígenas en sus tejidos

4. las otras tribus / impresionar / la habilidad artística de los otavaleños

5. Ana / molestar / la dificultad de escoger entre tantos suéteres bonitos

Answers C:
1. *A muchos de los voluntarios les encanta esta ciudad.*
2. *A los artesanos les gusta utilizar colores vibrantes.*
3. *A Calinda le interesan las técnicas que usan las indígenas en sus tejidos.*
4. *A las otras tribus les impresiona la habilidad artística de los otavaleños.*
5. *A Ana le molesta la dificultad de escoger entre tantos suéteres bonitos.*

# Oportunidades globales

Oportunidades de voluntariado

## Introducción: El voluntariado en el Ecuador

El voluntariado empezó en el Ecuador hace muchos años. Alrededor de 1800, cuando unos incendios peligrosos, enfermedades fatales y ataques de piratas afectaban a la ciudad de Guayaquil. Entonces miles de ciudadanos llegaron para ayudar a los afectados. Si Ud. es de las personas a quienes les encanta ayudar y hacer algo bueno por los demás (*others*), no hay mejor lugar que el Ecuador para practicar su altruismo. Hoy en día hay más de 250 organizaciones que son parte de la Fundación Ecuatoriana de Trabajo Voluntario. La gente de este hermoso país es extremadamente amigable. Lastimosamente (*Sadly*), la pobreza de la región ha hecho que las condiciones de vida de muchos sean bastante difíciles. Las oportunidades de voluntariado abundan en el Ecuador. Desde orfanatos (*orphanages*) hasta reservas naturales, hay muchas organizaciones que trabajan para este país y que necesitan personal con urgencia.

### Comprensión

1. ¿Qué oportunidades de voluntariado existen en el Ecuador?
2. ¿Cree Ud. que trabajar como voluntario es importante?
3. ¿Existen oportunidades de voluntariado en la ciudad donde vive Ud.?

## ¡A escuchar!

Escucha mientras su profesor(a) lee sobre la orientación para los voluntarios en la que participó Calinda.

### ¿Cierto o falso?

|  | CIERTO | FALSO |
|---|:---:|:---:|
| 1. El nivel del español de Calinda era muy alto. | ☐ | ☒ |
| 2. Además de clases de lengua, había clases sobre las diferencias culturales y la medicina tradicional. | ☒ | ☐ |
| 3. Todos los voluntarios iban a lugares remotos. | ☐ | ☒ |
| 4. El último día de la orientación, Calinda conoció a voluntarios de otros grupos. | ☒ | ☐ |

## ¡A leer!

Lea las descripciones de los varios lugares adonde han ido algunos de los compañeros de Calinda y empareje cada foto con el párrafo que la describe mejor.

1. _____ *Quito* _____

2. _____ *Las Islas Galápagos* _____

3. _____ *El Chimborazo* _____

4. _____ *Río Blanco* _____

## Las Islas Galápagos

Marco, un amigo de Calinda, es estudiante de biología y está trabajando como voluntario con las tortugas gigantes de las Islas Galápagos. Gracias al trabajo difícil de las personas involucradas (*involved*) en el programa, estas tortugas ya no están en peligro de extinción. Las islas están a 950 kilómetros del Ecuador continental y consisten en trece islas grandes, seis pequeñas y más de 40 islotes (*small islands*) de origen volcánico. Cuando no está trabajando, Marco va muchas veces a Puerto Villamil en la Isla Isabela donde alquila una cabaña en la playa. Va con amigos durante la estación baja porque es más barato. Allí ellos pasan el tiempo nadando y buceando.

## Río Blanco

Joaquín trabaja en Río Blanco, un pueblo situado muy dentro de (*inside of*) la selva amazónica. Para llegar, primero tiene que viajar en coche por una hora y media y en canoa por veinte minutos, y luego tiene que caminar por casi tres horas. Vive en una choza (*hut*) que está a la orilla del río. Río Blanco es un lugar conocido por sus plantas medicinales y ceremonias chamánicas. Joaquín trabaja con los dos chamanes de la comunidad. De ellos, Joaquín ha aprendido más sobre la medicina tradicional y al mismo tiempo sobre la cosmovisión (*world view*) quechua*. Otra razón por la cual a Joaquín le gusta Río Blanco es que le encanta relajarse en los baños curativos de aguas sulfurosas por lo menos una vez a la semana.

### Quito

Sofía está trabajando este año con la Cruz Roja en Quito. Es muy atlética y afortunadamente desde Quito hay grandes oportunidades para practicar deportes. A Sofía le gusta practicar el ciclismo extremo con grandes descensos verticales y exigentes ascensos. Lo que más le gusta es dar un paseo desde las alturas de los Andes hacia la planicie (*plain*) amazónica. Puede recorrer (*travel through*) los volcanes andinos, los bosques nublados y la selva. También puede pasar por Mitad del Mundo, una pintoresca (*picturesque*) ciudad localizada en las afueras (*outskirts*) de Quito. Es el medio del planeta donde un cartel anuncia la latitud 0° y donde una línea amarilla separa los dos hemisferios. A Sofía le fascina poner un pie en el hemisferio norte y el otro en el hemisferio sur.

### El Chimborazo

Alejandra trabaja en la ciudad de Riobamba en un proyecto que ayuda a chicos de la calle y a niños huérfanos (*orphans*), abandonados y maltratados (*mistreated*). Riobamba, la antigua capital del Ecuador, está rodeada de imponentes montañas, entre ellos el volcán Chimborazo, la montaña más alta del país y, debido a la proximidad del ecuador, el punto de la Tierra más cercano al sol. Alejandra nunca olvidará el viaje en tren desde Quito a Riobamba. ¡Fue emocionante! Además de los paisajes espectaculares de la Cordillera, gran parte de la ruta era ascender o descender en zigzag.

### ¿Cierto o falso?

|  | CIERTO | FALSO |
|---|---|---|
| 1. Marco trabaja mucho y no tiene días libres. | ☐ | ☒ |
| 2. Joaquín tiene que viajar por casi cinco horas para llegar a Río Blanco. | ☒ | ☐ |
| 3. El volcán Chimborazo es la montaña más alta del mundo. | ☐ | ☒ |
| 4. El lugar donde vive Joaquín es menos cosmopolita que el lugar donde vive Sofía. | ☒ | ☐ |

*¡A conversar!*
**Note:** These dialogues recycle the seven **Destrezas conversacionales.**

**Suggestion:** Have pairs of students act out the situations. Do not let them memorize their lines. The presentations should be as spontaneous as possible.

### Expresiones útiles

**Para expresar alegría**
Ha sido una experiencia...
Me encantó/gustó...
Ha sido un placer...

**Para dar las gracias**
Aprecio mucho...
Le quiero agradecer por...
Gracias por...

## ¡A conversar!

Lea las siguientes situaciones. Luego, con un(a) compañero/a, presente cada conversación incorporando las **Expresiones útiles** para realizar las destrezas conversacionales necesarias para cada diálogo.

**Situación 1** Después de haber pasado tres meses en el Ecuador, el voluntario se despide de su supervisor(a).

*Destrezas conversacionales: Expresar alegría y dar las gracias*

---

*Quechua refers to the civilization and the culture of the Incas. It is also the name of their language.

ESTUDIANTE A: Despídase de su supervisor(a) expresando lo bueno que ha sido ser voluntario/a en el Ecuador. Mencione tres de las experiencias más impresionantes que ha tenido.

ESTUDIANTE B: Ud. es el/la supervisor(a) encargado/a de los voluntarios. Exprese cuánto aprecia Ud. la dedicación del/de la voluntario/a.

**Situación 2** Dos voluntarios están en el camino Inca. Todavía faltan más de 20 kilómetros para llegar a Machu Picchu cuando el soroche los empieza a afectar.

*Destrezas conversacionales: Persuadir y declinar*

ESTUDIANTE A: Ud. no puede caminar más con la náusea y el mareo que está sufriendo. Quiere que los dos tomen las hojas de coca que la guía les ha ofrecido.

ESTUDIANTE B: Ud. está muy enfermo/a también, pero tiene miedo de tomar las hojas de coca.

| Expresiones útiles |
| --- |

**Para persuadir**
Es importante (+ *infinitive*)...
Debemos (+ *infinitive*)...
Sería mejor (+ *infinitive*)...
No seas tonto/a

**Para declinar**
*Me gustaría, pero...*
*Lo siento, es que...*
*Es que no puedo...*

# ¡A escribir!

Imagínese que Ud. va a trabajar como voluntario en el Ecuador. Decida cuál de las oportunidades de la página (142) le interesa más. Escriba una carta al director del programa. Explíquele por qué Ud. es un buen(a) candidato/a para el puesto. Dígale qué experiencia o cursos relevantes ha tenido, cuáles son sus habilidades e intereses y cómo es su personalidad.

**¡A escribir!**
**Suggestion:** If there is an online discussion board available for your class, have students post their letters online. Have students read each other's letters and select the best candidates.

# Vocabulario

## Los sustantivos

### El personal médico

| | |
| --- | --- |
| **el/la chamán** | *shaman, medicine man/woman* |
| **el/la curandero/a** | *healer* |
| **el/la enfermero/a** | *nurse* |
| **el/la médico/a** | *doctor* |
| **el/la paciente** | *patient* |

### La medicina

| | |
| --- | --- |
| **los antibióticos** | *antibiotics* |
| **la aspirina** | *aspirin* |
| **el jarabe** | *cough syrup* |
| **las pastillas** | *pills* |
| **la vacuna** | *vaccine* |

### Otras palabras útiles

| | |
| --- | --- |
| **el accidente** | *accident* |
| **la emergencia** | *emergency* |
| **la herida** | *cut, wound* |
| **la picadura** | *insect bite, sting* |
| **la quemadura** | *burn* |
| **la sangre** | *blood* |

## Los verbos

### Las condiciones

| | |
| --- | --- |
| **aliviar** | *to alleviate* |
| **dolerse (ue)** | *to hurt, ache* |
| **estar...** | *to be . . .* |
| **enfermo/a, malo/a, mareado/a** | *sick, ill, dizzy* |
| **mejorarse** | *to get better, improve* |
| **romperse...** | *to break* |
| **el brazo, la pierna, la nariz** | *an arm, a leg, a nose* |
| **sentirse** | *to feel* |
| **tener...** | *to have...* |
| **dolor de cabeza, garganta, estómago, espalda** | *a headache, a sore throat, a stomach ache, a back ache* |
| **fiebre, un resfriado, alergias, diarrhea, náusea, tos** | *a fever, a cold, allergies, diarrhea, nausea, a cough* |
| **la gripe, una fractura, una infección** | *the flu, a fracture, an infection* |

## Los tratamientos

| | |
|---|---|
| darle... | to give... |
|     unos puntos, una receta | stitches, a prescription |
| ponerle... | to put on...; give... |
|     un yeso, una inyección | a cast, a shot |

## Las habilidades y destrezas útiles

| | |
|---|---|
| saber... | to know how... |
|     comunicarse con sensibilidad | to communicate with sensitivity |
|     expresarse claramente en español | to express oneself clearly in Spanish |
|     hacer informes | to write reports |
|     hacer investigaciones | to do research |
|     llevarse bien con los colegas | to get along well with colleagues |
|     resolver problemas | to solve problems |
|     trabajar con las manos | to work with one's hands |
|     trabajar en equipo | to work in a team |
| tener... | to have... |
|     don de gentes | people skills |
|     experiencia en... | experience in... |
|     interés en... | an interest in... |

## Los adjetivos

### Para describir a los buenos voluntarios

| | |
|---|---|
| compasivo/a | compassionate |
| dedicado/a | dedicated |
| detallista | detail-oriented |
| dispuesto/a | willing |
| entusiasmado/a | enthusiastic |
| incansable | tireless |
| organizado/a | organized |
| paciente | patient |
| respetuoso/a | respectful |
| responsable | responsible |

### Para describir el trabajo

| | |
|---|---|
| deprimente | depressing |
| emocionante | exciting |
| exigente | challenging, demanding |
| fascinante | fascinating |
| frustrante | frustrating |
| gratificante | satisfying |
| impresionante | impressive |

# Capítulo 6

# Su pasaporte a Chile

## Sea aprendiz de periodismo

Unos turistas hacen rafting en el Río Futaleufú en Chile.

**Suggestion:** Have students look at the opening photograph and ask them to call out any words that describe this picture of the Futaleufú River in Chile. Ask them what kinds of photos entice them to want to travel. Does this photo do that? Ask whether the photograph activates any knowledge about Chile and Chilean culture in general. You may want to make a list on the board of some information students contribute, such as monuments, traditions, art, and famous Chileans, that can be used later in **¡Vamos a Chile!**

## Primer encuentro

| **Metas comunicativas** | **Autoevaluación** | | |
|---|---|---|---|
| By the end of the chapter you will be able to: | Check the box that corresponds to how much you already know: | | |
| | NONE | SOME | A LOT |
| Tell others what to do | ☐ | ☐ | ☐ |
| Express desires and make requests | ☐ | ☐ | ☐ |
| Give opinions and reactions | ☐ | ☐ | ☐ |
| Talk about different modes of transportation | ☐ | ☐ | ☐ |
| Talk about the writing process | ☐ | ☐ | ☐ |

For these communicative goals, you will need:

| | NONE | SOME | A LOT |
|---|---|---|---|
| Appropriate vocabulary | ☐ | ☐ | ☐ |
| Formal commands | ☐ | ☐ | ☐ |
| Present subjunctive | ☐ | ☐ | ☐ |
| Impersonal **se** | ☐ | ☐ | ☐ |
| **Por** and **para** | ☐ | ☐ | ☐ |

**Suggestion:** Take a few minutes to have students do this self-evaluation to assess what they know and what they can do with the language at this point.

Chile
09 09 2008
Santiago
487

# ¡Vamos a Chile!

**Note:** For helpful teaching suggestions and additional activities, see the **Teaching Suggestions and Activities** section of **Capítulo 6** in the *Instructor's Manual* (*IM*).

**Suggestion:** Bring your own photographs to class or show websites or realia you have collected to help students get (re)acquainted with Chile.

## A. A ver, ¿qué sabe de Chile?

¿Qué ya sabe Ud. de Chile? ¿Conoce Ud. a personas famosas, lugares, comidas, costumbres o historia chilenos? Con un(a) compañero/a, haga una lista de lo que ya sabe.

Nosotros conocemos…

estos lugares: _____

estas personas: _____

estos aspectos culturales: _____

## B. ¿Dónde están estos lugares fascinantes?

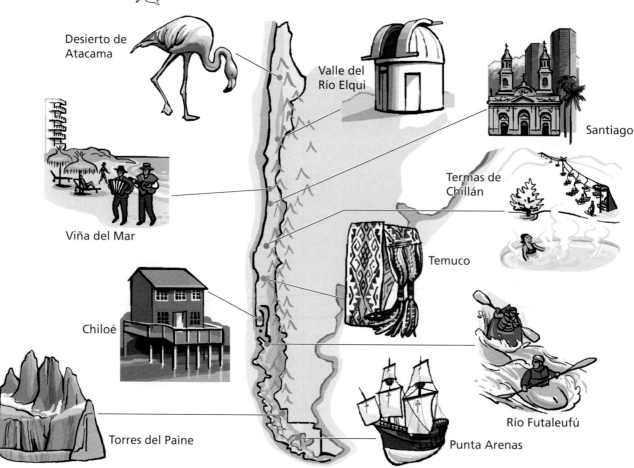

Desierto de Atacama

Valle del Río Elqui

Santiago

Termas de Chillán

Temuco

Viña del Mar

Chiloé

Río Futaleufú

Torres del Paine

Punta Arenas

**Suggestion A:** After students brainstorm in pairs, you may want to compile what they have come up with on a transparency by category: people, monuments, and so on. Save the transparency and at the end of the chapter, bring it back and ask students to add the new information they have learned about Chile.

**Paso 1** Trabajando con un(a) compañero/a, lea las descripciones y rellene los espacios en blanco con los nombres de los lugares indicados en este mapa de Chile. Utilicen las siguientes pistas y los dibujos del mapa.

1.  _____Termas de Chillán_____ Este importante centro de esquí y spa cerca de Santiago tiene aguas termales (*hot springs*) durante todo el año. Es la combinación perfecta; se puede disfrutar de los deportes invernales y baños termales en medio de la naturaleza.

2.  _____Río Futaleufú_____ Este río y reserva, cuyo nombre de la lengua mapuche significa el Río Grande, nace en los glaciares andinos en Patagonia y pasa por una selva húmeda donde viven varias especies de animales

en peligro (*danger*) de extinción. Es un destino popular para hacer rafting ya que el río es de clase V (con rápidos muy turbulentos y difíciles de navegar).

3. ___Desierto de Atacama___ El desierto más árido del mundo es el hogar (*home*) de flamencos, géiseres, un valle lunar y volcanes nevados (*snow-capped*) de casi seis mil metros de altura. Por las antiguas rutas del desierto se ven los geoglifos, enormes representaciones prehistóricas de alpacas, serpientes, figuras humanas y dibujos geométricos en las altas laderas (*slopes*) de los cerros.

4. ___Santiago___ Desde la ciudad capital y la cuarta ciudad más grande de Sudamérica se puede ver la inmensidad y la belleza de los Andes. Entre barrios tradicionales hay modernos edificios del futuro y extensos parques. A pocos minutos de la ciudad se puede disfrutar del mar, lagos y montañas, y conocer la cultura y tradiciones huasas (de los vaqueros chilenos) o esquiar en los mejores centros invernales (*winter resorts*) de Hispanoamérica.

5. ___Viña del Mar___ Conocida como la «Ciudad Jardín» por las grandes áreas verdes, esta capital turística de Chile cuenta con trece playas y una arquitectura singular con bellos barrios residenciales y una gran cantidad de edificios altos y modernos situados al lado de la costa. En febrero se celebra el Festival Internacional de la Canción, considerado el evento más importante del verano en Chile.

6. ___Temuco___ Esta ciudad, rodeada por bosques majestuosos, tiene vista a la imponente silueta del volcán Llaima. Aquí se crió (*was raised*) Pablo Neruda, ganador del Premio Nóbel de Literatura en 1971 y también es una importante ciudad de los mapuche, la gente indígena que dio gran resistencia a la conquista española por casi tres siglos. El mercado de esta ciudad tiene su tradición en la artesanía mapuche, con tejidos, platería (*silverwork*) y artesanía en madera.

7. ___Chiloé___ Esta es la segunda isla más grande en Hispanoamérica después de Tierra del Fuego. La gente de esta isla tiene una cultura llena de tradiciones y una gastronomía única con langostas enormes. Una de las grandes atracciones de la isla son sus palafitos, casas construidas en las orillas del mar montadas sobre grandes pilotes (*stilts*) de madera. También hay hermosas y antiguas iglesias de madera construidas por los colonos españoles en el siglo XVI.

8. ___Torres de Paine___ En este parque nacional de la Patagonia chilena, un conjunto de pampas, bosques nublados, lagunas espléndidas, lagos congelados y glaciares fusionan perfectamente con la imponente presencia de torres rocosas que parecen unos extraños «reascacielos» naturales.

9. ___Punta Arenas___ Antes de la apertura del canal de Panamá en 1914, esta ciudad, ubicada en el Estrecho de Magallanes (*Strait of Magellan*) fue el puerto principal entre los océanos Pacífico y Atlántico. Aquí hacen escala (*stop over*) los científicos y turistas que desean llegar a la Antártida, y de aquí se puede navegar en crucero por los fiordos hasta llegar al Cabo de Hornos.

10. ___Valle del Río Elqui___ Aquí nació Gabriela Mistral, poeta y ganadora del Premio Nóbel de Literatura en 1945. En esta ciudad se producen los mejores piscos (*brandylike liquors*) y se encuentra la fábrica de pisco más vieja del país. Los cielos de esta zona son los más puros y transparentes del planeta. Por eso hay importantes observatorios establecidos por institutos y universidades de todas partes del mundo.

**Paso 2** Turnándose con su compañero/a, diga a qué lugar(es) del mapa iría para hacer las siguientes actividades.

**Suggestion B:** Explain to students terms that come up in the map *pistas* such as *huaso* (Chilean horseman or cowboy similar to the Argentine *gaucho*), *mapuche* (indigenous people of Central and Southern Chile), *pisco* (brandy produced in the wine-growing regions of Chile and Perú, claimed by both countries as their national drink), and so on. Bring in photographs you may have that depict the *pista* descriptions.

**Expansion:** If you have time, have students select a topic to explore further. Have them present a report in class or, if there is an online discussion board available for your class, have students post their projects online.

**Note.** *Paso 2:* Here students are exposed to the hypothetical, without being expected to produce the forms.

MODELO:

> ESTUDIANTE 1: Si **quisieras** ir a esquiar, ¿adónde **irías**?
>
> ESTUDIANTE 2: Yo **iría** a las Termas de Chillán.

1. Si quisieras tomar un pisco…
2. Si quisieras ver un hábitat de flamencos…
3. Si quisieras navegar por un fiordo…
4. Si quisieras asistir a un festival de música…

**Paso 3** Lea las pistas del mapa otra vez y decida cuál de los lugares es el más interesante en su opinión. ¿Cuál es el lugar menos interesante? Comparta sus opiniones con su compañero/a.

¿Cuál es el lugar más interesante? ¿Por qué?

¿Cuál es el lugar menos interesante? ¿Por qué?

# Vocabulario del tema I:
## Hablando del transporte

## Medios de transporte

| | | el coche | *car* |
|---|---|---|---|
| | | el crucero | *cruise* |
| **el autobús** | *bus* | **el transbordador** | *ferry* |
| **el autostop** | *hitchhiking* | **el tren** | *train* |
| **el avión** | *airplane* | | |

## Los lugares

| | |
|---|---|
| **el aeropuerto** | *airport* |
| **la carretera** | *highway* |
| **la estación** | *station* |
| **la sala de espera** | *waiting room* |

## Otras palabras útiles

| | |
|---|---|
| **el asiento** | *seat* |
| **el boleto** | *ticket* |
| **la clase turística** | *tourist class* |
| **la demora** | *delay* |
| **el equipaje** | *luggage* |
| **el horario** | *schedule* |
| **el/la pasajero/a** | *passenger* |
| **la primera clase** | *first class* |
| **el vuelo** | *flight* |

## Los verbos

| | |
|---|---|
| **alquilar** | *to rent* |
| **aconsejar** | *to advise* |
| **hacer cola** | *to stand in line* |
| **hacer escala** | *to have a stopover* |
| **manejar** | *to drive* |
| **perder (ie)** | *to miss* |
| **recomendar (ie)** | *to recommend* |

| | |
|---|---|
| **reservar** | *to reserve* |
| **sacar fotos** | *to take pictures* |
| **sugerir (ie)** | *to suggest* |
| **tardar en llegar** | *to take to arrive* (time) |

## Los adjetivos

| | |
|---|---|
| **atrasado/a** | *late* |
| **cómodo/a** | *comfortable* |
| **de ida y vuelta** | *round-trip* |
| **incómodo/a** | *uncomfortable* |
| **lento/a** | *slow* |
| **peligroso/a** | *dangerous* |

**Note:** The word for "car" in Spanish varies according to region. In Spain, for example, the term *coche* is used. In parts of Latin America, *carro* is used, while in Chile and Argentina the term *auto* is more common.

## Actividades

### A. Destinos exóticos

Unos aprendices (*apprentices*) de periodismo van a Chile por tres meses para trabajar para una revista de turismo, *Abrapanoramas*, y hacer un taller (*workshop*) de periodismo. Van a pasar un mes en tres lugares diferentes haciendo investigaciones. Ángela Robles, la coordinadora del programa, les explica el tema de su artículo y cómo van a llegar al lugar donde van a hacer las investigaciones. Escuche mientras su profesor(a) lee lo que la Sra. Robles les dice a los aprendices. Indique la palabra o las palabras apropiada(s) para completar la frase.

1. Erica va a...
   - ☒ investigar la gastronomía.
   - ☐ viajar por autobús.
   - ☒ viajar en transbordador.
   - ☒ comer langosta.

2. Jorge va a...
   - ☐ quedarse en hoteles de primera clase.
   - ☒ viajar a muchas zonas diferentes.
   - ☐ viajar por avioneta (*prop plane*).

3. Alina va a...
   - ☐ viajar a Chiloé primero.
   - ☒ aprender mucho sobre la cultura chilena.
   - ☒ volar por todo el país.

4. Daniel va a...
   - ☐ hacer mucho ejercicio.
   - ☒ tomar dos aviones.
   - ☐ hacer escala en Futaleufú.
   - ☐ tener un viaje rápido.

**Audioscript A:** Have students read the list of possible answers before doing the listening activity.

*Erica, tu reportaje va a ser sobre la gastronomía de Chile. Vas a viajar en transbordador a la isla de Chiloé, donde vas a probar la famosa langosta y otros platos típicos. Jorge, tú vas a escribir un artículo sobre el turismo económico. Vas a viajar en autobús por la carretera panamericana desde Arica en el norte hasta Punta Arenas en el sur. Alina, tú vas a escribir un artículo sobre los festivales culturales de Chile. Vas a viajar por avión por todo el país, asistiendo a varios festivales. Vas a empezar por el famosísimo festival de música latina en Viña del Mar. Y finalmente, Daniel, tú tienes el viaje más complicado. Vas a escribir un artículo sobre una excursión de deportes extremos. Necesitas volar a Puerto Montt. Desde allí vas a ir en una avioneta hasta Chaitén. De Chaitén, vas a tomar un autobús que va por las montañas hasta llegar a Futaleufú.*

Suggestion B: Model reactions to negative and positive travel events using as much new vocabulary as possible.

## B. ¡A veces es frustrante viajar!

**Paso 1** Diga lo que opina de las siguientes situaciones negativas. Use una de las siguientes expresiones para formar su opinión.

1. _____ Los asientos incómodos en la clase turística
2. _____ Hacer cola para pasar por el puesto de seguridad
3. _____ El equipaje perdido
4. _____ Las demoras
5. _____ Los pasajeros que hablan constantemente
6. _____ Hacer muchas escalas
7. _____ Sentarse al lado de una persona que se levanta constantemente para ir al cuarto de baño

a. No me importa(n)
b. Me preocupa(n)
c. Me molesta(n) mucho

Suggestion B. Paso 2: As follow-up, ask students to share reactions with the class. Ask students if their partners would make good traveling companions. Make sure they give reasons for their opinions.

**Paso 2** Comparta sus respuestas con un(a) compañero/a. Luego, indique si él/ella sería buen(a) compañero/a de viaje.

## C. Medios de transporte

**Paso 1** En Santiago, una ciudad de 5 millones de personas, se hacen 11.1 millones de viajes por medio del transporte público cada día dentro de la ciudad. De estos viajes, se hace el

- 43% en **microbús**
- 27% **a pie o en bicicleta**
- 20% en **coche privado**
- 7% en el **metro**
- 1.4% en **taxi**

En parejas, explíquense las ventajas y desventajas de cada medio de transporte.

### Ventajas y desventajas

tarda mucho en llegar

es muy caro

es muy rápido

es muy cómodo

es peligroso

es muy lento

es difícil de aparcar

gasta mucha gasolina

. . .

Suggestion C: Try to find statistics about preferred means of transportation in your city. First ask students to guess what the statistics might be. Then give them the information.

Suggestion C. Paso 2: Model several statements about the advantages and disadvantages of your own preferred means of transportation.

Suggestion C. Paso 2: Quickly poll the class and estimate the percentage of your students that use one means of transportation versus another.

**Paso 2** ¿Qué medios de transporte usa Ud. en una semana típica?

## D. Los números: ¡Qué país más largo!

**Paso 1** Escuche mientras su profesor(a) dicta las distancias entre Santiago y otros lugares de interés. Escribe las distancias.

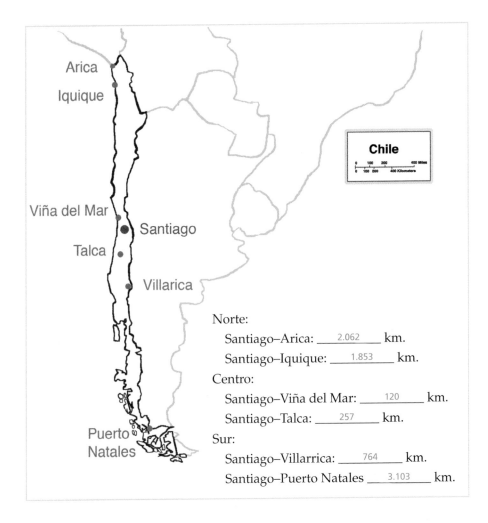

Norte:

Santiago–Arica: ____2.062____ km.

Santiago–Iquique: ____1.853____ km.

Centro:

Santiago–Viña del Mar: ____120____ km.

Santiago–Talca: ____257____ km.

Sur:

Santiago–Villarrica: ____764____ km.

Santiago–Puerto Natales ____3.103____ km.

**Paso 2** Si Jorge quiere viajar desde Santiago hasta Arica y luego ir a Puerto Natales, ¿cuántos kilómetros va a viajar en total?

## E. Entrevista

Entrevístele a su compañero/a sobre el transporte.

1. En general, ¿qué medio de transporte prefieres? ¿Por qué? ¿Qué tipo de transporte no te gusta para nada? ¿Por qué?

2. ¿Has perdido alguna vez un vuelo, un tren o un autobús? ¿Para dónde ibas? ¿Por qué lo perdiste? ¿Cómo te sentías? ¿Qué hiciste para llegar a su destino?

3. En general, ¿viajas en primera clase o clase turística? ¿Cuáles son las diferencias entre la primera clase y la clase turística en un avión?

4. ¿Te has sentido frustrado/a durante un viaje alguna vez? Explique tu experiencia.

**Suggestion E:** Encourage the class to ask more questions to get more details and extend the conversation. Ask for one or two volunteers to share the most interesting thing they learned.

### F. Tarjeta postal

**Paso 1** Lea la tarjeta postal (*post card*) que Daniel le mandó a su amigo Diego desde Santiago.

¡Hola, Diego!

La orientación aquí en Santiago ha sido fenomenal. Los otros aprendices son muy simpáticos y Santiago es alucinante. Es tan cosmopolita como San Francisco, con mucho negocio y muchos museos, y el transporte público es muy moderno. Ayer comimos en un restaurante excelente y después fuimos a un concierto. Mañana salgo para Futaleufú. Tengo que tomar dos aviones y luego viajar por cuatro horas en autobús. ¡Estoy muy emocionado!

Hasta la vista,
Daniel

Diego Vargas
321 Golden Gate Ct.
San Francisco, CA 94105
USA

**Paso 2** Ahora le toca a Ud. escribir una tarjeta postal de un lugar que Ud. visitó alguna vez. Describa el lugar y algunas de las actividades que Ud. hizo.

# Punto gramatical I:
## Subjunctive: Verbs of influence; Formal commands

### Gramática en contexto

Después de la orientación en Santiago, los estudiantes le hacen muchas preguntas a Ángela Robles.

DANIEL: Sra. Robles, no me gusta viajar en avioneta. ¿Qué me recomienda Ud. que **haga** para ir de Puerto Montt a Chaitén? ¿Me sugiere que **tome** un transbordador?

SRA. ROBLES: Pues, los tranbordadores tardan mucho en llegar y tu excursión empieza mañana por la noche. Yo te recomiendo que **tomes** un calmante y que **vueles** a Chaitén.

JORGE: Sra. Robles, quiero hacer autostop para ahorrar dinero. ¿Es esto legal en Chile?

SRA. ROBLES: No es legal en las carreteras públicas como la ruta 5. Algunas personas lo hacen en las carreteras más pequeñas. Pero no es buena idea. No lo **hagas**. Yo te sugiero que **vayas** por autobús. Y, chicos, **saquen** dos copias de su pasaporte. **Guarden** una copia y **denme** la otra. También, **vayan** al banco acá en Santiago. Quiero que **tengan** suficiente dinero para la primera parte de su viaje. Pues, con esto, creo que están listos. Suerte a todos.

## ¿Cierto o falso?

1. La Sra. Robles prefiere que Daniel vuele a Chaitén en avioneta. ☒ ☐

2. En Chile, es legal hacer autostop en las carreteras públicas. ☐ ☒

3. Antes de viajar, cada uno necesita darle a la Sra. Robles dos copias de su pasaporte. ☐ ☒

4. Deben pasar por el banco y sacar dinero para la primera parte del viaje. ☒ ☐

## Explicación gramatical

*Suggestion: Practice verb forms with rapid response drills.*

### Present subjunctive

So far, you know verb tenses in the **indicative** mood. The indicative mood is used to express factual information, certainty, and objectivity.

Marta **va** al Ecuador en junio.          *Marta is going to Ecuador in June.*

The **subjunctive** mood is used to influence others, to express emotion, subjective evaluations, doubt, and uncertainty.

Yo *sugiero* que Marta **vaya** al Ecuador en junio.          *I suggest that Marta go to Ecuador in June.*

### A. Forms of the Subjunctive

For most verbs, the **present subjunctive** is formed by dropping the **-o** ending of the **yo** form of the present indicative and adding the following opposite endings:

| HABLAR<br>hablo → habl- | COMER<br>como → com- | VIVIR<br>vivo → viv- |
|---|---|---|
| hable | coma | viva |
| hables | comas | vivas |
| hable | coma | viva |
| hablemos | comamos | vivamos |
| habléis | comáis | viváis |
| hablen | coman | vivan |

Verbs with irregular **yo** forms in the present indicative:

conocer: yo conozco → conozca, conozcas, conozca, ...

tener: yo tengo → tenga, tengas, tenga, ...

salir: yo salgo → salga, salgas, salga, ...

Stem-changing verbs (**-ar** and **-er**): As in the present indicative, there is no stem change in the **nosotros** and **vosotros** forms of the present subjunctive.

pensar:     piense, pienses, piense, pensemos, penséis, piensen

perder:     pierda, pierdas, pierda, perdamos, perdáis, pierdan

Stem-changing verbs (**-ir**): The stem change in the **nosotros** and **vosotros** forms follows these patterns:

- o → ue verbs change **o** to **u**

  dormir:   d**ue**rma, d**ue**rmas, d**ue**rma, d**u**rmamos, d**u**rmáis, d**ue**rman

- e → ie verbs change **e** to **i**

  sentir:   s**ie**nta, s**ie**ntas, s**ie**nta, s**i**ntamos, s**i**ntáis, s**ie**ntan

Verbs ending in **-car, -gar, -zar:** These verbs have a spelling change in the subjunctive:

- Verbs ending in **-car, c** changes to **qu:**

  sacar:        sa**que**, sa**que**s, sa**que**, sa**que**mos, sa**qué**is, sa**que**n

- Verbs ending in **-gar, g** changes to **gu:**

  pagar:        pa**gue**, pa**gue**s, pa**gue**, pa**gue**mos, pa**gué**is, pa**gue**n

- Verbs ending in **-zar, z** changes to **c:**

  comenzar:   comien**ce**, comien**ce**s, comien**ce**, comen**ce**mos, comen**cé**is, comien**ce**n

The following six verbs are irregular in the present subjunctive:

| | |
|---|---|
| dar: | dé, des, dé, demos, deis, den |
| estar: | esté, estés, esté, estemos, estéis, estén |
| haber: | haya, hayas, haya, hayamos, hayáis, hayan |
| ir: | vaya, vayas, vaya, vayamos, vayáis, vayan |
| saber: | sepa, sepas, sepa, sepamos, sepáis, sepan |
| ser: | sea, seas, sea, seamos, seáis, sean |

**B. Usage of the Subjunctive**

There are three general categories of verbs and expressions that trigger the use of the subjunctive: verbs and expressions of the desire to influence others, verbs and expressions of emotion and value judgments, and verbs and expressions of doubt and denial. In this part of the chapter, we will concentrate on verbs and expressions of influence.

The subjunctive occurs in sentences consisting of two clauses. A main clause with one subject and a subordinate clause with a different subject are separated by the connector **que:**

Main clause:          Quiero...

                            ...que...

Subordinate clause:                        ...Uds. **lleguen** temprano.

**Quiero que Uds. lleguen temprano.**      *I want you to arrive early.*

**Yo** is the subject of the verb in the first clause and **Uds.** is the subject of the verb in the second clause. In comparison, in the sentence «*Quiero llegar temprano*» (*I want to arrive early*), **yo** is the subject of both verbs; therefore, only one clause is needed.

- The following verbs and expressions of influence trigger the use of the subjunctive:

  **insistir en, preferir, (no) querer, (no) recomendar, sugerir**

| | |
|---|---|
| **Prefieren** que **compremos** boletos de primera clase. | *They prefer that we buy first-class tickets.* |
| **Sugiere** que yo **no haga** autostop. | *She suggests that I not hitchhike.* |

Underline an example of a sentence expressing the desire to influence someone else's behavior in the **Gramática en contexto** reading.

- The following are impersonal expressions of influence. The subject of the main clause is not a person but rather the impersonal *"it"*:

  **es importante, es mejor, es necesario**

| | |
|---|---|
| **Es importante** que **viajemos** juntos. | *It is important that we travel together.* |

Underline an example of a sentence containing an impersonal expression of influence in the **Gramática en contexto** reading.

- Object pronouns must be placed before verbs in the subjunctive.

| | |
|---|---|
| ¿Necesitamos traer **los pasaportes**? Sí, quiero que **los** traigan. | *Do we need to bring our passports? Yes, I want you to bring them.* |

## C. Formal Commands

Formal commands are used to tell someone with whom you have a formal relationship (**Ud.**) or a group of people (**Uds.**) what to do. The **Ud.** and **Uds.** commands are the same as the **Ud.** and **Uds.** forms of the present subjunctive:

| | |
|---|---|
| **Llegue(n) temprano.** | *Arrive early.* |
| **Traiga(n) botellas de agua.** | *Bring bottles of water.* |
| **No haga(n) autostop.** | *Don't hitchhike.* |
| **Hable(n) con el agente.** | *Speak with the agent.* |

Compare a formal **Ud.** command with a sentence containing the subjunctive of influence:

| | |
|---|---|
| **Hable (Ud.) con el agente.** | *Speak with the agent.* |
| **Quiero que Ud. hable con el agente.** | *I want you to speak with the agent.* |

Circle an example of a formal command in the **Gramática en contexto** reading.

- Affirmative commands: Attach any object pronouns to the end of the command and write an accent to maintain the original stress.

  **Levántense Uds.**

  **Pídale su boleto al agente.**

Circle an example of an affirmative command with an object pronoun in the **Gramática en contexto** reading.

- Negative commands: Place the object pronoun before the command.

  **No se levanten Uds.**

  **No le pida su boleto todavía.**

Circle an example of a negative command with an object pronoun in the **Gramática en contexto** reading.

**Suggestion:** T.P.R. (Total Physical Response) is an excellent way to model command forms. Give several commands for the class to perform (pónganse de pie, quítense los zapatos, salúdenle a un compañero o una compañera, bailen la Macarena, canten el himno nacional, etc.) Then have students work in small groups to create a list of 5-6 commands for the rest of the class to do.

## Ponerlo a prueba

### Instrucciones para la salida

Al final de la reunión, la Sra. Robles les da unos últimos consejos a los aprendices. Complete las frases con la forma del subjuntivo apropiada de los verbos entre paréntesis.

**Paso 1** Use el subjuntivo para hacer recomendaciones al grupo.

1. Sugiero que todos (hacer) ___*hagan*___ las maletas y que (acostarse) ___*se acuesten*___ temprano esta noche.

2. Si salen a cenar o a bailar, no quiero que (volver) ___*vuelvan*___ muy tarde.

3. Recomiendo que todos (confirmar) ___*confirmen*___ sus reservaciones una vez más antes de acostarse y que (poner) ___*pongan*___ sus boletos y sus pasaportes en un lugar seguro.

4. Daniel, le recomiendo que (comprar) ___*compre*___ los calmantes inmediatamente. No quiero que (olvidarse) ___*se olvide*___ de eso.

*Paso 2:*
1. *Levántense a las 6:00.*
2. *No se queden en la cama hasta el último momento.*
3. *No se pongan zapatos incómodos.*
4. *Vístanse con ropa apropiada para un viaje largo.*
5. *Desayunen en el comedor a las 7:00.*
6. *Bajen las maletas a las 7:45.*
7. *Salgan a las 8:15 para la estación de autobuses o el aeropuerto.*
8. *Diviértanse mucho en su viaje.*

**Paso 2** Vea las instrucciones para los aprendices para el siguiente día. Cambie los infinitivos a mandatos formales. ¡Cuidado con los pronombres!

MODELO: Despertarse inmediatamente
Despiértense inmediatamente.

1. Levantarse a las 6:00
2. No quedarse en la cama hasta el último momento
3. No ponerse zapatos incómodos
4. Vestirse con ropa apropiada para un viaje largo
5. Desayunar en el comedor a las 7:00
6. Bajar las maletas a las 7:45
7. Salir a las 8:15 para la estación de autobuses o el aeropuerto
8. Divertirse mucho en su viaje

## Actividades

### A. ¿Qué nos recomienda?

Todos salen para diferentes partes de Chile esta mañana para empezar la investigación para sus primeros artículos. El director escuchó las preocupaciones de los aprendices y les dio recomendaciones de último momento.

**Paso 1** Complete las frases con la forma correcta del verbo: el mandato formal y el subjuntivo.

1. Nos mareamos fácilmente.

   Recomiendo que (comprar) ___*compren*___ estas pastillas contra el mareo. (Tomar) ___*Tomen*___ dos pastillas antes de subir al transbordador.

2. No queremos llevar todo nuestro equipaje a Viña del Mar.

   Sugiero que (guardar) ___*guarden*___ una de sus maletas en el hotel. (Preguntarle) ___*Pregúntenle*___ a la recepcionista por cuánto tiempo puede guardarla.

3. Nuestro boleto es solamente de ida.

   Les aconsejo que (volver) ___*vuelvan*___ a la agencia inmediatamente. (Explicarle) ___*Explíquenle*___ al agente que necesitan un boleto de ida y vuelta.

4. Queremos alquilar un coche en vez de tomar el autobús.

   Recomiendo que no (alquilar) ___*alquilen*___ un coche en la Agencia Roque. (Ir) ___*Vayan*___ al aeropuerto. Allí los coches son mejores.

**Paso 2** Conteste las preguntas, utilizando un mandato formal y un objeto directo o indirecto en cada respuesta.

1. ¿Debemos tomar con comida las pastillas contra el mareo?

   Sí, __tómenlas__ con comida; no __las tomen__ sin nada en el estómago.

2. ¿Podemos guardar las maletas en la estación de autobuses?

   No, no __las guarden__ allí, __guárdenlas__ en este cuarto en el hotel.

3. ¿Podemos llamar a la agencia para cambiar el boleto?

   No __lo cambien__ por teléfono; __cámbienlo__ en persona en la agencia.

4. ¿Es mejor alquilar un coche en el aeropuerto?

   Sí, __alquílenlo__ en el aeropuerto, no __lo alquilen__ en la Agencia Roque.

## B. Cartas

**Paso 1** Lea la carta y luego, con un(a) compañero/a, contesten las preguntas que siguen. Use la **Pista caliente** para ayudarlo/la con los usos de **por** y **para**.

---

### Pista caliente

#### Por y para

In Spanish, **por** and **para** both mean *for*. However, they are not interchangeable. Study some of the differences in usage below.

**Uses of por:**

| | |
|---|---|
| **Vamos *por tren.*** | *by means of* |
| **Caminó *por el parque.*** | *through* |
| **Estuve en Chile *por tres meses.*** | *duration of time* (often omitted) |

**Por** is used in a number of fixed phrases:

| | |
|---|---|
| por eso | *therefore* |
| por favor | *please* |
| por supuesto | *of course* |
| gracias por... | *thanks for . . .* |

**Uses of para:**

| | |
|---|---|
| **Dieron la orientación *para preparar* a los aprendices.** | *in order to* |
| **Ayer se fue *para la Patagonia.*** | *toward, in the direction of* |
| **Esta tarjeta postal es *para mi hermano.*** | *destined for or recipient* |

---

¡Hola, Gabriela!

Estoy en Chile **por** tres meses **para** participar en un intercambio de periodistas. Todos llegamos a Santiago **por** avión el 6 de enero. Fue un viaje muy largo. **Por** eso tomamos el primer día en Santiago **para** descansar. El segundo día tuvimos una reunión de orientación y luego caminamos **por** el centro de Santiago. En tres días, cada periodista sale **para** diferentes partes de Chile; unos van **por** avión, otros **por** tren y otros **por** barco. **Por** supuesto, estamos muy emocionados.

Un abrazo,
Alina

### Comprensión

1. ¿Por cuánto tiempo va a estar Alina en Chile?
2. ¿Cómo van a viajar a Santiago los aprendices?
3. ¿Para qué están en Chile los aprendices?
4. ¿Cuales son dos de las expresiones fijas que aparecen en la carta?

Answers B. *Paso 1. Comprensión:*
1. *Alina van a estar en Chile por tres meses.*
2. *Van a viajar a Santiago por avión.*
3. *Están en Chile para participar en un intercambio de periodistas.*
4. *Por eso, por supuesto*

**Paso 2** Rellene los siguientes espacios en blanco con **por** o **para.**

Santiago de Chile

¡Hola, Daniel!:

Gracias _____por_____¹ tu tarjeta postal. Parece que casi todos mis amigos salen _____para_____² lugares exóticos este semestre. Mi amiga Gina, salió _____para_____³ España ayer. _____Por_____⁴ supuesto fue _____por_____⁵ avión, pero va a viajar _____por_____⁶ tren durante sus vacaciones allí. Yo le regalé un libro sobre la arquitectura de Barcelona _____para_____⁷ leer en el avión. Ella va a estar en España sólo _____por_____⁸ tres semanas, no _____por_____⁹ tres meses como tú. Y yo me quedo en casa. ¡Qué aburrido! _____Por_____¹⁰ eso debes seguir mandándome postales y correos electrónicos para entretenerme mientras todos mis amigos viajan _____por!_____¹¹ el mundo.

Abrazos,

Margarita

**Comprensión**

1. ¿Qué quiere Margarita que haga Daniel?
2. ¿Qué recomienda Ud. que haga Margarita este semestre para no aburrirse tanto?

**C. Momentos difíciles**

Con un(a) compañero/a, mire los siguientes dibujos y haga recomendaciones para los cuatro aprendices. Usen verbos como **aconsejar, recomendar** y **sugerir.**

A Daniel no le gusta viajar en aviones ligeros.

Erica no tiene hambre. Está harta de probar los nuevos platos.

Jorge hace auto-stop, pero no tiene mucha suerte.

Alina ha asistido a tres conciertos en tres días. La música es muy fuerte y le duele la cabeza.

### D. Los periodistas chilenos en los Estados Unidos

Hay cuatro periodistas chilenos que están en los Estados Unidos escribiendo artículos para una revista norteamericana. Están en la ciudad donde Ud. vive y quieren explorar la región. En parejas, háganle recomendaciones a cada aprendiz para sus artículos.

1. Liria va a escribir sobre los restaurantes del área.
2. Óscar va a escribir sobre los lugares de aventuras extremas.
3. Mónica va a escribir sobre los mejores lugares para ir de compras.
4. Juanjo va a escribir sobre los eventos deportivos o culturales y otras diversiones.

**Expansion D:** If an online discussion forum is available to the class, assign groups of students to write e-mails to one of the apprentices and make recommendations. Other groups can then respond to the suggestions and offer other suggestions.

# Vocabulario del tema II:
## Hablando del proceso de escribir

**Suggestion:** Referring to the picture, describe the scene and periodically ask students brief short answer or yes/no questions about the characters in the picture and the writing process. Have students help you provide correct answers. For example: *Estas personas son aprendices. No son profesionales. Están aprendiendo más sobre el periodismo mientras trabajan. Por ejemplo, ¿qué está haciendo Ana Mariá? Sí, está entrevistando a un escritor famoso. ¿Es una entrevista interesante? ¿Cómo saben? ¿Qué está haciendo Ana Mariá? Sí, está tomando muchos apuntes. Si pudieran entrevistar a una persona famosa, ¿a quién les gustaría entrevistar? ¿Cómo está Mark? Sí, está muy nervioso. ¿Por qué? ¿Qué problema tiene? Sí, tiene un bloqueo mental y no sabe qué escribir. ¿Sufren Uds. de bloqueos mentales cuando necesitan escribir un reportaje para la escuela? ¿Y tienen bloqueos mentales cuando toman un examen? ¿Para qué clase tienen más bloqueos mentales? ¿Dónde está Frank? ¿Qué está haciendo? ¿Cuál va a ser el tema de su reportaje? Ya casi termina el reportaje, ¿verdad? ¿No? ¿Qué necesita escribir primero? ¿Siempre escriben Uds. un primer borrador?*

## El proceso de escribir

| | |
|---|---|
| el bloqueo mental | *writer's block* |
| el bosquejo | *outline* |
| el detalle | *detail* |
| la fecha límite | *deadline* |
| el primer borrador | *first draft* |
| el reportaje | *report* |
| el tema | *theme* |
| el título | *title, headline* |

### Los verbos

| | |
|---|---|
| captar el interés | *to capture interest* |
| compartir | *to share* |
| entrevistar | *to interview* |
| escoger | *to choose* |

| | |
|---|---|
| posponer | *to procrastinate; to postpone* |
| revisar | *to revise; to go through* |
| tomar apuntes | *to take notes* |

### Los adjetivos

| | |
|---|---|
| entretenido/a | *entertaining* |
| fascinante | *fascinating* |
| informativo/a | *informative* |
| intrigante | *intriguing* |
| ofensivo/a | *offensive* |
| provocativo/a | *provocative* |
| tonto/a | *dumb* |

## Expresiones y preguntas para una entrevista

| | |
|---|---|
| ¿Es verdad/cierto que... ? | *Is it true that . . . ?* |
| Háblenos un poco sobre... | *Tell us a little bit about . . .* |
| He oído/leído que... | *I've heard/read that . . .* |
| ¿Me puede decir más sobre... ? | *Could you tell me more about . . . ?* |
| ¿Me puede decir si/dónde/cómo/cuándo/por qué... ? | *Could you tell me if/where/how/when/why . . . ?* |
| ¿Me puede explicar... ? | *Could you explain to me . . . ?* |
| ¿Me puede hablar de... ? | *Could you tell me about . . . ?* |

## Actividades

### A. ¡Bienvenidos al taller de periodismo!

Escuche mientras su profesor(a) lee lo que Pedro Lanfranco, un periodista, les dice a los aprendices. Luego, indique si las siguientes frases son ciertas o falsas.

**¿Cierto o falso?**

| | CIERTO | FALSO |
|---|---|---|
| 1. El Sr. Lanfranco es un aprendiz de periodismo. | ☐ | ☒ |
| 2. Los aprendices van a seguir el método del Sr. Lanfranco paso a paso (*step by step*). | ☒ | ☐ |
| 3. Los aprendices van a aprender a hacer una entrevista muy efectiva. | ☒ | ☐ |
| 4. Desafortunadamente, no van a aprender técnicas para combatir el bloqueo mental. | ☐ | ☒ |
| 5. Las técnicas del Sr. Lanfranco van a ayudar a los aprendices a desarrollar su creatividad al escribir. | ☒ | ☐ |

### B. El proceso de escribir

**Paso 1** Complete el siguiente cuestionario sobre el proceso de escribir que Ud. emplea al escribir un informe (*paper*).

| | SIEMPRE | A VECES | NUNCA |
|---|---|---|---|
| Escribo un bosquejo. | ☐ | ☐ | ☐ |
| Espero hasta el último momento para empezar. | ☐ | ☐ | ☐ |
| Escribo varios borradores. | ☐ | ☐ | ☐ |

| Les pido a mis amigos que lean y corrijan mis borradores. | ☐ | ☐ | ☐ |
| Le pido ayuda al / a la profesor(a). | ☐ | ☐ | ☐ |
| Tengo un bloqueo mental. | ☐ | ☐ | ☐ |
| Pospongo el trabajo. | ☐ | ☐ | ☐ |
| Pido extensión de la fecha límite. | ☐ | ☐ | ☐ |

**Paso 2** Compare sus respuestas con las de un(a) compañero/a. ¿Le gustaría a Ud. colaborar con su compañero/a en un proyecto de escribir sobre algo? Explique por qué sí o por qué no.

## C. ¿Cuál te interesa más?

**Suggestion C:** Have students explain why they chose the adjectives they did to explain the different headlines.

**Answers:** Answers will vary.

Los títulos de los artículos son muy importantes porque tienen que captar el interés del lector.

**Paso 1** Lea los títulos de los artículos que van a publicar este mes en *Abrapanoramas*. Con un(a) compañero/a, empareje cada título con un de los siguientes adjetivos.

a. aburrido      d. informativo

b. entretenido     e. ofensivo

c. fascinante     f. tonto

1. _____ Ricos extranjeros compran tierra en Patagonia
2. _____ Peligrosa caminata a Puerto Natales
3. _____ Un paquete completo para esquiar en la nieve y para tomar el sol en la costa del Pacífico—todo en cuatro días
4. _____ Café con piernas en Santiago—camareras en minifalda
5. _____ El volcán Villarrica sirve lava blanca sobre nieve blanca
6. _____ Metrosexual y romántico—¿Dónde lo encuentras?
7. _____ ¡Salud! Escoge entre 365 tipos de vinos chilenos para celebrar cualquier ocasión
8. _____ Pistas calientes para dormir y comer bien sin gastar un dineral

**Paso 2** ¿Cuáles son los artículos que piensan Uds. que escribieron los siguientes aprendices?

Daniel investigó sobre viajes extremos para *AventuraChile*.

Erica investigó sobre viajes gastronómicos.

Jorge investigó sobre viajes baratos.

## D. Apuntes perdidos

Ana María entrevistó a un famoso escritor chileno en una feria de libros, y ahora está revisando sus apuntes. Desafortunadamente, no puede encontrar la lista de preguntas. Trabajando con un(a) compañero/a, escriba la letra de la pregunta que corresponda con las respuestas.

a. ¿Me puede decir por qué empezó a escribir novelas?

b. ¿Me puede describir su proceso de escribir?

c. Háblenos un poco de su juventud.

d. He oído decir que Ud. no se considera un escritor de éxito. ¿Nos puede explicar por qué?

e. He leído que su última novela ha sido nominada como la mejor novela del año en Chile. ¿Cómo reaccionó Ud. al enterarse de este honor?

1. __d__ Escribir para mí, es igual que respirar. Es una necesidad. Por eso nunca ha sido cuestión de tener éxito o no. Desde luego me alegro de que a la gente le gusten mis cuentos.

2. __c__ Nací en Valparaíso y pasé los primeros años allí.

3. __a__ No sé, he escrito toda mi vida: diarios, cartas. Por años me dediqué al periodismo y por último empecé a escribir ficción. Siempre he sentido una necesidad de escribir todo lo que pasa.

4. __e__ No sé. Me sorprende que esta novela sea tan popular porque trata de la dictadura, un tema que todavía es muy difícil para la mayoría de los chilenos.

5. __b__ Siempre investigo antes de escribir. Necesito conocer de primera mano las experiencias de mis personajes. También investigo los ambientes que describo.

**Expansion E:** Have students role-play an interview with a famous person in front of the class.

**E. Entrevista de una celebridad**

**Paso 1** Imagínese que Ud. tiene la oportunidad de entrevistar a una persona famosa. ¿A quién entrevistaría? ¿Por qué?

Si tuviera la oportunidad, yo entrevistaría a _____ porque _____.

**Paso 2** ¿Cuáles son las cuatro preguntas que le haría?

# Punto gramatical II:
## Subjunctive: Verbs of emotion

### Gramática en contexto

Una lectura de *Abrapanoramas* le escribe una carta al editor.

Muy estimado editor:

Cuando empecé a planear un viaje a Chile, por suerte (*luckily*) encontré *Abrapanoramas*. En mi opinión, es la mejor de todas las guías turísticas. Me encanta que su revista **tenga** artículos sobre lugares fascinantes y poco conocidos. Es obvio que sus escritores aman su trabajo y escriben sus artículos con mucho interés personal. Es fantástico que la revista **ayude** al turista con información que no aparece en las guías oficiales. Me molesta que las otras guías **tengan** un enfoque demasiado comercial. A mí me gusta **hacer** viajes a lugares poco visitados y me siento frustrada al tener que **pagar** precios tan altos. Por eso, me alegro tanto de que **exista** su maravillosa revista y voy a recomendarles a todos mis amigos que la **lean**.

#### ¿Cierto o falso?

| | CIERTO | FALSO |
|---|---|---|
| 1. A la lectora le molesta que la revista no tenga información cultural. | ☐ | ☒ |
| 2. A la lectora le gusta hacer viajes convencionales. | ☐ | ☒ |
| 3. Para la lectora es importante no gastar mucho dinero. | ☒ | ☐ |
| 4. A la lectora le gusta que *Abrapanoramas* ofrezca la misma información que las guías oficiales. | ☐ | ☒ |
| 5. La lectora les va a recomendar la revista a sus amigos. | ☒ | ☐ |

# Explicación gramatical

**More present subjunctive:** Subjunctive of emotion

Along with verbs of influence (**querer, insistir, sugerir, recomendar,** and so on), the subjunctive is also used to express emotional reactions to or value judgments of the events taking place around us. Some of the more common expressions of emotion that require the subjunctive include **estar contento/triste, sentir, temer,** and **tener miedo de.**

| | |
|---|---|
| **Siento que** no vengan a la fiesta. | *I'm sorry they are not coming to the party.* |
| **Tengo miedo de que** vayan sin mí. | *I'm afraid they are going without me.* |

Underline an example of a sentence expressing emotion in the **Gramática en contexto** reading.

**Gustar**-type verbs (**alegrar, encantar, frustrar, molestar, sorprender**) also express emotions and require the subjunctive.

| | |
|---|---|
| **Me alegra que** todos participen en la conferencia. | *I am happy that everyone is participating in the conference.* |
| **Me molesta que** siempre lleguen tarde. | *It annoys me that they always arrive late.* |

Circle a **gustar**-type verb used with the subjunctive in the **Gramática en contexto** reading.

The present subjunctive also is used in noun clauses after impersonal expressions of emotion or judgment:

> **Es + triste (absurdo/terrible/impresionante/increíble/curioso/ extraño/bueno/mejor/preferible/una lástima, etcétera) que...**

| | |
|---|---|
| **Es terrible que** el viaje sea tan caro. | *It's terrible that the trip is so expensive.* |
| **Es absurdo que** siempre se pierdan. | *It's ridiculous that they always get lost.* |

Underline a sentence with an impersonal expression of emotion or judgment in the **Gramática en contexto** reading.

Impersonal expressions that express certainty must be followed by the indicative. The following are the most common impersonal expressions that take the indicative:

> **Es obvio/cierto/evidente/verdad que...**

| | |
|---|---|
| **Es obvio que** prefieren viajar en primera clase. | *It's obvious that they prefer to travel in first class.* |
| **Es verdad que** nunca toman el metro. | *It's true that they never take the subway.* |

Underline a sentence with an impersonal expression of certainty in the **Gramática en contexto** reading.

Don't forget that if there is only one subject, the infinitive is used:

| | |
|---|---|
| **No me gusta viajar** en autobús. | *I don't like to travel by bus.* |
| **Es malo posponer** un proyecto. | *It's bad to postpone a project.* |

## Ponerlo a prueba

**¿Qué diría para animar a un/a escritor(a)?**

Rellene los espacios en blanco con el comentario que hace otro aprendizante cada declaración del escritor.

1. **Alina:** Hice toda la investigación necesaria para entrevistar a una cantante chilena famosa. La entrevisté la semana pasada, tomé buenos apuntes y ahora tengo un bloqueo mental y no puedo escribir ni una palabra.

   **Reacción:** Lamento que no (poder) ___*puedas*___ escribir. Es bueno (tener) ___*tener*___ una técnica contra un bloqueo mental. Te voy a explicar lo que hago yo en esta situación.

2. **Mark:** El editor insiste en que modifique la primera parte de mi artículo porque dice que es algo confusa. Estoy tan cansado que no puedo pensar.

   **Reacción:** Siento que la fecha límite para entregar la primera parte (ser) ___*sea*___ tan pronto y que no (poder) ___*puedas*___ descansar un poco.

3. **Frank:** Pues ya terminé el primer borrador, pero todavía tengo que incorporar las excelentes sugerencias que me dio el editor.

   **Reacción:** Es obvio que (respetar) ___*respetas*___ la opinión de su editor. Estoy seguro de que (ir) ___*vas*___ a salir muy bien.

4. **Erica:** No estoy de acuerdo con los cambios que ha sugerido el editor.

   **Reacción:** ¿Temes que no (aceptar) ___*acepte*___ el artículo si no haces los cambios? Es mejor que (hablar) ___*hables*___ francamente con el editor lo más pronto posible.

5. **Jorge:** La versión final está lista. Lo único que tengo que hacer ahora es escoger el título.

   **Reacción:** Me alegro de que la versión final (estar) ___*esté*___ lista antes de la fecha límite. Es obvio que no (posponer) ___*pospones*___ el trabajo.

## Actividades

### A. Un correo electrónico

**Paso 1** Lea el correo electrónico que Ángela Robles recibió de una aprendiz que investiga las costumbres culinarias de Chiloé. Luego, rellene los espacios en blanco para completar la respuesta de Ángela.

Sra. Robles:

Me fascina el archipiélago de Chiloé: La comida es sabrosísima y la gente simpatiquísima. El único problema es que en todas partes me ofrecen un pisco sour, que es una bebida excelente, pero acabo de enterarme de que cada bebida contiene luna clara de un huevo crudo (*raw egg white*). Tengo miedo de enfermarme. No sé que hacer; no quiero ofenderle a nadie porque la gente aquí es tan generosa y amable. ¿Qué me recomienda?

Saludos cordiales,
Erica

P. D. El adjunto (*attachment*) es una foto de mí después de saber lo que contiene un pisco sour.

Querida Erica,

Me alegra mucho que te (gustar) ___*guste*___ [1] Chiloé. Es verdad que la gente del archipiélago (ser) ___*es*___ [2] fabulosa. Siento que (sentirse) ___*te sientas*___ [3] incómoda al beber los famosos pisco sours de la región. Pero está claro que es importante que no (enfermarse) ___*te enfermes*___ [4] durante tu viaje. Te recomiendo que (pedir) ___*pidas*___ [5] los pisco sours sin la clara del huevo. La verdad es que en muchos lugares les preguntan a los extranjeros si quieren el pisco sour con o sin huevo. No te preocupes. No vas a insultar a nadie con eso.

Un abrazo,
Ángela

**Paso 2** Lea el artículo que escribió Erica sobre el pisco y con su compañero/a conteste las preguntas de comprensión.

El pisco, ingrediente principal del famoso pisco sour, es un aguardiente (una bebida alcohólica como el brandy) hecha de uvas. El pisco se produce en Chile y en el Perú y los dos países lo consideran como bebida nacional. Muchos piensan que el pisco empezó a fabricarse en el Perú en el siglo XVI y por eso lo consideran como patrimonio cultural del Perú. Sin embargo, los chilenos dicen que el pisco se conoce en todo el mundo gracias a la promoción y exportación chilena. Es una gran controversia, pero lo que queda muy clara es la popularidad del pisco sour tanto en el Perú como en Chile.

1. ¿Puede Ud. pensar en otras bebidas que también sean símbolos de orgullo nacional o regional?

2. Imagínese que un aprendiz chileno/a está en los Estados Unidos y va a escribir un artículo sobre la gastronomía de la región de Ud. ¿Qué platos o bebidas le recomienda Ud. que pruebe?

*Answers Paso 2: 1. Champagne in France, cava (sparkling wine) and jerez (sherry) in Spain, tequila in México, rum in Caribbean, etc. 2. Answers will vary.*

**Suggestion B:** Bring in photos of Lago Grey, La Isla Robinson Crusoe, and Las Torres del Paine to demonstrate the rugged beauty.

**Expansion:** As a homework assignment, have students bring in photos of places they have visited either in this or other countries and describe that they did, as Jorge did in his notes. Ask students to write 2–3 reactions about the places and recommendations for other students who might go there.

**Answers:** Answers will vary.

## B. Los apuntes de Jorge

Lea los apuntes que Jorge tomó durante sus viajes de investigación y reaccione ante cada experiencia. Luego, escriba una recomendación para los turistas que van a visitar los siguientes lugares.

MODELO: Es alucinante que los glaciares sean tan grandes. Les recomiendo que lleven impermeables para protegerse de la llovizna.

### 1. Lago Grey

Tomé un barco al Lago Grey para ver la caída (*falling*) de partes de los glaciares. Allí pude experimentar el aire puro del lugar y el ruido ensordecedor (*deafening*) que se escucha con cada movimiento del glaciar. Al caer sobre las heladas aguas, los bloques de hielo forman una llovizna espesa y producen un pequeño maremoto (*tidal wave*). Desgraciadamente (*Unfortunately*), el movimiento del barco me dio náusea y se me cayó mi cámara en el agua. Afortunadamente, tenía otra cámara desechable (*disposable*) en mi mochila.

Es una lástima que…

Recomiendo que…

Torres del Paine, Chile

### 2. El Valle del Elqui

En este valle tranquilo y lleno de aire puro, fui a visitar la casa y el museo de la poeta Gabriela Mistral. Allí, hay una colección de fotos y objetos personales de la poeta y una biblioteca de sus obras. Después, tomé un tour gratuito (*free*) en la fábrica de Pisco Capel. Se explica todo el proceso de transformar la uvas en pisco, la bebida nacional de Chile. Al final se puede probar los piscos. Son deliciosos, pero aprendí que es muy fácil emborracharse (*get drunk*) con sólo un poco de pisco. Hay una tienda donde se venden recuerdos (*souvenirs*), piscos y vinos de la región a precios razonables.

Es importante que…

Les sugiero que…

### 3. Las Torres del Paine

Este parque nacional ofrece una variedad de actividades para satisfacerles a todos. Se puede hacer excursiones a pie y a caballo. También se puede alquilar un barco para explorar el lago e ir de pesca. Me quedé en Eco-Camp, un hotel innovador (*innovative*) y ambientalmente consciente (*environmentally conscious*), situado entre las hayas (*beech trees*) en la sombra (*shadow*) de las agujas (*spires*) llamadas Las Torres. No ofrece muchos servicios extra, pero me encantó. Conocí a otro viajero muy rico que se quedaba en el ultralujoso Explora Lodge con vistas impresionantes de los picos y el lago. El precio fue impresionante también —¡entre $500 y $800 por una noche!

Si no tiene mucho dinero es mejor (que)…

A las personas menos activas les recomiendo que…

A las personas atrevidas les sugiero que…

## C. La propuesta alarmante de ENDESA

**Paso 1** Lea el siguiente párrafo y luego, con un(a) compañero/a, conteste las preguntas.

**Suggestion:** Refer students back to the chapter opening photo to show them the beauty of Chilean rivers.

Es fantástico que Daniel **haya visto** lugares de tanta belleza (*beauty*) durante su viaje de investigaciones. Pero **ha descubierto** también que hay reportajes no muy hermosos que tiene la obligación de escribir. En su viaje a la Patagonia, Daniel se enteró de algo alarmante. ENDESA, una compañía española de energía, **ha construido** una presa (*dam*) en el río Biobío para generar energía hidroeléctrica. La construcción de la presa **ha causado** muchos problemas. Es inquietante que ENDESA **haya propuesto** la construcción de cinco nuevas presas en los ríos, pero esta vez **ha habido** mucha oposición. Daniel duda que la compañía **haya esperado** tanta resistencia.

1. ¿Qué ha aprendido Daniel sobre las obligaciones de un periodista?
2. ¿Qué es ENDESA y qué planes tiene para la Patagonia?
3. ¿Es probable que las protestas hayan detenido (*stopped*) los planes de ENDESA?
4. ¿Por qué cree Ud. que se usa el subjuntivo en la última oración?

¿Qué pasará a los ríos chilenos?

**Answers C. *Paso 1*:**
1. *Ha aprendido que tiene la obligación de escribir reportajes no muy hermosos de vez en cuando.*
2. *Es una compañía española de energía. Quiere construir cinco presas en los ríos de la Patagonia para generar energía eléctrica.*
3. *Answers will vary.*
4. *En la primera es por «Es fantástico», en la sexta es por «es inquietante» y en la última es por «duda que».*

---

### Pista caliente

## El presente perfecto de subjuntivo

In **Capítulo 5,** you learned to use the present perfect to express an action that occurred in the recent or undefined past.

Eugenia nunca **ha viajado** al extranjero. *Eugenia has never traveled abroad.*

The present perfect subjunctive is used to express emotional reactions to or subjective evaluations of events that have already occurred in the recent or undefined past. To form the present perfect subjunctive, use the subjunctive form of the auxiliary verb **haber** with the past participle.

| | |
|---|---|
| haya | hayamos |
| hayas | hayáis |
| haya | hayan |

As with the present subjunctive, there must be two clauses with different subjects.

**Me sorprende** que Eugenia nunca **haya viajado** al extranjero.   *I am surprised that Eugenia has never traveled abroad.*

---

**Paso 2** Lea más sobre la situación en la Patagonia y en parejas completen las posibles reacciones según la perspectiva de cada grupo.

**Suggestion C. *Paso 2*:** Model reactions to the proposed ENDESA construction.

MODELO: Reacción de los ecologistas: Es terrible que ENDESA **haya hecho** planes para construir más presas.

Reacción de ENDESA: Es necesario que haya más energía para las ciudades grandes como Santiago.

1. La construcción de la presa en el río Biobío ha destruido el ecosistema del valle y ha desplazado (*displaced*) a una comunidad mapuche que llevaba siglos viviendo en el valle.

Reacción de los ecologistas: (destruir el ecosistema)

Reacción de ENDESA: (generar energía)

Reacción de los mapuches: (perder nuestras viviendas)

2. Chile tiene que importar más del 90 por ciento del petróleo, carbón y gas que consume la población. ENDESA ha propuesto la construcción de cinco nuevas presas en los ríos de la Patagonia para generar energía hidroeléctrica.

Reacción de la población general: (decidir construir más presas)

Reacción de los empresarios turísticos: (proteger la belleza)

## D. El mejor ambiente para escribir

**Suggestion D:** Before the students read the information about the authors, ask questions about how they study (with noise, alone, in the library, and so on).

En varias entrevistas, estos tres escritores han hablado de sus hábitos en cuanto a escribir, que para ellos son rituales.

**Paso 1** Lea cada ritual y reaccione ante cada uno. Utilice expresiones como **Es raro/curioso/increíble/fascinante que...**

### Roberto Ampuero

El autor de la popular saga del detective privado Cayetano Brulé siempre hace investigaciones antes de escribir una novela. Para escribir necesita un cuarto que esté por lo menos un piso sobre el nivel de la tierra, una amplia ventana con buena vista, una pantalla grande y un buen equipo de música con sus CDs favoritos. Lo más importante es que sólo puede escribir muy temprano: entre las 5:30 y las 8:30 de la mañana.

Reacción: _____

### Isabel Allende

Esta novelista contemporánea siempre tiene flores en el escritorio. Al empezar a escribir, enciende una vela para que le llegue la inspiración. Trabaja hasta que se apaga la vela, eso es de seis a siete horas. Pasa el tiempo en silencio, escribiendo. Cree que ella se convierte en médium. Oye voces sobrenaturales (*supernatural*) y tiene visiones y experiencias reveladoras.

Reacción: _____

### Pablo Neruda

Después de romperse un dedo y no poder escribir a máquina, este poeta y ganador del Premio Nóbel de Literatura de 1971 se acostumbró a escribir a mano. El dedo se curó, pero siguió escribiendo a mano porque descubrió que así tenía más sensibilidad y podía escribir una poesía más íntima. Escribía con tinta (*ink*) verde en un cuaderno. No tenía horario, pero prefería escribir por la mañana. Escribía donde y cuando podía. No le molestaba escribir mientras mucha gente conversaba a su alrededor.

Reacción: _____

**Paso 2** Conteste las siguientes preguntas y comparta sus reacciones con un(a) compañero/a.

1. ¿Cuál de los tres escritores tiene el proceso más excéntrico?
2. ¿Tiene Ud. un ritual o un ambiente preferido cuando escribe o estudia? Explique.
3. Describa su ritual a su compañero/a y luego reaccione ante el ritual de él/ella.
4. Teniendo en cuenta el ritual de cada uno de los famosos escritores, ofrézcale recomendaciones a su compañero/a para mejorar el ambiente en que escribe o estudia.

**Suggestion D.** *Paso 2:* Have students share what they have learned with the class, and ask for reactions to the different rituals.
Answers: Answers will vary.

## E. Cuatro escritores chilenos

Su profesor(a) le va a dar una lista con información incompleta sobre la vida de cuatro escritores chilenos. Con un(a) compañero/a intercambie información para completar sus listas.

**Note E:** This is an Information Gap activity in which pairs of students must work together to fill in the missing information. The activity must be copied from the *IM* and handed out to the students.

**Breve prueba diagnóstica.** Go to the *Online Learning Center (OLC)* (www .mhhe.com/pasaporte) and take the diagnostic test to see how well you are learning the concepts presented in this chapter. Then, go back to page 145 and do the **Autoevaluación** again to check your progress.

# Reciclaje comunicativo

**Descripciones**

Vea las siguientes fotos de Erica, Daniel y Alina, tres de los aprendices que están en Chile.

Erica prueba otra comida deliciosa para su artículo sobre la gastronomía chilena.

Daniel se prepara para escalar una montaña para su artículo sobre deportes extremos en Chile.

Alina escribe unas preguntas antes de su entrevista con un poeta chileno.

Note: This communicative recycling activity gives students the opportunity to use the structures they have been learning to be able to describe and talk about likes and dislikes. By rotating roles, students learn from each other and build on what their partners have just said. The grammar monitor only pays attention to agreement errors. As you circulate and listen to students, make sure the monitor is catching these errors.

En grupos de tres, miren las fotos y luego hagan cada uno de los siguientes papeles:

A. describir a una de las personas, según las instrucciones

B. hacer preguntas para conseguir más información sobre la persona que describió su compañero/a

C. servir de monitor de la gramática

ESTUDIANTE A:

1. *Describir*: Describa a uno de los aprendices, incluyendo su edad, aspecto físico y personalidad.

2. Escoja una de las siguientes metas comunicativas para añadir más información sobre esta persona.

   - *Comparar:* Haga una comparación entre la persona que Ud. escogió y una de las otras personas en cuanto a la personalidad, apariencia física e intereses periodísticos de cada una.

   - *Hablar de los gustos:* Explique lo que le gusta/interesa/fascina de Chile a esta persona y lo que le molesta/preocupa.

   - *Narrar en el pasado:* Explique algo que le pasó durante su estancia en Chile.

ESTUDIANTE B: Escuche la descripción del **Estudiante A** mientras describe uno de los aprendices. Luego, hágale dos preguntas para conseguir más información sobre esa persona.

ESTUDIANTE C: Como monitor de la gramática, Ud. debe escuchar y apuntar cualquier error de concordancia que detecte mientras los **Estudiantes A** y **B** hablan.

MODELO: (**Estudiante C** escucha y escribe): *Ella es alta y delgad<u>o</u> y lleva una blusa roj<u>o</u>.

Luego, muéstreles a los **Estudiantes A** y **B** dónde deben tener cuidado con la concordancia.

Ahora cambien de papel. Cada miembro del grupo debe hacer cada papel por lo menos una vez.

### Diálogos

En grupos de tres, preparen un diálogo como si fueran las tres personas de las fotos hablando de el tiempo que pasaron en Chile y de sus recomendaciones para los nuevos aprendices.

# Oportunidades globales

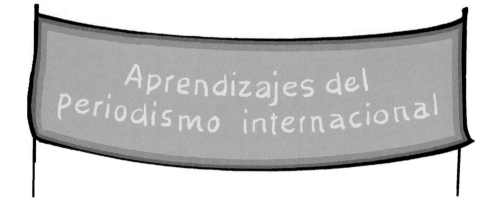

## Introducción: Los intercambios periodísticos

Los intercambios periodísticos en el extranjero son muy valiosos (*valuable*). Les ofrecen a los aprendices de esta profesión la oportunidad de conocer de cerca (*up close*) otros mundos. La experiencia de viajar por el mundo, hablar con la gente nativa, tratar de captar (*capture*) la esencia del lugar y compartirlo con otros es una experiencia singular. Desarrolla en los futuros periodistas la capacidad de incitar en el lector el deseo de visitar y conocer el lugar que describen.

### Comprensión

1. ¿Qué beneficios ofrece la experiencia de trabajar en un país extranjero?
2. A Ud. ¿le gustaría trabajar de aprendiz de periodismo u otra profesión en un país hispano?

## ¡A escuchar!

Todos los aprendices votaron por Alina para recibir el premio por el mejor artículo. Su artículo titulado «El poder del lugar: Pablo Neruda en Temuco» ha captado el interés y admiración de todos. Escuche mientras su profesor(a) lee lo que dice Alina al aceptar su premio.

**¿Cierto o falso?**

|  | CIERTO | FALSO |
|---|---|---|
| 1. Alina descubrió la poesía de Pablo Neruda cuando llegó a Chile. | ☐ | ☒ |
| 2. Su visita a Temuco la ayudó a entender cómo los indígenas mapuches afectaron a Neruda. | ☒ | ☐ |
| 3. El clima de Temuco es muy seco. | ☐ | ☒ |
| 4. Alina aprecia el consejo valioso de sus mentores y colegas. | ☒ | ☐ |

# ¡A leer!

Ud. tiene la oportunidad de escoger la portada (*cover*) de *Abrapanoramas.* Lea los siguientes artículos escritos por los aprendices y empareje cada foto con el artículo que mejor la describa. Luego, escoja el artículo y la foto que, según Ud., representa mejor el tema «Entre extremos».

**Suggestion ¡A leer!:** Have students look at the four photographs before reading the descriptions.

1. _____ *La tierra madre de los indios mapuche*

2. _____ *La Isla de Pascua y la Isla Juan Fernández*

3. _____ *El Norte Grande de Chile*

4. _____ *La Carretera Austral*

## El Norte Grande de Chile

El Norte Grande de Chile es un territorio de grandes contrastes. Dunas, arena y sal se enfrentan con hielo, frío y lagunas, y con volcanes, alturas y silencio. Los imponentes volcanes nevados de 6 mil metros de altura se contrastan con la aridez (*dryness*) del desierto de Atacama, el más seco de la Tierra. Las increíbles formaciones rocosas del Valle de la Luna, los singulares flamencos, los impresionantes géiseres de El Tatio y los numerosos baños termales son algunos de los espectáculos naturales de esta zona.

### La tierra madre de los indios mapuches

La región que comienza al suroeste de Temuco es la tierra madre de los indios mapuches, una de las culturas indígenas más importantes de las Américas. Por casi tres siglos los mapuches resistieron la conquista española en la zona norte de esta región. Ahora se enfrentan con otro enemigo, la modernización, la cual ha empezado a borrar (*erase*) la identidad y las prácticas culturales y tradicionales de los mapuches. Temen que el desarrollo vaya a destruir su paraíso de ricas tierras volcánicas, bosques antiguos y lagos cristalinos de origen glacial.

### La Carretera Austral

La Carretera Austral (*The Southern Highway*) se inicia en Puerto Montt y termina en Caleta Yungay, al extremo sur de Chile. La construcción de la carretera comenzó en 1979 y la última parte se abrió en 1996. Son 1.100 kilómetros de camino que pasan entre bosques y fiordos y por la orilla del mar —los lugares más atractivos de la Patagonia chilena. Hay partes de la carretera que son intransitables (*impassable*) y es necesario tomar los transbordadores o barcos pequeños para cruzar los fiordos. El camino es a veces muy angosto (*narrow*) y todavía no existe buena infraestructura de apoyo (*support*). Por eso, el viajero debe estar preparado para cualquier emergencia y tener la precaución de llenar el tanque de gasolina del coche y llevar tanques de reserva. Sin embargo, viajar por esta carretera le garantiza una aventura alucinante.

### La Isla de Pascua y la Isla de Juan Fernández

Dos islas del Pacífico —la Isla de Pascua y la Isla de Juan Fernández— presentan paisajes totalmente diferentes. El archipiélago de Juan Fernández tiene un clima suave y tropical y allí crece una vegetación rica y siempre verde. Desde el nivel del Pacífico hasta las cumbres, las alturas exceden los 1.500 metros. Las islas albergan (*are home to*) uno de los ecosistemas más únicos del mundo. Más del 60 por ciento de las especies de plantas nativas de la isla no se encuentra en ninguna otra parte de la Tierra. En contraste, una consolidación de lava y cenizas (*ashes*) de tres volcanes submarinos ha formado la Isla de Pascua en medio del océano Pacífico. Es una isla llena de misterio. Todavía no se puede explicar cómo fueron construidos y transportados los enormes maoi, monumentos megalíticos, el más grande de los cuales pasa de 18 metros de altura. Tampoco se pueden descifrar los jeroglíficos de las tablas rongorongo. Es posible que sean una forma de lenguaje ya desaparecido.

#### ¿Cierto o falso?

|  | CIERTO | FALSO |
|---|---|---|
| 1. El desierto de Atacama es el más seco del planeta. | ☒ | ☐ |
| 2. El origen de los maoi y las tablas rongorongo es un misterio. | ☒ | ☐ |
| 3. La carretera austral no pasa cerca del océano. | ☐ | ☒ |
| 4. Los mapuches no quieren perder sus tradiciones. | ☒ | ☐ |

## ¡A conversar!

Lea las siguientes situaciones. Luego, con un(a) compañero/a, presente cada conversación incorporando las **Expresiones útiles** para realizar las destrezas conversacionales necesarias para cada diálogo.

**Situación 1** Dos viajeros tienen poco tiempo juntos en Chile, pero quieren aprovechar su tiempo al máximo.

*Destrezas conversacionales: Hacer planes, dar las gracias, persuadir*

ESTUDIANTE A: Ud. ha estado en Chile por tres meses y ahora su amigo/a de la universidad viene a Chile para visitarlo/la. La primera semana Ud. quiere llevarlo/la a La Isla de Pascua y al Valle de la Luna en el Norte Grande de Chile. Para hacer estos dos viajes en una semana, van a tener que ir en avioneta (*prop plane*).

ESTUDIANTE B: Ud. tiene muchas ganas de explorar Chile, pero tiene miedo de las avionetas. Déle las gracias a su amigo/a por haber planeado todo y explíquele su problema. Trate de persuadirle a su amigo/a que vayan solamente a un lugar la primera semana y que vayan en crucero o en autobús.

**Situación 2** ¡Qué proceso más difícil! Dos pasantes hablan del artículo en el que están colaborando.

*Destrezas conversacionales: Expresar frustración, proponer una solución, dar las gracias*

ESTUDIANTE A: Ud. no puede terminar su parte del artículo porque tiene un bloqueo mental y la fecha límite es mañana. Se siente muy frustrado/a con el proceso. Está medio loco/a por la presión. Déle las gracias a su compañero/a por su paciencia.

ESTUDIANTE B: Ud. ya terminó su parte del artículo y también está frustrado/a con el bloqueo mental de su compañero/a. Ofrézcale su opinión y déle consejos a su compañero/a sobre lo que debe hacer. Trate de tranquilizarlo/la.

## ¡A escribir!

Escriba un párrafo promocional para el programa de intercambio de aprendices de periodistas que explique las ventajas de escribir sobre el turismo extranjero. Trate de animar a los futuros aprendices, utilizando la información que Ud. ha aprendido en este capítulo.

**Suggestion ¡A escribir!:** If there is an online discussion board available for your class, have students post their letters online. Have students read each other's letters and select the one that sounds the most attractive.

# Vocabulario

## Los sustantivos

### Medios de transporte

| | |
|---|---|
| **el autobús** | *bus* |
| **el autostop** | *hitchhiking* |
| **el avión** | *airplane* |
| **el coche** | *car* |
| **el crucero** | *cruise* |
| **el transbordador** | *ferry* |
| **el tren** | *train* |

### Los lugares

| | |
|---|---|
| **el aeropuerto** | *airport* |
| **la carretera** | *highway* |
| **la estación** | *station* |
| **la sala de espera** | *waiting room* |

## Otras palabras útiles

| | |
|---|---|
| **el asiento** | *seat* |
| **el boleto** | *ticket* |
| **la clase turística** | *tourist class* |
| **la demora** | *delay* |
| **el equipaje** | *luggage* |
| **el horario** | *schedule* |
| **el/la pasajero/a** | *passenger* |
| **la primera clase** | *first class* |
| **el vuelo** | *flight* |

## El proceso de escribir

| | |
|---|---|
| **el bloqueo mental** | *writer's block* |
| **el bosquejo** | *outline* |
| **el detalle** | *detail* |
| **la fecha límite** | *deadline* |

| el primer borrador | *first draft* |
| el reportaje | *report* |
| el tema | *theme* |
| el título | *title, headline* |

## Los verbos

### Para los viajes

| alquilar | *to rent* |
| aconsejar | *to advise* |
| hacer cola | *to stand in line* |
| hacer escala | *to have a stopover* |
| manejar | *to drive* |
| perder (ie) | *to miss* |
| recomendar (ie) | *to recommend* |
| reservar | *to reserve* |
| sacar fotos | *to take pictures* |
| sugerir (ie) | *to suggest* |
| tardar en llegar | *to take to arrive (time)* |

### Para hablar del periodismo

| captar el interés | *to capture interest* |
| compartir | *to share* |
| entrevistar | *to interview* |
| escoger | *to choose* |
| posponer | *to procrastinate;* |
| | *to postpone* |
| revisar | *to revise; to go through* |
| tomar apuntes | *to take notes* |

## Los adjetivos

### Para describir los viajes

| atrasado/a | *late* |
| cómodo/a | *comfortable* |
| de ida y vuelta | *round-trip* |
| incómodo/a | *uncomfortable* |
| lento/a | *slow* |
| peligroso/a | *dangerous* |

### Para describir los artículos

| entretenido/a | *entertaining* |
| fascinante | *fascinating* |
| informativo/a | *informative* |
| intrigante | *intriguing* |
| ofensivo/a | *offensive* |
| provocativo/a | *provocative* |
| tonto/a | *dumb* |

### Expresiones y preguntas para una entrevista

| ¿Es verdad/cierto que... ? | *Is it true that . . . ?* |
| Háblenos un poco sobre... | *Tell us a little bit about . . .* |
| He oído/leído que... | *I've heard/read that . . .* |
| ¿Me puede decir más sobre... ? | *Could you tell me more about . . . ?* |
| ¿Me puede decir si/dónde/ cómo/cuándo/por qué... ? | *Could you tell me if/where/how/when/ why . . . ?* |
| ¿Me puede explicar... ? | *Could you explain to me . . . ?* |

# Capítulo 7

# Su pasaporte a Costa Rica

## Haga una práctica profesional

Unas cataratas en Costa Rica.

## Primer encuentro

### Metas comunicativas

By the end of the chapter you will be able to:

Express doubt and uncertainty
Express what you hope will happen
Talk about the future
Talk about the environment
Talk about internships abroad

For these communicative goals, you will need:

Appropriate vocabulary
The present subjunctive
The future tense
Informal commands
**Cuando** + *present subjunctive*

### Autoevaluación

Check the box that corresponds to how much you already know:

| | NONE | SOME | A LOT |
|---|---|---|---|
| Express doubt and uncertainty | ☐ | ☐ | ☐ |
| Express what you hope will happen | ☐ | ☐ | ☐ |
| Talk about the future | ☐ | ☐ | ☐ |
| Talk about the environment | ☐ | ☐ | ☐ |
| Talk about internships abroad | ☐ | ☐ | ☐ |

| | NONE | SOME | A LOT |
|---|---|---|---|
| Appropriate vocabulary | ☐ | ☐ | ☐ |
| The present subjunctive | ☐ | ☐ | ☐ |
| The future tense | ☐ | ☐ | ☐ |
| Informal commands | ☐ | ☐ | ☐ |
| **Cuando** + *present subjunctive* | ☐ | ☐ | ☐ |

# ¡Vamos a Costa Rica!

**Note:** For helpful teaching suggestions and additional activities, see the **Teaching Suggestions and Activities** section of **Capítulo 7** in the *Instructor's Manual* (*IM*).

**Suggestion:** Bring your own photographs to class or show websites or realia you have collected to help students get (re)acquainted with Costa Rica.

**Suggestion A:** After students brainstorm in pairs, you may want to compile what they have come up with on a transparency by category: people, monuments, and so on. Save the transparency and at the end of the chapter, bring it back and ask students to add the new information they have learned about Costa Rica.

## A. A ver, ¿qué sabe de Costa Rica?

¿Qué ya sabe Ud. de Costa Rica? ¿Conoce Ud. a personas famosas, lugares, comidas, costumbres o historia costarricenses? Con un(a) compañero/a, haga una lista de lo que ya sabe.

Nosotros conocemos...

estos lugares: _____

estas personas: _____

estos aspectos culturales: _____

## B. ¿Dónde están estos lugares fascinantes?

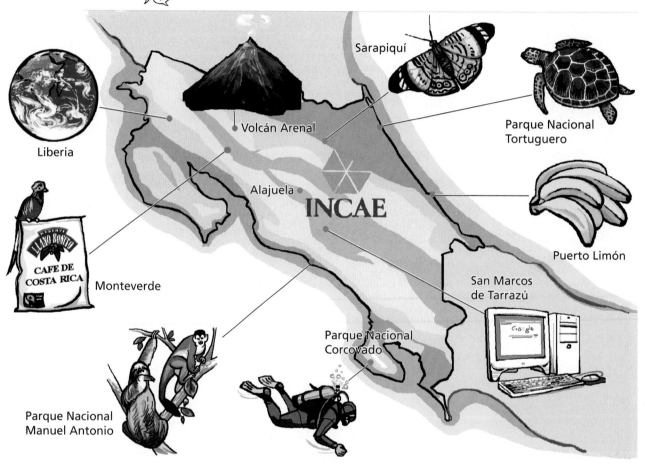

**Suggestion B:** Explain to students terms that come up in the map *pistas* such as *copas de los árboles*, *contenedores* (containers used to transport goods on container ships), and so on. Bring in photographs you may have that depict the *pista* descriptions.

**Expansion:** If you have time, have students select a topic to explore further. Have students present a report in class or, if there is an online discussion board available for your class, have students post their projects online.

**Paso 1** Trabajando con un(a) compañero/a, lea las descripciones y rellene los espacios en blanco con los nombres de los lugares indicados en este mapa de Costa Rica. Utilice las siguientes pistas y los dibujos del mapa.

1. _____*Volcán Arenal*_____ Al pie de este majestuoso volcán, en la zona norte de Costa Rica, se encuentra un paraíso natural donde se puede bañar en el agua termal del río entre cascadas y pequeñas piscinas naturales. Por la tarde, se puede ver los pequeños ríos de lava bajando por el lado oscuro de la montaña.

2. _*Parque Nacional Manuel Antonio*_ Esta zona silvestre (*wild*) localizada en la costa del Pacífico de Costa Rica es un bosque tropical donde hay muchas especies de flora y fauna como, por ejemplo, el perezoso (*sloth*) y el mono (*monkey*) carablanca. Además, las playas de arena blanca y

las islas de la región constituyen importantes refugios para aves marinas, pelícanos y tortugas.

3. _____Parque Nacional Tortuguero_____ Estas costas de arena oscura, golpeadas por un mar inquieto, son uno de los lugares principales de desove (*egg-laying*) de la tortuga marina verde del Caribe. Hay un sistema natural de lagunas y canales de mucha belleza —estos son el hábitat del manatí, del cocodrilo y de una gran diversidad de crustáceos y peces.

4. _____Puerto Limón_____ Las primeras bananas que se importaron a los Estados Unidos después del 1870 se cultivaron en esta región de Costa Rica. Muchos inmigrantes de Jamaica, Trinidad y otras islas del Caribe vinieron como obreros para trabajar en las plantaciones. Desafortunadamente, las plantaciones bananeras produjeron mucha contaminación de la tierra.

5. _____Monteverde_____ En esta región se puede hacer caminatas por bosques protegidos y visitar un cafetal (*coffee plantation*) donde se cultiva el café bajo la sombra del bosque. Si prefiere ver el bosque de otra manera, es posible pasar por las copas (*canopies*) de los árboles por un sistema de puentes (*bridges*) colgantes, plataformas y cables de acero (*steel*). Además, se puede observar el magnífico quetzal, una de las aves más extraordinarias de la región.

6. _____Sarapiquí_____ En esta región se puede visitar varias fincas (*farms*) de mariposas y La estación biológica La Selva, un centro ecológico de conservación e investigación que pertenece a la Organización para los Estudios Tropicales en colaboración con las universidades en Costa Rica y en el extranjero. El río de esta zona es ideal para navegar en los rápidos.

7. ___Parque Nacional Corcovado___ Además de su belleza natural, la Península de Osa, donde está situado este parque nacional, es hogar de muchas especies en peligro de extinción, como la guacamaya escarlata (*scarlet macaw*), el mono Tití y el jaguar. También es un paraíso para los buceadores, sobre todo en los alrededores de la Isla del Caño.

8. _____Liberia_____ Aquí está situada el campus de la Universidad EARTH, una universidad privada que se dedica a la educación en ciencias agrícolas (*farming*) y recursos (*resources*) naturales. Su misión es contribuir al desarrollo de las zonas tropicales y promover la armonía entre la agricultura y la preservación del medio ambiente.

9. _____Alajuela_____ En esta ciudad está situada la INCAE, una institución privada que se dedica a la enseñanza y a la investigación en los campos de la administración y la economía. Desde su comienzo en 1964, ha contado con la supervisión técnica de Harvard Business School. Una de sus áreas de investigación es el impacto económico y social del turismo en Costa Rica. Los estudiantes viven en cabañas que anteriormente pertenecían al antiguo Racquet Club de Costa Rica.

10. ___San Marcos de Tarrazú___ Debido a un proyecto llamado LINCOS, o Little Intelligent Communities,* muchos agricultores de esta zona tienen ahora entre sus cafetales dos contenedores† donde pueden conectarse al Internet. En sus horas libres, grupos de caficultores (*coffee growers*), abuelos, amas de casa, estudiantes y hasta policías, aprenden a usar las computadoras. Como resultado, ahora hacen mejores negocios, ayudan a sus hijos en las tareas y se comunican por correo electrónico con sus parientes que viven en el exterior.

---

*LINCOS was founded in 1998 as a joint effort between the Massachusetts Institute of Technology and la Fundación Costa Rica para el Desarrollo Sostenible.
†Used shipping containers are converted into buildings that house computers and other tools that can be used to contribute to the sustainable development of the community.

**Paso 2** Turnándose con su compañero/a, diga a qué lugar(es) del mapa iría para hacer las siguientes actividades.

MODELO:

ESTUDIANTE 1: Si **quisieras** ver las tortugas, ¿adónde **irías**?

ESTUDIANTE 2: Yo **iría** al Parque Nacional Tortuguero.

1. Si quisieras observar la producción agrícola...
2. Si quisieras ver muchos monos y perezosos...
3. Si quisieras ver la flora y fauna desde arriba...
4. Si quisieras visitar un cafetal...

**Paso 3** Lea las pistas del mapa otra vez y decida cuál de los lugares es el más interesante en su opinión. ¿Cuál es el lugar menos interesante? Comparta sus opiniones con su compañero/a.

¿Cuál es el lugar más interesante? ¿Por qué?

¿Cuál es el lugar menos interesante? ¿Por qué?

# Vocabulario del tema I:
## Hablando del medio ambiente

## La naturaleza

| | |
|---|---|
| las aguas termales | *hot springs* |
| el área protegida | *protected area* |
| el bosque | *(cloud, rain)* |
| (nuboso, | *forest* |
| lluvioso) | |
| el desarrollo | *sustainable* |
| sostenible | *development* |
| la finca orgánica | *organic farm* |
| los recursos | *natural* |
| naturales | *resources* |
| el refugio | *refuge* |
| la selva tropical | *rain forest* |
| la vida silvestre | *wildlife* |

## Problemas ambientales (Environmental problems)

| | |
|---|---|
| la contaminación | *pollution* |
| el daño | *harm* |
| la deforestación | *deforestation* |
| la destrucción | *destruction* |
| la extinción | *extinction* |

## Animales que se encuentran en Costa Rica

| | |
|---|---|
| la iguana | *iguana* |
| el quetzal | *Quetzal* |
| la tortuga | *turtle* |

## Los verbos

| | |
|---|---|
| beneficiar | *to benefit* |
| contaminar | *to pollute* |
| cuidar | *to care for* |
| desarrollar | *to develop* |
| destruir | *to destroy* |
| poner en peligro | *to put in danger* |
| proteger | *to protect* |
| reciclar | *to recycle* |
| resolver | *to resolve; to solve* |

## Para describir a los turistas

| | |
|---|---|
| consciente | *conscious, aware* |
| sensible | *sensitive* |
| respetuoso/a | *respectful* |

**Suggestion:** Referring to the picture on p. 178, ask students brief short answer or yes/no questions about Costa Rican rain forests and eco-tourism represented in the picture and the kinds of activities that are taking place. Have students help provide you with correct answers. You may want to expand by asking students about their knowledge of eco-tourism and what they know about protected lands and natural reserves in this country. Example: *Costa Rica tiene muchos paisajes exóticos. En este dibujo, ¿qué cosas exóticas ven Uds? Sí, hay unas cataratas impresionantes. ¿Qué más hay? Sí, hay un bosque tropical donde viven muchos animales exóticos. ¿Qué animales exóticos ven Uds.? Este bosque tropical es un área protegida. Es por eso que es importante el ecoturismo. Significa que las personas que visitan el bosque deben tener mucho cuidado de no dañarlo. Sí quieren observar las aves y los animales, ¿dónde caminan? Sí, usan los senderos marcados o los puentes colgantes. ¿Dónde pasan la noche? ¿Cuáles son algunos ejemplos de áreas protegidas en nuestro país?*

## Actividades

### A. ¿Cómo podemos volver a Costa Rica?

Escuche mientras su profesor(a) lee lo que dice Sophie sobre las clases de ecología tropical y el ecoturismo en Costa Rica.

**¿Cierto o falso?**

| | | CIERTO | FALSO |
|---|---|---|---|
| 1. | En Costa Rica hay varios tipos de bosques y selvas tropicales. | ☒ | ☐ |
| 2. | Menos de 600.000 especies de flora y fauna existen en las selvas. | ☐ | ☒ |
| 3. | Costa Rica protege sus recursos naturales y es muy consciente del medio ambiente. | ☒ | ☐ |
| 4. | Sophie no piensa volver a Costa Rica después de graduarse. | ☐ | ☒ |

**Suggestion A:** Have students read the list of possible answers before doing the listening activity.

**Audioscript:** *Costa Rica es un lugar ideal para los amantes de la naturaleza. Tiene montañas, costas, ríos, volcanes, varios tipos de bosques y selvas tropicales donde viven más de 700.000 especies de flora y fauna. Alex y yo tomamos dos clases fascinantes. La mejor parte fue cuando hicimos viajes para observar e investigar lo que estudiábamos. Costa Rica es un país muy consciente de la importancia del medio ambiente. Por ejemplo, cuando visitamos el bosque nuboso de Monteverde, había fincas orgánicas de café en la sombra del bosque. Este método de cultivar el café protege el bosque, no daña la tierra y crea un buen hábitat para la vida silvestre. Ahora nos queda muy poco tiempo en este país, la Suiza de Centro América. Queremos volver, sin duda. De hecho estamos investigando la posibilidad de conseguir una práctica profesional aquí cuando nos graduemos.*

### B. Encuesta turística

**Paso 1** Marque sus respuestas.

| | | SÍ | NO |
|---|---|---|---|
| 1. | Me encantaría pasar las vacaciones en una finca orgánica. | ☐ | ☐ |
| 2. | Prefiero relajarme cuando viajo. | ☐ | ☐ |
| 3. | Me fascina la migración de las mariposas. | ☐ | ☐ |
| 4. | Estar en una selva tropical es más interesante que estar en una playa. | ☐ | ☐ |
| 5. | Me encantaría ver de cerca un perezoso. | ☐ | ☐ |

|  | SÍ | NO |
|---|---|---|
| 6. Me preocupa la destrucción de los bosques lluviosos. | ☐ | ☐ |
| 7. Me fascinan los pájaros exóticos como los quetzales. | ☐ | ☐ |
| 8. Cuando voy de vacaciones no quiero ser consciente de los problemas del mundo. | ☐ | ☐ |
| 9. Pasar las vacaciones de primavera en la playa de Fort Lauderdale sería más divertido que pasarlas en una reserva biológica en Costa Rica. | ☐ | ☐ |
| 10. Me gustaría ver el bosque tropical desde un puente colgante. | ☐ | ☐ |

**Paso 2** Explíquele sus respuestas a un(a) compañero/a. ¿Serían viajeros compatibles Ud. y su compañero/a?

**C. Los números: La variedad de las especies**

Costa Rica tiene más especies de aves que todos los Estados Unidos juntos y más variedad de mariposas que todo el continente de África.

Escuche mientras su profesor(a) lee unas cifras sobre la variedad de especies de la selva costarricense.

Costa rica tiene:

1. ___13.000___ especies de plantas
2. ___2.000___ especies de mariposas nocturnas
3. ___4.500___ especies de mariposas diurnas
4. ___220___ especies de reptiles
5. ___1.600___ especies de peces de agua dulce y salada
6. ___870___ especies de aves

**Audioscript C:**
_13.000_ (trece mil) especies de plantas
_2.000_ (dos mil) especies de mariposas nocturnas
_4.500_ (cuatro mil quinientos) especies de mariposas diurnas
_220_ (doscientos veinte) especies de reptiles
_1.600_ (mil seiscientos) peces de agua dulce y salada
_870_ (ochocientos setenta) especies de aves

**D. El ecoturismo**

Hoy en día muchos turistas quieren ser responsables, ambientalmente hablando. Este tipo de turista es un buen candidato para el ecoturismo. Costa Rica ha sido consciente de los deseos de este tipo de viajero que desea que su viaje tenga metas sociales, que sea un aporte (_contribution_) a la economía local, que respete el ambiente, que beneficie a las personas del país que visita y que a la vez les ofrezca la oportunidad de conocer a fondo (_in depth_) la cultura y costumbres del país.

**Paso 1** ¿Cuál de las siguientes actividades puede ser considerada ecoturística en una expedición a Costa Rica?

- ☒ No dejar nada en el bosque, excepto sus huellas (_footprints_)
- ☐ Robar muestras de la flora y fauna (plantas, animales, semillas, rocas) del lugar
- ☐ Tocar los animales que observa
- ☐ Darles de comer a los monos
- ☒ Ser sensible a las tradiciones y a la cultura locales
- ☒ Tratar de relacionarse con la gente de los lugares que visita
- ☒ Visitar la finca de mariposas
- ☐ Quedarse en un hotel donde lavan las toallas todos los días
- ☒ Hacer una excursión por el bosque tropical en un puente colgante
- ☐ Llevarse un huevo de tortuga como recuerdo (_souvenir_) del viaje

**Paso 2** En parejas, comparen sus respuestas y luego expliquen cómo las actividades que Uds. no consideran ecoturísticas dañan al medio ambiente.

### E. Entrevista

Entrevístele a su compañero/a sobre el medio ambiente.

1. En tu opinión, ¿cuál es el problema más grande del medio ambiente?

2. ¿Es tu comunidad o tu universidad muy consciente del medio ambiente? Explique.

3. ¿Participas en alguna organización como Greenpeace o Sierra Club?

4. ¿Hay áreas protegidas en la región donde vives? ¿Cómo son? ¿Hay mucha vida silvestre?

5. ¿Eres responsable en cuanto al medio ambiente? Explica. ¿Qué haces personalmente para proteger el medio ambiente?

6. ¿Te interesa la idea de trabajar como voluntario a cambio de alojamiento gratis? Por ejemplo, ¿te interesa trabajar en una finca orgánica, en un cafetal o en una comunidad rural que necesite ayuda en las tareas domésticas?

*Suggestion E:* As follow-up, ask students to share the most interesting thing they learned about their partners and invite the rest of the class to ask follow-up questions.

# Punto gramatical I:
## Subjunctive: Verbs of doubt and uncertainty

### Gramática en contexto

Alex habla con Miguel, un pasante (*intern*) que trabaja en Costa Rica.

ALEX: Es que mi experiencia acá en Costa Rica ha sido tan fenomenal que busco la manera de volver después de graduarme.

MIGUEL: Pues **dudo que haya** problema en conseguir una práctica profesional. Hay un montón de oportunidades.

ALEX: ¿De verdad? ¿Qué debo hacer?

MIGUEL: Recomiendo que hables con los encargados de dos organizaciones: LINCOS y ANDAR.* **Es posible que puedas** observar a los pasantes que trabajan con ellos este año y hablar con ellos.

ALEX: **Ojalá que no sea** demasiado tarde para investigar las oportunidades y luego hacer la solicitud (*application*).

MIGUEL: Estoy seguro de que la feche límite es en marzo. Así que **no creo que tengas** que preocuparte. **Espero que consigas** el puesto.

ALEX: Gracias por tu consejo.

### Comprensión

1. ¿Por qué quiere Alex volver a Costa Rica?
2. ¿Qué le recomienda Miguel que haga para conseguir una práctica profesional?
3. ¿Qué teme Alex?
4. Según Miguel, ¿cuándo es la fecha límite para solicitar una práctica profesional?

**Answers.** *Comprensión:*
1. *Alex quiere volver a Costa Rica porque su experiencia ha sido fenomenal.*
2. *Miguel le recomienda que hable con la gente encargada de dos organizaciones: LINCOS y ANDAR.*
3. *Alex teme que sea demasiado tarde para empezar el proceso de solicitar.*
4. *La fecha límite es en marzo.*

*ANDAR es una organización nogubernamental costarricense, creada en 1990, con la misión de mejorar la calidad de vida de las familias pobres rurales y urbanas.

## Explicación gramatical

In previous chapters you have learned that the subjunctive is used to express:

- influence — Te sugiero que vayas a Costa Rica.
- emotional reactions — Me alegro de que Uds. puedan asistir a la fiesta.
- value judgments — Es bueno que los turistas sean más conscientes.

In this chapter you will learn how the subjunctive is used to express the hope or wish that an action or event will take place in the future. When an expression in the main clause implies a hope or wish, and there is a change of subject, the subjunctive will be used in the subordinate clause. The following expressions of *future wishes* trigger the use of the subjunctive: **esperar que** and **ojalá (que).**

| | |
|---|---|
| **Esperamos que** nos visiten. | *We hope that they visit us.* |
| **Ojalá (que)** consiga la práctica profesional. | *God willing / Here's hoping that I get the internship.* |

Underline an example of subjunctive of future wishes in the **Gramática en contexto** reading.

The subjunctive mood also is used whenever the speaker feels doubt, disbelief, or uncertainty about an action or event. Expressions of *doubt* and *disbelief* include:

**dudar que... , negar que... , no creer que... , no pensar que... , no ser verdad que... , no estar seguro de que...**

Expressions of *uncertainty* include:

**Es probable/posible/imposible que...**

| | |
|---|---|
| **Duda que comprendan** la situación. | *He doubts they understand the situation.* |
| **Negamos que vengan** a este club. | *We deny that they come to this club.* |
| **No creo que sepa** la respuesta. | *I don't believe that he knows the answer.* |
| **No piensan que** Mari **sea** cubana. | *They don't think that Mari is Cuban.* |
| **No es verdad que salga** con Martín. | *It's not true that she's going out with Martin.* |
| **No estoy seguro de que lleguen** hoy. | *I'm not sure that they arrive today.* |
| **Es probable que haya** más deforestación en el futuro. | *It's probable that there will be more deforestation in the future.* |

Underline an example of the subjunctive of doubt, uncertainty, or denial in the **Gramática en contexto** reading.

Remember that where *certainty* is expressed (**Es obvio/evidente/verdad/ seguro/cierto que...**), the indicative is used.

| | |
|---|---|
| **Es obvio que están** contentos en San José. | *It's obvious that they are happy in San Jose.* |
| **Es cierto que** las tortugas **están** en peligro. | *It's true that the turtles are in danger.* |

Underline an example of an expression of certainty with the indicative in the **Gramática en contexto** reading.

## Ponerlo a prueba

Answers. *Paso 1:* Answers will vary.
1. (Indicative triggers)
2. (Subjunctive triggers)
3. (Subjunctive triggers)
4. (Indicative triggers)
5. (Indicative triggers)
6. (Subjunctive triggers)
7. (Subjunctive triggers)

### Los animales de Costa Rica

**Paso 1** Los animales de Costa Rica son fascinantes. Escoja una expresión apropiada para completar cada oración.

| | | |
|---|---|---|
| Creo que... | Es una lástima que... | No me gusta que... |
| Dudo que... | Es verdad que... | Ojalá que... |
| Es increíble que... | Espero que... | Recomiendo que... |
| Es posible que... | No creo que... | Temo que... |

1. _____ los perezosos se mueven muy despacio para conservar energía.

2. _____ los monos aulladores (*howler monkeys*) tiren (*throw*) fruta a los turistas desde los árboles.

3. _____ sea posible ver un puma o un jaguar cuando esté en la Península de Nicoya.

4. _____ los monos araña (*spider monkeys*) tienen una cola que usan como tercera mano.

5. _____ los insectos son terribles y por eso uno necesita llevar mucho repelente cuando va a la selva.

6. _____ vendan un CD con las voces de la selva nubosa. Me encanta oír el canto de los pájaros.

7. _____ podamos visitar La Finca de Mariposas y el cafetal Fincas Tarrazú en un día.

**Paso 2** Hay muchas posibilidades de conseguir prácticas profesionales en Costa Rica. Rellene el espacio en blanco con la forma correcta del verbo.

1. Alex y Sophie quieren conseguir una práctica profesional en Costa Rica.

   a. Ojalá que (poder) ___*puedan*___ conseguir fácilmente una práctica profesional.

   b. Creen que (ser) ___*es*___ una oportunidad fenomenal.

2. ¿Reciben sueldo los pasantes?

   a. Dudo que (recibir) ___*reciban*___ sueldo.

   b. Pero es posible que la organización les (dar) ___*dé*___ a los pasantes un lugar donde vivir durante su práctica profesional.

3. A Sophie le encantaría conseguir una práctica profesional con ANDAR en un proyecto de formas alternativas de turismo como el turismo comunitario en el que los turistas viven entre la gente indígena.

   a. Sophie espera que ANDAR la (aceptar) ___*acepte*___ para trabajar en turismo comunitario.

   b. Miguel no piensa que (haber) ___*haya*___ problema en conseguir una buena práctica profesional con ANDAR.

## Actividades

### A. Un ecotour

**Paso 1** Rellene los espacios en blanco con el infinitivo o la forma apropiada del subjuntivo, según el contexto de cada oración.

1. Nuestro guía, Eduardo, quiere que nosotros (cuidar) ___*cuidemos*___ el medio ambiente durante nuestra estancia en su país y que (mirar)

CAFE DE COSTA RICA

_____ *miremos* _____ la flora y la fauna con mucho respeto. Dice que es posible ver un quetzal, pero duda que (ver) _____ *veamos* _____ uno si hacemos mucho ruido. Obviamente Eduardo no cree que (ser) _____ *seamos* _____ sensibles al medio ambiente.

2. Nosotros tememos que no (ser) _____ *sea* _____ posible visitar el cafetal esta semana porque el profesor Fonseca insiste en que (leer) _____ *leamos* _____ más sobre la historia de la industria cafetalera y que (preparar) _____ *preparemos* _____ un informe antes de irnos. Esperamos (poder) _____ *poder* _____ ir la semana que viene, pero es posible que el profesor nos (dar) _____ *dé* _____ otra tarea y que (posponer) _____ *posponga* _____ la visita otra vez. Estamos seguros de que al profe le (gustar) _____ *gusta* _____ hacernos sufrir.

**Paso 2** Eduardo no cree que los turistas sean conscientes de cómo deben interactuar con el medio ambiente. Y el profesor Fonseca no piensa que sus estudiantes estén suficientemente preparados para una visita al cafetal. En parejas, preparen un diálogo entre dos turistas que se quejan de Eduardo o dos estudiantes que se quejan del profesor Fonseca. Utilicen expresiones como **No me gusta que... , Dudo que... , Me molesta que... , Es absurdo que... , Es un insulto que... , No quiero (que)...** , etcétera.

**B. Opiniones**

Turnándose con un(a) compañero/a, haga comentarios sobre los siguientes temas, utilizando las expresiones que se dan a continuación.

> **Temas:** el valor de una práctica profesional, el ecoturismo, trabajar en una finca orgánica durante las vacaciones, el nivel de español necesario para hacer una práctica profesional

> MODELO: Es verdad que es bueno participar en las prácticas profesionales, pero no es verdad que muchos estudiantes puedan hacerlo.

1. Dudo que...                 pero no dudo que...
2. Es verdad que...            pero no es verdad que...
3. Estoy seguro/a de que...    pero no estoy seguro/a de que...
4. No creo que...              pero creo que...
5. Niego que...                pero no niego que...
6. No es cierto que...         pero es cierto que...

**C. Costa Rica es fenomenal.**

Lea los siguientes párrafos sobre Costa Rica y luego, en parejas, reaccionen ante cada una como si fueran Olivia y Pablo. Olivia ve todo con lentes rosados (*rose-colored glasses*) y Pablo ve el mundo en general con pesimismo.

Olivia, la optimista, utiliza expresiones como **Es bueno/fantástico que... , Me gusta que... , Es obvio/cierto/verdad que... , Creo/Pienso que...**

Pablo, el pesimista, utiliza expresiones como **Es terrible/absurdo que... , Dudo que... , No creo / No pienso que...**

**1. Un país pacífico**

Los ticos (costarricenses) se enorgullecen (*are proud*) de tener más de un siglo de tradición democrática y de no tener ejército (*army*) por más de 50 años. Éste fue abolido en 1948. El dinero que ahorra el país al no tener fuerzas armadas lo invierte (*invest*) en mejorar el nivel de vida de los costarricenses, lo que ayuda a mantener la paz social y hace de Costa Rica un lugar agradable para vivir y visitar.

PABLO: Es absurdo que no tengan ejército en Costa Rica. Vivimos en un mundo muy peligroso.

OLIVIA: _____

Una playa de Costa Rica

## 2. Para los aventureros más valientes

Hay ofertas sensacionales con nuevas e ingeniosas formas de divertirse en Costa Rica. Por ejemplo, se puede ver las copas de los árboles desde un puente colgante, o uno puede alojarse en una cabaña en lo alto de un árbol y ver pumas y jaguares desde senderos especiales. Otras posibilidades son el rafting o hacer un sky trek donde se cuelga de un cable de acero y se pasea por el bosque sostenido en el aire por encima de las copas.

OLIVIA: Es fabuloso que ofrezcan tantas posibilidades de hacer cosas tan atrevidas (*daring*).

PABLO: _____

## 3. El español rápido

Es importante que las personas extranjeras que vienen a Costa Rica aprendan por lo menos el vocabulario necesario para poder comer y hablar con los costarricenses. Nosotros los recogemos en el aeropuerto e inmediatamente los llevamos a un hotel ecológico fuera de la ciudad para un curso intensivo de español. En sólo tres días salen hablando español. ¡Es un milagro!

La selva costarricense

PABLO: ¡Qué absurdo! Francamente dudo que sea posible aprender el español en tres días. Creo que esta escuela es un fraude.

OLIVIA: _____

## 4. ¡Alojamiento gratis!

Es posible visitar un bosque nuboso y quedarse allí sin costo alguno. A cambio de su esfuerzo y trabajo en una finca orgánica, obtendrá gratis la estancia en una cabaña en uno de los bosques nubosos más impresionantes del mundo. Disfrute de los encantos del bosque y no pague nada.

PABLO: Dudo que las camas sean muy cómodas y que haya mucho tiempo después del trabajo para disfrutar del bosque.

OLIVIA: _____

## 5. Aprenda en el bosque

Se ofrecen prácticas profesionales en el campo del desarrollo sostenible en San José. El proyecto tiene como meta promover el comercio de productos sostenibles (café, fruta, nueces, etcétera) por medio de ecomercados globales. Se vive con los estudiantes de negocios en el campus del INCAE* en cabañas con servicio de limpieza y piscina.

OLIVIA: ¡Es fantástico que haya oportunidades como ésta en un lugar tan bonito!

PABLO: _____

———
*Renowned business school near San José en Alajuela

# Vocabulario del tema II:
## Hablando de la tecnología

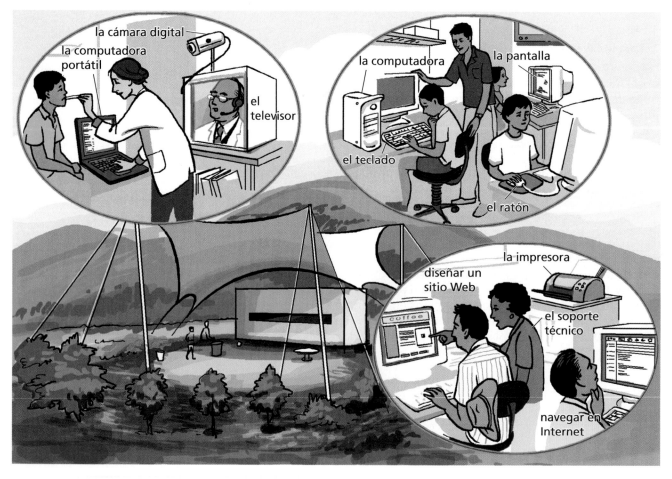

la cámara digital

la computadora portátil

el televisor

la computadora

la pantalla

el teclado

el ratón

diseñar un sitio Web

la impresora

el soporte técnico

navegar en Internet

**Suggestion:** Referring to the picture, describe and ask students brief yes/no questions about the technology represented in the drawing. Have students help you provide correct answers. You may want to expand by asking students about the types of technology they use. *Como saben Uds., LINCOS se refiere a los centros de tecnología en las áreas rurales de Costa Rica. En este dibujo podemos ver algunos ejemplos de cómo se usa la tecnología en un centro LINCOS. Por ejemplo, ¿qué aparatos tecnológicos usa el médico? ¿Los doctores de Uds. usan la telemedicina? En otro dibujo la profesora les enseña a sus estudiantes a utilizar las computadoras. ¿Cuáles son las varias partes de una computadora? Otra persona está diseñando su sitio Web. ¿Saben Uds. diseñar un sitio Web? ¿Tienen Uds. su propio sitio Web? Hay una persona que no está tomando una clase, ni trabajando en un proyecto. ¿Qué está haciendo esta persona? Cuando están aburridos Uds., ¿les gusta navegar en Internet? ¿Cuántas horas pasan al día navegando en Internet? ¿Reciben Uds. mucho correo eletrónico cada día?*

## La tecnología de información

| | |
|---|---|
| **el acceso** | *access* |
| **la cámara digital / de vídeo** | *digital/video camera* |
| **la computadora portátil** | *laptop* |
| **el correo electrónico** | *e-mail* |
| **la impresora** | *printer* |
| **la innovación** | *innovation* |
| **la pantalla** | *screen* |
| **el ratón** | *mouse* |
| **la Red** | *the Internet* |
| **el sitio Web** | *website* |
| **el soporte técnico** | *technical support* |

| | |
|---|---|
| **la tecnología inalámbrica** | *wireless technology* |
| **el teléfono celular** | *cell phone* |

## Los verbos

| | |
|---|---|
| **conectarse al Internet** | *to connect to the Internet* |
| **contribuir** | *to contribute* |
| **funcionar** | *to function* |
| **mejorar** | *to make better* |
| **promover** | *to promote* |

## Otras expresiones útiles

| | |
|---|---|
| **en línea** | *online* |

## Actividades

### A. ¡Bienvenidos pasantes!

Escuche mientras su profesor(a) lee lo que un mentor le dice a un nuevo pasante de LINCOS para darle la bienvenida y enseñarle el lugar. Indique las palabras apropiadas para completar la frase.

1. La meta del programa LINCOS es promover la tecnología…
   - ☐ en las ciudades.
   - ☐ en las comunidades urbanas.
   - ☒ en las comunidades rurales.

2. El programa LINCOS…
   - ☐ necesita más tecnología inalámbrica.
   - ☒ tiene mucha tecnología inalámbrica.
   - ☐ es un cibercafé.

3. Por medio de la tecnología inalámbrica la gente puede…
   - ☒ hablar con un médico en San José.
   - ☒ tomar clases de una universidad en cualquier ciudad del mundo.
   - ☒ vender sus productos en el mercado internacional.

**Suggestion A:** Have students read the list of possible answers before doing the listening activity.

**Audioscript:** *Bienvenidos al programa LINCOS. Nuestra meta es promover el uso de la tecnología de información para el desarrollo sostenible en las comunidades rurales. Como pueden ver, tenemos toda la tecnología inalámbrica que se puede encontrar en muchos negocios y casas de cualquier ciudad. Para la telemedicina tenemos televisiones y cámaras digitales para las videoconferencias necesarias. Para los que quieren estudiar, hay computadoras conectadas al Internet que dan acceso a las clases en línea de universidades de cualquier ciudad del mundo. También ofrecemos cursos en el diseño de sitios Web y el uso del correo electrónico para ayudar a los productores a vender sus productos en otros mercados. Y claro las computadoras se pueden usar para navegar en Internet y aprender sobre cualquier tema de interés.*

### B. Términos tecnológicos

Con un(a) compañero/a, complete las siguientes frases con las palabras apropiadas.

1. Para mandar una carta inmediatamente se puede usar el ___correo electrónico___.

2. Los teléfonos celulares son ___inalámbricos___. Son totalmente portátiles.

3. Si Ud. no puede salir de su casa, puede hacer sus estudios ___en la Red___.

4. Cuando la gente tiene problemas con su computadora o con los programas de computación, necesita mucho ___soporte técnico___.

5. Para hacer investigaciones para un informe escrito sobre la situación política de Costa Rica, los estudiantes ___se conectan al Internet___.

6. Muchas personas usan las ___cámaras digitales y de video___ para grabar los momentos o eventos importantes, como los cumpleaños, los aniversarios, etcétera.

7. Con una computadora ___portátil___ es posible trabajar en la casa, en un avión o en un café.

### C. Entrevista

Entrevístele a su compañero/a sobre la tecnología.

1. ¿Conoces a alguien que no tenga teléfono celular? ¿Quién es? ¿Puedes imaginar la vida sin tu celular? Explica.

2. ¿Para qué usas una computadora? ¿para hacer investigaciones, para hablar por teléfono, para mandar correo electrónico, etcétera?

3. ¿Navegas en Internet mucho? ¿Cuál es tu sitio Web favorito? Cuando estás aburrido/a, ¿qué prefieres hacer, mirar la tele o navegar en Internet?

4. ¿Sabes diseñar un sitio Web? ¿Tienes tu propio/a sitio Web?

5. ¿Tienes una computadora portátil? ¿Prefieres trabajar en una biblioteca, en tu casa o en un cibercafé?

### D. LINCOS "Little Intelligent Communities"

**Paso 1** Lea sobre los planes importantes que esta organización propuso en 1998 cuando inició su proyecto en Costa Rica.

- **Comunidades sostenibles:** Llevaremos las tecnologías inalámbricas a las zonas rurales. Con el uso de la tecnología, los habitantes podrán buscar información y resolver las dificultades. Se convertirán en verdaderos agentes de cambio.

- **Educación:** La comunidad tendrá acceso a la educación en línea y la introducción de nuevas tecnologías como la robótica. De esta manera despertaremos la capacidad creativa en todos los miembros de la comunidad.

- **Salud y medio ambiente:** Se crearán redes de educación en salud y prevención de enfermedades a través de tecnologías muy modernas como la telemedicina y la educación a distancia. Se iniciará también la educación ambiental en las comunidades.

**Paso 2** Indique si las frases son ciertas o falsas.

| | CIERTO | FALSO |
|---|---|---|
| 1. Todos los costarricenses van a tener acceso al Internet. | ☒ | ☐ |
| 2. El acceso inalámbrico no va a ser posible en los lugares rurales. | ☐ | ☒ |
| 3. Va a ser posible consultar con un médico por videoconferencia. | ☒ | ☐ |
| 4. Van a tener robots para enseñar las clases. | ☐ | ☒ |

**Paso 3** En parejas, intercambien ideas sobre los proyectos de LINCOS.

1. ¿Cuál de los proyectos les parece más interesante?
2. ¿Piensan Uds. que los planes de LINCOS son posibles o que son muy idealistas?

# Punto gramatical II:
## Future

### Gramática en contexto

Andrea habla de sus planes para hacer una práctica profesional.

¿Qué tal? Soy Andrea Benítez. Cuando me gradué de la Universidad de Arizona, decidí hacer mis estudios posgrados en Costa Rica. Ahora estoy haciendo una maestría (*master's degree*) en tecnología digital y desarrollo en INCAE en San José. Cuando **termine** este semestre, **iré** a San Marcos de Tarrazú donde **haré** una práctica profesional con el proyecto LINCOS. Mis colegas y yo **trabajaremos** con los miembros de la comunidad para enseñarles a utilizar la tecnología inalámbrica. De esta manera ellos **podrán** participar en la comunidad global. **Aprenderán** a navegar en Internet para informarse sobre los requisitos (*requirements*) del gobierno sobre la exportación del café. **Tratarán** de promover su café en otros países y exportarlo sin tener que usar intermediarios (*middle men*). **Viviré** con una familia de la comunidad. Cuando pienso en mi práctica profesional, me siento muy emocionada. Creo que **será** una experiencia inolvidable.

**¿Cierto o falso?**

| | CIERTO | FALSO |
|---|---|---|
| 1. Cuando termine el semestre, Andrea viajará a San José. | ☐ | ☒ |

|  | CIERTO | FALSO |
|---|---|---|
| 2. Trabajará con los habitantes de San Marcos de Tarrazú. | ☒ | ☐ |
| 3. La comunidad podrá exportar su café sin intermediarios. | ☒ | ☐ |
| 4. Andrea se quedará en un campamento con sus colegas de LINCOS. | ☐ | ☒ |

## Explicación gramatical

You have already learned to express the near future by using the verb **ir** + **a** + *infinitive*.

**No voy a viajar** a Costa Rica este año.    *I am not going to travel to Costa Rica this year.*

Now you will learn to form and use the simple future tense.

**Viajaré** a Costa Rica el año que viene.    *I will travel to Costa Rica next year.*

To form the future tense, add the future endings to the end of the infinitive. The endings are the same for **-ar, -er,** and **-ir** verbs.

| **viajar** | **volver** | **divertirse** |
|---|---|---|
| viajar**é** | volver**é** | me divertir**é** |
| viajar**ás** | volver**ás** | te divertir**ás** |
| viajar**á** | volver**á** | se divertir**á** |
| viajar**emos** | volver**emos** | nos divertir**emos** |
| viajar**éis** | volver**éis** | os divertir**éis** |
| viajar**án** | volver**án** | se divertir**án** |

Circle an example of a regular future form in the **Gramática en contexto** reading.

Irregular verbs have an irregular stem but use the same endings as the regular verbs.

| decir → | dir- | |
|---|---|---|
| hacer → | har- | **é** |
| poder → | podr- | **ás** |
| poner → | pondr- | **á** |
| querer → | querr- | **emos** |
| saber → | sabr- | **éis** |
| salir → | saldr- | **án** |
| tener → | tendr- | |
| venir → | vendr- | |

Circle an example of an irregular future form in the **Gramática en contexto** reading.

The future form of **hay** is **habrá**.

**Hay** muchas especies en peligro de extinción.    *There are many endangered species.*

En el futuro **habrá** más especies en peligro de extinción.    *In the future, there will be more endangered species.*

When expressing future actions, it is common to add a clause to indicate when that action will occur. There are a number of conjunctions used to introduce such clauses but only **cuando** will be used in this chapter.

The verb following the conjunction **cuando** is in the subjunctive if the action has not yet occurred.

| | |
|---|---|
| **Cuando** *me gradúe*, haré una práctica profesional en Costa Rica. | ***When I graduate***, *I will do an internship in Costa Rica.* |
| **Cuando** *tenga* suficiente dinero, viajaré a Costa Rica. | ***As soon as I have*** *enough money, I will travel to Costa Rica.* |

Circle an example of **cuando** used to express a pending action in the **Gramática en contexto** reading.

Be careful not to use the subjunctive automatically after **cuando.** If the action reflects something that happened in the past, use the preterite or the imperfect; if the action reflects a habit, use the present tense.

**Cuando vengan** mis padres, **comeremos** en un restaurante caro. (future event)

**Cuando vinieron** mis padres, **comimos** en un restaurante caro. (past event)

**Cuando vienen** mis padres, **siempre comemos** en un restaurante caro. (habit)

Circle an exmple of **cuando** used to express a habitual action and a past action in the **Gramática en contexto** reading.

## Ponerlo a prueba

### A. ¿Qué harán los pasantes durante su práctica profesional?

Complete las frases con la forma apropiada del futuro.

1. Susana y Mariana (proteger) ___protegerán___ las tortugas en Tortuguero y (limpiar) ___limpiarán___ el parque de la basura que dejan los turistas.

2. Andrea les (enseñar) ___enseñará___ a navegar en Internet a los miembros de la comunidad.

3. Marco y yo (hacer) ___haremos___ investigaciones sobre el desarrollo sostenible y el uso de la tecnología.

4. Julia (ser) ___será___ asistente del vicepresidente de Intel en Costa Rica.

5. Todos nosotros (quedarse) ___nos quedaremos___ con familias costarricenses.

6. Nuestro español (mejorar) ___mejorará___ mucho.

7. La experiencia nos (ayudar) ___ayudará___ a entender mejor la cultura de Costa Rica.

### B. Cuando...

**Paso 1** Indique si la oración refleja un hábito (H), una acción pasada (P) o algo que pasará en el futuro (F).

1. ___P___ Cuando los pasantes llegaron, el director les enseñó el equipo disponible para el proyecto.

2. ___F___ Cuando los pasantes lleguen, el director les enseñará el equipo disponible para el proyecto.

3. ___H___ Cuando los pasantes llegan, el director siempre les enseña el equipo disponible para el proyecto.

**Paso 2** Ahora rellene los espacios en blanco con la forma apropiada del verbo entre paréntesis, y como en el **Paso 1,** indique si refleja un hábito (H), una acción pasada (P) o algo que pasará en el futuro (F).

1. __P__ Cuando los nuevos pasantes (conocer) _____conocieron_____ a sus familias costarricenses, se sentían un poco nerviosos.

2. __H__ Cuando Marco y yo (trabajar) _____trabajamos_____ juntos, nos gusta intercambiar ideas antes de empezar cada día.

3. __F__ Cuando Julia (empezar) _____empiece_____ a trabajar con Intel, pasará mucho tiempo con su mentor.

4. __H__ Cuando Andrés (enseñar) _____enseña_____, siempre hace algo cómico para empezar cada clase.

5. __F__ Cuando Mariana y Susana (llegar) _____lleguen_____ al Tortuguero, irán directamente al campamento para los trabajadores.

6. __P__ Cuando los pasantes (hacer) _____hicieron_____ una excursión al Volcán Arenal, se relajaron en los baños termales.

7. __H__ Cuando (haber) _____hay_____ tiempo libre, a los pasantes les gusta ir a Monteverde.

8. __F__ Cuando los pasantes (terminar) _____terminen_____ su práctica profesional en Costa Rica, hablarán muy bien el español.

9. __F__ Cuando yo (graduarse) _____me gradúe_____ quiero _____.

## Actividades

### A. ¿Cómo será su futuro?

Marque la letra indicando qué piensa hacer Ud. en el futuro.

1. Cuando me gradúe...

   a. visitaré un país hispano.
   b. haré una práctica profesional.
   c. empezaré los estudios posgrados.
   d. ¿ ?

2. Visitaré Costa Rica cuando...

   a. me gradúe.
   b. tenga más dinero.
   c. me jubile.
   d. ¿ ?

3. Cuando tenga más dinero...

   a. compraré una casa.
   b. viajaré a otro país.
   c. daré muchas fiestas elegantes.
   d. ¿ ?

4. Seré totalmente feliz cuando...

   a. tenga otro trabajo.
   b. me case.
   c. tenga hijos.
   d. ¿ ?

5. Cuando hable mejor el español...

   a. podré encontrar un trabajo mejor.
   b. viajaré a Hispanoamérica o España.
   c. veré más películas en español.
   d. ¿ ?

### B. ¿Qué harán los pasantes en el Parque Nacional Tortuguero?

En el programa TORTUGAS MARINAS, los pasantes patrullan (*patrol*) con los biólogos por la noche la playa volcánica de nuestra reserva. Las tortugas salen del mar por la noche y construyen sus nidos (*nests*) para el desove. Los cazadores (*hunters*) de nidos de tortuga tratan de robarse los huevos de las tortugas para venderlos en las calles. Los pasantes ayudan a proteger las tortugas de esos cazadores.

**Paso 1** Rellene los espacios en blanco con la forma apropiada del verbo (del subjuntivo o del futuro), según el contexto.

El biólogo a cargo del patrullaje les explica a los pasantes sus responsabilidades:

Nosotros (observar) _____observaremos_____[1] las tortugas desde una distancia prudente. Cuando yo (necesitar) _____necesite_____[2] asistencia en las prácticas de investigación y conservación, Ud. y los otros pasantes (ayudar) _____ayudarán_____[3] a esconder los nidos. Luego, (medir) _____medirán_____[4] la tortuga y la (identificar) _____identificarán_____.[5] Cuando Uds. (terminar) _____terminen_____[6] este proceso, (acompañar) _____acompañarán_____[7] a la tortuga de regreso al mar. Las noches son largas y todos nosotros (trabajar) _____trabajaremos_____[8] mucho. (Volver) _____Volveremos_____[9] a nuestros dormitorios a dormir justo cuando (salir) _____salga_____[10] el sol. Uds. (estar) _____estarán_____[11] cansados pero (tener) _____tendrán_____[12] la satisfacción de saber que muchas tortuguitas (sobrevivir) _____sobrevivirán_____[13] debido a su gran esfuerzo. (Haber) _____Habrá_____[14] días de descanso también.

**Paso 2** Estudie el dibujo y describa qué harán Susana y Mariana en su próximo día de descanso.

 **C. ¡Qué increíble la nueva tecnología!**

Con un(a) compañero/a, reaccione a las siguientes predicciones. Usen las siguientes expresiones: **Ojalá que... , Dudo que... , Creo que... , Estoy de acuerdo en que... , Es posible que... , Es verdad que... ,** etcétera.

1. La telemedicina: Todas las clases sociales tendrán acceso a un médico por medio de computadora o videoconferencia.

2. Habrá comunicación inalámbrica en todas las zonas rurales del mundo.

3. Se evitará la contaminación del aire porque todo el mundo manejará un coche híbrido.

4. Todo el mundo será vegetariano y la agricultura será orgánica.

5. El 50 por ciento de la tierra del planeta consistirá en áreas protegidas y reservas naturales.

6. No habrá especies en peligro de extinción.

7. Todo el mundo beberá café de comercio justo (*Fair Trade*).

## D. Un ecoalbergue

Un ecoalbergue en Costa Rica

**Paso 1** Lea el siguiente párrafo prestando atención a los mandatos informales.

El trabajo de pasante en el ecoalbergue es muy interesante. Pero no **olvides** las reglas más importantes. En primer lugar, no **llegues** tarde al trabajo: a la directora le gusta la gente puntual. **Colabora** siempre con los otros empleados en las diferentes actividades y **trata** a los huéspedes (*guests*) con respeto. **Invítalos** a dar un paseo por el complejo y **conversa** con ellos. Así los puedes conocer mejor. En tus días libres, **ve** al bosque para conocerlo mejor, pero¡ no **te pierdas**! No **te salgas** de los senderos. Si ves un animal, no **lo toques** ni le **des** nada de comer. **Ten** cuidado con los monos. ¡Son muy traviesos!

1. ¿Cuáles son las cosas que no debe hacer el/la pasante?

2. ¿Cuáles son las cosas que debe recordar?

3. ¿Cuáles son los infinitivos de las formas verbales **llegues** y **toques**?

4. ¿Qué pasa con los pronombres cuando hay un mandato negativo? Escriba un ejemplo.

5. ¿Qué pasa con los pronombres cuando hay un mandato afirmativo? Escriba un ejemplo.

*Answers D. Paso 1:*
1. *No debe llegar tarde, perderse en el bosque, salirse de los senderos, tocar los animales, darles nada de comer a los animales*
2. *Debe recordar las reglas más importantes (llegar a tiempo, colaborar, tratar con respeto a los huéspedes)*
3. *llegar, tocar*
4. *Los pronombres van antes de un mandato negativo: no te pierdas, no lo toques, no le des...*
5. *Los pronombres van después de un mandato afirmativo, formando una sola palabra: invítalos.*

**E. ¿Cómo se escribe un correo electrónico?**

**Paso 1** Lea lo que Joe, un pasante, les dice a los niños de su clase el primer día.

Primero, **prendan** (*turn on*) la computadora, luego **hagan** clic en el icono para el Internet. **Esperen** mientras la aplicación abre. **No toquen** nada y **no salgan** de la clase sin permiso. Cuando esté abierta la aplicación, **escriban** su nombre de usuario y su contraseña (*password*). Después, **compongan** (*compose*) su correo electrónico. Finalmente **hagan** clic para mandar el correo electrónico.

**Paso 2** Un chico no ha entendido bien lo que Joe le explicó. Repita las instrucciones al niño utilizando los mandatos informales.

**F. Consejos para los nuevos pasantes**

Un ex pasante habla con un estudiante que solicita un puesto como pasante el año que viene. Rellene los espacios en blanco con el mandato informal apropiado.

1. Cuando decidas qué tipo de práctica profesional te interese, (leer) ___*lee*___ los blogs de los pasantes que han trabajado allí anteriormente.

2. (Aprender) ___*Aprende*___ todo que puedas sobre la organización.

3. (Hacer) ___*Haz*___ una investigación completa antes de escoger.

4. (Pedir) ___*Pide*___ una solicitud.

5. No (olvidarse) ___*te olvides*___ de llenar toda la solicitud.

6. (Firmarla) ___*Fírmala*___, pero no (mandarla) ___*la mandes*___ hasta que yo la vea.

7. Cuando tengas la solicitud lista, (llamarme) ___*llámame*___ y yo te la revisaré.

8. (Sacar) ___*Saca*___ tu pasaporte si no lo tienes.

9. No (pagar) ___*pagues*___ nada antes de ser aceptado.

10. (Tener) ___*Ten*___ mucha paciencia porque es normal esperar entre seis y ocho semanas antes de saber algo.

## G. Prácticas profesionales en el extranjero

**Paso 1** Lea las especializaciones de cada estudiante y la lista de posibles prácticas profesionales disponibles este año en Costa Rica. Luego, en parejas, pongan la letra de la práctica profesional que más convenga a cada estudiante al lado de su nombre. Finalmente, pregúntele a su compañero/a cuál es su especialización y recomiéndele una de las prácticas profesionales de la lista.

PRÁCTICAS PROFESIONALES POSIBLES

    a. La Oficina de Derechos Humanos: preparar casos sobre los derechos humanos con énfasis en la promoción y protección de la gente marginada (*marginalized*)

    b. INCAE: trabajar con un mentor en una de las siguientes compañías internacionales: Proctor and Gamble, Pfizer, Firestone, DHL Worldwide Express o Microsoft; desarrollar un proyecto dentro de la compañía a través de INCAE identificando y analizando problemas dentro de la empresa

    c. La Escuela Simón Bolívar: desarrollar programas educativos específicos, como alfabetización, idiomas en las escuelas rurales; ofrecer cursos cortos de capacitación (*training*) profesional para adultos

    d. LINCOS: hacer prácticas y aprender cómo funciona la telemedicina y la educación en salud a distancia; diseñar aplicaciones para Telemedicina

    e. LNN: trabajar en el Laboratorio Nacional de Nanotecnología, con microsensores y materiales avanzados en la fabricación de circuitos integrados. Este proyecto se realizará con el apoyo financiero de Motorola, Inc.

    f. ANDAR: llevar el desarrollo a zonas marginadas; trabajar para mejorar la calidad de vida de las familias pobres de las zonas rurales y urbanas, con especial atención a las mujeres; ofrecerles servicios de crédito, capacitación y comercialización

    g. La Universidad EARTH: trabajar con estudiantes costarricenses en proyectos de agricultura orgánica; apoyar programas de formación empresarial (*business education*) para pequeños productores

ESPECIALIZACIONES

    1. __d__ Julie Margolin estudia medicina en la Universidad de California, San Francisco

    2. __f__ Martha Dooley estudia para trabajadora social en la Universidad de Texas, Austin

    3. __b__ Mark Holiday se especializa en negocios en Wharton School of Business

    4. __g__ Bobby Earl Jones estudia ciencias agriculturales en Texas A&M University

    5. __c__ Joe Mueller estudia para maestro de secundaria en St. Mary's College

    6. __e__ Cynthia Wilson estudia ciencias en MIT

    7. __a__ Susana Sharpe estudia derecho en Boston University

    8. _____ Su compañero/a

**Paso 2** Compartan con la clase lo que hará cada pasante en su práctica profesional. Utilicen el futuro.

    MODELO: Bobby Earl Jones trabajará con estudiantes de la Universidad de EARTH. Apoyará programas de...

**Paso 3** En grupos de tres, contesten las siguientes preguntas.

1. ¿Cuáles son las ventajas de hacer una práctica profesional?
2. ¿Has hecho una práctica profesional? ¿Dónde la hiciste? ¿Cómo fue?
3. ¿Te gustaría hacer una práctica profesional? ¿En dónde? Describe la práctica profesional ideal para ti.
4. Si pudieras hacer una práctica profesional con alguna persona famosa, ¿con quién te gustaría trabajar?

**Note H:** This is an Information Gap activity in which pairs of students must work together to fill in the missing information. The activity must be copied from the *IM* and handed out to the students.

**H. Coordinando a los pasantes**

Su profesor(a) le va a dar una tabla con información incompleta sobre seis pasantes que llegarán a Costa Rica este otoño. Con un(a) compañero/a intercambie la información que tiene para completar las tablas.

# Reciclaje gramatical

**INCAE**

### A. Describir: Ser *versus* estar

Rellene los espacios en blanco con la forma apropiada de **ser** o **estar,** según el contexto.

Los directores de INCAE _____están_____[1] trabajando todo el día para escoger a los nuevos pasantes para el próximo año. Tienen que _____estar_____[2] en la oficina desde las 8:00 de la mañana hasta las 9:00 de la noche. Este año los candidatos _____son_____[3] más capacitados (*qualified*) que el año pasado. Va a _____ser_____[4] muy difícil escoger solamente a doce. Ya _____son_____[5] las 2:00 y los directores _____están_____[6] cansados y necesitan un descanso. Hay un restaurante excelente que les encanta a todos y que no _____está_____[7] muy lejos de la oficina. La comida siempre _____es_____[8] deliciosa y los camareros _____son_____[9] muy simpáticos. Todos _____están_____[10] de acuerdo en ir allí y continuar su trabajo después de un buen almuerzo y un fuerte café expreso.

### B. Hablar de los gustos: Los pronombres indirectos

**Paso 1** Rellene el primer espacio en blanco con el pronombre indirecto apropiado y luego subraye el sujeto apropiado.

1. A los pasantes _____les_____ gusta ( la organización / los directores ) de LINCOS.
2. A cada pasante _____le_____ interesan ( la oportunidad / los desafíos [*challenges*] ) que LINCOS les ofrece para crecer profesionalmente.
3. Al director del proyecto en San Joaquín _____le_____ preocupa ( los errores gramaticales / el nivel de español ) de los pasantes.
4. A los directores _____les_____ encanta ( la pasión / las ideas innovadoras ) de los nuevos pasantes.

**Paso 2** Cambie cada oración del **Paso 1** al pasado.

1. *A los pasantes les gustaba la organización de LINCOS.*
2. *A cada pasante le interesaban los desafíos que LINCOS les ofrecían para crecer profesionalmente.*
3. *Al director del proyecto en San Joaquín le preocupaba el nivel de español de los pasantes.*
4. *A los directores les encantaba la pasión de los nuevos pasantes.*

## C. Comparar: Hacer comparaciones

Haga comparaciones entre los siguientes aspectos de Costa Rica. Siga las indicaciones.

1. El Parque Nacional Tortuguero / el Parque Natural, Talamanca (fascinante) (+)

   *El Parque Nacional Tortuguero es más fascinante que el Parque Natural, Talamanca.*

2. El quetzal / el tucán (exótico) (=)

   *El quetzal es tan exótico como el tucán.*

3. La costa del Pacífico / la costa del Atlántico (desarrollado) (−)

   *La costa del Pacífico es menos desarrollada que la costa del Atlántico.*

4. ANDAR / LINCOS (oportunidades en las zonas rurales) (=)

   *ANDAR tiene tantas oportunidades en las zonas rurales como LINCOS.*

5. Los puentes colgantes / casas sobre árboles (arriesgado) (+)

   *Los puentes colgantes son más arriesgados que las casas sobre árboles.*

## D. Narrar en el pasado: El pretérito y el imperfecto

Rellene los espacios en blanco con el pretérito o el imperfecto, según el contexto.

Antes de marcharse, Alex y Sophie (hacer) __hicieron__[1] su último viaje por algunos lugares de Costa Rica. (Ser) __Fue__[2] un viaje fascinante. Primero, (pasar) __pasaron__[3] tres días en una playa casi privada, cerca del Parque Nacional Manuel Antonio. Esos días en la playa (ser) __eran__[4] muy relajantes; aunque a veces no (poder) __podían__[5] dormir en la playa porque todas las tardes los monos (bajar) __bajaban__[6] de la selva para jugar con ellos. Luego (ir) __fueron__[7] a Monteverde donde (caminar) __caminaron__[8] por el bosque nuboso por puentes colgantes. Los dos (estar) __estaban__[9] fascinados del complejo sistema de puentes. Sophie (querer) __quería__[10] quedarse allí un día más, pero (tener) __tenía__[11] reservaciones en un hotel al lado del Volcán Arenal. Cuando llegaron allí (estar) __estaban__[12] listos para un descanso y (pasar) __pasaron__[13] una hora en los baños termales viendo las cascadas de agua caliente que (venir) __venían__[14] del volcán. La verdad es que esos días que pasaron al lado del Volcán Arenal (ser) __Fue__[15] la experiencia mas alucinante del viaje.

## E. Reaccionar y recomendar: El subjuntivo

Lea cada afirmación y luego escriba una reacción y una recomendación.

1. El comercio justo es un movimiento internacional que garantiza que los productores de los países pobres reciban un precio justo (*fair*) por sus productos.

   a. Es bueno que los productores (recibir) _____.

   b. Recomiendo que todos mis amigos (comprar) _____.

   c. Es cierto que _____.

2. Una de las metas de LINCOS es dar acceso tecnológico a las comunidades rurales.

   a. Espero que LINCOS (tener) _____.

   b. Las compañías como HP quieren que en las comunidades rurales (haber) _____.

   c. Dudo que _____.

3. Beber solamente café de comercio justo es un acto humanitario y compasivo.

   a. Es importante que todos (ser) _____.

   b. Voy a insistir en que mis amigos (comprar) _____.

   c. Es obvio que _____.

Possible answers E:
1. a. *reciban un precio justo por sus productos*
   b. *compren productos de comercio justo*
   c. (answers will vary, should use indicative)
2. a. *tenga éxito*
   b. *haya acceso tecnológico*
   c. (answers will vary, should use subjunctive)
3. a. *sean humanitarios y compasivos*
   b. *compren café de comercio justo*
   c. (answers will vary, should use indicative)

# Oportunidades globales

Prácticas profesionales en Costa Rica

## Introducción:
## Prácticas profesionales en el extranjero

Dependiendo del tipo de carrera que le interese, las prácticas profesionales pueden hacerse en fábricas, laboratorios, estudios de arquitectura, establecimientos agrícolas, universidades, sectores de la industria de la tecnología, etcétera. Hay ofertas para estudiantes avanzados y también para quienes cursan una carrera o se están iniciando en ella. Una práctica profesional le permite familiarizarse con los métodos de trabajo de un país diferente y adquirir experiencia práctica en su campo.

1. ¿Qué beneficios ofrece hacer una práctica profesional en un país extranjero?

2. ¿Le gustaría hacer una práctica profesional en un país extranjero? ¿De qué profesión y en qué país?

## ¡A escuchar!

Escuche mientras su profesor(a) describe la experiencia que Linda, una pasante, tuvo con ANDAR en Costa Rica.

### ¿Cierto o falso?

|  | CIERTO | FALSO |
|---|---|---|
| 1. Linda trabajó en un proyecto de turismo en las comunidades rurales. | ☒ | ☐ |
| 2. Los turistas participan directamente con la gente local para enseñarles a diseñar sitios web. | ☐ | ☒ |
| 3. Linda ayudó a los miembros de la comunidad a crear un plan para los turistas que querían una experiencia diferente. | ☒ | ☐ |
| 4. Ahora Linda trabaja en los Estados Unidos haciendo queso y limpiando iglesias. | ☐ | ☒ |

## ¡A leer!

Lea lo que cuatro pasantes dicen sobre las experiencias que tuvieron mientras trabajaban en varios lugares de Costa Rica. Empareje cada foto con el párrafo que mejor la describe.

1. *El Volcán Arenal*

2. *El Parque Nacional Tortuguero*

3. *Los Santos*

4. *La Península de Osa*

## La Península de Osa

Habla David:

«El verano pasado conseguí una práctica profesional en un pequeño ecoalbergue localizado en el sureste de Costa Rica. Yo era entonces estudiante de turismo, pero no sabía mucho del ecoturismo. La meta principal del albergue era utilizar los ingresos del turismo para adquirir tierras y proteger la fauna en peligro de extinción. Mi trabajo principal consistía en trabajar con los huéspedes para hacerlos conscientes de la conservación y el cuidado del bosque lluvioso. Para la construcción del complejo no se cortaron árboles y todo fue construido con materiales naturales de la zona. El agua se calentaba a base de energía solar y el programa de reciclaje era impresionante. ¡Casi no había plásticos! Una de las experiencias más impresionantes fue pasear por encima del bosque por medio de cables de acero. Me deslicé (*slid*) de un árbol a otro mirando el hábitat de las criaturas del bosque desde una nueva perspectiva. Creo que mi práctica profesional fue la más alucinante de todas.»

## Los Santos

Habla Elena:

«Trabajé con el proyecto LINCOS en la región de Los Santos. Allí ayudé a los caficultores de la región a exportar el café sin la participación de intermediarios.

Imagínense yo, adicta al café, ¡trabajando en un cafetal! ¡Qué gusto! Aprendí muchísimo durante mi práctica profesional. Por lo general, una exportación normal de café implica de seis a ocho pasos. En cambio, en la venta (*sale*) directa, requirió menos pasos y creó mejores condiciones y más ganancias (*profits*) para los productores locales. Ahora ellos se sienten parte del mundo globalizado. Y, está claro que yo nunca beberé un café sin saber si es un producto de comercio justo o no.»

### El Volcán Arenal

Habla Margarita:

«Investigué la actividad volcánica por medio de una práctica profesional en el Observatorio Vulcanológico y Sismológico de Costa Rica. Pasamos la mayoría del tiempo en el estudio y la observación de los monitores del Volcán Arenal. Es un lugar impresionante. Después de un día arduo de trabajo, nos relajábamos en el agua caliente del río que bajaba del volcán. Al bañarse por la noche es posible ver los ríos de lava que cruzan el lado oscuro del volcán. Un fin de semana nos quedamos en un hotel al lado del volcán. Había un bar dentro del agua donde podíamos tomar cócteles mientras nos bañábamos. ¡Qué lujo!»

### El Parque Nacional Tortuguero

Habla Gabriel:

«Durante la temporada de anidación (*nesting*) de las tortugas verdes marinas en el Parque Nacional Tortuguero, participé como Asistente de Investigación Voluntario del Programa de Monitoreo. Salíamos a patrullar la playa todas las noches, que era cuando las tortugas salían del mar para desovar entre 80 y 120 huevos. Todo este proceso tomaba alrededor de dos horas. Una noche mi compañera de los Estados Unidos y yo íbamos patrullando la playa. Al caminar alumbré con la linterna (*shined the flashlight on*) la arena a mi alrededor y descubrí las huellas gigantescas de un jaguar por todos lados. Sentimos una sensación extraña, inquietante, como si alguien nos observara, pero miramos por todos lados y no vimos nada. Decidimos volver. Estábamos como a dos kilómetros de la Estación Biológica y teníamos sólo un radio y un par de linternas. Nos sentíamos inseguros. Fue durante esa temporada que el jaguar mató nada menos de 95 tortugas. ¡Qué lástima!... y ¡qué susto!»

# ¡A conversar!

**Note** *¡A conversar!:* These dialogues recycle the seven **Destrezas comunicativas.** **Suggestion:** Have pairs of students act out the situations. Do not let them memorize their lines. The presentations should be as spontaneous as possible.

Lea las siguientes situaciones. Luego, con un(a) compañero/a, presente cada conversación incorporando las **Expresiones útiles** para realizar las destrezas conversacionales necesarias para cada diálogo.

**Situación 1** Al final del año escolar, dos amigos/as están haciendo planes para pasar las vacaciones juntos/as en Costa Rica, pero tienen ideas muy diferentes de lo que quieren hacer y del tipo de alojamiento que prefieren.

*Destrezas conversacionales: Expresar desacuerdo, persuadir, proponer una solución*

ESTUDIANTE A: Después de un semestre muy difícil, Ud. quiere quedarse en un hotel de lujo en la playa y ser mimado/a (*pampered*). Tiene ganas de descansar, comer bien, tomar el sol y leer revistas en la playa. Quiere unas vacaciones como las que tuvo en Cancún el año pasado. Su amigo/a no quiere hacer lo mismo. Exprese su desacuerdo e intente persuadirlo.

ESTUDIANTE B: Ud. tomó un curso de ecología y ahora está muy consciente del daño que los turistas pueden causar al medio ambiente. Está muy

## Expresiones útiles

**Para expresar desacuerdo**
No estoy de acuerdo...
¡Qué locura!
¿Qué estás pensando?
¡No seas tonto/a!

**Para persuadir:**
Es importante (+ *infinitivo*)...
Debemos (+ *infinitivo*)...
Sería mejor (+ *infinitivo*)...

**Para proponer una solución**
Debemos (+ *infinitivo*)...
¿Por qué no... ?

entusiasmado/a por quedarse en un ecoalbergue donde puede trabajar unas horas cada día a cambio de un precio muy reducido. Proponga un compromiso.

**Situación 2** Un pasante acaba de darle una computadora usada a un adolescente costarricense y ahora los dos hablan de su computadora nueva.

*Destrezas conversacionales: Expresar alegría y dar las gracias*

ESTUDIANTE A: Ud. es un(a) pasante que trabaja con LINCOS. Hewlett Packard le dio a Ud. la tarea de regalarles una computadora usada a los mejores estudiantes de la escuela secundaria.

ESTUDIANTE B: Ud. es un(a) estudiante a quien le encanta la tecnología. Acaba de recibir una computadora de un(a) pasante de LINCOS. Está extático/a con la nueva computadora pero no sabe usarla muy bien. Déle las gracias al / a la pasante y pídale consejos sobre cómo usar la computadora.

## ¡A escribir!

Escriba un ensayo imaginando que Ud. participará en un programa que encontró en la Feria de Oportunidades Globales. Escoja entre uno de estos programas: estudiar, enseñar inglés, trabajar como voluntario o hacer una práctica profesional. Diga en su ensayo en qué país realizará su programa, qué tipo de trabajo o estudios hará y qué viajes hará en su tiempo libre.

**Suggestion ¡A escribir!:** If there is an online discussion board available for your class, have students post their essays online. Have students read and critique each other's essays.

# Vocabulario

## Los sustantivos

### La naturaleza

| | |
|---|---|
| **las aguas termales** | *hot springs* |
| **el área protegida** | *protected area* |
| **el bosque (nuboso, lluvioso)** | *(cloud, rain) forest* |
| **la catarata** | *waterfall* |
| **el desarrollo sostenible** | *sustainable development* |
| **la finca orgánica** | *organic farm* |
| **los recursos naturales** | *natural resources* |
| **el refugio** | *refuge* |
| **la reserva biológica** | *biological reserve* |
| **la selva tropical** | *rain forest* |
| **el sendero** | *path* |
| **la vida silvestre** | *wildlife* |

### Animales que se encuentran en Costa Rica

| | |
|---|---|
| **el ave** | *bird* |
| **la iguana** | *iguana* |
| **la mariposa** | *butterfly* |
| **el mono** | *monkey* |
| **el perezoso** | *sloth* |
| **el quetzal** | *Quetzal* |
| **la tortuga** | *turtle* |

### Problemas ambientales
*(Environmental problems)*

| | |
|---|---|
| **la contaminación** | *pollution* |
| **el daño** | *harm* |
| **la deforestación** | *deforestation* |
| **la destrucción** | *destruction* |
| **la extinción** | *extinction* |

### La tecnología de información

| | |
|---|---|
| **el acceso** | *access* |
| **la cámara digital / de vídeo** | *digital/video camera* |
| **la computadora portátil** | *laptop* |
| **el correo electrónico** | *e-mail* |
| **la impresora** | *printer* |
| **la innovación** | *innovation* |
| **la pantalla** | *screen* |
| **el ratón** | *mouse* |
| **la Red** | *the Internet* |
| **el sitio Web** | *website* |
| **el soporte técnico** | *technical support* |
| **el teclado** | *keyboard* |
| **la tecnología inalámbrica** | *wireless technology* |
| **el teléfono celular** | *cell phone* |

# Los verbos

## El ambiente

| | |
|---|---|
| beneficiar | *to benefit* |
| contaminar | *to pollute* |
| cuidar | *to care for* |
| desarrollar | *to develop* |
| destruir | *to destroy* |
| poner en peligro | *to put in danger* |
| proteger | *to protect* |
| reciclar | *to recycle* |
| resolver | *to resolve; to solve* |

## La tecnología

| | |
|---|---|
| conectarse al Internet | *to connect to the Internet* |
| contribuir | *to contribute* |
| diseñar un sitio web | *design a website* |

| | |
|---|---|
| funcionar | *to function* |
| hacer clic en | *to click on (a link)* |
| mejorar | *to make better* |
| navegar en Internet | *to surf the Internet* |
| promover | *to promote* |

# Los adjetivos

## Para describir a los turistas

| | |
|---|---|
| consciente | *conscious, aware* |
| sensible | *sensitive* |
| respetuoso/a | *respectful* |

# Otras expresiones útiles

| | |
|---|---|
| en línea | *online* |

# ¿Tiene listo su pasaporte?

## Metas comunicativas

You should be able to:

## Autoevaluación

Check the box that corresponds to how much you have learned:

| | NONE | SOME | A LOT |
|---|---|---|---|
| Describe people and places | ☐ | ☐ | ☐ |
| Express likes and dislikes | ☐ | ☐ | ☐ |
| Compare people, places, and things | ☐ | ☐ | ☐ |
| Talk about the past | ☐ | ☐ | ☐ |
| React and make recommendations | ☐ | ☐ | ☐ |
| Talk about the future | ☐ | ☐ | ☐ |
| Hypothesize | ☐ | ☐ | ☐ |

**Suggestion:** Have students look at the opening photograph collage and ask them to identify the country the image represents. Clockwise from top left: Ecuador, Mexico, Costa Rica, Spain, Argentina.

## Vocabulario

You should know enough vocabulary to talk about:

## Autoevaluación

Check the box that corresponds to how much you have learned:

| | NONE | SOME | A LOT |
|---|---|---|---|
| Your family | ☐ | ☐ | ☐ |
| The place where you live | ☐ | ☐ | ☐ |
| Your daily routine and clothing | ☐ | ☐ | ☐ |
| Food | ☐ | ☐ | ☐ |
| Your studies and courses | ☐ | ☐ | ☐ |
| Cultural interests and activities | ☐ | ☐ | ☐ |
| Sports and pastimes | ☐ | ☐ | ☐ |
| Your health | ☐ | ☐ | ☐ |
| Travel and transportation | ☐ | ☐ | ☐ |
| The environment | ☐ | ☐ | ☐ |
| Technology | ☐ | ☐ | ☐ |

**Suggestion:** Take a few minutes to have students do this self-evaluation to assess what they now know and what they can do with the language at this point.

# Recorriendo el mundo hispano

## A. A ver, ¿qué sabe ahora del mundo hispano?

**Paso 1** Parte del proceso de solicitar una oportunidad global es demostrar su conocimiento de la cultura hispana. A ver cuánto sabe Ud. ahora. Tan rápido como pueda, rellene los espacios en blanco con la información que haya aprendido.

1. Dos comidas exóticas: _____, _____
2. Tres edificios extraordinarios: _____, _____, _____
3. Tres personas famosas: _____, _____, _____
4. Tres tipos de música: _____, _____, _____
5. Tres parques nacionales en Hispanoamérica: _____, _____, _____
6. Tres animales que se encuentran en América Central: _____, _____, _____
7. Tres lugares de interés por su geografía extrema: _____, _____, _____
8. Tres países donde se puede practicar deportes de invierno: _____, _____, _____
9. Tres lugares de interés arqueológico: _____, _____, _____
10. Tres festivales: _____, _____, _____

**Paso 2** En parejas, traten de identificar los siguientes iconos.

|  | ¿QUÉ ES? | ¿DÓNDE ESTÁ? | ¿SIGNIFICADO CULTURAL? |
|---|---|---|---|
| 1. | *una pirámide azteca y un edificio moderna* | *México, D.F.* | |
| 2. | *la Alhambra* | *Granada, España* | |
| 3. | *unos bailadores de tango* | *Buenos Aires, Argentina* | |

*(continúa)*

| | | ¿QUÉ ES? | ¿DÓNDE ESTÁ? | ¿SIGNIFICADO CULTURAL? |
|---|---|---|---|---|
| 4. | | un chamán | Río Blanco, Ecuador | |
| 5. | | un jugador de beísbol | San Pedro de Macorís, República Dominicana | |
| 6. | | un perezoso, **un mono** | Parque Nacional Manuel Antonio, Costa Rica | |
| 7. | | un observatorio | El Valle del Río Elqui, Chile | |
| 8. | | un diablo cojuelo | La Vega, República Dominicana | |
| 9. | | un quetzal y el café | Monteverde, Costa Rica | |
| 10. | | el Museo Guggenheim | Bilbao, España | |
| 11. | | un gaucho | La Pampa, Argentina | |
| 12. | | las Torres del Paine | Torres del Paine, Chile | |
| 13. | | una cabeza olmeca | Xalapa, México | |
| 14. | | una tortuga gigante | Las Islas Galápagos, Ecuador | |

**Suggestion** *Pista caliente:* To practice the conditional forms further, bring in photos of people doing activities in Latin American countries and Spain, and use them as flash cards. Show a picture of the running of the bulls in Pamplona and as students: *¿Correrían Uds. Con los toros si estuvieran en Pamplona?* If the students say no, ask them what they would do instead. You could also ask students to think of a few things they would do with a million dollars. Set up the hypothetical situation for them and let them finish it with their list of activities: *Si saracan la lotería y se convertieran en millonarios, ¿cuáles son las tres primeras cosas que harían con el dinero?*

## Pista caliente

### El condicional

You have already seen the conditional in every chapter of *Pasaporte:*

| | |
|---|---|
| **Si quisiera** esquiar en la Argentina, **iría** a Bariloche. | *If I wanted to ski in Argentina, I would go to Bariloche.* |

**Quisiera** is the **yo** form of the imperfect subjunctive. The imperfect subjunctive is used with the conditional to express a hypothetical situation. You will learn the imperfect subjunctive in intermediate courses. For now, it is only necessary to concentrate on learning the conditional to express hypothetical situations.

| | |
|---|---|
| **Si tuviera** la oportunidad de ir a la Argentina, ¿Qué **haría** allí? | *If you had the opportunity to go to Argentina, what would you do there?* |
| **Me quedaría** en una estancia en la Pampa. | *I would stay at a dude ranch on in the Pampa.* |
| **Trabajaría** con los gauchos. | *I would work with the gauchos.* |
| **Visitaría** la Tierra del Fuego y **vería** muchos pingüinos. | *I would visit the Tierra del Fuego and I would see lots of penguins.* |

To conjugate regular **-ar, -er,** and **-ir** verbs in the conditional, add one of the following endings to the infinitive: **-ía, -ías, -ía, -íamos, -íais, -ían.**

**hablar:** hablaría, hablarías, hablaría, hablaríamos, hablaríais, hablarían
**comer:** comería, comerías, comería, comeríamos, comeríais, comerían
**vivir:** viviría, vivirías, vivirían, viviríamos, viviríais, vivirían

The same verbs that are irregular in the future tense are also irregular in the conditional tense:

| | | |
|---|---|---|
| decir → diría | poder → podría | salir → saldría |
| haber → habría | poner → pondría | tener → tendría |
| hacer → haría | querer → querría | venir → vendría |
| | saber → sabría | |

---

### B. Oportunidades globales: ¿Tiene listo su pasaporte?

**Paso 1** Lea las listas de oportunidades y de países. ¿Cuál de las siguientes oportunidades le interesaría más a Ud.? Escoja una y luego escoja el país a donde le gustaría ir.

1. Estudiar
2. Practicar su pasatiempo favorito en el extranjero
3. Participar en un intercambio con una ciudad hermana
4. Enseñar en un país de habla española
5. Trabajar como voluntario
6. Hacer una práctica profesional

a. La Argentina
b. España
c. México
d. La República Dominicana
e. El Ecuador
f. Chile
g. Costa Rica

**Paso 2** Ahora comparta sus preferencias con un(a) compañero/a. Dígale cuál es la oportunidad más atractiva para Ud., adónde le gustaría ir y lo que le gustaría hacer allí.

### Repaso

#### A. Prueba diagnóstica

Escoja la(s) palabra(s) apropiada(s) según el contexto.

1. Los directores de los programas prefieren que los estudiantes _____ con familias del lugar.

   a. viven          b. vivirán          (c. vivan)

2. Este año los pasantes han ganado más dinero _____ el año pasado.

   (a. que)          b. como          c. de

3. Jorge _____ muy nervioso durante su entrevista con el jefe de la revista *Abrapanoramas.*

   a. era          (b. estaba)          c. fue

4. Mientras su madre _____ la cena anoche, Erica la _____ desde Chile.

   a. preparó, llamó          (b. preparaba, llamó)          c. preparó, llamaba

5. Cuando la orquesta de Ashland _____ los músicos irán directamente al Teatro Juárez.

   (a. llegue)          b. llegará          c. llega

6. A los turistas conscientes del medio ambiente _____ molesta _____ en los lugares más bellos de Hispanoamérica.

   a. les, los animales exóticos          (b. les, la cantidad de basura (*trash*))          c. le, el ruido

7. Diego bebe tanto café _____ Ernesto, pero come menos _____ su amigo.

   a. que, como          (b. como, que)          c. como, de

8. La reunión de pasantes nuevos _____ en el Hotel Miramar que _____ muy cerca de la estación de trenes.

   (a. es, está)          b. es, es          c. está, está

9. A los médicos _____ preocupa _____ que observan en los niños muy jóvenes.

   a. le, los problemas          b. les, las enfermedades          (c. les, la desnutrición)

10. Es bueno que los pasantes _____ bien el español.

    a. hablan          (b. hablen)          c. hablará

11. Si quisiera tomar clases en el extranjero, _____ a Sevilla, España.

    a. iré          b. voy          (c. iría)

12. El año pasado Luz _____ tres veces a su hermana en el D.F.

    (a. visitó)          b. visitaba          c. visite

## B. Una práctica profesional en Chile

Rellene los espacios en blanco con la palabra apropiada, según el contexto. Si hay más de una palabra, escoja la palabra que corresponde.

¡Hola, David!

¿Qué tal estás? Tengo buenas noticias. (Solicitar) _____Solicité_____[1] una práctica profesional (por /(para))[2] trabajar en Chile y acabo de saber que me (haber aceptar) _han aceptado_.[3] (Trabajar) _____Trabajaré_____[4] en el centro de esquí Termas de Chillán, al sur de Santiago. Les (dar) _____daré_____[5] clases de inglés a los empleados del centro y del balneario (*resort*). La práctica profesional (ser/estar) _____será_____[6] de cuatro meses —desde junio hasta septiembre. El costo de la estancia y la comida va incluido y me (dar) _____darán_____[7] boletos de esquí gratuitos. No creo que me (pagar) _____paguen_____[8] un estipendio, aunque es posible. Voy a poder esquiar más (como /que/ de)⁹ tú (ese / este)¹⁰ año. Sé que tú (pasar) ___pasaste___ ¹¹ una temporada en Chile hace un año. Espero que me (poder) ___puedas___ ¹² aconsejar sobre la vida y los lugares que debo visitar mientras (ser/estar) ___estoy___ ¹³ allí.

Saludos,

Marco

### C. Compartiendo experiencias

Rellene los espacios en blanco con la palabra apropiada, según el contexto. Si hay más de una palabra, escoja la palabra que corresponde.

¡Hola, Marco!

¡Qué buenas noticias! Es increíble que (haber conseguir) _hayas conseguido_ ¹ una práctica profesional en Chile. Hacer una práctica en el extranjero es mejor (de / que)² hacerla aquí. Me (encantar) ___encantaban___ ³ los seis meses que pasé trabajando en la Argentina y como (saber/conocer) ___sabes___,⁴ (tener) ___tenía___ ⁵ la oportunidad de viajar a Chile. En primer lugar, no (perder) ___pierdas___ ⁶ la oportunidad de hacer un viaje a la Patagonia. Te recomiendo que (ir) ___vayas___ ⁷ también al norte, al desierto de Atacama, pero tienes que pasar un buen rato en el sur.

El año pasado mi novia y yo (decidir) ___decidimos___ ⁸ pasar las vacaciones de Navidad en Chile. Mona (salir) ___salió___ ⁹ (por / para)¹⁰ Puerto Natales una semana antes que yo porque (tener: yo) ___tenía___ ¹¹ que trabajar hasta el 22 de diciembre. Todos los días (ir: nosotros) ___Fuimos___ ¹² a museos y (nadar) ___nadamos___ ¹³ en el mar. La mejor parte del viaje fue que (tomar) ___tomamos___ ¹⁴ un transbordador a una colonia de pingüinos. Mona (pensar) ___pensaba___ ¹⁵ que los pingüinos (ser) ___eran___ ¹⁶ adorables. A Mona le (gustar) ___gusta___ ¹⁷ sacar fotos y (ser/estar) ___es___ ¹⁸ muy talentosa. Así que voy a (mandarte) ___mandarte___ ¹⁹ sus fotos mañana para que veas lo que te espera. (Mandarme) ___Mándame___ ²⁰ las fechas y el día de tu salida. Espero que nos (ver) ___veamos___ ²¹ antes de que salgas.

Un saludo,

David

**Note A:** If short on time, divide the class into seven groups and assign each group a place/picture to describe.

## Actividades

### A. Álbum: Oportunidades globales 2010

Con un(a) compañero/a, trate de identificar el país que aparece en cada foto.

1. Sara, una profesora de danza, y su sobrino Alex visitan _Guanajuato, México_, la ciudad hermana de Ashland, Oregon.

2. Tony trabaja como voluntario con las tortugas gigantes en _Las Islas Galápagos, Ecuador_.

3. Brooke y Mona asisten a la Fería de Abril en el Barrio Santa Cruz en ___Sevilla, Espana___.

4. Sharla es maestra en una escuela primaria en ___Santo Domingo, la República Dominicana___, una ciudad capital en el Caribe.

5. Lily, una pasante, aprenda sobre la flora y fauna de la selva tropical en ___Costa Rica___.

6. Virginia disfruta del mate en una estancia de ___la Pampa, Argentina___.

7. Adam y Jessica, dos aprendices de periodismo investigan las posibilidades turísticas en ___Chile___.

Suggestion: Have students alternate so that one student does 1, 3, and 5, and the other student does 2, 4, and 6.

**Paso 2** Ahora, turnándose con su compañero/a, use su imaginación y la información que aprendió este semestre para hacer lo siguiente:

1. **Describir:** Describa a un/a estudiante/pasante/turista/voluntario de las fotos y el lugar donde estuvo en el extranjero. Por ejemplo, ¿Cómo es su aspecto físico y su personalidad? ¿Es urbano o rural el lugar?

2. **Comparar:** Haga una comparación entre dos o tres de las oportunidades globales. Por ejemplo, compare una práctica profesional en Costa Rica y un aprendizaje de periodismo en Chile, ¿Cuál seréa más interesante/beneficioso/exigente?

3. **Hablar de los gustos:** Hable de los gustos y los intereses de los participantes de los varios programas en el extranjero. Por ejemplo, ¿Qué les gusta a las personas que participan en el programa para maestros? ¿Qué les interesa hacer o aprender?

4. **Narrar en el pasado:** Cuente algo que le pasó a uno de los participantes durante su tiempo en el extranjero. Por ejemplo, ¿Qué le pasó a Tony un día cuando estaba observando las tortugas? (Use su imaginación.)

5. **Recomendar:** Diga qué les recomiendan los representantes a los participantes antes de ir al extranjero. Por ejemplo, ¿Qué les recomiendan que hagan para prepararse bien para el viaje?

6. **Hablar del futuro:** Hable de los planes para el futuro de las personas en las fotos. Por ejemplo, ¿cómo utilizarán su español? ¿Qué tipo de trabajo tendrán? ¿Viajarán a más países extranjeros?

Mientras su compañero/a habla, no se olvide de responderle y hacerle preguntas apropiadas.

**B. Reacciones y recomendaciones**

Los siguientes temas tienen que ver con las experiencias que uno puede tener en el extranjero. Con un(a) compañero/a, reaccione ante cada oración.

1. Menos de dos por ciento de los estudiantes estadounidenses estudia en el extranjero.

2. En México se comen chapulines, y cuy (*guinea pig*) en el Ecuador.

3. Hay más gente joven de esta generación que quiere trabajar como voluntario/a que de las generaciones anteriores.

4. Si no habla español, no tendrá las mismas oportunidades que tienen los que son bilingües.

5. El uso de plantas medicinales, como la coca para el soroche, debe ser prohibido.

6. Nuestros maestros deben pasar algún tiempo enseñado en un país de habla española para poder trabajar mejor con los niños inmigrantes en nuestras escuelas.

7. A más y más turistas les interesa participar en viajes enfocados en el ecoturismo.

8. Es peligroso viajar en Hispanoamérica.

9. Muchas compañías internacionales buscan empleados que tengan experiencia de pasantes en el extranjero.

10. Un grupo de jóvenes artistas provenientes de muchas ciudades del mundo se han reunido para participar en una exposición en la que podrán mostrar su arte, gracias a la organización Sister Cities International.

| Expresiones útiles |
| --- |

Es bueno/malo que...
Dudo que...
Creo/pienso que...
No creo / no pienso que...
Es absurdo que...
Es terrible/fantástico que...
Es verdad/obvio/cierto que...
(No) Me gusta que...

## C. Destrezas conversacionales

Durante la Feria de Oportunidades Globales alguien le presenta al representante de uno de los programas. Turnándose con un(a) compañero/a, haga los diferentes papeles y practique por lo menos tres de las siguientes destrezas conversacionales:

Note C: These dialogues recycle the seven **Destrezas comunicativas.**
Suggestion: Have pairs of students act out the situations. Do not let them memorize their lines. The presentations should be as spontaneous as possible.

- Dar las gracias
- Pedir perdón/disculpas
- Hacer planes
- Aceptar o declinar una invitación
- Expresar alegría o frustración
- Expresar una opinión
- Iniciar y cerrar una conversación

### Situación 1

ESTUDIANTE A: Ud. se siente muy frustrado/a porque ya no quedan más puestos (*openings*) para el programa que a Ud. le interesa. Hable con el/la representante del programa y exprese su frustración.

ESTUDIANTE B: Ud. es representante de un programa de prácticas profesionales en el extranjero. Por ahora, ya no hay más puestos disponibles y una persona que no consiguió ser aceptada en su programa se siente muy frustrada. Hable con él/ella y pídale disculpas.

### Situación 2

ESTUDIANTE A: Ud. quiere estudiar en el extranjero y asiste a una reunión de estudiantes que acaban de regresar de un país hispano. Hable con uno de ellos sobre la experiencia que tuvo. Haga planes para ver las fotos de su viaje.

ESTUDIANTE B: Ud. acaba de regresar de un programa de estudios en un país hispano y asiste a una reunión de estudiantes interesados en ir a estudiar al extranjero el próximo semestre. Cuéntele su experiencia a uno de ellos. Exprese sus opiniones sobre el programa y haga planes para mostrarle las fotos de su viaje.

## D. ¿Qué le interesa a Ud.?

**Paso 1** ¿Qué les pareció a Uds. más interesante del mundo hispano? Con un(a) compañero/a, escoja uno de los países que estudiaron este semestre. Repasen las fotos y los iconos del capítulo que corresponda. Luego, hagan una lista apuntando en cada categoría tres o cuatro cosas que les interesan de ese país.

Lugares: _____

Personas: _____

Aspectos culturales: _____

**Paso 2** Ahora, busque otro/a compañero/a que haya escogido un país diferente. Luego, presentándose como experto/a, cada estudiante debe tratar de impresionar a su compañero/a con toda la información que sabe.

MODELO: ESTUDIANTE 1: Para mí, Chile es el país más interesante por su variedad geográfica. Tiene desiertos, volcanes y glaciares. Y además...

ESTUDIANTE 2: ¡Eso no es nada! Costa Rica es mucho más fascinante por su diversidad ecológica...

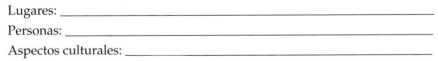

**Expresiones útiles**

Eso no es nada...
Sí, pero yo sé que...
Es increíble lo que hacen en...
Otra cosa aún más fascinante...

# Appendix: Verbs

## A. Regular Verbs: Simple Tenses

| INFINITIVE / PRESENT PARTICIPLE / PAST PARTICIPLE | INDICATIVE | | | | | SUBJUNCTIVE | | IMPERATIVE |
|---|---|---|---|---|---|---|---|---|
| | PRESENT | IMPERFECT | PRETERITE | FUTURE | CONDITIONAL | PRESENT | IMPERFECT | |
| hablar | hablo | hablaba | hablé | hablaré | hablaría | hable | hablara | |
| hablando | hablas | hablabas | hablaste | hablarás | hablarías | hables | hablaras | habla / no hables |
| hablado | habla | hablaba | habló | hablará | hablaría | hable | hablara | hable |
| | hablamos | hablábamos | hablamos | hablaremos | hablaríamos | hablemos | habláramos | hablemos |
| | habláis | hablabais | hablasteis | hablaréis | hablaríais | habléis | hablarais | hablad / no habléis |
| | hablan | hablaban | hablaron | hablarán | hablarían | hablen | hablaran | hablen |
| comer | como | comía | comí | comeré | comería | coma | comiera | |
| comiendo | comes | comías | comiste | comerás | comerías | comas | comieras | come / no comas |
| comido | come | comía | comió | comerá | comería | coma | comiera | coma |
| | comemos | comíamos | comimos | comeremos | comeríamos | comamos | comiéramos | comamos |
| | coméis | comíais | comisteis | comeréis | comeríais | comáis | comierais | comed / no comáis |
| | comen | comían | comieron | comerán | comerían | coman | comieran | coman |
| vivir | vivo | vivía | viví | viviré | viviría | viva | viviera | |
| viviendo | vives | vivías | viviste | vivirás | vivirías | vivas | vivieras | vive / no vivas |
| vivido | vive | vivía | vivió | vivirá | viviría | viva | viviera | viva |
| | vivimos | vivíamos | vivimos | viviremos | viviríamos | vivamos | viviéramos | vivamos |
| | vivís | vivíais | vivisteis | viviréis | viviríais | viváis | vivierais | vivid / no viváis |
| | viven | vivían | vivieron | vivirán | vivirían | vivan | vivieran | vivan |

## B. Regular Verbs: Perfect Tenses

| INDICATIVE | | | | | | | | | | SUBJUNCTIVE | | | |
|---|---|---|---|---|---|---|---|---|---|---|---|---|---|
| PRESENT PERFECT | | PAST PERFECT | | PRETERITE PERFECT | | FUTURE PERFECT | | CONDITIONAL PERFECT | | PRESENT PERFECT | | PAST PERFECT | |
| he | | había | | hube | | habré | | habría | | haya | | hubiera | |
| has | hablado | habías | hablado | hubiste | hablado | habrás | hablado | habrías | hablado | hayas | hablado | hubieras | hablado |
| ha | comido | había | comido | hubo | comido | habrá | comido | habría | comido | haya | comido | hubiera | comido |
| hemos | vivido | habíamos | vivido | hubimos | vivido | habremos | vivido | habríamos | vivido | hayamos | vivido | hubiéramos | vivido |
| habéis | | habíais | | hubisteis | | habréis | | habríais | | hayáis | | hubierais | |
| han | | habían | | hubieron | | habrán | | habrían | | hayan | | hubieran | |

# C. Irregular Verbs

| INFINITIVE / PRESENT PARTICIPLE / PAST PARTICIPLE | INDICATIVE | | | | | SUBJUNCTIVE | | IMPERATIVE |
|---|---|---|---|---|---|---|---|---|
| | PRESENT | IMPERFECT | PRETERITE | FUTURE | CONDITIONAL | PRESENT | IMPERFECT | |
| andar andando andado | ando andas anda andamos andáis andan | andaba andabas andaba andábamos andabais andaban | anduve anduviste anduvo anduvimos anduvisteis anduvieron | andaré andarás andará andaremos andaréis andarán | andaría andarías andaría andaríamos andaríais andarían | ande andes ande andemos andéis anden | anduviera anduvieras anduviera anduviéramos anduvierais anduvieran | anda / no andes ande andemos andad / no andéis anden |
| caer cayendo caído | caigo caes cae caemos caéis caen | caía caías caía caíamos caíais caían | caí caíste cayó caímos caísteis cayeron | caeré caerás caerá caeremos caeréis caerán | caería caerías caería caeríamos caeríais caerían | caiga caigas caiga caigamos caigáis caigan | cayera cayeras cayera cayéramos cayerais cayeran | cae / no caigas caiga caigamos caed / no caigáis caigan |
| dar dando dado | doy das da damos dais dan | daba dabas daba dábamos dabais daban | di diste dio dimos disteis dieron | daré darás dará daremos daréis darán | daría darías daría daríamos daríais darían | dé des dé demos deis den | diera dieras diera diéramos dierais dieran | da / no des dé demos dad / no deis den |
| decir diciendo dicho | digo dices dice decimos decís dicen | decía decías decía decíamos decíais decían | dije dijiste dijo dijimos dijisteis dijeron | diré dirás dirá diremos diréis dirán | diría dirías diría diríamos diríais dirían | diga digas diga digamos digáis digan | dijera dijeras dijera dijéramos dijerais dijeran | di / no digas diga digamos decid / no digáis digan |
| estar estando estado | estoy estás está estamos estáis están | estaba estabas estaba estábamos estabais estaban | estuve estuviste estuvo estuvimos estuvisteis estuvieron | estaré estarás estará estaremos estaréis estarán | estaría estarías estaría estaríamos estaríais estarían | esté estés esté estemos estéis estén | estuviera estuvieras estuviera estuviéramos estuvierais estuvieran | está / no estés esté estemos estad / no estéis estén |
| haber habiendo habido | he has ha hemos habéis han | había habías había habíamos habíais habían | hube hubiste hubo hubimos hubisteis hubieron | habré habrás habrá habremos habréis habrán | habría habrías habría habríamos habríais habrían | haya hayas haya hayamos hayáis hayan | hubiera hubieras hubiera hubiéramos hubierais hubieran | |
| hacer haciendo hecho | hago haces hace hacemos hacéis hacen | hacía hacías hacía hacíamos hacíais hacían | hice hiciste hizo hicimos hicisteis hicieron | haré harás hará haremos haréis harán | haría harías haría haríamos haríais harían | haga hagas haga hagamos hagáis hagan | hiciera hacieras hiciera hiciéramos hicierais hicieran | haz / no hagas haga hagamos haced / no hagáis hagan |

# C. Irregular Verbs (continued)

| INFINITIVE PRESENT PARTICIPLE PAST PARTICIPLE | INDICATIVE | | | | | SUBJUNCTIVE | | IMPERATIVE |
|---|---|---|---|---|---|---|---|---|
| | PRESENT | IMPERFECT | PRETERITE | FUTURE | CONDITIONAL | PRESENT | IMPERFECT | |
| ir yendo ido | voy vas va vamos vais van | iba ibas iba íbamos ibais iban | fui fuiste fue fuimos fuisteis fueron | iré irás irá iremos iréis irán | iría irías iría iríamos iríais irían | vaya vayas vaya vayamos vayáis vayan | fuera fueras fuera fuéramos fuerais fueran | ve / no vayas vaya vamos / no vayamos id / no vayáis vayan |
| oír oyendo oído | oigo oyes oye oímos oís oyen | oía oías oía oíamos oíais oían | oí oíste oyó oímos oísteis oyeron | oiré oirás oirá oiremos oiréis oirán | oiría oirías oiría oiríamos oiríais oirían | oiga oigas oiga oigamos oigáis oigan | oyera oyeras oyera oyéramos oyerais oyeran | oye / no oigas oiga oigamos oíd / oigáis oigan |
| poder pudiendo podido | puedo puedes puede podemos podéis pueden | podía podías podía podíamos podíais podían | pude pudiste pudo pudimos pudisteis pudieron | podré podrás podrá podremos podréis podrán | podría podrías podría podríamos podríais podrían | pueda puedas pueda podamos podáis puedan | pudiera pudieras pudiera pudiéramos pudierais pudieran | |
| poner poniendo puesto | pongo pones pone ponemos ponéis ponen | ponía ponías ponía poníamos poníais ponían | puse pusiste puso pusimos pusisteis pusieron | pondré pondrás pondrá pondremos pondréis pondrán | pondría pondrías pondría pondríamos pondríais pondrían | ponga pongas ponga pongamos pongáis pongan | pusiera pusieras pusiera pusiéramos pusierais pusieran | pon / no pongas ponga pongamos poned / no pongáis pongan |
| querer queriendo querido | quiero quieres quiere queremos queréis quieren | quería querías quería queríamos queríais querían | quise quisiste quiso quisimos quisisteis quisieron | querré querrás querrá querremos querréis querrán | querría querrías querría querríamos querríais querrían | quiera quieras quiera queramos queráis quieran | quisiera quisieras quisiera quisiéramos quisierais quisieran | quiere / no quieras quiera queramos quered / no queráis quieran |
| saber sabiendo sabido | sé sabes sabe sabemos sabéis saben | sabía sabías sabía sabíamos sabíais sabían | supe supiste supo supimos supisteis supieron | sabré sabrás sabrá sabremos sabréis sabrán | sabría sabrías sabría sabríamos sabríais sabrían | sepa sepas sepa sepamos sepáis sepan | supiera supieras supiera supiéramos supierais supieran | sabe / no sepas sepa sepamos sabed / no sepáis sepan |
| salir saliendo salido | salgo sales sale salimos salís salen | salía salías salía salíamos salíais salían | salí saliste salió salimos salisteis salieron | saldré saldrás saldrá saldremos saldréis saldrán | saldría saldrías saldría saldríamos saldríais saldrían | salga salgas salga salgamos salgáis salgan | saliera salieras saliera saliéramos salierais salieran | sal / no salgas salga salgamos salid / no salgáis salgan |

# C. Irregular Verbs (continued)

**ser / siendo / sido**

| | INDICATIVE | | | | | SUBJUNCTIVE | | IMPERATIVE |
|---|---|---|---|---|---|---|---|---|
| | PRESENT | IMPERFECT | PRETERITE | FUTURE | CONDITIONAL | PRESENT | IMPERFECT | |
| | soy | era | fui | seré | sería | sea | fuera | sé / no seas |
| | eres | eras | fuiste | serás | serías | seas | fueras | sea |
| | es | era | fue | será | sería | sea | fuera | seamos |
| | somos | éramos | fuimos | seremos | seríamos | seamos | fuéramos | sed / no seáis |
| | sois | erais | fuisteis | seréis | seríais | seáis | fuerais | sean |
| | son | eran | fueron | serán | serían | sean | fueran | |

**tener / teniendo / tenido**

| | PRESENT | IMPERFECT | PRETERITE | FUTURE | CONDITIONAL | PRESENT | IMPERFECT | IMPERATIVE |
|---|---|---|---|---|---|---|---|---|
| | tengo | tenía | tuve | tendré | tendría | tenga | tuviera | ten / no tengas |
| | tienes | tenías | tuviste | tendrás | tendrías | tengas | tuvieras | tenga |
| | tiene | tenía | tuvo | tendrá | tendría | tenga | tuviera | tengamos |
| | tenemos | teníamos | tuvimos | tendremos | tendríamos | tengamos | tuviéramos | tened / no tengáis |
| | tenéis | teníais | tuvisteis | tendréis | tendríais | tengáis | tuvierais | tengan |
| | tienen | tenían | tuvieron | tendrán | tendrían | tengan | tuvieran | |

**traer / trayendo / traído**

| | PRESENT | IMPERFECT | PRETERITE | FUTURE | CONDITIONAL | PRESENT | IMPERFECT | IMPERATIVE |
|---|---|---|---|---|---|---|---|---|
| | traigo | traía | traje | traeré | traería | traiga | trajera | trae / no traigas |
| | traes | traías | trajiste | traerás | traerías | traigas | trajeras | traiga |
| | trae | traía | trajo | traerá | traería | traiga | trajera | traigamos |
| | traemos | traíamos | trajimos | traeremos | traeríamos | traigamos | trajéramos | traed / no traigáis |
| | traéis | traíais | trajisteis | traeréis | traeríais | traigáis | trajerais | traigan |
| | traen | traían | trajeron | traerán | traerían | traigan | trajeran | |

**venir / viniendo / venido**

| | PRESENT | IMPERFECT | PRETERITE | FUTURE | CONDITIONAL | PRESENT | IMPERFECT | IMPERATIVE |
|---|---|---|---|---|---|---|---|---|
| | vengo | venía | vine | vendré | vendría | venga | viniera | ven / no vengas |
| | vienes | venías | veniste | vendrás | vendrías | vengas | vinieras | venga |
| | viene | venía | vino | vendrá | vendría | venga | viniera | vengamos |
| | venimos | veníamos | vinimos | vendremos | vendríamos | vengamos | viniéramos | venid / no vengáis |
| | venís | veníais | vinisteis | vendréis | vendríais | vengáis | vinierais | vengan |
| | vienen | venían | vinieron | vendrán | vendrían | vengan | vinieran | |

**ver / viendo / visto**

| | PRESENT | IMPERFECT | PRETERITE | FUTURE | CONDITIONAL | PRESENT | IMPERFECT | IMPERATIVE |
|---|---|---|---|---|---|---|---|---|
| | veo | veía | vi | veré | vería | vea | viera | ve / no veas |
| | ves | veías | viste | verás | verías | veas | vieras | vea |
| | ve | veía | vio | verá | vería | vea | viera | veamos |
| | vemos | veíamos | vimos | veremos | veríamos | veamos | viéramos | ved / no veáis |
| | veis | veíais | visteis | veréis | veríais | veáis | vierais | vean |
| | ven | veían | vieron | verán | verían | vean | vieran | |

# D. Stem-Changing and Spelling Change Verbs

**construir (y) / construyendo / construido**

| | INDICATIVE | | | | | SUBJUNCTIVE | | IMPERATIVE |
|---|---|---|---|---|---|---|---|---|
| | PRESENT | IMPERFECT | PRETERITE | FUTURE | CONDITIONAL | PRESENT | IMPERFECT | |
| | construyo | construía | construí | construiré | construiría | construya | construyera | construye / no construyas |
| | construyes | construías | construiste | construirás | construirías | construyas | construyeras | construya |
| | construye | construía | construyó | construirá | construiría | construya | construyera | construyamos |
| | construimos | construíamos | construimos | construiremos | construiríamos | construyamos | construyéramos | construid / no construyáis |
| | construís | construíais | construisteis | construiréis | construiríais | construyáis | construyerais | construyan |
| | construyen | construían | construyeron | construirán | construirían | construyan | construyeran | |

# D. Stem-Changing and Spelling Change Verbs (continued)

| INFINITIVE / PRESENT PARTICIPLE / PAST PARTICIPLE | INDICATIVE | | | | | SUBJUNCTIVE | | IMPERATIVE |
|---|---|---|---|---|---|---|---|---|
| | PRESENT | IMPERFECT | PRETERITE | FUTURE | CONDITIONAL | PRESENT | IMPERFECT | |
| dormir (ue, u)<br>durmiendo<br>dormido | duermo<br>duermes<br>duerme<br>dormimos<br>dormís<br>duermen | dormía<br>dormías<br>dormía<br>dormíamos<br>dormíais<br>dormían | dormí<br>dormiste<br>durmió<br>dormimos<br>dormisteis<br>durmieron | dormiré<br>dormirás<br>dormirá<br>dormiremos<br>dormiréis<br>dormirán | dormiría<br>dormirías<br>dormiría<br>dormiríamos<br>dormiríais<br>dormirían | duerma<br>duermas<br>duerma<br>durmamos<br>durmáis<br>duerman | durmiera<br>durmieras<br>durmiera<br>durmiéramos<br>durmierais<br>durmieran | duerme / no duermas<br>duerma<br>durmamos<br>dormid / no durmáis<br>duerman |
| pedir (i, i)<br>pidiendo<br>pedido | pido<br>pides<br>pide<br>pedimos<br>pedís<br>piden | pedía<br>pedías<br>pedía<br>pedíamos<br>pedíais<br>pedían | pedí<br>pediste<br>pidió<br>pedimos<br>pedisteis<br>pidieron | pediré<br>pedirás<br>pedirá<br>pediremos<br>pediréis<br>pedirán | pediría<br>pedirías<br>pediría<br>pediríamos<br>pediríais<br>pedirían | pida<br>pidas<br>pida<br>pidamos<br>pidáis<br>pidan | pidiera<br>pidieras<br>pidiera<br>pidiéramos<br>pidierais<br>pidieran | pide / no pidas<br>pida<br>pidamos<br>pidid / no pidáis<br>pidan |
| pensar (ie)<br>pensando<br>pensado | pienso<br>piensas<br>piensa<br>pensamos<br>pensáis<br>piensan | pensaba<br>pensabas<br>pensaba<br>pensábamos<br>pensabais<br>pensaban | pensé<br>pensaste<br>pensó<br>pensamos<br>pensasteis<br>pensaron | pensaré<br>pensarás<br>pensará<br>pensaremos<br>pensaréis<br>pensarán | pensaría<br>pensarías<br>pensaría<br>pensaríamos<br>pensaríais<br>pensarían | piense<br>pienses<br>piense<br>pensemos<br>penséis<br>piensen | pensara<br>pensaras<br>pensara<br>pensáramos<br>pensarais<br>pensaran | piensa / no pienses<br>piense<br>pensemos<br>pensad / no penséis<br>piensen |
| producir (zc)<br>produciendo<br>producido | produzco<br>produces<br>produce<br>producimos<br>producís<br>producen | producía<br>producías<br>producía<br>producíamos<br>producíais<br>producían | produje<br>produjiste<br>produjo<br>produjimos<br>produjisteis<br>produjeron | produciré<br>producirás<br>producirá<br>produciremos<br>produciréis<br>producirán | produciría<br>producirías<br>produciría<br>produciríamos<br>produciríais<br>producirían | produzca<br>produzcas<br>produzca<br>produzcamos<br>produzcáis<br>produzcan | produjera<br>produjeras<br>produjera<br>produjéramos<br>produjerais<br>produjeran | produce / no produzcas<br>produzca<br>produzcamos<br>producid / no produzcáis<br>produzcan |
| reír (i, i)<br>riendo<br>reído | río<br>ríes<br>ríe<br>reímos<br>reís<br>ríen | reía<br>reías<br>reía<br>reíamos<br>reíais<br>reían | reí<br>reíste<br>rió<br>reímos<br>reísteis<br>rieron | reiré<br>reirás<br>reirá<br>reiremos<br>reiréis<br>reirán | reiría<br>reirías<br>reiría<br>reiríamos<br>reiríais<br>reirían | ría<br>rías<br>ría<br>riamos<br>riáis<br>rían | riera<br>rieras<br>riera<br>riéramos<br>rierais<br>rieran | ríe / no rías<br>ría<br>riamos<br>reíd / no riáis<br>rían |
| seguir (i, i) (g)<br>siguiendo<br>seguido | sigo<br>sigues<br>sigue<br>seguimos<br>seguís<br>siguen | seguía<br>seguías<br>seguía<br>seguíamos<br>seguíais<br>seguían | seguí<br>seguiste<br>siguió<br>seguimos<br>seguisteis<br>siguieron | seguiré<br>seguirás<br>seguirá<br>seguiremos<br>seguiréis<br>seguirán | seguiría<br>seguirías<br>seguiría<br>seguiríamos<br>seguiríais<br>seguirían | siga<br>sigas<br>siga<br>sigamos<br>sigáis<br>sigan | siguiera<br>siguieras<br>siguiera<br>siguiéramos<br>siguierais<br>siguieran | sigue / no sigas<br>siga<br>sigamos<br>seguid / no sigáis<br>sigan |
| sentir (ie, i)<br>sintiendo<br>sentido | siento<br>sientes<br>siente<br>sentimos<br>sentís<br>sienten | sentía<br>sentías<br>sentía<br>sentíamos<br>sentíais<br>sentían | sentí<br>sentiste<br>sintió<br>sentimos<br>sentisteis<br>sintieron | sentiré<br>sentirás<br>sentirá<br>sentiremos<br>sentiréis<br>sentirán | sentiría<br>sentirías<br>sentiría<br>sentiríamos<br>sentiríais<br>sentirían | sienta<br>sientas<br>sienta<br>sintamos<br>sintáis<br>sientan | sintiera<br>sintieras<br>sintiera<br>sintiéramos<br>sintierais<br>sintieran | siente / no sientas<br>sienta<br>sintamos<br>sentid / no sintáis<br>sientan |
| volver (ue)<br>volviendo<br>vuelto | vuelvo<br>vuelves<br>vuelve<br>volvemos<br>volvéis<br>vuelven | volvía<br>volvías<br>volvía<br>volvíamos<br>volvíais<br>volvían | volví<br>volviste<br>volvió<br>volvimos<br>volvisteis<br>volvieron | volveré<br>volverás<br>volverá<br>volveremos<br>volveréis<br>volverán | volvería<br>volverías<br>volvería<br>volveríamos<br>volveríais<br>volverían | vuelva<br>vuelvas<br>vuelva<br>volvamos<br>volváis<br>vuelvan | volviera<br>volvieras<br>volviera<br>volviéramos<br>volvierais<br>volvieran | vuelve / no vuelvas<br>vuelva<br>volvamos<br>volved / no volváis<br>vuelvan |

# Spanish-English Vocabulary

This **Spanish-English Vocabulary** contains all the words that appear in the text, with the following exceptions: (1) most close or identical cognates that do not appear in the chapter vocabulary lists; (2) most conjugated verb forms; (3) diminutives ending in **-ito/a;** (4) absolute superlatives in **-ísimo/a;** and (5) most adverbs in **-mente.** Active vocabulary is indicated by the number of the chapter in which the word or given meaning is first listed **(PE=Para empezar; PT=Para terminar);** vocabulary that is glossed in the text is not considered to be active vocabulary and is not numbered. Only meanings that are used in the text are given.

The gender of nouns is indicated, except for masculine nouns ending in **-o** and feminine nouns ending in **-a.** Stem changes and spelling changes are indicated for verbs: **dormir (ue, u); llegar (gu).** Because **ch** and **ll** are no longer considered separate letters, words beginning with **ch** and **ll** are found as they would be found in English. The letter **ñ** follows the letter **n: añadir** follows **anuncio,** for example. The following abbreviations are used:

| | | | |
|---|---|---|---|
| *adj.* | adjective | *Mex.* | Mexico |
| *adv.* | adverb | *n.* | noun |
| *coll.* | colloquial | *obj. of prep.* | object of preposition |
| *conj.* | conjunction | *p.p.* | past participle |
| *d.o.* | direct object | *pl.* | plural |
| *f.* | feminine | *pol.* | polite |
| *fam.* | familiar | *prep.* | preposition |
| *gram.* | grammatical term | *pron.* | pronoun |
| *i.o.* | indirect object | *refl. pron.* | reflexive pronoun |
| *inf.* | infinitive | *rel. pron.* | relative pronoun |
| *inv.* | invariable | *s.* | singular |
| *irreg.* | irregular | *Sp.* | Spain |
| *m.* | masculine | *sub. pron.* | subject pronoun |

## A

**a** to; **al** *contraction of* **a** + **el** to the; **a cargo de** in charge of; **a continuación** following, below; **a fondo** in depth; **a la vez** at the same time; **a pesar de** in spite of; **a pie** on foot; **¿a qué hora?** at what time?(PE); **a sus órdenes** at your service; **a tiempo** on time; **a veces** sometimes; **al contrario** on the contrary; **al lado de** beside, next to (1); **al pie de** at the foot of

**abandonado/a** abandoned

**abierto/a** (*p.p. of* **abrir**) open; opened

**abolido/a** abolished

**abrazo** hug

**abrigo** coat (2)

**abril** *m.* April (2)

**abrir** (*p.p.* **abierto**) to open

**absurdo/a** absurd

**abuelo/a** grandfather / grandmother (1); **abuelos** *pl.* grandparents

**abundar** to abound

**aburrido/a** bored, boring (1); **¿cuál es tu clase más aburrida?** what is your most boring class? (3)

**aburrirse** to get bored

**acá** *adv.* here

**acabar** to finish; **acabar de** + *inf.* to have just done (*something*)

**académico/a** academic

**acampar** to camp (4)

**acceso** access (7); **tener** (*irreg.*) **acceso a** to have access to

**accidente** *m.* accident (5)

**acción** *f.* action

**aceite** *m.* oil; **aceite de palma de coco** coconut oil

**aceptar** to accept

**acero** steel; **cable** (*m.*) **de acero** steel cable

**acogedor(a)** inviting, cozy (1)

**acompañar** to accompany

**aconsejar** to advise (6)

**acontecimiento** happening

**acostarse (ue)** to lie down (2); to go to bed (2)

**acostumbrado/a** accustomed

**acostumbrarse** to become accustomed to, get used to

**actitud** *f.* attitude

**actividad** *f.* activity

**activo/a** active (1)

**acto** act

**actor** *m.* actor (3)

**actriz** *f.* (*pl.* **actrices**) actress (3)

**actual** present-day, current

**actuar (actúo)** to act (3)

**acuático/a** aquatic; water; **deportes** (*m. pl.*) **acuáticos** water sports; **esquí** (*m.*) **acuático** water skiing

**acuerdo** agreement; **(no) estar** (*irreg.*) **de acuerdo** to (dis)agree; **ponerse** (*irreg.*) **de acuerdo** to come to agreement

**además** moreover; **además de** besides

**adentro** inside

**adicional** additional

**adicto/a** *n.* addict; *adj.* addicted

**adiós** good-bye (PE)

**adivinar** to guess

**adjetivo** adjective

**administración** *f.* administration; **administración de empresas** business administration (3)

**admiración** *f.* admiration

**admirar** to admire

**adolescente** *n.* adolescent

**¿adónde?** to where? (PE)

**adoptar** to adopt

**adquirir** to acquire

**adulto/a** adult

**aeropuerto** airport (6)

**afectar** to affect

**afeitarse** to shave (2)

**afiche** *m.* poster

**aficionado/a** fan (4)

**afiliado/a (a)** affiliated (with)

**afirmación** *f.* statement

**afirmativo/a** affirmative

**afortunadamente** fortunately

**afueras** *n. pl.* outskirts; suburbs

**agencia** agency

**agente** *m., f.* agent

**ágil** agile (4)

**agosto** August (2)

**agotador(a)** exhausting

**agradable** pleasant

**agradecido/a** thankful

**agrícola** *adj. m., f.* agricultural; **ciencias agrícolas** agricultural sciences

**agricultor(a)** farmer

**agricultura** agriculture (3)

**agricultural: ciencias agriculturales** agricultural sciences

**agua** *f.* (*but* **el agua**) water (2); **agua del grifo** tap water; **agua mineral** mineral water; **aguas termales** hot springs (7)

**aguacate** *m.* avocado (2)

**aguantar** to bear, put up with, stand

**aguja** needle

**ahí** *adv.* there

**ahora** now; **ahora mismo** right now; **hasta ahora** see you later (PE)

**ahorrar** to save

**aire** *m.* air; **aire libre** outdoors

**aislado/a** isolated

**alarmante** alarming

**albergar (gu)** to house

**albergue** *m.* shelter, refuge; youth hostel

**álbum** *m.* album

**alcanzar (c)** to achieve; to reach

**alcohólico/a** *adj.* alcoholic; **bebida alcohólica** alcoholic beverage

**alegórico/a** allegorical

**alegrar** to make glad; **alegrarse** to be glad

**alegre** happy (1)

**alegría** happiness

**Alemania** Germany

**alergia** allergy; **tener** (*irreg.*) **alergias** to have allergies (5)

**alfabetización** *f.* literacy

**alfombra** rug (1)

**alga** *f.* (*but* **el alga**) seaweed

**álgebra** *m.* algebra (3)

**algo** something (2)

**alguien** someone (2)

**algún, alguno/a** some (2); any; **algún día** someday; **alguna vez** once; ever; sometime; **algunos/as** some

**alimentación** *f.* diet

**aliviado/a** relieved

**aliviar** to relieve (5)

**allá** *adv.* there; **más allá de** beyond

**allí** *adv.* there

**alma** *f.* (*but* **el alma**) soul; **alma gemela** kindred spirit

**almorzar (ue) (c)** to eat lunch

**almuerzo** lunch (2)

**alojamiento** lodging

**alojarse** to stay (*in a place*), lodge

**Alpes** *m. pl.* Alps

**alquilar** to rent, lease (1)

**alrededor de** *prep.* around

**alrededores** *m. pl.* surroundings

**altar** *m.* altar

**alternativo/a** alternative

**alto/a** tall (1); high; **zapatos de tacón alto** high-heeled shoes

**altruismo** altruism

**altura** altitude; **mal** (*m.*) **de altura** altitude sickness

**alucinante** amazing (4)

**alucinógeno** hallucinogen

**alumbrar** to light

**amable** friendly (1)

**amarillo/a** yellow (2)

**Amazonia** Amazon (Basin)

**amazónico/a** Amazon

**ambiental** environmental

**ambiente** *m.* environment; **medio ambiente** environment (*nature*)

**ambulatorio/a** ambulatory

**americano/a** American; **fútbol** (*m.*) **americano** football (4)

**amigable** friendly

**amigo/a** friend

**amistoso/a** friendly

**amo/a** master / mistress

**amor** *m.* love

**amplio/a** spacious, ample (1)

**análisis** *m.* analysis; **análisis de sangre** blood test

**analizar (c)** to analyze

**anaranjado/a** orange (2)

**ancas** (*f. pl.*) **de rana** frog legs

**Andalucía** Andalusia

**andaluz(a)** *n., adj.* Andalusian

**andante** walking; **caballero andante** knight errant

**andar** *irreg.* to walk; **andar en bicicleta** to ride a bicycle; **andar en patineta** to skateboard (4)

**andinismo** mountain climbing

**andino/a** Andean

**anfiteatro** amphitheater

**anfitrión, anfitriona** host(ess)

**angosto/a** narrow

**anidación** *f.* nesting

**animado/a** lively; animated

**animal** *m.* animal

**animar** to liven up; to cheer up

**aniversario** anniversary

**anoche** *adv.* last night

**Antártida** Antarctica

**ante** *prep.* before; in front of

**antepasado/a** ancestor

**anterior** previous

**antes** *adv.* before; **antes (de)** *prep.* before; **antes de que** *conj.* before

**antibióticos** antibiotics (5)

**antiguo/a** old, antique (1)

**antipático/a** mean (1); unfriendly

**antropología** anthropology (3)

**antropológico/a** anthropological

**anual** annual; yearly

**anunciar** to announce

**anuncio** commercial; ad

**añadir** to add

**año** year; **año pasado** last year; **año que viene** next year; **cada año** every year; **¿cuántos años tenías?** how old were you (*fam. s.*)?; **¿en qué año estás?** what year are you (*fam. s.*) in? **este año** this year; **hace un año** one year ago; **próximo año** next year; **tener** (*irreg.*)**... años** to be . . . years old

**apagar (gu)** to turn off; **apagarse** to go out

**aparcar (qu)** to park

**aparecer (zc)** to appear

**apariencia** appearance

**apartamento** apartment (1)

**aparte de** *adv.* apart from

**apasionado/a** passionate

**apertura** opening

**aplicación** *f.* application

**apoderarse de** to take possession of

**aporte** *m.* contribution

**apóstol** *m.* apostle

**apoyar** to support

**apoyo** support

**apreciar** to appreciate

**aprender** to learn; **aprender a** + *inf.* to learn how to (*do something*)

**aprendiz(a)** apprentice

**apropiado/a** appropriate

**aprovechar** to take advantage of

**aproximadamente** approximately

**apuntar** to note, jot down

**apuntes** *m. pl.* notes; **tomar apuntes** to take notes (6)

**aquel, aquella** *adj.* that (over there); *pron.* that one (over there)

**árabe** *n. m., f.* Arab; *adj.* Arabic

**araña** spider

**árbol** *m.* tree

**archipiélago** archipelago

**arduo/a** arduous

**área** *f.* (*but* **el área**) area; **área protegida** protected area (7)

**arena** sand

**arenal** *adj.* sand
**argentino/a** *n., adj.* Argentine (PE)
**aridez** *f.* aridity
**árido/a** arid
**arma** *f.* (*but* **el arma**) weapon
**armado/a** armed; **fuerzas armadas** armed forces
**armario** armoire, closet (1)
**armonía** harmony
**arqueología** archaeology
**arqueológico/a** archaeological
**arqueólogo/a** archaeologist
**arquitecto/a** architect (3)
**arquitectura** architecture (3)
**arrastrar** to pull, drag
**arrear** to herd
**arrecifal** *adj.* reef
**arreo** herding
**arriba** above
**arriesgado/a** risky
**arrogante** arrogant
**arroz** *m.* rice (2); **arroz con leche** rice pudding (2)
**arte** *m.* (*but* **las artes**) art (3); **arte rupestre** cave art; **bellas artes** fine arts (3)
**artesanía** arts and crafts (3)
**artesano/a** artisan (3)
**artículo** article
**artista** *m., f.* artist (3)
**artístico/a** artistic
**asado** (Argentine) barbecue (2)
**ascender** to rise, go up
**ascenso** promotion
**ascensor** *m.* elevator
**asco** disgust, revulsion; **dar** (*irreg.*) **asco** to disgust
**asesinado/a** murdered
**así** thus, so; **así así** so-so; **así como** as well as; **así que** therefore, consequently, so
**asiento** seat (6)
**asistencia** attendance
**asistente** *m., f.* assistant
**asistir (a)** to attend (3)
**asociación** *f.* association
**aspecto** aspect; **aspecto físico** physical appearance
**aspirina** aspirin (5)
**astronomía** astronomy
**asustado/a** frightened, scared
**ataque** *m.* attack
**Atenas** Athens
**atención** *f.* attention
**Atlántico** Atlantic (Ocean)
**atleta** *m., f.* athlete
**atlético/a** athletic (4)
**atracción** *f.* attraction
**atractivo/a** attractive
**atraer** (*like* **traer**) to attract
**atrasado/a** late (6)
**atravesar (ie)** to cross
**atrevido/a** daring (4)
**auditorio** auditorium

**aullador(a)** howling
**aun** *adv.* even
**aún** *adv.* still, yet
**aunque** *conj.* although; even though
**austral** southern
**auténtico/a** authentic (3)
**auto(móvil)** auto(mobile) (6)
**autobús** *m.* bus (6); **estación de autobuses** bus station; **parada de autobuses** bus stop
**autoevaluación** *f.* self-evaluation
**automático/a** automatic; **portero automático** automatic door
**automóvil** *m.* automobile
**autónomo/a** autonomous
**autor(a)** author
**autostop** hitchhiking (6); **hacer** (*irreg.*) **autostop** to hitchhike
**avanzado/a** advanced
**ave** *f.* (*but* **el ave**) bird; fowl; poultry
**avenida** avenue
**aventura** adventure
**aventurero/a** adventurous
**averiguar (averigüo)** to find out
**avión** *m.* airplane (6); **boleto de avión** airplane ticket (6); **por avión** by airplane
**avioneta** *f.* light airplane
**¡ay!** *interj.* ah!; ouch!
**ayer** *adv.* yesterday
**ayuda** help
**ayudar** to help
**azotea** rooftop terrace (1)
**azúcar** *m.* sugar; **caña de azúcar** sugarcane
**azul** blue (2)
**azulejo** decorative tile (1)

# B

**bahía** bay
**bailable** danceable
**bailar** to dance
**bailarín, bailarina** dancer (3)
**baile** *m.* dance
**bajar** to lower, take down
**bajo** *prep.* under
**bajo/a** short (*height*) (1); low; **planta baja** ground floor
**balcón** *m.* balcony (1)
**ballena** whale
**ballenato** whale calf
**ballet** *m.* ballet (3)
**balneario** thermal spa
**baloncesto** basketball (4)
**banco** bank
**banda** band
**bandera** flag
**banquete** *m.* banquet
**bañarse** to take a bath (2)
**baño** bathroom (1); bath; **baño de sulfuro** sulfur spring; **baño termal** hot spring; **traje** (*m.*) **de baño** bathing suit (2)

**bar** *m.* bar (1)
**barato/a** inexpensive
**barco** boat, ship
**barranca** ravine, gorge
**barrio** neighborhood
**basarse (en)** to be based (on)
**base** *f.* base, foundation; **a base de** by; by means of
**básico/a** basic
**básquetbol** *m.* basketball (4)
**bastante** *adj.* enough; sufficient; **bastante** (+ *adj.*) quite (+ *adj.*) (5); *adv.* rather, quite
**bastón** *m.* walking stick
**basura** trash
**batalla** battle
**batata** sweet potato, yam
**bebé** *m., f.* baby
**beber** to drink (2)
**bebida** beverage (2); **bebida alcohólica** alcoholic beverage
**becerro** calf
**béisbol** *m.* baseball (4)
**belleza** beauty
**bellísimo/a** very beautiful (3)
**bello/a** beautiful; **bellas artes** fine arts (3)
**beneficiar** to benefit (7)
**beneficio** benefit
**beneficioso/a** beneficial
**biblioteca** library
**bicicleta** bicycle; **andar** (*irreg.*) **en bicicleta** to ride a bicycle; **montar en bicicleta** to ride a bicycle (4); **pasear en bicicleta** to ride a bicycle
**bien** *adv.* well; **estar** (*irreg.*) **bien** to be well; **estoy bien** I'm well; (PE); **llevarse bien (con)** to get along well (with); **pasarlo bien** to have a good time (4); **saber** (*irreg.*) **llevarse bien con los colegas** to know how to get along well with colleagues (5); **salir** (*irreg.*) **muy bien** to come out very well
**bienvenida** welcome; **dar** (*irreg.*) **la bienvenida** to welcome
**bienvenido/a** *adj.* welcome
**bife** *m.* beef (2)
**bilingüe** bilingual
**bilingüismo** bilingualism
**biodiversidad** *f.* biodiversity
**biología** biology (3)
**biológico/a** biological; **reserva biológica** biological reserve (7)
**biólogo/a** biologist
**bistec** *m.* steak (2)
**blanco/a** white (2); **espacio en blanco** blank space; **vino blanco** white wine (2)
**bloque** *m.* block; **bloque mental** mental block
**bloqueo** block; **bloqueo mental** mental block (6) **tener** (*irreg.*) **un bloqueo mental** to have a mental block
**blusa** blouse (2)

**boleto (de avión)** (airplane) ticket (6); **boleto de ida** one-way ticket; **boleto de ida y vuelta** round-trip ticket; **boleto de primera clase** first-class ticket

**boliviano/a** *n., adj.* Bolivian (PE)

**bolsa** purse (2)

**bombachas** *pl.* baggy trousers

**bombardeo** bombardment, bombing

**bombilla** straw

**bonito/a** pretty (1)

**Borbón** Bourbon

**borrador** *m.* draft; **primer borrador** first draft (6)

**borrar** to erase

**bosque** *m.* **(nuboso/lluvioso)** (cloud/rain) forest (7)

**bosquejo** outline (6)

**botas** boots (2)

**botella** bottle

**boxeador(a)** boxer

**boxeo** boxing(4)

**brasa** hot coal

**Brasil** Brazil

**brazo** arm; **romperse el brazo** to break one's arm (5)

**breve** brief

**brillante** brilliant

**bruja** witch; **Día** *(m.)* **de las Brujas** Halloween

**buceador(a)** (scuba)diver; snorkeller

**bucear** to scuba dive; to snorkel

**buceo** scuba diving; snorkeling

**buen, bueno/a** *adj.* good (1); **bueno...** well . . . ; **buenas noches** good evening, night (PE); **buenas tardes** good afternoon (PE); **buenos días** good morning (PE); **de buen humor** in a good mood (1); **(no) es buena idea** it's (not) a good idea; **es buena idea que...** it's a good idea to/that . . . ; **es bueno que...** it's good that . . . ; **estar** *(irreg.)* **de buen humor** to be in a good mood; **hace buen tiempo** it's good weather (2); **pasar un buen rato** to spend quite a while; **qué buena idea** what a good idea; **sacar (qu) buenas notas** to get good grades (3); **tener** *(irreg.)* **buenas noticias** to have good news

**buscar (qu)** to look for

## C

**caballero andante** knight errant

**caballo** horse; **montar a caballo** to ride a horse (4)

**cabaña** cabin

**caber** *irreg.* to fit

**cabeza** head; **dolor** *(m.)* **de cabeza** headache (5); **tener** *(irreg.)* **dolor de cabeza** to have a headache (5)

**cable** *m.* cable; **cable de acero** steel cable

**Cabo de Hornos** Cape Horn

**cada** *inv.* each; every; **cada año** every year

**cadáver** *m.* cadaver

**caer** *irreg.* to fall

**café** *m.* coffee (2); café (1); brown (2); **café expreso** espresso coffee; **tomar café** to drink coffee

**cafetal** *m.* coffee plantation

**cafetalero/a** *adj.* coffee

**cafetería** cafeteria

**caficultor(a)** coffee grower

**caída** fall

**calabaza** gourd

**calcetines** *m. pl.* socks (2)

**calcio** calcium

**calculadora** calculator

**cálculo** calculus (3)

**calendario** calendar (2)

**calentar (ie)** to warm

**calidad** *f.* quality

**caliente** hot *(temperature)*; **pista caliente** hot tip

**calle** *f.* street (1)

**callejón** *m.* alley

**callejoneada** *group of musicians who walk through the streets performing* (3)

**calmante** *m.* tranquilizer

**calmar** to calm

**calor** *m.* heat; **hace calor** it's hot (2); **tener** *(irreg.)* **calor** to be warm, hot

**caluroso/a** warm

**cama** bed (1); **guardar cama** to stay in bed

**cámara digital / de vídeo** digital/video camera (7)

**camarero/a** waiter, waitress

**camarón** *m.* shrimp (2)

**cambiar** to change

**cambio** change; **a cambio de** in exchange for; **en cambio** on the other hand, on the contrary

**camello** camel

**caminar** to walk

**caminata** walk; **hacer** *(irreg.)* **caminatas** to take walks (4)

**camino** path; way; road; street

**camisa** shirt (2)

**camiseta** t-shirt (2)

**campamento** camp

**campana** bell

**campaña** campaign; **tienda de campaña** tent

**campeón, campeona** champion (4)

**campeonato** championship

**campesino/a** farm worker; peasant

**campo** field (4); countryside

**campus** *m.* campus

**canadiense** *n., adj. m., f.* Canadian (PE)

**canal** *m.* canal

**cancha de tenis** tennis court

**canción** *f.* song

**candidato/a** candidate

**canoa** canoe

**cansado/a** tired (1)

**cantante** *m., f.* singer (3)

**cantar** to sing

**cantidad** *f.* quantity

**canto** song; singing

**caña de azúcar** sugarcane

**cañón** *m.* canyon; cannon

**caos** *m.* chaos

**capacitación** *f.* training

**capacitado/a** trained

**capaz** *(pl.* **capaces**) capable

**capital** *f.* capital

**capítulo** chapter

**captar** to capture; **captar el interés** to capture interest (6)

**cara** face

**característica** *n.* characteristic

**característico/a** characteristic

**carbón** *m.* coal

**cargo: a cargo de** in charge of

**Caribe** *m.* Caribbean

**caribeño/a** Caribbean

**Carnaval** Carnival

**carnavalesco/a** carnivalesque

**carne** *f.* meat (2); **carne de cerdo/cordero/res/ternera** pork/lamb/beef/veal (2)

**caro/a** expensive

**carrera** career; major *(academic)*

**carretera** highway (6)

**carro** car (6)

**carroza** carriage

**carta** letter; card; **jugar (ue) (gu) (a las) cartas** to play cards (4)

**cartel** *m.* poster

**cartón** *m.* cardboard

**casa** house

**casabe** *m.* cassava

**casado/a** married (1)

**casarse** to get married

**cascada** waterfall

**casco** zone, area *(of a city)*

**casi** *inv.* almost

**caso** case

**castillo** castle

**catalán** *m.* Catalonian (language)

**catarata** waterfall (7); **cataratas del Niágara** Niagara Falls

**catedral** *f.* cathedral

**categoría** category

**católico/a** Catholic

**catorce** fourteen

**causar** to cause

**caverna** cavern

**cazador(a)** hunter

**cazatalentos** *m., f.* talent scout

**cebolla** onion (2)

**ceder** to cede

**celebración** *f.* celebration

**celebrar** to celebrate

**celebridad** *f.* celebrity

**celta** *m., f.* Celtic

**celular** cell phone; **teléfono celular** cell phone (7)

cena dinner (2)

cenar to have dinner

cenizas *pl.* ashes

centenario/a centenarian

centro downtown

cerámica ceramics (3)

cerca *adv.* near, nearby, close; **cerca de** *prep.* close to (1); **de cerca** up close

cercano/a *adj.* close, near

cerdo pig; pork; **carne** (*f.*) **de cerdo** pork

cereales *m. pl.* cereal (2)

ceremonia ceremony

cero zero

cerrado/a closed

cerrar (ie) to close

cerro hill

cervantino/a *pertaining to (Miguel) Cervantes*

cervecería brewery

cerveza beer (2)

chamán *m., f. priest doctor who uses magic* (5)

chamánico/a *adj.* shaman

chao bye (PE)

chapulín *m.* grasshopper

chaqueta jacket (2)

charco puddle

charlar to chat

charrería horsemanship

charro *cowboy from Guadalajara, Mexico*

chau bye (PE)

chévere cool (4)

chicha *traditional alcoholic drink*

chico/a boy, girl

chileno/a *n., adj.* Chilean (PE)

chimenea chimney

chino/a Chinese

chisme *m.* gossip

chiste *m.* joke

chistoso/a funny

chocolate *m.* chocolate

chorizo sausage (2)

choza hut, shack

chuleta chop

ciao bye (PE)

cibercafé *m.* cyber café

ciclismo bicycling (4)

ciclista *m., f.* bicyclist

cielo sky

cien, ciento one hundred; **por ciento** percent

ciencia science (3); **ciencias agrícolas/ agriculturales** agricultural sciences; **ciencias naturales** natural sciences; **ciencias políticas** political science (3)

cierto/a true; **¿es cierto que... ?** is it true that . . . ? (6)

cifra quantity; sum

cinco five

cincuenta fifty

cine *m.* cinema (3); **ir** (*irreg.*) **al cine** to go to the movies

cinturón *m.* belt (2)

circuito circuit

circunstancia circumstance

cita date

ciudad *f.* city; **ciudad hermana** sister city

ciudadano/a citizen

civil civil; **guerra civil** civil war

civilización *f.* civilization

claramente clearly; **saber** (*irreg.*) **expresarse claramente en español** to know how to express oneself clearly in Spanish (5)

claridad *f.* clarity

claro/a clear

clase *f.* class; **boleto de primera clase** first-class ticket; **clase turística** tourist class (6); **compañero/a de clase** classmate; **¿cuál es tu clase más aburrida/difícil/interesante?** what is your most boring/difficult/ interesting class? (3); **primera clase** first-class (6)

clásico/a classical (3)

clic: hacer (*irreg.*) **clic en** to click on

cliente *m., f.* client

clima *m.* climate

clínica clinic

club *m.* club; **club nocturno** night club

cobre *m.* copper

coca cocaine

coche *m.* car (6)

cocido/a cooked

cocina kitchen (1)

cocinar to cook (1)

cocinero/a cook; chef

coco coconut; **aceite** (*m.*) **de palma de coco** coconut oil

cocodrilo crocodile

cóctel *m.* coctel

coexistir to coexist

cognado cognate

cohabitar to cohabitate

cojuelo: diablo de cojuelos *symbolic character of Carnival*

cola tail; line (*of people*); **hacer** (*irreg.*) **cola** to stand in line (6)

colaboración *f.* collaboration

colaborar to collaborate

colección *f.* collection

colega *m., f.* colleague; **saber** (*irreg.*) **llevarse bien con los colegas** to know how to get along well with colleagues (5)

colgante hanging

colgar (ue) (gu) to hang

colina hill

colmo: esto es el colmo that's the limit

colombiano/a *n., adj.* Colombian (PE)

colonia colony

colono/a colonist

color *m.* color (2)

colorido/a colorful (3)

columna column

comarcal regional

combatir to fight, combat

combinación *f.* combination

combinar to combine

comedor *m.* dining room

comentario comment

comenzar (ie) (c) to begin

comer to eat (2); **dar** (*irreg.*) **de comer** to feed

comercialización *f.* commercialization

comercializar (c) to commercialize

comercio business

comestibles *m. pl.* food; groceries

cómico/a funny

comida food (2)

como like, as; **así como** as well as; **tan... como** as . . . as; **tanto/a/os/as... como** as much/many . . . as

¿cómo? how? (PE); what? (PE); **¿cómo está?** how are you (*pol. s.*)? (PE); **¿cómo estás?** how are you (*fam. s.*)? (PE); **¿cómo se llama?** what is your name (*pol. s.*)? (PE); **¿cómo te llamas?** what is your name (*fam. s.*)? (PE); **¿me puede decir cómo... ?** could you tell me how . . . ? (6)

cómodo/a comfortable (1)

compañero/a companion; **compañero/a de clase** classmate; **compañero/a de cuarto** roommate; **compañero/a de viaje** traveling companion

compañía company

comparación *f.* comparison

comparar to compare

compartir to share (6)

compasivo/a compassionate (5)

competencia competition (4)

competer (i) to compete

complemento directo *gram.* direct object pronoun; **complemento indirecto** *gram.* indirect object pronoun

completo/a complete

componer (*like* **poner**) to compose

comportarse to behave

composición *f.* composition (3)

comprar to buy

compras purchase; **ir** (*irreg.*) **de compras** to go shopping (4)

comprender to understand

comprensión *f.* understanding

computación *f.* computer science (3)

computadora (portátil) (laptop) computer (7)

común common

comunicación *f.* communication; *pl.* communications (3)

comunicarse (qu) to communicate; **saber** (*irreg.*) **comunicarse con sensibilidad** to know how to communicate with sensitivity (5)

comunicativo/a communicative

comunidad *f.* community

**comunitario/a** *adj.* community
**con** with; **¿con qué frecuencia... ?** how often; **¿con quién(es)?** with whom? (PE); **con respeto** respectfully; **con urgencia** urgently; **con vista a** with a view of
**concierto** concert (3)
**concluir (y)** to conclude, finish
**concordancia** agreement
**condición** *f.* condition
**condicional** conditional
**condimento** condiment
**conducir** *irreg.* to drive
**conectarse al Internet** to connect to the Internet (7)
**conector** *m.* connector
**conferencia** conference
**confirmar** to confirm
**conformidad** *f.* conformity
**confuso/a** confusing
**congelado/a** frozen
**congreso** conference
**conjugar (ue) (gu)** to conjugate
**conjunto** band
**conmigo** with me
**conocer (zc)** to meet; to know
**conocimiento** knowledge
**conquista** conquest
**conquistador(a)** conqueror
**consciente** conscious, aware (7)
**conseguir (i, i) (g)** to obtain, get
**consejero/a** advisor
**consejo** advice
**conservación** *f.* conservation
**conservador(a)** conservative (1)
**conservar** to conserve
**considerar** to consider
**consistir de** to consist of; **consistir en** to consist in
**consolidación** *f.* consolidation
**constante** constant
**constantemente** constantly
**constituir (y)** to constitute
**construcción** *f.* construction
**construir (y)** to construct
**consultar** to consult
**consultorio** doctor's office
**contabilidad** *f.* accounting (3)
**contactar** to contact
**contacto** contact; **ponerse** (*irreg.*) **en contacto** to get in touch with
**contagioso/a** contagious
**contaminación** *f.* pollution (7)
**contaminar** to pollute (7)
**contar (ue)** to tell
**contemporáneo/a** contemporary
**contendor** *m.* container
**contener** (*like* **tener**) to contain
**contento/a** happy (1)
**contestar** to answer
**contexto** context
**contigo** with you *fam. s.*
**continente** *m.* continent

**continuación** *f.* continuation; **a continuación** following, below
**continuar (continúo)** to continue
**contra** against
**contrario: al contrario** on the contrary
**contraseña** password
**contrastar** to contrast
**contraste: en contraste** in contrast
**contratar** to hire, employ
**contribuir (y)** to contribute (7)
**controversia** controversy
**convencer (z)** to convince
**convencional** conventional
**conveniencia** convenience
**conveniente** convenient
**convento** convent
**conversación** *f.* conversation
**conversacional** conversational
**conversar** to converse
**convertirse (ie, i)** to become
**cooperación** *f.* cooperation
**cooperativa** cooperative
**coordinador(a)** coordinator
**coordinar** to coordinate
**Copa Mundial** World Cup
**copia** copy
**copla** verse
**corazón** *m.* heart
**corbata** tie (2)
**cordero** lamb (2); **carne** ( *f.*) **de cordero** lamb (2)
**cordillera** mountain range
**correcto/a** correct
**corregir (i, i) (j)** to correct
**correo** mail; **correo electrónico** e-mail (7)
**correr** to run (4)
**corresponder** to correspond
**correspondiente** corresponding
**corrupción** *f.* corruption
**cortada** cut (5)
**cortar** to cut
**cortesía** courtesy, politeness
**corto/a** short; **pantalones** (*m. pl.*) **cortos** shorts (2)
**cosa** thing
**cosmopolita** *m., f.* cosmopolitan
**cosmovisión** *f.* cosmovision
**costa** coast
**costar (ue)** to cost; **¿cuánto cuesta(n)... ?** how much does/do it/they cost?
**costarricense** *n., adj.* Costa Rican (PE)
**costo** cost
**costumbre** *f.* custom
**creación** *f.* creation
**crear** to create (3)
**creatividad** *f.* creativity
**creativo/a** creative
**crecer (zc)** to grow
**crédito** credit; **tarjeta de crédito** credit card
**creer** to think; to believe

**crema** cream; **crema de protección solar** sunscreen
**criar(se)** to bring up (be brought up); to grow up; to raise (*children, animals*)
**criatura** creature
**cristalino/a** crystalline
**cristiano/a** *n., adj.* Christian
**cronología** chronology
**crucero** cruise (6)
**crudo/a** raw
**crustáceo** crustacean
**cruz** *f.* (*pl.* **cruces**) cross
**cruzar (c)** to cross
**cuaderno** notebook
**cuadro** picture (*on the wall*); city block
**cual** *rel. pron.* which; who
**¿cual?** what?, which?; **¿cuáles?** which (ones)?; **¿cuál es tu clase más aburrida/difícil/interesante?** what is your most boring/difficult/interesting class? (3); **¿cuál es tu especialización?** what's your major? (3)
**cualquier(a)** any
**cuando** when; **de vez en cuando** once in a while
**¿cuándo?** when? (PE); **¿me puede decir cuándo... ?** could you tell me when . . . ? (6)
**cuanto: en cuanto** as soon as; **en cuanto a** concerning
**¿cuánto?** how much? (PE); **¿cuánto cuesta(n)... ?** how much does/do it/they cost?
**¿cuántos/as?** how many? (PE); **¿cuántos años tenías?** how old were you ( *fam. s.*)?; **¡cuánto/a/os/as... !** how many . . . !
**cuarenta** forty
**cuarto** room (1); bedroom; **compañero/a de cuarto** roommate; *adj.* fourth; **y/menos cuarto** quarter past/to (*time*)
**cuatrocientos/as** four hundred
**cubano/a** *n., adj.* Cuban (PE)
**cubierto/a** (*p. p. of* **cubrir**) covered
**cubismo** Cubism
**cubista** *m., f.* Cubist
**cubrir** (*p.p.* **cubierto**) to cover
**cucaracha** cockroach
**cuchara** spoon
**cuchillo** knife
**cuenta** bill, check; **darse** (*irreg.*) **cuenta (de)** to realize; **pagar (gu) la cuenta** to pay the bill (2); **tener** (*irreg.*) **en cuenta** to take into account
**cuerda** rope
**cuero** leather
**cuerpo** body
**cuestión** *f.* question
**cuestionario** questionnaire
**cueva** cave
**cuidado** care; **¡cuidado!** careful! watch out!; **tener** (*irreg.*) **cuidado** to be careful

**cuidar (de)** to take care (of); to care for (7)
**culinario/a** culinary
**culto/a** cultured (3)
**cultura** culture
**cumbre** *f.* top (*of a mountain*)
**cumpleaños** *m. s., pl.* birthday
**curado/a** cured
**curandero/a** healer (5)
**curar** to cure
**curativo/a** curative
**curiosidad** *f.* curiosity
**curioso/a** curious
**cursar** to take a class
**curva** curve
**cuy** *m.* guinea pig
**cuyo/a** whose

# D

**danza** dance (3)
**dañar** to hurt, harm
**daño** harm (7); damage
**dar** *irreg.* to give; **dar a** to open to/onto; **dar a luz** to give birth; **dar asco** to disgust; **dar de comer** to feed; **dar la bienvenida** to welcome; **dar las gracias** to thank; **dar miedo** to frighten; **dar un paseo** to take a walk (4); **darle unos puntos / una receta** to give stitches / a prescription (5); **darse cuenta (de)** to realize
**de** *prep.* of, from; by; **del, de la** of the; **¿de dónde?** from where? (PE); **de estatura mediana** of medium height (1); **de la mañana** A.M.; **de la noche** P.M.; **de la tarde** P.M.; **de primera mano** firsthand; **de repente** suddenly; **de tamaño mediano** medium-sized (1); **de última moda** fashionable; **¿de verdad?** really?; **de vez en cuando** once in a while
**debajo de** under; underneath (1); below
**deber** to owe; **deber** + *inf.* should, ought to (*do something*)
**débil** weak (1)
**decidir** to decide
**decir** *irreg.* to say; to tell; **¿me puede decir más sobre... ?** could you tell me more about . . . ? (6); **¿me puede decir cómo / cuándo / dónde / por qué / si... ?** could you tell me how/when/where/why/if . . . ? (6)
**declaración** *f.* statement
**declarado/a** declared
**declinar** to decline
**decorar** to decorate
**dedicación** *f.* dedication
**dedicado/a** dedicated (5)
**dedicar (qu)** to dedicate
**dedo** finger
**defender (ie)** to defend
**definición** *f.* definition
**deforestación** *f.* deforestation (7)

**degustación** *f.* tasting, sampling
**dejar** to leave; to let; **dejar una propina** to leave a tip (2)
**delante de** in front of (1)
**delfín** *m.* dolphin
**delgado/a** thin, slender (1)
**delicioso/a** delicious
**demás: los/las demás** the rest, others
**demasiado** *adv.* too
**democracia** democracy
**democrático/a** democratic
**demora** delay (6)
**demostración** *f.* demonstration
**demostrar (ue)** to demonstrate
**demostrativo/a** demonstrative
**dentista** *m., f.* dentist
**dentro de** inside of (1)
**depender (ie) (de)** to depend (on)
**deporte** *m.* sport; **deportes acuáticos** water sports; **practicar (qu) deportes** to play sports (4)
**deportista** *adj. m., f.* sport
**deportivo/a** *adj.* sport
**deprimente** depressing (5)
**derecho** law; straight ahead; **derechos humanos** human rights
**derivarse de** to derive from
**derramar** to spill
**desafiante** challenging (5)
**desafío** challenge
**desafortunadamente** unfortunately
**desaparecido/a** disappeared
**desarrollar** to develop (7)
**desarrollo** development; **desarrollo sostenible** sustainable development (7)
**desastre** *m.* disaster
**desayunar** to have breakfast
**desayuno** breakfast (2)
**descansar** to rest
**descanso** break; rest
**descender (ie)** to descend
**descenso** descent
**descifrar** to decipher
**describir** (*p.p.* **descrito**) to describe
**descripción** *f.* description
**descubierto** (*p.p.* **descubrir**) discovered
**descubrir** (*p.p.* **descubierto**) to discover
**desde** *prep.* from; **desde luego** of course
**desear** to wish
**deseo** wish
**desfilar** to parade, march
**desfile** *m.* parade
**desgracia: por desgracia** unfortunately
**desierto** desert
**designado/a** designated
**desigualdad** *f.* inequality
**deslizarse (c)** to slide
**desnutrición** *f.* malnutrition
**desorganizado/a** unorganized
**desovar** to spawn
**despacio** slowly
**despedida** leave-taking

**despejado: está despejado** it is clear (2)
**despertarse (ie)** to wake up (2)
**desplazar (c)** to move, shift
**después** *adv.* after; **después de** *prep.* after; **después de que** *conj.* after;
**destino** destiny
**destreza** skill
**destrucción** *f.* destruction (7)
**destruir (y)** to destroy (7)
**desventaja** disadvantage
**detalle** *m.* detail (6)
**detallista** *m., f.* detail-oriented (5)
**detectar** to detect
**detective** *m., f.* detective
**detener** (*like* **tener**) to detain
**detrás de** behind (1)
**día** *m.* day (2); **algún día** someday; **buenos días** good morning (PE); **Día de la Independencia** Independence Day; **Día de las Brujas** Halloween; **Día de San Patricio** Saint Patrick's Day; **Día de San Valentín** Valentine's Day; **día del santo patrón** patron saint's day; **hoy (en) día** nowadays
**diablo** devil; **diablo de cojuelos** *symbolic character of Carnival*
**diagnóstico/a** diagnostic
**diálogo** dialogue
**diamante** *m.* diamond
**diario/a** daily; **rutina diaria** daily routine
**diarrea** diarrhea; **tener** (*irreg.*) **diarrea** to have diarrhea (5)
**dibujar** to draw (3)
**dibujo** drawing
**diccionario** dictionary
**dicho/a** (*p.p.* **decir**) said
**diciembre** *m.* December (2)
**dictador(a)** dictator
**dictadura** dictator
**dictar** to dictate
**diecinueve** nineteen
**dieciocho** eighteen
**dieciséis** sixteen
**diecisiete** seventeen
**diez** ten
**diferencia** difference
**diferente** different
**difícil** hard, difficult; **¿cuál es tu clase más difícil?** what is your most difficult class? (3)
**dificultad** difficulty
**digestivo/a** digestive
**digital: cámara digital** digital camera (7)
**dinastía** dynasty
**dineral** *m.* a large sum of money
**dinero** money
**dirección** *f.* direction
**directo/a** direct; **complemento directo** *gram.* direct object pronoun
**director(a)** director (3)

**disciplina** discipline
**disco** record; disc
**discoteca** discotheque
**disculpa** apology; excuse; **pedir (i, i) disculpas** to excuse oneself
**disculpar** to excuse, pardon
**discurso** speech
**diseñador(a)** designer
**diseñar** to design (3)
**diseño** design
**disfrutar (de)** to enjoy
**disponer** (*like* **poner**) **(de)** to have at one's disposal
**disponible** available
**dispuesto/a** (*p.p. of* **disponer**) willing (5)
**distancia** distance; **educación** (*f.*) **a distancia** distance education
**distrito** district
**diurno/a** diurnal
**diversidad** *f.* diversity
**diversión** *f.* entertainment
**diverso/a** diverse; various
**divertido/a** fun
**divertirse (ie, i)** to have fun (2)
**divorciado/a** divorced (1)
**doble** double; **habitación** (*f.*) **doble** double room
**doce** twelve
**doctor(a)** doctor
**documento** document
**dólar** *m.* dollar
**dolerse (ue)** to hurt, ache (5)
**dolor** *m.* pain; **tener** (*irreg.*) **dolor de cabeza/espalda/estómago/garganta** to have a headache / backache / stomachache / sore throat (5)
**doma** taming
**doméstico/a** domestic; **tarea doméstica** household chore
**dominar** to dominate
**domingo** Sunday (2)
**dominicano/a** *n., adj.* Dominican (PE)
**don** *m. title of respect used with a man's first name;* skill; **tener** (*irreg.*) **don de gentes** to have people skills (5)
**¿dónde?** where? (PE); **¿de dónde?** from where? (PE); **¿me puede decir dónde... ?** could you tell where . . . ? (6)
**doña** *f. title of respect used with a woman's first name*
**dormir (ue, u)** to sleep; **dormir una siesta** to take a nap; **dormirse** to fall asleep (2)
**dormitorio** bedroom (1)
**doscientos/as** two hundred
**dramatizar (c)** to dramatize
**ducharse** to take a shower (2)
**duda** doubt; **sin duda** without a doubt
**dudar** to doubt
**dueño/a** owner
**dulce** *n.* candy; *pl.* sweets; *adj.* sweet

**duna** dune
**durante** during
**duro/a** hard; demanding

## E

**echarse una siesta** to take a nap
**ecoalberque** *m.* eco-hostal
**ecobuceo** eco-snorkeling; eco-diving
**ecología** ecology (3)
**ecológico/a** ecological
**ecologista** *m., f.* ecologist
**ecomercado** eco-market
**economía** economy; economics (3)
**económico/a** economical
**ecosistema** *m.* ecosystem
**ecotour** *m.* eco-tour
**ecoturismo** eco-tourism
**ecoturístico/a** *adj.* eco-tourist
**ecuatoriano/a** *n., adj.* Ecuadorian (PE)
**edad** *f.* age
**edificio** building
**editor(a)** editor
**educación** *f.* education; **educación a distancia** distance education; **educación en línea** online education
**efectivo/a** effective
**egoísta** selfish
**ejemplar** *m.* example
**ejemplo** example; **por ejemplo** for example
**ejercicio** exercise; **hacer** (*irreg.*) **ejercicio** to exercise (4)
**ejército** army
**él** *m. sub. pron.* he; *obj. of prep.* him
**elaboración** *f.* elaboration
**elaborar** to elaborate
**elección** *f.* election
**electrónico/a** electronic; **correo electrónico** e-mail (7)
**elegante** elegant
**elegir (j)** to select, choose (3)
**elemento** element
**elevado/a** elevate, high
**ella** *f. sub. pron.* she; *obj. of prep.* her
**ellas** *f. sub. pron.* they; *obj. prep.* them
**ellos** *sub. pron.* they; *obj. of prep.* them
**embajador(a)** ambassador
**embarazada** pregnant
**embargo: sin embargo** however
**emergencia** emergency (5)
**emoción** *f.* emotion
**emocionado/a** excited (1)
**emocionante** exciting (4)
**emocionar** to excite
**empacar (qu)** to pack (2)
**empanada** stuffed pastry (2)
**emparejar** to pair, match
**empezar (ie) (c)** to begin
**empleado/a** employee
**empresa** business; **administración** (*f.*) **de empresas** business administration (3)

**empresarial** *adj.* business
**empresario/a** businessperson
**en** upon/over/in (1); **educación en línea** online; **en cambio** on the other hand, on the contrary; **en contraste** in contrast; **en cuanto** as soon as; **en cuanto a** concerning; **en general** in general; **en honor de** in honor of; **en línea** online (7); **en negrilla** boldface (*font*); **en particular** in particular; **en peligro** in danger; **¿en qué año estás?** what year are you (*fam. s.*) in? (3); **en seguida** right away; **en serio** seriously; **hoy en día** nowadays
**enamorado/a** in love
**encantado/a** delighted (to meet you) (PE)
**encantador(a)** charming
**encantar** to delight, charm
**encargado/a (de)** in charge (of)
**encender (ie)** to turn on (*machine*)
**encima de** upon, on top of (1); **por encima de** above
**encontrar (ue)** to find
**encuentro** encounter; meeting
**enemigo** enemy
**energía (solar)** (solar) energy
**enero** January (2)
**énfasis** *f.* emphasis
**enfermarse** to get sick
**enfermedad** *f.* illness
**enfermería** nursing (3)
**enfermero/a** nurse (5)
**enfermo/a** sick (1); **estar** (*irreg.*) **enfermo/a** to be sick (5)
**enfocado/a** focused
**enfoque** *m.* focus
**enfrentarse** to face, confront
**enfrente de** in front of, facing, opposite (1)
**enorgullecerse (zc) de** to become proud of
**enorme** enormous
**ensalada** salad
**ensayo** essay
**enseñanza** teaching
**enseñar** to teach; **enseñar a** + *inf.* to teach (*to do something*)
**ensordecedor(a)** deafening
**entender (ie)** to understand
**entendimiento** understanding
**enterarse (de)** to find out (about)
**entonces** so, then
**entrar (en)** to enter
**entre** between (1); **entre paréntesis** in parentheses
**entregar (gu)** to turn in
**entrenador(a)** trainer
**entrenar** to train (4)
**entresemana** midweek
**entretenerse** (*like* **tener**) to pass the time; to amuse oneself

entretenido/a entertaining (6)
entrevista interview
entrevistador(a) interviewer
entrevistar to interview (6)
entusiasmado/a enthusiastic (5)
entusiasta enthusiastic
envase *m.* container
épica epic
episodio episode
época epoch
equipado/a equipped
equipaje *m.* luggage (6)
equipo team; saber (*irreg.*) trabajar en
   equipo to know how to work in a
   team (5)
equitación *f.* riding, equitation
error *m.* error
erupción *f.* eruption
escala stopover; hacer (*irreg.*) escala to
   have a stopover (6)
escalar to climb (4)
escalofríos *pl.* chills
escalonado/a terraced
escapar(se) to escape
escarlata *inv.* scarlet
escaso/a scarce
escayola cast
escena scene
escoger (j) to choose (6)
esconder to hide
escribir (*p.p.* escrito) to write; escribir a
   mano to write by hand; escribir a
   máquina to type
escrito/a (*p.p. of* escribir) written
escritor(a) writer (3)
escritorio desk (1)
escuchar to listen; he escuchado que...
   I've heard that . . . (6)
escudero shield
escuela school; escuela secundaria high
   school
escultor(a) sculptor (3)
escultura sculpture (3)
ese, esa *pron.* that (one); *adj.* that
esencia essence
esfuerzo effort
esnórquel *m.* snorkeling
eso: por eso therefore; that's why
espacio space; espacio en blanco
   blank space
espalda back; tener (*irreg.*) dolor de
   espalda to have a backache (5)
español *n. m.* Spanish (language); saber
   (*irreg.*) expresarse claramente en
   español to know how to express
   oneself clearly in Spanish (5)
español(a) *n.* Spaniard (PE); *adj.*
   Spanish (PE); tortilla española
   *Spanish omelet made of eggs, potatoes,
   and onions*
espárragos *pl.* asparagus
especial special
especialidad *f.* specialty

especialización *f.* major (*academic*);
   ¿cuál es tu especialización? what's
   your major? (3)
especializarse (c) en to major in (3)
especie *f.* species; especie en peligro de
   extinción endangered species
específico/a specific
espectacular spectacular
espectáculo show (3)
espera: sala de espera waiting room (6)
esperar to wait
espeso/a thick
espíritu *m.* spirit
espléndido/a splendid
esposo/a spouse (1)
esquí *m.* skiing; esquí acuático water
   skiing
esquiar to ski (4)
esquila shearing
esquina street corner
establecido/a established
establecimiento establishment
estación *f.* season (2); station (6);
   estación de autobuses bus
   station
estadio stadium (4)
estadística statistic
estado state
estadounidense *n. m., f.* United States
   citizen; *adj.* of, from, or pertaining to
   the United States (PE)
estancia stay
estanco *small store that sells tobacco,
   newspapers, stamps, and postcards* (1)
estante *m.* shelf (1)
estar *irreg.* to be; ¿cómo está? how are you
   (*pol. s.*)? (PE); ¿cómo estás? how are
   you (*fam. s.*)? (PE); ¿en qué año estás?
   what year are you (*fam. s.*) in? (3); está
   despejado it is clear (2); está lloviendo
   it's raining; está nublado it's cloudy (2);
   estar bien to be well; (no) estar de
   acuerdo to (dis)agree; estar de buen/
   mal humor to be in a good/bad
   mood; estar enfermo/a/mal/mareado/
   a to be sick/ill/dizzy (5); estar harto/a
   de to be fed up with; estar seguro/a
   (de) to be sure (of); estoy bien/fatas/
   mal/regular/súper I am well / horrible /
   not well / so-so / very well (PE)
estatua statue
estatura: de estatura mediana of
   medium height (1)
este, esta *pron.* this (one); *adj.* this; este
   año this year
estilo style
estimado/a esteemed
estipendio stipend
esto this, this thing, this matter; esto es
   el colmo that's the limit
estómago stomach; tener (*irreg.*)
   dolor de estómago to have a
   stomachache (5)

estratégico/a strategic
estrecho strait
estrella star
estresante stressful (4)
estricto/a strict
estructura structure
estudiante *m., f.* student; estudiante
   graduado/a graduate student
estudiantil *adj.* student; residencia
   estudiantil residence hall
estudiar to study
estudio study; estudios posgrados/
   posgraduados graduate studies;
   estudios profesionales professional
   studies (3)
estudioso/a studious
estufa stove (1)
estupendo/a stupendous (3)
etcétera et cetera
étnico/a ethnic
etnobotánico/a ethnobotanical
Europa Europe
europeo/a European
evacuar (evacúo) to evacuate
evento event
evidente evident
evitar to avoid
evocar (qu) to evoke
examen exam, test
examinar to examine
exceder to exceed
excelente excellent
excéntrico/a eccentric (1)
excepto except
excursión *f.* excursion
exhibición *f.* exhibition
exigente demanding (5)
existencia existence
existir to exist
éxito success; tener (*irreg.*) éxito to be
   successful
exótico/a exotic
expedición *f.* expedition
experiencia experience; tener (*irreg.*)
   experiencia en... to have experience
   in . . . (5)
experimentar to experiment
experto/a expert
explicación *f.* explanation
explicar (qu) to explain; me puede
   explicar... could you explain to
   me . . . (6)
explorar to explore
exportación *f.* exportation
exportar to export
exposición *f.* exposition (3)
expresar(se) to express (oneself); saber
   (*irreg.*) expresarse claramente en
   español to know how to express
   oneself clearly in Spanish (5)
expresión *f.* expression
expreso: café (*m.*) expreso espresso
   coffee

**extático/a** ecstatic
**extensión** *f.* extension
**extensivo/a** extensive
**extenso/a** extensive, vast
**extinción** *f.* extinction (7); **especie** (*f.*) **en peligro de extinción** endangered species
**extranjero/a** *n.* foreigner; *adj.* foreign; **lenguas extranjeras** foreign languages (3)
**extraño/a** strange
**extraordinario/a** extraordinary
**extravagante** extravagant
**extremo/a** extreme
**extrovertido/a** extroverted (1)

## F

**fábrica** factory
**fabricación** *f.* manufacturing
**fabricado/a** manufactured
**fabuloso/a** fabulous
**fácil** easy
**falda** skirt (2)
**falla** failure; defect
**falso/a** false
**faltar** to be missing, lacking
**familia** family
**familiarizarse (c)** to familiarize oneself
**famoso/a** famous
**fantástico/a** fantastic
**farmacia** pharmacy
**fascinado/a** fascinated
**fascinante** fascinating (5)
**fascinar** to fascinate
**fatal** horrible (4); **estoy fatal** I am horrible (PE)
**favor: por favor** please
**favorito/a** favorite
**febrero** February (2)
**fecha** date (2); **fecha límite** deadline (6); **fecha tope** deadline
**feliz** happy
**fenomenal** fantastic (4)
**fenómeno** phenomenon
**feo/a** ugly (1)
**feria** fair
**festival** *m.* festival
**festivo: día** (*m.*) **festivo** holiday
**ficción** *f.* fiction
**ficha** note card
**fiebre** *f.* fever; **tener** (*irreg.*) **fiebre** to have a fever (5)
**fiesta** party
**fiestero/a** fun-loving
**figura** figure
**fijarse** to pay attention; **fíjate** look
**fijo/a** fixed
**filosofía** philosophy (3)
**fin** *m.* end; **fin de semana (pasado)** (last) weekend; **por fin** finally
**final** *m.* end
**finalizado/a** finalized
**finalmente** finally

**financiero/a** financial
**finca** farm; **finca orgánica** organic farm (7)
**fiordo** fjord
**firmar** to sign
**física** *s.* physics (3)
**físico/a** physical; **aspecto físico** physical appearance
**flamenco** *type of Spanish dance and music*
**flan** *m.* caramel custard (2)
**flauta** flute
**flojo/a** lazy
**flor** *f.* flower
**folclórico/a** folkloric
**fondo: a fondo** in depth
**forma** form
**formación** *f.* education, preparation
**formado/a** formed
**formar** to form
**fortaleza** fort
**foto(grafía)** picture; **sacar (qu) fotos** to take pictures (6)
**fractura** fracture; **tener** (*irreg.*) **una fractura** to have a fracture (5)
**fracturado/a** fractured
**francamente** frankly
**francés** *m.* French (language) (3)
**francés, francesa** *n., adj.* French
**Francia** France
**franciscano/a** Franciscan
**frase** *f.* sentence, phrase
**fraude** *m.* fraud
**frecuencia** frequency; **¿con qué frecuencia... ?** how often?
**frecuente** frequent
**frecuentemente** often
**freír (í, i)** (*p.p.* **frito**) to fry
**fresa** strawberry (2)
**fresco/a** fresh; **hace fresco** it's cool (*weather*) (2)
**frigorífico** refrigerator
**frijol** *m.* bean
**frío/a** cold; **hace frío** it's cold (*weather*) (2)
**frito/a** (*p.p.* **freír**) fried; **papas fritas** French fries (2)
**frontera** border
**frustración** *f.* frustration
**frustrado/a** frustrated
**frustrante** frustrating (5)
**frustrar** to frustrate
**fruta** fruit (2)
**fuego** fire
**fuente** *f.* fountain (1)
**fuera de** outside of (1)
**fuerte** strong (1)
**fuerzas armadas** armed forces
**fumar** to smoke
**función** *f.* function
**funcionar** to function (7)
**fundación** *f.* foundation
**fundado/a** founded

**fundamento** foundation, ground
**fundar** to found
**furioso/a** furious (1)
**fusionarse** to fuse
**fútbol** *m.* soccer (4); **fútbol americano** football (4)
**futuro** future

## G

**gafas** *pl.* **(de sol)** (sun)glasses (2); **gafas oscuras** sunglasses (2)
**galeón** *m.* galleon
**galés** *m.* Welsh (language)
**galés, galesa** Welsh
**galleta** cookie (2)
**gallo** rooster; **pelea de gallos** cockfight
**ganado** *m. s.* cattle
**ganador(a)** winner
**ganancias** *pl.* earnings
**ganar** to win (4); to earn
**ganas: tener** (*irreg.*) **ganas de** + *inf.* to feel like (*doing something*)
**garantizar (c)** to guarantee
**garganta** throat; **tener** (*irreg.*) **dolor de garganta** to have a sore throat (5)
**gasolina** gasoline
**gastar** to spend
**gastronomía** gastronomy
**gastronómico/a** gastronomic(al)
**gato** cat
**gaucho** *cowboy of the Argentine plains*
**géiser** *m.* geyser
**gemelo/a** twin; **alma** (*f.*) (*but* **el alma**) **gemela** kindred spirit
**generación** *f.* generation
**general** general; **en general** in general; **por lo general** generally
**generar** to generate
**generoso/a** generous (1)
**genial** wonderful
**gente** *f. s.* people; **tener** (*irreg.*) **don de gentes** to have people skills (5)
**geoglifo** geoglyph
**geografía** geography (3)
**geográfico/a** geographic
**geología** geology (3)
**geométrico/a** geometric
**gigante** giant
**gigantesco/a** gigantic
**gimnasio** gym(nasium) (4)
**gitano/a** gypsy
**glaciar** *m.* glacier
**globalizado/a** globalized
**gobernar** to govern
**gobierno** government
**golf** *m.* golf (4)
**golpeado/a** beaten
**golpear** to beat
**gordo/a** fat (1)
**gorra** hat, cap
**gótico/a** Gothic
**gozar (c)** to enjoy
**grabar** to record

**gracias (por)** thanks, thank you (for); **dar las gracias** to thank
**grado** grade
**graduado/a** graduate; **estudiante** (*m., f.*) **graduado/a** graduate student
**graduarse (me gradúo)** to graduate
**gráfico** graphic
**gramática** grammar
**gramatical** grammatical
**gran** big, large; great
**grande** big (1)
**grandeza** greatness
**gratificante** gratifying (5)
**gratis** free
**gratuito/a** free
**grave** serious
**griego/a** Greek
**grifo: agua** (*f.*) (*but* **el agua**) **del grifo** tap water
**gripe** *f.* flu; **tener** (*irreg.*) **la gripe** to have the flu (5)
**gris** grey (2)
**grito** shout
**grosero/a** rude (1)
**grotesco/a** grotesque
**grupo** group
**guacamayo** macaw
**guanajuatense** *of or pertaining to the city of Guanajuato, Mexico*
**guantes** *m. pl.* gloves (2)
**guapo/a** good looking (1)
**guardar** to store, save (1); **guardar cama** to stay in bed
**guatemalteco/a** *n., adj.* Guatemalan (PE)
**guay** cool, awesome (1)
**gubernamental** governmental
**guelaguetza** *traditional celebration of Oaxaca, Mexico, held on the two Mondays following July 16*
**guerra** war; **guerra civil** civil war
**guía** *m., f.* guide; *f.* guidebook
**guisado/a** stewed
**guitarra** guitar
**guitarreada** *informal get-together to play and listen to guitar*
**gustar** to be pleasing
**gusto** taste; pleasure, delight; **el gusto es mío** the pleasure is mine (PE); **mucho gusto** nice to meet you (PE)

## H

**haber** *irreg.* (*inf. of* **hay**) to have (*auxiliary*); to be; to exist; **he escuchado que...** I've heard that . . . (6); **he leído que...** I've read that . . . (6)
**habilidad** *f.* ability
**habitación** *f.* room; **habitación doble/individual** double/individual room
**habitante** *m., f.* inhabitant
**hábitat** *m.* habitat
**hábito** habit
**hablador(a)** talkative
**hablante** *m., f.* speaker

**hablar** to speak; to talk; **hablar de** to talk about; **hablar por teléfono** to talk on the telephone; **háblenos un poco sobre...** tell us a little about . . . (6); **¿me puede hablar de... ?** could you tell me about . . . ? (6)
**hacer** *irreg.* (*p. p.* **hecho**) to do; to make; **hace** + *time* + **que** + *present* (I) have been (*doing something*) for + *time*; **hace buen/mal tiempo** it's good/bad weather (2); **hace calor/fresco/frío/sol/viento** it's hot/cool/cold/sunny/windy (*weather*) (2); **hace un año** one year ago; **hacer autostop** to hitchhike; **hacer caminatas** to take walks (4); **hacer clic en** to click on; **hacer cola** to stand in line (6); **hacer ejercicio** to exercise (4); **hacer escala** to have a stopover (6); **hacer hipótesis** to hypothesize; **hacer las maleta(s)** to pack one's suitcase(s); **hacer surfing** to surf; **hacer una pregunta** to ask a question; **hacer vela** to sail; **hacer windsurf** to windsurf; **hacer yoga** to do, practice yoga; **saber** (*irreg.*) **hacer informes** to know how to write reports (5); **saber** (*irreg.*) **hacer investigaciones** to know how to do research (5)
**hamaca** hammock
**hambre** *f.* hunger; **tener** (*irreg.*) **hambre** to be hungry (2)
**hamburguesa** hamburger (2)
**harto/a** fed-up; **estar** (*irreg.*) **harto/a de** to be fed up with
**hasta** *prep.* up to; until; **hasta ahora luego/mañana** see you later/tomorrow (PE); *adv.* even; **hasta que** *conj.* until
**hecho/a** (*p.p.* **hacer**) made; done
**heladería** ice cream parlor (1)
**helado** ice cream (2)
**helado/a** icy cold
**hemisferio** hemisphere
**herencia** inheritance
**hermanastro/a** stepbrother/stepsister (1)
**hermano/a** brother, sister (1); **ciudad** (*f.*) **hermana** sister city; **medio/a hermano/a** half brother / half sister (1)
**hermoso/a** beautiful
**héroe** *m.* hero
**híbrido/a** hybrid
**hidroeléctrico/a** hydroelectric
**hielo** ice
**hijastro/a** stepson/stepdaughter (1)
**hijo/a** son, daughter (1)
**hipótesis** *f.* hypothesis; **hacer** (*irreg.*) **hipótesis** to hypothesize
**Hispanoamérica** Hispanic America
**historia** history (3)
**histórico/a** historical

**hoguera** bonfire
**hoja** leaf; **hoja de papel** sheet of paper
**hola** hi (PE)
**holandés, holandesa** Dutch
**hombre** *m.* man
**hondureño/a** *n., adj.* Honduran (PE)
**honor** *m.* honor; **en honor de** in honor of
**hora** hour; **¿a qué hora?** at what time? (PE); **¿qué hora es?** what time is it?
**horario** schedule (6)
**hormiga** ant
**Horno: Cabo de Hornos** Cape Horn
**hospital** *m.* hospital
**hostería** inn
**hotel** *m.* hotel
**hoy** today (2); **hoy (en) día** nowadays
**hoyo** hole; grave
**huacho/a** orphan
**huaso/a** *of or pertaining to Chilean cowboys*
**huella** footprint
**huérfano/a** orphan
**hueso** bone
**huésped(a)** guest
**huevo** egg (2)
**humanidad** *f. pl.* humanities (3)
**humanitario/a** humanitarian
**humano /a** human; **derechos humanos** human rights
**humor** *m.* humor; **de mal humor** in a bad mood (PE); **estar** (*irreg.*) **de buen/mal humor** to be in a good/bad mood; **sentido del humor** sense of humor

## I

**ibérico/a** Iberian
**icono** icon
**ida: boleto de ida** one-way ticket; **boleto de ida y vuelta** round-trip ticket; **de ida y vuelta** round-trip (6)
**idea** idea; **(no) es buena idea** it's (not) a good idea; **es buena/mala idea que...** it's a good/bad idea to/that . . . ; **qué buena idea** what a good idea
**idealista** idealistic
**identidad** *f.* identity
**identificación** *f.* identification
**identificar (qu)** to identify
**idioma** *m.* language
**iglesia** church
**igual** equal
**igualdad** *f.* equality
**igualmente** likewise (PE)
**iguana** iguana (7)
**imaginación** *f.* imagination
**imaginar(se)** to imagine
**imaginario/a** imaginary
**impactante** impacting
**impacto** impact
**imperfecto** *gram.* imperfect (tense)
**imperio** empire

**impermeable** *m.* raincoat (2)
**implicar (qu)** to imply
**imponente** imposing
**importancia** importance
**importante** important
**importar** to matter
**imposible** impossible
**impresión** *f* impression
**impresionante** impressive (3)
**impresionar** to impress
**impresora** printer (7)
**inactividad** *f.* inactivity
**inalámbrico/a** wireless; **tecnología inalámbrica** wireless technology (7)
**inca** *n. m., f.* Inca; *adj.* Incan
**incansable** tireless (5)
**incendio** fire
**incidente** *m.* incident
**incitar** to incite
**incluir (y)** to include
**incómodo/a** uncomfortable (6)
**incompleto/a** incomplete
**incorporar** to incorporate
**increíble** incredible
**independencia** independence; **Día** (*m.*) **de la Independencia** Independence Day
**independizarse (c)** to become independent
**indicación** *f.* suggestion; direction
**indicar (qu)** to indicate
**indicativo** *gram.* indicative
**indígena** *n. m., f.* indigenous person; *adj. m., f.* indigenous
**indio/a** *n., adj.* Indian
**indirecto/a** indirecto; **complemento indirecto** *gram.* indirect object pronoun
**individual** individual; **habitación** (*f.*) **individual** single room
**industria** industry
**infante, infanta** child of the king
**infección** *f.* infection; **tener** (*irreg.*) **una infección** to have an infection (5)
**infinitivo** *gram.* infinitive
**influencia** influence
**información** *f.* information
**informarse** to inform oneself, find out about
**informática** computer science
**informativo/a** informative (6)
**informe** *m.* report; **saber** (*irreg.*) **hacer informes** to know how to write reports (5)
**infraestructura** infrastructure
**ingeniería** engineering (3)
**ingeniero/a** engineer
**ingenio** ingenuity
**ingenioso/a** ingenious
**inglés** *n. m.* English (language) (3)
**inglés, inglesa** *n., adj.* English (PE)
**ingrediente** *m.* ingredient

**ingresos** *pl.* earnings
**inhalar** to inhale
**iniciar** to begin, initiate
**inmediatamente** immediately
**inmensidad** *f.* immensity
**inmigración** *f.* immigration
**inmigrante** *m., f.* immigrant
**inmortalizar (c)** to immortalize
**innovación** *f.* innovation (7)
**innovador(a)** innovative
**inolvidable** unforgettable
**inquietante** disturbing
**inquieto/a** restless
**insecto** insect
**inseguro/a** unsure
**insistir (en)** to insist (on)
**inspiración** *f.* inspiration
**inspirar** to inspire
**instalarse en** to establish oneself in
**institución** institution
**instituto** institute
**instrucción** *f.* instruction
**instructor(a)** instructor
**instrumento** instrument
**insultar** to insult
**intacto/a** intact
**integrado/a** integrated
**inteligente** intelligent (1)
**intensivo/a** intensive
**intenso/a** intense
**intentar** to try
**interactivo/a** interactive
**intercambiar** to exchange
**intercambio** exchange
**interés** *m.* interest; **captar el interés** to capture interest (6); **tener** (*irreg.*) **interés en...** to be interested in . . . (5)
**interesado/a** interested
**interesante** interesting; **¿cuál es tu clase más interesante?** what is your most interesting class? (3)
**interesar** to interest
**interior: ropa interior** underwear (2)
**intermediario/a** intermediary
**internacional** international
**Internet** *m.* Internet; **conectarse al Internet** to connect to the Internet (7); **navegar (gu) en Internet** to surf the Internet (4)
**interpretar** to interpret
**interrogativo/a** interrogative
**intervenir** (*like* **venir**) to intervene
**íntimo/a** intimate
**intransitable** impassable
**intrigante** intriguing (6)
**introducción** *f.* introduction
**invadir** to invade
**inventar** to invent
**invernal** *adj.* winter
**invertir (ie, i)** to invest
**investigación** *f.* investigation; research; **saber** (*irreg.*) **hacer**

**investigaciones** to know how to do research (5)
**investigar (gu)** to investigate
**invierno** winter (2)
**invitación** *f.* invitation
**invitado/a** guest
**invitar** to invite
**involucrado/a** involved
**inyección** *f.* injection; **ponerle** (*irreg.*) **una inyección** to give a shot (5)
**ir** *irreg.* to go; **ir a** + *inf.* to be going to (*do something*); **ir al cine** to go to the movies; **ir de compras** to go shopping (4); **ir de picnic** to go on a picnic (4); **ir de vacaciones** to go on vacation (2); **irse** to leave
**isla** island
**islote** *m.* island
**italiano** Italian (language) (3)
**italiano/a** *n., adj.* Italian
**itinerario** itinerary

## J

**jaguar** *m.* jaguar
**jamás** never (2)
**jamón** *m.* ham; **sándwich** (*m.*) **de jamón y queso** ham and cheese sandwich (2)
**japonés** *m.* Japanese (language) (3)
**jarabe** *m.* (cough) syrup (5)
**jardín** *m.* garden (1)
**jeroglífico** hieroglyphic
**jeroglifo** hieroglyph
**Jerusalén** Jerusalem
**jorobado/a** hump-backed
**joven** *n. m., f.* youth; *adj.* young (1)
**jubilarse** to retire
**judío/a** Jewish
**jueves** *m. s., pl.* Thursday (2)
**jugador(a)** player (4)
**jugar (ue) (gu)** to play; **jugar (a las) cartas /(a los) naipes** to play cards (4); **jugar videojuegos** to play videogames (4)
**jugo** juice (2)
**julio** July (2)
**junio** June (2)
**junto/a** *adj.* together
**justo/a** just, fair
**juventud** *f.* youth

## K

**kilómetro** kilometer
**kiosko** kiosk (1)

## L

**laboratorio** laboratory
**ladera** hillside
**lado** side; **al lado de** beside, next to (1); **por otro lado...** on the other hand; **por todos lados** everywhere
**lago** lake
**laguna** lagoon
**lamentar** to lament, regret

**lámpara** lamp (1)
**lana** wool
**langosta** lobster (2)
**largo/a** long
**lástima** shame; **es una lástima** it's a shame
**latino/a** *n., adj.* Latin
**Latinoamérica** Latin America
**latinoamericano/a** Latin American
**latitud** *f.* latitude
**lavar** to wash; **lavarse** to wash, bathe oneself (2)
**lavadora** washing machine
**lección** *f.* lesson
**leche** *f.* milk (2); **arroz** (*m.*) **con leche** rice pudding (2)
**lector(a)** reader
**leer (y)** to read; **he leído que...** I've read that . . . (6)
**legalizado/a** legalized
**legendario/a** legendary
**legumbre** *f.* vegetable (2)
**lejos de** far from (1)
**lengua** tongue; language; **lenguas extranjeras** foreign languages (3)
**lenguaje** *m.* language
**lentes** *m. pl.* glasses
**lento/a** slow (6)
**letra** letter
**letrina** latrine
**levadizo: puente** (*m.*) **levadizo** drawbridge
**levantar** to raise; **levantar pesas** to lift weights (4); **levantarse** to get up (2)
**ley** *f.* law; *pl.* law (subject) (3)
**leyenda** legend
**liberal** liberal (1)
**libertad** *f.* liberty
**libre** free; **aire libre** outdoors; **tenedor** (*m.*) **libre** all you can eat (2); **tiempo libre** free time
**librería** book store
**libro** book
**líder** *m.* leader
**liga** league
**límite: fecha límite** deadline (6)
**limón** lemon (2)
**limpiar** to clean
**limpieza** cleaning
**limpio/a** clean
**línea** line; **educación** (*f.*) **en línea** online education; **en línea** online (7); **patinar en línea** to inline skate (4)
**lingüístico/a** linguistic
**linterna** lantern
**líquido** liquid
**lista** list
**listo/a** ready; clever (1)
**literatura** literature (3)
**llamar** to call; **¿cómo se llama?** what is your name (*pol. s.*)? (PE); **¿cómo te llamas?** what is your name (*fam. s.*)? (PE); **me llamo...** my name is . . . (PE);

**se llama** his/her name is . . . (PE); **llamarse** to be called (2)
**llanuras** *pl.* plains, prairies
**llapingacho** cheese omelet
**llegada** arrival
**llegar (gu) (a tiempo)** to arrive (on time); **tardar en llegar** to take (time) to get there (6)
**llenar** to fill
**lleno/a** full
**llevar** to wear (2); to carry; to take; **llevarse bien (con)** to get along well (with); **saber** (*irreg.*) **llevarse bien con los colegas** to know how to get along well with colleagues (5)
**llorar** to cry
**llover (ue)** to rain; **está lloviendo** it's raining; **llueve** it's raining
**llovizna** mist
**lluvia** rain
**lluvioso/a** *adj.* rain; **bosque** (*m.*) **lluvioso** rain forest (7)
**lo** *d.o. m.* him, it; you (*pol. s.*); **lo siento** I'm sorry
**localidad** *f.* locale
**localizado/a** located
**loco/a** *n.* crazy person; *adj.* crazy (1)
**locura** craziness
**lodo** mud
**lógicamente** logically
**lucha** fight
**luchar** to fight
**luego** then; later; **desde luego** of course; **hasta luego** see you later (PE)
**lugar** *m.* place
**lujo** luxury
**lujoso/a** luxurious (1)
**luna** moon
**lunes** *m. s., pl.* Monday (2)
**luz** *f.* light; **dar** (*irreg.*) **a luz** to give birth

# M

**macabre(a)** macabre
**madera** wood
**madrastra** stepmother (1)
**madre** *f.* mother (1)
**madrugada** dawn
**maestranza** armory; arsenal
**maestría** Master's
**maestro/a** teacher; *adj.* master; **obra maestra** masterpiece
**Magallanes** Magellan
**magnífico/a** magnificent
**maíz** *m.* corn
**majestuoso/a** majestic
**mal** *n. m.* illness; **mal de altura** altitude sickness; *adv.* badly; **estar** (*irreg.*) **mal** to be ill (5); **estoy mal** I am not well (PE); **sentirse (ie, i) mal** to feel sick, badly
**mal, malo/a** *adj.* bad (1); **de mal humor** in a bad mood (1); **es mala idea que...** it's a bad idea to/that . . . ; **estar**

(*irreg.*) **de mal humor** to be in a bad mood; **estar** (*irreg.*) **mal** to be ill (5); **estoy mal** I am not well (PE); **hace mal tiempo** it's bad weather (2); **pasarlo mal** to have a bad time (4); **sacar (qu) malas notas** to get bad grades (3)
**malecón** *m.* avenue along the sea wall
**maleta** suitcase; **hacer** (*irreg.*) **las maleta(s)** to pack one's suitcase(s)
**maltratado/a** mistreated
**mamífero** mammal
**manatí** *m.* manatee
**manchego/a** *of or pertaining to the region of La Mancha, Spain*
**mandar** to send
**mandato** command
**mandón, mandona** bossy (1)
**manejar** to drive (6); to operate
**manejo** handling
**manera** way
**manicura** manicure
**manifestación** *f.* manifestation
**mano** *f.* hand; **de primera mano** firsthand; **escribir a mano** to write by hand; **saber** (*irreg.*) **trabajar con las manos** to know how to work with one's hands (5)
**mantener** (*like* **tener**) to maintain
**mantequilla** butter
**manzana** apple (2)
**mañana** morning; **de la mañana** A.M.; **hasta mañana** see you tomorrow (PE); **por la mañana** in the morning
**mapa** *m.* map
**mapuche** *m., f. indigenous people of Central and Southern Chile*
**máquina** machine; **escribir a máquina** to type
**maravilloso/a** marvelous
**marcharse** to leave
**mareado/a** dizzy; **estar** (*irreg.*) **mareado/a** to be dizzy (5)
**marearse** to get dizzy
**maremoto** tsunami
**mareo** nausea; seasickness
**marginado/a** marginalized
**marihuana** marijuana
**marino/a** marine
**mariposa** butterfly (7); **mariposa monarca** monarch butterfly
**marisco** shellfish; *pl.* seafood (2)
**marítimo/a** *adj.* sea
**marrón** brown (2)
**martes** *m. s., pl.* Tuesday (2)
**marzo** March (2)
**más** more; **¿cuál es tu clase más aburrida/difícil/interesante?** What is your most boring/difficult/interesting class?; **más allá de** beyond; **¿me puede decir más sobre... ?** could you tell me more about . . . ? (6)
**masa** dough

**masaje** *m.* massage
**máscara** mask (3)
**masticar (qu)** to chew
**matar** to kill
**mate** *m. strong herbal tea drunk from a hollowed gourd* (2)
**matemáticas** *pl.* math (3)
**material** *m.* material
**matrícula** (school) registration fees
**matricularse** to register, enroll (3)
**máximo/a** maximum
**maya** *n. m., f.; adj.* Maya(n)
**mayo** May (2)
**mayor** *adj.* older; oldest; major, main; greater
**mayoría** majority
**mecánico/a** mechanical
**mediano/a** medium; **de estatura mediana** of medium height (1); **de tamaño mediano** medium-sized (1)
**medianoche** *f.* midnight
**medias** *pl.* stockings, pantyhose (2)
**medicina** medicine (3)
**médico/a** *n.* doctor (5); *adj.* medical
**medieval** Medieval
**medio** means; **por medio de** by means of
**medio/a** *n. s.* means; half; middle; **medio ambiente** environment; **medio de transporte** means of transportation; **medio/a hermano/a** half-brother, half-sister (1); **y media** half past (*time*)
**mediocre** mediocre (3)
**mediodía** *m.* noon
**medir (i, i)** to measure
**meditar** to meditate
**megalítico/a** megalithic
**mejor** better; best
**mejorar** to improve (7); **mejorarse** to get better, improve (5)
**mencionar** to mention
**menor** younger, youngest
**menos** less; least; **menos cuarto** quarter to (*time*); **por lo menos** at least
**mental** mental; **bloque mental** mental block; **bloqueo mental** mental block (6); **tener** (*irreg.*) **un bloqueo mental** to have a mental block
**mentira** lie
**mentor(a)** mentor
**menú** *m.* menu
**mercado** market
**mercadotecnia** marketing (3)
**merengue** *m. national dance of the Dominican Republic*
**mermelada** jam, jelly (2)
**mes** *m.* month (2)
**mesa** table (1)
**mesero/a** waiter, waitress
**meta** goal
**método** method
**metodología** methodology
**metro** subway
**mexicano/a** *n., adj.* Mexican (PE)

**mezcla** mix
**mezclarse** to mix
**mezquita** mosque
**mi** *poss.* my
**mí** *obj. of prep.* me
**microbús** minibus
**microondas** *m. s., pl.* microwave (1)
**microsensor** *m.* microsensor
**miedo** fear; **dar** (*irreg.*) **miedo** to frighten; **tener** (*irreg.*) **miedo (de)** to be afraid (of)
**miedoso/a** fearful
**miembro** member
**mientras** meanwhile; while
**miércoles** *m. s., pl.* Wednesday (2)
**migración** *f.* migration
**mil** thousand, one thousand
**milagro** miracle
**millón** *m.* million
**milonga** *place or event where tango is danced*
**mina** mine
**mineral** mineral; **agua** (*f.*) (*but* **el agua**) **mineral** mineral water
**minifalda** miniskirt
**mío/a** *poss.* mine, of mine; **el gusto es mío** the pleasure is mine (PE)
**mirar** to look at; to watch
**miseria** misery
**misión** *f.* mission
**mismo/a** *pron.* same (one); *adj;* same; self; **ahora mismo** right now
**misterio** mystery
**misterioso/a** mysterious
**mitad** *f.* half
**mochila** backpack
**moda** fashion; style; **de última moda** fashionable
**modelo** model
**moderado/a** moderated
**modernismo** modernism
**modernista** modernist
**modernización** *f.* modernization
**modernizar (c)** to modernize
**moderno/a** modern
**modificar (qu)** to modify
**mole** (*m.*) **poblano** *sauce of Puebla, Mexico, made of dried chile peppers, ground nuts and/or seeds, spices, and Mexican chocolate*
**molestar** to bother, annoy
**molestia** bother
**molino de viento** windmill
**momia** mummy
**momificado/a** mummified
**monarca** monarch; **mariposa monarca** monarch butterfly
**monitor** *m.* monitor
**monitoreo** monitoring
**monja** nun
**mono** monkey (7)
**monopatín** *m.* (*pl.* **monopatines**) skateboard

**montanista** *m., f.* mountain climber
**montaña** mountain
**montañoso/a** mountainous
**montar** to ride; **montar a caballo** to ride a horse (4); **montar en bicicleta** to ride a bicycle (4)
**montón** *m.:* **un montón** a lot
**monumento** monument
**morado/a** purple (2)
**morcilla** blood pudding
**moreno/a** brunette (1)
**morir (ue, u)** (*p.p.* **muerto**) to die
**mostrar (ue)** to show
**motivo** motive
**moto(cicleta)** motorcycle
**motorizado/a** motorized
**moverse (ue)** to move
**movimiento** movement
**mucho** *adv.* a lot, much
**mucho/a** *adj.* a lot (of); *pl.* many; **mucho gusto** nice to meet you (PE)
**mueble** *m.* (piece of) furniture (1)
**muerto/a** (*p.p. of* **morir**) dead
**mujer** *f.* woman
**multilingüismo** multilingualism
**múltiple** multiple
**mundial** *adj.* world; **Copa Mundial** World Cup
**mundo** world
**mural** *m.* mural
**muralismo** mural painting
**muralista** *m., f.* muralist
**musca** fly; *name of a minor constellation*
**musculación** *f.* strength training
**muscular** muscular (4)
**músculo** muscle
**museo** museum
**música** music (3)
**músico/a** musician (3)
**musulmán, musulmana** *adj.* Muslim
**muy** very

## N

**nacer (zc)** to be born
**nacimiento** birth
**nación** *f.* nation; **Naciones Unidas** United Nations
**nacional** national
**nada** *pron.* nothing (2); (not) anything; *adv.* not at all
**nadar** to swim (4)
**nadie** nobody (2); (not) anybody
**náhuatl** *m.* Nahuatl (indigenous language of the Aztecs)
**naipe** *m.* card; **jugar (ue) (gu) (a los) naipes** to play cards (4)
**nanotecnología** nanotechnology
**naranja** orange (2)
**nariz** *f.* (*pl.* **narices**) nose; **romperse la nariz** to break one's nose (5)
**narrar** to narrate
**natación** *f.* swimming (4)
**natal** *adj.* birth

**nativo/a** native
**natural** natural; **ciencias naturales** natural sciences; **recursos naturales** natural resources (7)
**naturaleza** nature
**naturalista** *m., f.* naturalist
**náufrago** shipwreck
**náuseas: tener** (*irreg.*) **náuseas** to have nausea (5)
**náutico/a** nautical
**navegar (gu)** to navigate; **navegar en Internet** to surf the Internet (4)
**Navidad** *f.* Christmas
**necesario/a** necessary
**necesidad** *f.* necessity
**necesitar** to need
**negar (ie) (gu)** to deny; to refuse
**negativo/a** negative
**negociante** *m., f.* merchant; businessperson
**negocio** business
**negrilla: en negrilla** boldface (*font*)
**negro/a** black (2)
**neoclásico/a** neo-classical
**nervioso/a** nervous
**nevar (ie)** to snow; **nieva** it's snowing
**ni** neither; (not) either; nor; (not) even; **ni... ni** neither . . . nor (2)
**Niágara** *m.:* **cataratas del Niágara** Niagara Falls
**nicaragüense** *n., adj. m., f.* Nicaraguan (PE)
**nido** nest
**nieto/a** grandson/granddaughter (1); *pl.* grandchildren
**nieve** *f.* snow
**ningún, ninguno/a** *adj.* no, (not) any; *pron.* none (2); not one
**niño/a** little boy / little girl
**nivel** *m.* level
**noche** *f.* night; **buenas noches** good evening (PE); **de la noche** P.M.; **por la noche** in the evening; at night
**nocturno/a** night; **club** (*m.*) **nocturno** night club; **vida nocturna** night life
**nombre** *m.* name
**nominado/a** nominated
**noreste** *m.* northeast
**normalmente** normally
**noroeste** *m.* northwest
**norte** *m.* north
**Norteamérica** North America
**norteamericano/a** North American
**nosotros/as** *sub. pron.* we; *obj. of prep.* us
**nota** grade; **promedio de notas** grade point average; **sacar (qu) buenas/ malas notas** to get good/bad grades (3)
**noticias** item of news; *pl.* news; **tener** (*irreg.*) **buenas noticias** to have good news
**novecientos/as** nine hundred
**novela** novel

**novelista** *m., f.* novelist
**noventa** ninety
**noviembre** *m.* November (2)
**novio/a** boyfriend/girlfriend; bride/ bridegroom; **vestido de novia** wedding dress
**nube** *f.* cloud
**nublado/a** cloudy; **está nublado** it's cloudy (2)
**nuboso: bosque** (*m.*) **nuboso** cloud forest (7)
**nuestro/a** *poss.* our
**nuevo/a** new
**número** number
**numeroso/a** numerous
**nunca** never (2)

# O

**o... o** either . . . or (2)
**objeto** object
**obligación** *f.* obligation
**obra** work; **obra de teatro** play (theater); **obra maestra** masterpiece
**obrero/a** laborer
**observación** *f.* observation
**observar** to observe
**observatorio** observatory
**obtener** (*like* **tener**) to obtain
**obviamente** obviously
**obvio/a** obvious; **es obvio que...** it's obvious that . . .
**ocasión** *f.* occasion
**occidental** western
**océano** ocean; **Océano Atlántico** Atlantic Ocean; **Océano Pacífico** Pacific Ocean
**ochenta** eighty
**ocho** eight
**ochocientos/as** eight hundred
**octubre** *m.* October (2)
**ocupado/a** busy (1)
**ocupar** to occupy
**ocurrir** to occur
**oeste** *m.* west
**ofender** to offend
**ofensivo/a** offensive (6)
**oferta** offer
**oficial** official
**oficina** office
**ofrecer (zc)** to offer
**oído** inner ear
**oír** *irreg.* to hear
**ojalá (que)** I hope (that)
**¡ojo!** be careful!
**ola** wave
**olímpico** Olympic
**olmeca** *n., adj.* Olmec
**olvidarse (de)** to forget (about)
**once** eleven
**opción** *f.* option
**ópera** opera
**opinar** to think, believe
**opinión** *f.* opinion

**oportunidad** *f.* opportunity
**oposición** *f.* opposition
**opresión** *f.* oppression
**optimista** *m., f.* optimist
**oración** *f.* sentence
**orden** *m.* order; **a sus órdenes** at your service
**ordenado/a** organized, picked up
**ordenador** *m.* computer (*Sp.*)
**orfanato** orphanage
**orgánico/a** organic; **finca orgánica** organic farm (7)
**organización** *f.* organization
**organizado/a** organized (5)
**organizar (c)** to organize
**orgulloso/a** proud
**orientación** *f.* orientation
**oriental** eastern
**origen** *m.* origin
**originalmente** originally
**originario/a** coming, arising from
**orilla** shore
**orina** urine
**orquesta** orchestra
**os** *d.o.* (*Sp.*) you (*fam. pl.*); *i.o.* (*Sp.*) to/for you (*fam. pl.*); *refl. pron.* (*Sp.*) yourselves (*fam. pl.*)
**oscuro/a** dark; **gafas oscuras** sunglasses (2)
**otoño** autumn (2)
**otro/a** other; another; **otra vez** again; **por otra parte** on the other hand; **por otro lado** on the other hand
**oveja** sheep

# P

**paciencia** patience
**paciente** *m., f.* patient (5); *adj.* patient (5)
**pacífico: Océano Pacífico** Pacific Ocean
**padrastro** stepfather (1)
**padre** *m.* father (1)
**pagar (gu)** to pay; **pagar la cuenta** to pay the bill (2)
**página** page
**país** *m.* country; **país vasco** Basque country
**paisaje** *m.* landscape
**pájaro** bird
**palabra** word
**palacio** palace
**palafito** *house built atop platforms or poles in interior bodies of water*
**paleta** fruitsicle
**palma: aceite** (*m.*) **de palma de coco** coconut oil
**pampa(s)** plains
**pan** *m.* bread; **pan tostado** toast (2)
**panadería** bakery (1)
**panameño/a** *n., adj.* Panamanian (PE)
**pantalla** screen (7)
**pantalones** *m. pl.* pants (2); **pantalones cortos** shorts (2)

papa potato; **papas fritas** French fries (2)

papel *m.* paper; **hoja de papel** sheet of paper

paquete *m.* packet

par *m.* pair

para for; to; in order to; by (*time, date*)

paracaidismo parachuting

parada (de autobuses) (bus) stop

parador *m.* state (*tourist*) hotel

paraguayo/a *n., adj.* Paraguayan (PE)

paraíso Paradise

parecer (zc) to seem

pared *f.* wall

pareja pair

paréntesis parenthesis; **entre paréntesis** in parentheses

pariente *m., f.* relative (1)

parque *m.* park

párrafo paragraph

parrilla grill

parrillada *grilled meat plate* (2)

parte *f.* part; **por otra parte** on the other hand

participación *f.* participation

participante *m., f.* participant

participar to participate

particular particular; **en particular** in particular

partido match, game

partir: **a partir de** starting from; on the basis of

pasado *n.* past

pasado/a *adj.* past; last; **año pasado** last year; **fin de semana pasado** last weekend

pasajero/a passenger (6)

pasante *m., f.* assistant

pasantía *fulltime internship*

pasaporte *m.* passport

pasar to pass, spend; **pasar tiempo** to spend time (4); **pasar un buen rato** to spend quite a while; **pasarlo bien/ mal** to have a good/bad time (4)

pasatiempo pastime

Pascua Easter

pasear to go for a walk; **pasear en bicicleta** to ride a bicycle; **pasear en velero** to go sailing

paseo walk; **dar** (*irreg.*) **un paseo** to take a walk (4)

pasión *f.* passion

paso step; **paso a paso** step by step

pastel *m.* pastry (2)

pastillas pill (5)

patilla sideburn

patinar to skate (4); **patinar en línea** to inline skate (4)

patineta skateboard; **andar** (*irreg.*) **en patineta** to skateboard (4)

patio patio (1)

Patricio: **Día** (*m.*) **de San Patricio** Saint Patrick's Day

patrimonio patrimony

patrocinar to sponsor

patrón, patrona patron; **día** (*m.*) **del santo patrón** patron saint's day

patrullaje *m.* patrolling

patrullar to patrol

pavo turkey (2)

paz *f.* peace

pedicura pedicure

pedir (i, i) to order, ask for (2); to request; **pedir disculpas** to excuse oneself; **pedir perdón** to ask forgiveness; **pedir permiso** to ask permission

peinarse to comb one's hair (2)

pelea de gallos cockfight

pelícano pelican

película movie

peligro danger; **en peligro** in danger; **especie** (*f.*) **en peligro de extinción** endangered species; **poner** (*irreg.*) **en peligro** to put in danger (7)

peligroso/a dangerous (6)

pelirrojo/a redhead (1)

pelo hair

pendiente pending

península peninsula

pensar (ie) to think

peor worse; worst

pequeño/a small (1)

perder (ie) to lose; to miss (6)

perdón *m.* forgiveness; **pedir (i, i) perdón** to ask forgiveness

peregrino/a pilgrim

perezoso *n.* sloth (7)

perezoso/a lazy (1)

perfeccionista perfectionist

perfecto/a perfect

perfume *m.* perfume

periódico newspaper

periodismo journalism (3)

periodista *m., f.* journalist

periodístico/a journalistic

perito/a expert

permiso permission; **pedir (i, i) permiso** to ask permission

permitir to permit, allow

perrito puppy

perro dog

persona person

personaje *m.* character

personalidad *f.* personality

personalmente personally

perspectiva perspective

pertenecer (zc) to belong to

peruano/a *n., adj.* Peruvian (PE)

pesado/a heavy

pesar: **a pesar de** in spite of

pesas *pl.* weights; **levantar pesas** to lift weights (4)

pescado fish

pesimismo pessimism

pesimista *m., f.* pessimist

pésimo very bad, terrible

peso *monetary unit of several Latin American countries*

petroglifo petroglyph

petróleo oil

pez *m.* (*pl.* **peces**) fish

picadura insect bite (5)

picnic *m.* picnic; **ir** (*irreg.*) **de picnic** to go on a picnic (4)

pico beak

pie *m.* foot; **a pie** on foot; **al pie de** at the foot of

piedra stone, rock

pierna leg; **romperse la pierna** to break one's leg (5)

pijama *m.* pajamas

pilote *m.* pile

pingüino penguin

pintar to paint (3)

pintor(a) painter (3)

pintoresco/a picturesque

pintura paint (3)

piña pineapple (2)

pirámide *f.* pyramid

piraña piranha

pirata *m., f.* pirate

piscina swimming pool

piso apartment (1); floor

pista course, track (4); **pista caliente** hot tip; **pista de tenis** tennis court

placer *m.* pleasure

plan *m.* plan

planear to plan

planeta *m.* planet

planicie *f.* plain

plano/a flat

planta plant; floor; **planta baja** ground floor

plantación *f.* plantation

plástico/a plastic

plata silver

plataforma platform

plátano banana (2)

platería silversmithing

platicar (qu) to chat

plato plate; dish; entree

playa beach

pluma pen

población *f.* population

poblano/a *of or pertaining to Puebla, Mexico*; **mole** (*m.*) **poblano** *sauce of Puebla, Mexico, made of dried chile peppers, ground nuts and/or seeds, spices, and Mexican chocolate*

pobre *n. m., f.* poor person; *adj.* poor (1)

pobreza poverty

poco/a little bit; small amount; few; **háblenos un poco sobre...** tell us a little about . . . (6)

poder *irreg.* to be able, can; **¿me puede decir más sobre...?** could you tell me more about . . . ? (6); **¿me puede decir cómo / cuándo / dónde / por qué / si...?** could you tell me how /

when/where/why/if . . . ? (6); **me puede explicar...** could you explain to me . . . (6); **¿me puede hablar de... ?** could you tell me about . . . ? (6)

**poder** *m.* power

**poesía** poetry

**poeta** *m., f.* poet

**policía** *m.* policeman

**política** *s.* politics

**político/a** political; **ciencias políticas** political science (3)

**pollo** chicken (2)

**poner** *irreg.* (*p.p.* **puesto**) to put, place; to put on; **poner a prueba** to test; **poner en peligro** to put in danger (7); **ponerle un yeso / una inyección** to put on a cast / give a shot (5); **ponerse** to put (clothing) on (2); **ponerse en contacto** to get in touch with; **ponerse de acuerdo** to come to agreement; **ponerse la ropa** to get dressed

**por** for; through; by; because of; around; about; out of; in order to; **gracias por** thank you for; **hablar por teléfono** to talk on the telephone; **¿me puede decir por qué... ?** could you tell me why . . . ? (6); **por avión/tren** by airplane/train; **por ciento** percent; **por desgracia** unfortunately; **por ejemplo** for example; **por encima de** above; **por eso** therefore; that's why; **por favor** please; **por fin** finally; **por lo mañana/tarde** in the morning/afternoon; **por la noche** in the evening; at night; **por lo general** generally; **por lo menos** at least; **por medio de** by means of; **por otra parte** on the other hand; **por otro lado** on the other hand; **por qué** why; **por suerte** luckily; **por supuesto** of course; **por teléfono** by telephone; **por todos lados** everywhere; **por último** lastly

**portada** cover

**portátil** portable; **computadora portátil** laptop computer (7)

**portero automático** automatic door

**posada** inn

**posgrado/a** *adj.* graduate; **estudios posgrados** graduate studies (3)

**posgraduado/a** *adj.* graduate; **estudios posgraduados** graduate studies (3)

**posibilidad** *f.* possibility

**posible** possible; **es posible que...** it's possible that . . .

**posición** *f.* position

**positivo/a** positive

**posmoderno/a** postmodern

**posponer** (*like* **poner**) to postpone (6)

**postal: (tarjeta) postal** postcard

**postre** *m.* dessert (2)

**potente** potent

**práctica** practice; **práctica profesional** internship

**practicar (qu)** to practice; **practicar deportes** to play sports (4)

**precaución** *f.* precaution

**precioso/a** precious; pretty

**preciso/a** precise

**precolombino/a** pre-Columbian

**predicción** *f.* prediction

**preferencia** preference

**preferible** preferable

**preferir (ie, i)** to prefer

**pregunta** question; **hacer (*irreg.*) una pregunta** to ask a question

**preguntar** to ask (a question)

**prehistórico/a** prehistoric

**premio** prize

**preocupación** *f.* worry

**preocupado/a** worried (1)

**preocupar** to worry

**preparar** to prepare

**preparativo** preparation

**preposición** *f.* preposition

**presa** damn

**presencia** presence

**presenciar** to witness

**presentación** *f.* presentation

**presentar** to present (3); **presentar(se)** to introduce (oneself)

**preservación** *f.* preservation

**presidente, presidenta** president

**presión** *f.* pressure

**prestar** to loan

**prestigio** prestige

**prestigioso/a** prestigious

**pretérito** *gram.* grammar

**prevención** *f.* prevention

**primaria** grade school

**primavera** spring (2)

**primer, primero/a** first; **boleto de primera clase** first-class ticket; **de primera mano** firsthand; **primer borrador** first draft (6); **primera clase** first-class (6)

**primo/a** cousin (1)

**prisa: tener (*irreg.*) prisa** to be in a hurry (2)

**probable** probable; **es probable que...** it's probable that . . .

**probar (ue)** to test, try

**problema** *m.* problem; **saber (*irreg.*) resolver problemas** to know how to resolve problems (5)

**proceso** process

**producción** *f.* production

**producir (zc)** to produce

**productor(a)** producer

**profesión** *f.* profession

**profesional** professional; **práctica profesional** internship

**profesor(a)** professor

**profundo/a** deep

**programa** *m.* program

**prohibido/a** prohibited

**prolongado/a** prolonged

**promedio** average; **promedio de notas** grade point average

**promoción** *f.* promotion

**promocional** promotional

**promocionar** to promote

**promover (ue)** to promote (7)

**pronombre** *m. gram.* pronoun

**pronto** soon

**propiedad** *f.* property

**propina** tip; **dejar una propina** to leave a tip (2)

**propio/a** own

**proponer** (*like* **poner**) (*p.p.* **propuesto**) to propose (something)

**propuesta** proposal

**propuesto/a** (*p.p.* **proponer**) proposed

**protección** protection; **crema de protección solar** sunscreen

**proteger (j)** to protect (7); **protegerse** to protect oneself

**protegido/a** protected; **área** (*f.*) (*but* **el área**) **protegido** protected area (7)

**protesta** protest

**proveniente** originating

**provincia** province

**provocar (qu)** to provoke

**provocativo/a** provocative (6)

**provoleta** *barbecued cheese dish of Argentina and Uruguay*

**proximidad** *f.* proximity

**próximo/a** next; **próximo año** next year

**proyecto** project

**prudente** prudent

**prueba** test; **poner (*irreg.*) a prueba** to test

**psicología** psychology (3)

**psicólogo/a** psychologist

**publicar (qu)** to publish

**público/a** public; **transporte público** public transportation

**pueblo** town

**puente** *m.* bridge; **puente levadizo** drawbridge

**puertorriqueño/a** *n., adj.* Puerto Rican (PE)

**puesto** job

**pulmonar** *adj.* lung

**puma** *m.* puma

**punto** point; stitch; **darle (*irreg.*) unos puntos** to give stitches (5)

**puntual** punctual

**puro/a** pure

# Q

**que** that; which; what; who; **así que** therefore; consequently, so; **hasta que** *conj.* until; **tener (*irreg.*) que +** *inf.* to have to (*do something*); **ya que** since

**qué** which; what; who; **con qué frecuencia... ?** how often?; **¿en qué año estás?** what year are you ( *fam. s.*)?; **¿me puede decir por qué... ?** could you tell me why?; **por qué** why; **qué buena idea** what a good idea; **¡qué sabroso!** how delicious! (2); **qué suerte** how lucky; **qué susto** what a fright

**¿qué?** which?; what?; who?; **¿a qué hora?** at what time? (PE); **¿qué hora es?** what time is it?; **¿qué tal?** how are you? (PE)

**quechua** *m.* Quechua, *language spoken by indigenous peoples of Bolivia, Ecuador, and Peru*

**quedar** to be left; to remain; **quedarse** to stay or remain (2)

**quejarse** to complain

**quemadura** burn (5)

**quemarse** to burn oneself

**querer** *irreg.* to want; to love

**querido/a** dear

**queso** cheese; **sándwich** (*m.*) **de jamón y queso** ham and cheese sandwich (2)

**quetzal** *m.* Quetzal (7)

**quien(es)** who; whom

**¿quién(es)** who? (PE); whom?; **¿con quién(es)?** with whom? (PE)

**química** chemistry (3)

**quince** fifteen

**quinientos/as** five hundred

**quiosco** kiosk

**quitarse** to take (clothing) off (2)

**quizás** perhaps

# R

**radicalmente** radically

**radio** *m.* radio (*apparatus*); *f.* radio (*programming*)

**rana** frog; **ancas** ( *f. pl*). **de rana** frog legs

**rancho** ranch

**rápidamente** quickly

**rápido/a** quick; fast (4); *adv.* quickly

**raqueta** racket

**raro/a** strange, odd (1)

**rascacielos** *m. s.* skyscraper

**rasgo** trait

**rato** (short) time, period; **pasar un buen rato** to spend quite a while

**ratón** *m.* mouse (7)

**razón** *f.* reason; **(no) tener** (*irreg.*) **razón** to (not) be right

**razonable** reasonable

**reacción** *f.* reaction

**reaccionar** to react

**real** royal

**realista** *m., f.* realistic

**realizar (c)** to accomplish, fulfill (a goal)

**rebelión** *f.* rebellion

**recepción** *f.* reception

**recepcionista** *m., f.* receptionist

**receta** prescription; **darle** (*irreg.*) **una receta** to give a prescription (5)

**rechazar** to reject

**recibir** to receive

**reciclaje** *m.* recycling

**reciclar** to recycle (7)

**reciente** recent

**recoger (j)** to pick up

**recomendación** *f.* recommendation

**recomendar** to recommend (6)

**reconocer (zc)** to recognize

**recordar (ue)** to remember

**recorrer** to tour, travel across

**recreación** *f.* recreation

**recreativo/a** recreational

**recto/a** straight

**recuerdo** souvenir

**recurso** resource; **recursos naturales** natural resources (7)

**red** *f.* net; the (Inter)net (7)

**redondo/a** round

**reducido** reduced

**referirse (ie, i) (a)** to refer (to)

**reflejar** to reflect

**reflexivo/a** reflexive

**reformado/a** reformed

**refresco** soft drink, soda, pop (2)

**refrigerador** refrigerator (1)

**refugio** refuge (7)

**regalar** to give as a gift

**regalo** gift

**región** *f.* region

**regla** rule

**regresar** to return

**regreso** return

**regular** so-so; **estoy regular** I am so-so (PE)

**reina** queen

**reino** kingdom

**relación** *f.* relation

**relacionarse (con)** to relate (to)

**relajado/a** relaxed (1)

**relajante** relaxing (4)

**relajarse** to relax (4)

**relevante** relevant

**religión** *f.* religion (3)

**religioso/a** religious

**rellenar** to fill

**relleno/a** filled

**remediar** to remedy

**remedio** remedy

**remoto/a** remote

**repelente** *m.* repellent

**repente: de repente** suddenly

**repetición** *f.* repetition

**repetir (i, i)** to repeat

**replicar (qu)** to replicate

**reportaje** *m.* report (6)

**reportar** to report

**representación** *f.* representation

**representante** *m., f.* representative

**representar** to represent

**representativo/a** representative

**reptil** *m.* reptile

**república** republic

**requerir (ie, i)** to require

**requisito** requirement

**res: carne** ( *f.*) **de res** beef (2)

**reserva** reserve; **reserva biológica** biological reserve (7)

**reservación** *f.* reservation

**reservar** to reserve (6)

**resfriado** cold; **tener** (*irreg.*) **un resfriado** to have a cold (5)

**residencia** residence; **residencia estudiantil** residence hall

**residencial** residential

**resistir** to resist

**resolver (ue)** to resolve (7); to solve (7); **saber** (*irreg.*) **resolver problemas** to know how to resolve problems (5)

**respetado/a** respected

**respetar** to respect

**respeto** respect; **con respeto** respectfully

**respetuoso/a** respectful (5)

**respirar** to breathe

**responder** to respond

**responsabilidad** *f.* responsibility

**responsable** responsible (5)

**respuesta** response

**restaurante** *m.* restaurant

**resto** rest

**resultar** to result

**resumir** to summarize

**reto** challenge

**reunión** *f.* meeting

**reunirse (me reúno) (con)** to meet (with) (2); to get together (4)

**revelador(a)** revealing

**revisar** to revise (6); to go through (6)

**revista** magazine

**revolución** *f.* revolution

**rey** *m.* king

**rico/a** rich (1)

**río** river

**riqueza** wealth

**ritmo** rhythm

**robar** to rob, steal

**robótica** *s.* robotics

**rocoso/a** rocky

**rodear** to surround

**rojo/a** red (2)

**romano/a** Roman

**romántico/a** Romantic

**romper(se)** (*p.p.* **roto**) to break; **romperse el brazo / la pierna / la nariz** to break one's arm/leg/nose (5)

**roncar (qu)** to snore

**ropa** clothes, clothing (2); **ponerse** (*irreg.*) **la ropa** to get dressed; **ropa interior** underwear (2); **tender (ie) la ropa** to hang the clothes

**rosa** rose
**rosado/a** pink (2)
**roto/a** (*p.p. of* **romper**) broken
**rubio/a** blonde (1)
**ruido** noise
**ruinas** *pl.* ruins
**rupestre: arte** (*m.*) **rupestre** cave art
**ruta** route
**rutina** routine; **rutina diaria** daily
routine

**S**
**sábado** Saturday (2)
**sabatino/a** *adj.* Saturday
**sabelotodo** *m.* know-it-all
**saber** *irreg.* to know (facts); **saber** + *inf.*
to know how to (*do something*); **saber
comunicarse con sensibilidad** to
know how to communicate with
sensitivity (5); **saber expresarse
claramente en español** to know
how to express oneself clearly in
Spanish (5); **saber hacer informes** to
know how to write reports (5); **saber
hacer investigaciones** to know how
to do research (5); **saber llevarse
bien con los colegas** to know how to
get along well with colleagues (5);
**saber resolver problemas** to know
how to resolve problems (5); **saber
trabajar con las manos** to know how
to work with one's hands (5); **saber
trabajar en equipo** to know how to
work in a team (5)
**sabroso/a** delicious; **¡qué sabroso!** how
delicious! (2)
**sacar (qu)** to take out; **sacar buenas/
malas notas** to get good/bad
grades (3); **sacar fotos** to take
pictures (6)
**saco** jacket (2)
**sagrado/a** sacred
**sala** living room (1); **sala de espera**
waiting room (6)
**salado/a** salt(y)
**salchicha** sausage (2)
**salir** *irreg.* to leave; to go out; **salir muy
bien** to come out very well
**salmón** *m.* salmon
**salud** *f.* health
**saludo** greeting
**salvado/a** saved
**salvadoreño/a** *n., adj.* Salvadoran (PE)
**salvaje** wild
**san, santo/a** saint; **Día** (*m.*) **de San
Patricio** Saint Patrick's Day; **Día** (*m.*)
**de San Valentín** Valentine's Day;
**día** (*m.*) **del santo patrón** patron
saint's day
**sandalias** sandals (2)
**sándwich** *m.* sandwich; **sándwich de
jamón y queso** ham and cheese
sandwich (2)

**sanfermines** *m. pl. yearly festival of
Pamplona, Spain*
**sangre** *f.* blood (5); **análisis de sangre**
blood test
**sarape** *m.* blanket (*Mex.*)
**satisfacción** *f.* satisfaction
**seco/a** dry
**secreto** secret
**secuencia** sequence
**secundaria** high school; **escuela
secundaria** high school
**sed** *f.* thirst; **tener** (*irreg.*) **sed** to be
thirsty (2)
**seda** silk
**segmento** segment
**seguida: en seguida** right away
**seguir (i, i)** to follow
**según** according to
**segundo/a** second
**seguridad** *f.* security
**seguro/a** sure; **estar** (*irreg.*) **seguro/a
(de)** to be sure (of)
**seis** six
**seiscientos/as** six hundred
**sello** stamp
**selva** jungle; **selva tropical** rain
forest (7)
**semana** week (2); **fin** (*m.*) **de semana
(pasado)** (last) weekend; **semana
pasada** last week; **semana que viene**
next week
**semejante** similar
**semestre** *m.* semester
**semilla** seed
**seminario** seminary
**senda** path
**sendero** path (7)
**sensación** *f.* sensation
**sensibilidad** *f.* sensibility; **saber** (*irreg.*)
**comunicarse con sensibilidad** to
know how to communicate with
sensitivity (5)
**sensible** sensitive (7)
**sentado/a** seated
**sentarse (ie)** to sit (2)
**sentido** sense; **sentido del humor** sense
of humor
**sentimiento** feeling
**sentir (ie, i)** to feel; to be sorry; **lo siento**
I'm sorry; **sentirse** to feel (5)
**señor (Sr.)** *m.* Mister (Mr.); man
**señora (Sra.)** Mrs.; woman
**señorita (Srta.)** Miss; young woman
**separar** to separate
**septiembre** *m.* September (2)
**ser** *irreg.* to be; **(no) es buena idea** it's
(not) a good idea; **es buena/mala
idea que...** it's a good/bad idea to/
that . . . ; **es bueno que...** it's good
that . . . ; **¿es cierto/verdad que... ?** is
it true that . . . ? (6); **es obvio que...**
it's obvious that . . . ; **es posible
que...** it's possible that . . . ; **es**

**probable que...** it's probable that . . . ;
**es una lástima** it's a shame; **¿qué
hora es?** what time is it?; **soy...** I
am . . . (PE)
**serenata** serenade
**serio/a** serious (1); **en serio** seriously
**serpiente** *f.* snake
**servicio** service
**servir (i, i)** to serve (2)
**sesenta** sixty
**setecientos/as** seven hundred
**setenta** seventy
**sevillano/a** *person from Seville, Spain*
**sexo** sex
**sexto/a** sixth
**si** if; **¿me puede decir si... ?** could you
tell me if . . . ? (6)
**sí** yes
**siempre** always (2)
**sierra** mountains
**siesta** nap; **dormir (ue, u) / echarse una
siesta** to take a nap
**siete** seven
**siglo** century
**significado** meaning
**significar (qu)** to mean, signify
**siguiente** following
**silencio** silence
**silla** chair (1)
**sillón** *m.* armchair (1)
**silueta** silhouette
**silvestre: vida silvestre** wildlife (7)
**simbólico/a** symbolic
**símbolo** symbol
**simpático/a** nice (1)
**simplemente** simply
**sin** without; **sin duda** without a doubt;
**sin embargo** however
**singular** singular, unique
**sino** but (rather), instead
**sinónimo** synonym
**sirviente** *m., f.* servant
**sismológico/a** seismological
**sistema** *m.* system
**sitio** place; **sitio Web** website (7)
**situación** *f.* situation
**situado/a** situated
**sobre** upon/over/above (1); on; about;
**háblenos un poco sobre...** tell us a
little about . . . (6); **¿me puede decir
más sobre... ?** could you tell me
more about . . . ? (6)
**sobrenatural** supernatural
**sobrevivir** to survive
**sobrino/a** nephew, niece (1)
**sociedad** *f.* society
**sociología** sociology (3)
**sofá** *m.* sofa (1)
**sofisticado/a** sophisticated
**sol** *m.* sun; **gafas de sol** sunglasses (2);
**hace sol** it's sunny (*weather*) (2);
**tomar el sol** to sunbathe
**solamente** only

**solar: crema de protección solar** sunscreen; **energía solar** solar energy

**solicitar** to apply for

**solicitud** *f.* application

**sólo** only

**soltero/a** *n.* bachelor, single woman; *adj.* single (1)

**sombra** shadow

**sombrero** hat (2)

**soñar (ue) (con)** to dream (about)

**sopa** soup (2)

**soporte** (*m.*) **técnico** technical support (7)

**soroche** *m.* altitude sickness

**sorprender** to surprise

**sorprendido/a** surprised

**sostener** (*like* tener) to sustain

**sostenible** sustainable; **desarrollo sostenible** sustainable development (7)

**sostenido/a** held; sustained

**suave** soft, gentle

**subcomandante** *m., f.* subcommander

**subir** to go up; to get on

**subjuntivo** *gram.* subjunctive

**subrayar** to underline

**subterráneo/a** underground

**suceso** event

**Sudamérica** South America

**sudamericano/a** South American

**sueco/a** Swiss

**suegro/a** father-in-law, mother-in-law

**suelo** ground

**sueño** tiredness

**suerte** *f.* luck; **por suerte** luckily; **qué suerte** how lucky

**suéter** *m.* sweater (2)

**suficiente** sufficient

**sufrir** to suffer

**sugerencia** suggestion

**sugerir (ie, i)** to suggest (6)

**sujeto** subject

**sulfuro** sulfur; **baño de sulfuro** sulfur spring

**sulfuroso/a** sulfuric

**sultán** *m.* (*pl.* **sultanes**) sultan

**súper: estoy súper** I am very well (PE)

**superar** to overcome

**superficie** *f.* surface

**superlativo** *n.* superlative

**superlativo/a** *adj.* superlative

**superlujoso/a** super luxurious

**supermercado** supermarket

**supervisión** *f.* supervision

**supervisor(a)** supervisor

**supuesto: por supuesto** of course

**sur** *m.* south

**sureste** *m.* southeast

**surfing** *m.* surfing (4); **hacer** (*irreg.*) **surfing** to surf

**surfista** *m., f.* surfer

**suroeste** *m.* southwest

**suspender** to fail (3)

**sustantivo** noun

**susto** fright, fear; **qué susto** what a fright

**suyo/a** *poss.* your, of yours ( *pol. s., pl.*); his, of his; her, of hers; their, of theirs

## T

**tabaco** tobacco

**tabla** table (*chart, graph*)

**tacaño/a** stingy (1)

**tacón** *m.* heel; **zapatos de tacón alto** high-heeled shoes

**taíno/a** *n., adj.* Taino (*pre-Columbian indigenous group*)

**tal: ¿qué tal?** how are you? (PE)

**talento** talent

**talentoso/a** talented

**taller** *m.* workshop

**tamaño** size; **de tamaño mediano** medium-sized (1)

**también** also (2)

**tampoco** neither, not either (2); nor

**tan** *adv.* so; as; such; so much; **tan... como** as . . . as

**tanque** *m.* tank

**tanto** *n.* certain amount; *adv.* so much; as much

**tanto/a** *pron., adj.* so much; as much; *pl.* so many; as many; **tanto/a/os/as... como** as much/many . . . as

**tapa** appetizer

**tapiz** (*pl.* **tapices**) tapestry

**tarahumara** *n., adj. m., f.* of or pertaining to the Tarahumara indigenous group of Chihuahua, Mexico

**tardar en llegar** to take (time) to get there (6)

**tarde** *n. f.* afternoon; **buenas tardes** good afternoon (PE); **de la tarde** P.M.; **por la tarde** in the afternoon

**tarde** *adv.* late

**tarea** homework; **tarea doméstica** household chore

**tarjeta** card; **tarjeta de crédito** credit card; **tarjeta postal** postcard

**tarta** cake

**taxi** *m.* taxi

**taza** cup

**té** *m.* tea (2)

**teatral** theatrical

**teatro** theater; **obra de teatro** play

**técnica** technique

**técnico/a** technical; **soporte** (*m.*) **técnico** technical support (7)

**tecnología** technology; **tecnología inalámbrica** wireless technology (7)

**tecnológico/a** technological

**tejer** to weave (3)

**tejido** weaving (3)

**tele(visión)** *f.* television (*programming*)

**telefónico/a** *adj.* telephone

**teléfono** telephone; **por teléfono** by telephone; **teléfono celular** cell phone (7); **hablar por teléfono** to talk on the telephone

**televisor** *m.* television (set) (1)

**tema** *m.* theme (6)

**temer** to fear

**temperatura** temperature

**temporada** season

**temprano/a** early

**tender (ie) la ropa** to hang the clothes

**tenedor** *m.* fork; **tenedor libre** all you can eat (2)

**tener** *irreg.* to have; **tener... años** to be... years old; **¿cuántos años tenías?** how old were you ( *fam. s.*)?; **tener acceso a** to have access to; **tener alergias / diarrea / fiebre / nauseas / tos / un resfriado** to have allergies / diarrhea / a fever / nausea / a cough / a cold (5); **tener buenas noticias** to have good news; **tener calor** to be warm, hot; **tener cuidado** to be careful; **tener dolor de cabeza/espalda/estómago/garganta** to have a headache / backache / stomach-ache / sore throat (5); **tener don de gentes** to have people skills (5); **tener en cuenta** to take into account; **tener éxito** to be successful; **tener experiencia en...** to have experience in . . . (5); **tener ganas de + *inf.*** to feel like (*doing something*); **tener hambre/sed** to be hungry/thirsty (2); **tener interés en...** to be interested in . . . (5); **tener la gripe / una fractura / una infección** to have the flu / a fracture / an infection (5); **tener miedo (de)** to be afraid (of); **tener prisa** to be in a hurry (2); **tener que + *inf.*** to have to (*do something*); **(no) tener razón** to (not) be right; **tener un bloqueo mental** to have a mental block

**tenis** *m.* tennis (4); **cancha/pista de tenis** tennis court; **zapatos de tenis** tennis shoes (2)

**tenista** *m., f.* tennis player

**tequila** *m.* tequila

**terapéutico/a** therapeutic

**tercer, tercero/a** third

**termal** thermal; **aguas termales** hot springs (7); **baño termal** hot spring

**terminar** to finish

**ternera** veal (2); **carne** ( *f.*) **de ternera** veal (2)

**terraza** terrace (1)

**terreno** terrain

**territorio** territory

**tesoro** treasure
**texto** text
**tico/a** *n.* Costa Rican (*coll.*)
**tiempo** time; weather; (*verb*) tense; **a tiempo** on time; **hace buen/mal tiempo** it's good/bad weather (2); **llegar a tiempo** to arrive on time; **pasar tiempo** to spend time; **tiempo libre** free time
**tienda** store (1); shop; **tienda de campaña** tent
**tierra** earth; land
**tímido/a** shy (1)
**tinta** ink
**tinto: vino tinto** red wine (2)
**tío/a** uncle, aunt (1); *m. pl.* uncles, aunts
**típico/a** typical
**tipo** type, kind
**tirado/a** pulled
**titulado/a** entitled
**titular** *m.* headline
**título** title (6)
**toalla** towel
**tocar (qu)** to touch; to play (an instrument) (3); **tocarle + inf.** to be (someone's) turn to (*do something*)
**tocino** bacon (2)
**todavía** still; yet
**todo/a** all (of); (the) entire; completely; *pl.* every; **por todos lados** everywhere
**tomar** to take; to drink; **tomar apuntes** to take notes (6); **tomar café** to drink coffee; **tomar el sol** to sunbathe
**tonto/a** silly, foolish (1); dumb (6)
**tope: fecha tope** deadline
**toro** bull
**torre** *f.* tower
**torta** pastry (2)
**tortilla** (*Mex.*) *thin bread made of cornmeal or flour;* **tortilla española** *Spanish omelets made of eggs, potatoes, and onions*
**tortuga** turtle (7)
**tos** *f.* cough; **tener** (*irreg.*) **tos** to have a cough (5)
**tostada** toast
**tostado/a** toasted; **pan** (*m.*) **tostado** toast (2)
**totalmente** totally
**trabajador(a)** hard-working (1)
**trabajar** to work; **saber** (*irreg.*) **trabajar con las manos** to know how to work with one's hands (5); **saber** (*irreg.*) **trabajar en equipo** to know how to work in a team (5)
**trabajo** work
**tradición** *f.* tradition
**tradicional** traditional (1)
**traducir** *irreg.* to translate
**traer** *irreg.* (*p.p.* **traído**) to bring
**traje** *m.* suit (2); **traje de baño** bathing suit (2)

**trance** *m.* trance
**tranquilizar (c)** to tranquilize
**tranquilo/a** calm
**transbordador** *m.* ferry (6)
**transparente** transparent
**transportado/a** transported
**transporte** *m.* transportation; **medio de transporte** means of transportation; **transporte público** public transportation
**tratado** treaty
**tratamiento** treatment
**tratar** to treat; to deal with; **tratar con** to deal with; **tratar de** to be about; **tratar de + inf.** to try to (*do something*)
**trece** thirteen
**treinta** thirty
**tren** *m.* train (6); **portren** by train
**trescientos/as** three hundred
**triatlón** *m.* triathlon
**tribu** *f.* tribe
**trigo** wheat
**triste** sad (1)
**trofeo** trophy
**tropical** tropical; **selva tropical** rain forest (7)
**tu** *poss.* your (*fam. s.*)
**tú** *sub. pron.* you (*fam. s.*); **¿y tú?** and you (*fam. s.*)? (PE)
**tuna** *student music group*
**túnel** *m.* tunnel
**turbulento/a** turbulent
**turismo** tourism (3)
**turista** *m., f.* tourist
**turístico/a** *adj.* tourist; **clase** (*f.*) **turística** tourist class (6)
**turnarse** to take turns

## U

**ubicación** *f.* location
**último/a** last; **de última moda** the latest fashion; **por último** lastly; **última vez** last time
**unir** to unite, join
**único/a** only
**unido/a** united; **Naciones** (*f. pl.*) **Unidas** United Nations
**unión** *f.* union
**universidad** *f.* university
**universitario/a** *adj.* university
**urbano/a** urban
**urgencia: con urgencia** urgently
**uruguayo/a** *n., adj.* Uruguayan (PE)
**usar** to use; to wear
**uso** use
**usted (Ud., Vd.)** *sub. pron.* you (*pol. s.*); *obj. of prep.* you (*pol. s.*); **¿y usted?** and you (*pol. s.*)? (PE)
**ustedes (Uds., Vds.)** *sub. pron.* you (*pl.*); *obj. of prep.* you (*pl.*)
**útil** useful

**utilizar (c)** to use
**uva** grape (2)

## V

**vaca** cow
**vacaciones** *f. pl.* vacation; **ir** (*irreg.*) **de vacaciones** to go on vacation (2)
**vacío/a** empty
**vacuna** vaccine (5)
**vagabundo/a** vagabond
**Valentín: Día** (*m.*) **de San Valentín** Valentine's Day
**valer** *irreg.* to be worth
**valiente** valiant, brave
**valioso/a** valuable
**valle** *m.* valley
**valor** *m.* value
**vanidoso/a** vain
**vaquero/a** cowboy, cowgirl
**variado/a** varied
**variedad** *f.* variety
**varios/as** *pl.* several
**vasco/a** *adj.* Basque; **país** (*m.*) **vasco** Basque country
**vasto/a** vast
**vegetación** *f.* vegetation
**vegetariano/a** vegetarian
**veinte** twenty
**veinticinco** twenty-five
**veintidós** twenty-two
**veintiséis** twenty-six
**veintisiete** twenty-seven
**veintiún, veintiuno/a** twenty-one
**vejiga** bladder
**vela** candle; **hacer** (*irreg.*) **vela** to sail
**velear** to sail (4)
**velero** sailboat; **pasear en velero** to go sailing
**vender** to sail
**venezolano/a** *n., adj.* Venezuelan (PE)
**venir** *irreg.* to come; **año que viene** next year; **semana que viene** next week
**venta** sale
**ventaja** advantage
**ver** *irreg.* to see; **nos vemos** see you later (PE)
**veracruzano/a** *of or pertaining to Veracruz, Mexico*
**verano** summer (2)
**verbo** verb
**verdad** *f.* truth; **¿de verdad?** really?; **¿es verdad que... ?** is it true that . . . ? (6)
**verde** green (2)
**verdura** vegetable
**verificar (qu)** to verify
**versión** *f.* version
**vértigo** vertigo
**vestido** *n.* dress (2); **vestido de novia** wedding dress
**vestido/a** *adj.* dressed
**vestirse (ie, i)** to get dressed (2)

**vez** *f.* (*pl.* **veces**) time; **a la vez** at the same time; **a veces** sometimes; **alguna vez** sometime; once; ever; **de vez en cuando** once in a while; **otra vez** again; **última vez** last time
**viajar** to travel (2)
**viaje** *m.* trip; **compañero/a de viaje** traveling companion
**viajero/a** traveler
**vibrante** vibrant
**vicepresidente, vicepresidenta** vice president
**vicio** vice
**vida** life; **vida nocturna** night life; **vida silvestre** wildlife (7)
**vídeo** video; **cámara de vídeo** video camera (7)
**videoconferencia** video conference
**videojuego** video game; **jugar (ue) (gu) videojuegos** to play videogames (4)
**viejo/a** old (1)
**viento** wind; **hace viento** it's windy (*weather*) (2); **molino de viento** windmill
**viernes** *m. s., pl.* Friday (2)
**vino** wine; **vino blanco/tinto** white/red wine (2)
**visita** visit
**visitar** to visit

**vista** view; **con vista a** with a view of
**vitamina** vitamin
**vivienda** housing
**vivir** to live
**vocabulario** vocabulary
**volador(a)** flyer
**volar (ue)** to fly
**volcán** *m.* volcano
**volcánico/a** volcanic
**voleibol** *m.* volleyball (4)
**voluntariado** volunteering, volunteer work
**voluntario/a** volunteer
**voluntarismo** volunteerism
**volver (ue)** (*p.p.* **vuelto**) to return
**vosotros/as** *sub. pron.* (*Sp.*) you (*fam. pl.*); *obj. of prep.* (*Sp.*) you (*fam. pl.*)
**votar** to vote
**voz** *f.* (*pl.* **voces**) voice
**vuelo** flight (6)
**vuelta: boleto de ida y vuelta** round-trip ticket; **de ida y vuelta** round-trip (6)
**vuelto/a** (*p.p. of* **volver**) returned

## W

**Web: sitio Web** website (7)
**windsurf** *m.* windsurfing; **hacer** (*irreg.*) **windsurf** to windsurf

**windsurfing** *m.* windsurfing
**windsurfista** *m., f.* windsurfer

## Y

**y** and; **y cuarto** quarter past (*time*); **y media** half past (*time*); **¿y tú?** and you (*fam. s.*)? (PE); **¿y usted?** and you (*pol. s.*)? (PE)
**ya** already; **ya no** no longer; **ya que** since
**yerba** mate (*strong herbal tea drunk from a hollowed gourd*)
**yerra** branding
**yeso** cast; **ponerle** (*irreg.*) **un yeso** to put on a cast (5)
**yo** *sub. pron.* I
**yoga** *m.* yoga; **hacer** (*irreg.*) **yoga** to do, practice yoga
**yogur** *m.* yogurt
**yuca** yucca

## Z

**zapatista** *m., f.* Zapatist
**zapato** shoe (2); **zapatos de tacón alto** high-heeled shoes; **zapatos de tenis** tennis shoes (2)
**zapoteca** Zapotec
**zona** zone
**zumo** juice (*Sp.*)

# Index

Note: The first index covers the grammar and vocabulary categories presented in the textbook. The second index treats cultural topics by country and general theme.

## I. Grammar and Vocabulary Index

**a** personal
  direct object pronouns, 130
  with **gustar,** 56
  verbs like **gustar,** 56
**acabar de** + *infinitive,* 26
adjectives
  agreement, 8
  demonstrative, 85
  irregular, listed, 82
  past participles used as, 24, 137
  personal characteristics, 27–28
  physical characteristics, 28, 41, 79, 93
  possessive, 29
  *See also* comparisons
age, expressing, 29
*ago,* 104
agreement
  adjectives, 8
  gender and number, 7–8
  numbers from 200–999, 59
  past participles used as adjectives, 24
**algún, alguno/a/os/as,** 59
**-ar** verbs
  conditional, 206
  future tense, 189
  imperfect, 109
  present progressive of, 23
  present tense, 10
  preterite, 100
articles, definite and indefinite, 8

capitalization, of days of the week and months, 46n
certainty, expressing, 163, 182
colors, 45
commands
  formal (**usted**), 155
  informal (**tú**), 193
comparisons
  of equality, 75
  of inequality, 74–75
  with numbers, 75
  superlatives, 82
  with verbs, 82
conditional tense, 206
  use with imperfect subjunctive, 206
connectors, 107
**conocer**
  imperfect and preterite compared, 126
  present tense, 10
conversational skills
  reacting to situations, 40, 61, 76, 92, 117, 138, 210, 211
  useful expressions, 40

**cuando,** 190

dates, 45, 64
  definite article with, 47
  expressing years, 77
days of the week, 45
definite articles (**el, la, los, las**), 8
  with dates, 47
demonstrative adjectives, 85
direct object pronouns
  defined, 130
  forms, 130
  position with formal commands, 155
disagreement, expressing, 200
disbelief, expressing, 92, 116
  with present subjunctive, 182
  verbs of doubt and disbelief, 182

emotion, verbs requiring the subjunctive, 163–164
**-er** verbs
  conditional, 206
  future tense, 189
  imperfect, 109
  present progressive of, 23
  present tense, 10
  preterite, 100
**estar**
  present subjunctive, 154
  uses, 23–24, 31, 66
    **ser** compared, 32
excusing oneself, 92

feminine nouns, 7n, 7–8, 8n
formal commands, 155
**fotografías, fotos,** 8n, 8
frustration, expressions of, 92, 116, 173
future, present tense expressing near future, 11, 189
future tense, forms, 189
future wishes, expressing, 182

gender, of nouns, 7n, 7–8
**gustar,** 56
  verbs like, 56
    in present subjunctive, 163

**haber**
  future tense, 189
  with present perfect subjunctive, 167
  with present perfect tense, 137
  present subjunctive, 154
**hace… que,** 104
**hacer**
  idiomatic expressions with, 47, 64–65
  present tense, 10

happiness, expressing, 144, 200
**hay**
  future tense, 189
  uses, 8

imperfect subjunctive, use with conditional tense, 206
imperfect tense
  to add details to narrative, 111
  forms, 109
  preterite compared, 124–125
  uses, 109–110, 124–125
  verbs with special meanings in, 125–126
impersonal expressions
  of emotion or judgment requiring subjunctive, 163
  expressing certainty, 163, 182
  of influence requiring subjunctive, 155
indefinite articles (**un, una**), 8
indicative mood
  defined, 153
  *See also* present indicative
indirect object pronouns, 130
  forms, 56
  placement, 56
influence, verbs and expressions requiring subjunctive, 154–155
informal (**tú**) commands, 193
information, asking for, 11
interrogative words
  for getting information, 11
  listed, 5
invitations, offering and accepting, 64, 65, 92, 107
**ir**
  imperfect tense, 109
  present subjunctive, 154
**ir** + **a** + *infinitive,* 26
**-ir** verbs
  conditional, 206
  future tense, 189
  imperfect, 109
  present progressive of, 23–24
  present tense, 10
  preterite, 100
irregular verbs
  conditional tense, 206
  future tense, 189
  imperfect tense, 109
  past participles, 24
  present subjunctive, 154
  present tense, 10
  preterite, 101

**jamás,** 59

letter writing, formal expressions for, 16

# Credits

# About the Authors

**Malia LeMond** currently teaches Advanced Foreign Language Methods in the College of Education at the University of Texas at Austin, as well as Spanish language at St. Andrew's School. She has taught all levels of Spanish language at the university level for over 16 years, and served as Coordinator of Lower Division Language Courses in the Department of Spanish and Portuguese at the University of Texas. She received a Bachelor of Arts degree from Wellesley College, a Master's degree in Romance Linguistics from the University of Michigan, and a Ph.D. in Ibero Romance Philology and Linguistics with a specialization in Spanish Second Language Acquisition from the University of Texas at Austin. Before joining the faculty at the University of Texas, she taught at the University of Michigan, Iowa State University, the University of Cincinnati, and Austin Community College. She also is actively involved in teacher training and study abroad through her work as a Director of the Spanish Teaching Institute.

**Cynthia Fraser Barlow** received a Bachelor's degree in French from Trinity University and a Master's degree in Hispanic Literature from the University of Texas at Austin. Currently, she teaches Spanish at Berkeley City College, in Berkeley, California. She has taught Spanish at the college level for 18 years, serving as a faculty member at Santa Barbara City College, Allan Hancock College, the University of Texas at Austin, St. Edward's University, and Concordia Lutheran University. For six years, she taught in the Spanish Teaching Institute's summer immersion program in Guanajuato, Mexico, and at the institute's teacher training workshops throughout the state of Texas. During a two-year residence in Mexico City, she taught English at the Universidad Iberoamericana and the Centro de Investigación y Docencia Económicas. She is the co-author of two McGraw-Hill custom publications–*Metas comunicativas para maestros* (1999) and *Metas comunicativas para negocios* (1998).

**Sharon Foerster** retired from the University of Texas at Austin in 2001, where she had been the Coordinator of Lower Division Courses in the Department of Spanish and Portuguese, directing the first- and second-year Spanish language program and training graduate assistant instructors. She continues to teach Spanish in the Summer Language School at Middlebury College in Vermont. She received her Ph.D. in Intercultural Communications from the University of Texas in 1981. Before joining the faculty at the University of Texas, she was Director of the Center for Cross-Cultural Study in Seville, Spain, for four years. She continues her involvement in study abroad through her work as Director of the Spanish Teaching Institute and as Academic Advisor for Academic Programs International. She is the co-author of the following McGraw-Hill titles: *Metas: Spanish in Review, Moving Toward Fluency* (2008); *Punto y aparte: Spanish in Review, Moving Toward Fluency,* Third Edition (2007); *Lecturas Literarias: Moving Toward Linguistic and Cultural Fluency Through Literature* (2007); *Supplementary Materials to Accompany Puntos de Partida* (2009); *Metas comunicativas para maestros* (1999); and *Metas comunicativas para negocios* (1998).